DCG 2

Droit des sociétés et des groupements d'affaires

MANUEL

7e édition

Jean-François Bocquillon
Agrégé d'économie et gestion
Professeur en classes préparatoires à l'expertise comptable

Pascale David
Agrégée d'économie et gestion
Professeur en classes préparatoires à l'expertise comptable

Élise Grosjean-Leccia
Agrégée d'économie et gestion
Professeur en classes préparatoires à l'expertise comptable

DUNOD

En partenariat avec
Lefebvre Dalloz

Crédits iconographiques

Par ordre d'apparition : © association by Nithinan Tatah from the Noun Project ; © landlord by Creative Stall from the Noun Project ; © consultant by Aneeque Ahmed from the Noun Project ; © Network by alison from the Noun Project ; © association by Nithinan Tatah from the Noun Project ; © infinite by icon 54 from the Noun Project ; © risk by alison from the Noun Project ; © You Are Here by Eliricon from the Noun Project ; © legal by Dam from the Noun Project ; © Audit by Baiti from the Noun Project ; © Files by Milinda Courey from the Noun Project ; © buildings by Melissa Schmitt from the Noun Project ; © Unpaid by Adrien Coquet from the Noun Project ; © estate by Dinosoft Labs from the Noun Project ; © reset by Rose Alice Design from the Noun Project ; © Meeting by Jesus Puertas from the Noun Project ; © Man by Franco Perticaro from the Noun Project ; © shareholder by Gregor Cresnar from the Noun Project ; © shareholder by Gregor Cresnar from the Noun Project ; © firm by Vectors Market from the Noun Project ; © Man by Franco Perticaro from the Noun Project ; © boss by Fiona OM from the Noun Project ; © arrow rounded by lipi from the Noun Project ; © Information by Gregor Cresnar from the Noun Project ; © Money by Yang from the Noun Project ; © voting by zidney from the Noun Project ; © Stock by Giannis Choulakis from the Noun Project ; © Two Fingers swipe up by BTL Bay from the Noun Project ; © statistic by Joris Millot from the Noun Project ; © supply by Adrien Coquet from the Noun Project ; © Information by Gregor Cresnar from the Noun Project ; © Information by Gregor Cresnar from the Noun Project ; © Stock by Giannis Choulakis from the Noun Project ; © Team Approved by AlfredoCreates @ flaticondesign.com from the Noun Project ; © Stop by Justiconnic from the Noun Project ; © teamwork by ProSymbols from the Noun Project ; © Target by Barracuda from the Noun Project ; © democracy by Wichai Wi from the Noun Project ; © rules by Justin Blake from the Noun Project; © size by Becris from the Noun Project ; © lifestyle by Nithinan Tatah from the Noun Project ; © rules by Justin Blake from the Noun Project ; © Detective by anbileru adaleru from the Noun Project ; © Registration by Krisada from the Noun Project ; © Charity by Naveen from the Noun Project ; © double by Dinosoft Labs from the Noun Project ; © Vote by Nithinan Tatah from the Noun Project ; © Free by Ervin Bolat from the Noun Project ; © Enter by Danil Polshin from the Noun Project ; © Pie Chart by Prime Icons from the Noun Project ; © Email by Robert Salazar from the Noun Project ; © reflection by Magicon from the Noun Project ; © funds by joeartcon from the Noun Project ; © manager by Gregor Cresnar from the Noun Project ; © management by Wilson Joseph from the Noun Project ; Meeting by Kraya from the Noun Project ; © Tractor by Kelsey Chisamore from the Noun Project ; © Milk Crate by Creative Mania from the Noun Project ; © Horse Riding by Samy Menai from the Noun Project ; © Lawyer by Miroslav KURDOV from the Noun Project ; © calculating by Aneeque Ahmed from the Noun Project ; © attorney by Bonegolem from the Noun Project ; © House by Arfan Khan Kamol from the Noun Project ; © associate by Wilson Joseph from the Noun Project ; © Plus by scott desmond from the Noun Project ; © Minus by ✦ Shmidt Sergey ✦ from the Noun Project ; © invoice by Musket from the Noun Project ; © money box by Hakan Yalcin from the Noun Project ; © court by Adricons from the Noun Project ; © Money by Orin zuu from the Noun Project ; © sanction by priyanka from the Noun Project ; © plaster by Schweitzer Preis GbR from the Noun Project.

Couverture : Nicolas Wiel et Elizabeth Riba

Maquette intérieure : Yves Tremblay

Mise en pages : Nord Compo

NOUS NOUS ENGAGEONS EN FAVEUR DE L'ENVIRONNEMENT :

Nos livres sont imprimés sur des papiers certifiés pour réduire notre impact sur l'environnement.

Le format de nos ouvrages est pensé afin d'optimiser l'utilisation du papier.

Depuis plus de 30 ans, nous imprimons 70 % de nos livres en France et 25 % en Europe et nous mettons tout en œuvre pour augmenter cet engagement auprès des imprimeurs français.

Nous limitons l'utilisation du plastique sur nos ouvrages (film sur les couvertures et les livres).

11 rue Paul Bert, 92240 Malakoff

www.dunod.com

ISBN 978-2-10-087635-8

SOMMAIRE

Partie 5 La prévention et le traitement des difficultés

Partie 6 Le droit pénal des affaires

TABLE DES SIGLES ET ABRÉVIATIONS

AG : Assemblée générale
AGE : Assemblée générale extraordinaire
AGO : Assemblée générale ordinaire
ALPE (mission) : Audit légal des petites entreprises
AMF : Autorité des marchés financiers
Balo : Bulletin des annonces légales obligatoires
Bodacc : Bulletin officiel des annonces civiles et commerciales
C. civ. : Code civil
C. com. : Code de commerce
CA : Conseil d'administration
CAA : Commissaire aux apports
CAC : Commissaire aux comptes
CAHT : Chiffre d'affaires hors taxes
CAT : Commissaire à la transformation
CDC : Caisse des dépôts et consignations
CJUE : Cour de justice de l'Union européenne
CRPC : Comparution sur reconnaissance préalable de culpabilité
CS : Conseil de surveillance
DG : Directeur général
DGD : Directeur général délégué
DGU : Directeur général unique
DPS : Droit préférentiel de souscription
EARL : Entreprise agricole à responsabilité limitée
EI : Entreprise individuelle
EIRL : Entreprise individuelle à responsabilité limitée
EPIC : Établissement public à caractère industriel et commercial
EURL : Entreprise unipersonnelle à responsabilité limitée
GAEC : Groupement agricole d'exploitation en commun
GIE : Groupement d'intérêt économique
INPI : Institut national de la propriété industrielle
JO(RF) : *Journal officiel de la République française*
JOUE : *Journal officiel de l'Union européenne*
LRAR : Lettre recommandée avec avis de réception
PCA : Président du conseil d'administration
PCS : Président du conseil de surveillance
PS : Part sociale
PV : Procès-verbal
RCS : Registre du commerce et des sociétés
RNE : Registre national des entreprises
SA : Société anonyme
SARL : Société à responsabilité limitée
SAS/SASU : Société par actions simplifiée/société par actions simplifiée unipersonnelle
SC : Société civile
SCA : Société en commandite par actions
SCI : Société civile immobilière
SCM : Société civile de moyens
Scop : Société coopérative de production
SCP : Société civile professionnelle
SE : Société européenne
SEL : Société d'exercice libéral
SELAFA : Société d'exercice libéral à forme anonyme
SELARL : Société d'exercice libéral à responsabilité limitée
SELAS : Société d'exercice libéral par actions simplifiée
SELCA : Société d'exercice libéral en commandite par actions
SHAL : Support habilité à recevoir des annonces légales
SNC : Société en nom collectif
SPFPL : Société de participations financières de professions libérales
TC : Tribunal de commerce
TJ : Tribunal judiciaire

PROGRAMME

Axe 1 : Droit des affaires

Les unités d'enseignement (UE) des « fondamentaux du droit » (UE 1), de « droit des sociétés et des groupements d'affaire » (UE 2), de « droit social » (UE 3) et de « droit fiscal » (UE 4) ont pour objet de fournir au titulaire du DCG une connaissance juridique du fonctionnement des organisations.

Ces unités d'enseignement devront, notamment, permettre le développement de compétences spécifiques :

- identifier et hiérarchiser les sources juridiques ;
- rechercher et analyser une documentation juridique fiable et actualisée ;
- analyser une décision de justice et en dégager la portée ;
- qualifier et analyser un contrat ou un document professionnel ;
- qualifier les faits, articuler un raisonnement juridique et proposer une solution adaptée, dans le cadre d'une situation juridique donnée.

UE 2. Droit des sociétés et des groupements d'affaires

Niveau L – 150 heures – 14 ECTS

- Nature : épreuve écrite portant sur l'étude d'une ou de plusieurs situations pratiques et/ou le commentaire d'un ou de plusieurs documents et/ou une ou plusieurs questions.
- Durée : 3 heures.
- Coefficient : 1.

1. L'entreprise en société (40 heures)

1.1. La notion de société

Sens et portée de l'étude. Le droit des sociétés a une histoire marquée par de grandes lois complétant le Code civil. C'est un droit qui a souvent accompagné les mutations économiques. Les différentes formes sociétaires n'ont pas été créées *ex nihilo* mais pour répondre à des besoins. La forme sociétaire n'est toutefois pas la seule forme juridique utilisée pour l'exercice d'une activité économique.

Compétences attendues	Savoirs associés
• Identifier les sources du droit des sociétés. • Repérer les grandes évolutions historiques et économiques ayant donné naissance aux différentes formes sociétaires. • Repérer l'influence du droit européen en droit des sociétés à travers quelques exemples concrets. • Chercher une forme adaptée à la situation patrimoniale de l'entrepreneur (sociétaire, EIRL, entreprise individuelle).	• Définition de la société. • Sources et évolution du droit des sociétés. • EIRL et entreprise individuelle.

1.2. La société-contrat

Sens et portée de l'étude. La société est à la fois un contrat entre associés et une personne juridique autonome. Cette double nature donne à la société un statut juridique particulier. La nature contractuelle de la société se révèle à travers le contrat de société, acte fondateur, dont les différents éléments constitutifs doivent être étudiés avec attention. Mais au cours de la vie sociétaire, les volontés individuelles vont parfois être dépassées au profit d'un intérêt social qui s'imposera aux associés. La compréhension de cette double nature permet de voir la société comme un instrument juridique au service de la liberté individuelle et contractuelle qui a toutefois une autonomie certaine par rapport à la volonté de ses créateurs.

Compétences attendues	Savoirs associés
• Identifier les différents éléments constitutifs du contrat de société et les caractériser. • Analyser le régime juridique des apports. • Distinguer bénéfices et dividendes. • Distinguer capital social et capitaux propres. • Analyser l'influence du régime matrimonial de l'associé sur le contrat de société. • Analyser l'impact du débat de la nature juridique de la société sur la notion d'intérêt social.	Les éléments constitutifs du contrat de société : associé(s), apports, bénéfice ou économie, *affectio societatis*. • Le régime des nullités en cas d'élément constitutif manquant. • La terminologie des aspects juridiques intéressant les capitaux et résultats : capital social, capitaux propres, bénéfice/dividendes. • La nature juridique de la société : contrat, institution. • L'intérêt social, l'abus de droit.

1.3. La société, personne juridique

Sens et portée de l'étude. Depuis sa création jusqu'à sa disparition, des règles juridiques vont encadrer la vie d'une société. La personnalité morale de la société lui donne une autonomie certaine qu'expriment ses statuts mais dans un cadre déterminé par la loi. Le pouvoir et les droits des associés vont varier selon l'étendue de la responsabilité financière qui leur incombe. La société sera dirigée par des organes dont les pouvoirs et les responsabilités varient selon les formes sociétaires. Les mécanismes de contrôle de la gestion de la société doivent favoriser une plus grande transparence. Un équilibre se crée dans le fonctionnement quotidien entre les dirigeants, les associés et les organes de contrôle. Parfois les aléas du fonctionnement de la société vont l'amener à disparaître. Toutes ces étapes sont encadrées par des règles juridiques destinées à maintenir ou à imposer un équilibre entre des intérêts divers et parfois contradictoires.

1.3.1. La naissance de la société

Compétences attendues	Savoirs associés
• Différencier constitution de la société et acquisition de la personnalité juridique. • Schématiser le processus administratif aboutissant à l'acquisition de la personnalité morale. • Analyser les conséquences d'un acte pris par une société en formation. • Repérer les attributs de la personne morale et en analyser le régime juridique.	• La constitution de la société, l'acquisition de la personnalité morale, l'immatriculation de la personne morale. • L'identité : les attributs de la personne morale (nom, siège, patrimoine, durée, capacité).

1.3.2. Le fonctionnement et les contrôles de la société

Compétences attendues	Savoirs associés
• Analyser le fonctionnement interne d'une société et sa représentation vis-à-vis des tiers. • Distinguer la rémunération liée au mandat social, du salaire lié au contrat de travail. • Différencier les conditions et les conséquences de l'engagement de la responsabilité de la société, des dirigeants et des associés. • Apprécier les contrôles internes et externes de l'action du dirigeant et leurs conséquences.	• Les associés : informations, pouvoirs et responsabilités. • Les dirigeants et les organes sociaux : représentant légal, mandataire social, fonctionnement, responsabilités. • Le contrôle et les sanctions.

1.3.3. La disparition de la société

Compétences attendues	Savoirs associés
• Identifier les causes de dissolution d'une société. • Schématiser le processus de dissolution et de liquidation. • Analyser les conséquences de la dissolution et de la liquidation pour la personne morale. • Analyser les conséquences de la dissolution et de la liquidation pour les associés.	• La dissolution et la liquidation. • L'étendue de la personnalité morale pendant les phases de dissolution et liquidation.

1.4. La société sans personnalité juridique propre

Sens et portée de l'étude. La société peut être sans personnalité juridique propre, soit du fait de la négligence des associés, soit volontairement. Les conséquences de cette absence de personnalité sont importantes, surtout dans la mise en œuvre de la responsabilité des associés.

Compétences attendues	Savoirs associés
• Distinguer les différentes formes de société sans personnalité juridique. • Identifier les conséquences juridiques associées aux différentes formes de société sans personnalité juridique.	• Les dispositions régissant l'absence de personnalité juridique de la société. • La société en participation. • La société de fait. • La société créée de fait.

2. Les principaux types de sociétés (60 heures)

Sens et portée de l'étude. La société peut prendre plusieurs formes selon que les associés veulent limiter ou non leur responsabilité au montant de leurs apports, se ménager une latitude contractuelle, faciliter le financement de ses activités. La forme choisie n'est toutefois pas figée. Les opérations sur le capital ou les opérations de transformation permettant par exemple d'adapter la forme initialement choisie aux besoins des associés. Une étude des principaux types de sociétés doit permettre de mieux comprendre les avantages et les inconvénients de chaque forme sociétaire pour pouvoir ensuite déterminer la forme la plus adaptée à un contexte donné.

Compétences attendues	Savoirs associés
• Schématiser et analyser les règles de fonctionnement de chaque forme sociétaire étudiée. • Rédiger des clauses spécifiques des statuts (clause limitative de pouvoir, clause d'inaliénabilité, clause d'agrément). • Repérer dans des statuts les clauses non conformes (clause limitative de pouvoir, clause d'inaliénabilité, clause d'agrément, clause de préemption et clause d'exclusion) et les corriger. • Analyser les opérations de contrôle au sein d'une société : rôles du commissaire aux comptes, contrôle des conventions réglementées, contrôle interne, procédure d'alerte. • Différencier les principales valeurs mobilières (actions, actions de préférence, obligations) et expliquer leur régime juridique. • Distinguer les actions et les parts sociales et justifier les conséquences juridiques de cette distinction. • Analyser les opérations d'augmentation et de réduction de capital. • Analyser les conditions et les conséquences d'une transformation pour chaque type de sociétés. • Identifier les causes et les conséquences d'une dissolution spécifiques à chaque type de sociétés. • Justifier le choix d'une forme sociétaire adaptée à une situation donnée.	• Les sociétés à responsabilité limitée : – pluripersonnelle ; – unipersonnelle. • Les sociétés anonymes : – forme classique ; – à directoire. • Les sociétés par actions simplifiées : – pluripersonnelle ; – unipersonnelle. • La société en nom collectif. • Les sociétés civiles de droit commun.

3. L'économie sociale et solidaire et le monde des affaires (10 heures)

Sens et portée de l'étude. L'économie sociale et solidaire (ESS) prend une place croissante au sein de l'économie. Les formes classiques de sociétés ne permettent pas toujours de répondre à ces nouveaux besoins. L'association et la société coopérative sont deux structures juridiques compatibles avec les principes directeurs de l'ESS.

Compétences attendues	Savoirs associés
• Caractériser l'économie sociale et solidaire. • Mettre en évidence à partir d'une documentation l'importance croissante de l'économie sociale et solidaire et son encadrement par la loi. • Identifier les principes généraux régissant les associations et les sociétés coopératives. • Déterminer les conséquences de l'exercice par une association d'une activité économique. • Identifier une structure juridique adaptée à une situation donnée.	• L'économie sociale et solidaire. • L'association. • La société coopérative.

4. Les autres types de groupements (15 heures)

Sens et portée de l'étude. Au-delà des formes communes déjà étudiées, de nombreux groupements permettent d'organiser les relations entre des partenaires mus par des projets particuliers. Ces groupements apportent des réponses à des besoins divers dans un contexte donné.

Compétences attendues	Savoirs associés
• Identifier l'utilité de ces groupements dans des situations spécifiques. • Mettre en évidence les principales règles de fonctionnement de ces groupements.	Caractéristiques essentielles des : • sociétés en commandite par actions (SCA) ; • sociétés d'exercice libéral (SEL) ; • société civile immobilière, société civile professionnelle, société civile de moyens ; • sociétés agricoles : GAEC, EARL ; • groupement d'intérêt économique (GIE).

5. Prévention et traitement des difficultés (10 heures)

Sens et portée de l'étude. Dans un contexte économique incertain, les organisations peuvent connaître des difficultés financières mettant en danger leur existence même. Le droit va tenter de détecter au plus tôt ces situations, pour encourager les organisations à mettre en place des outils destinés à les aider à surmonter rapidement leurs difficultés. Si la situation s'aggrave, le législateur a alors prévu des procédures plus contraignantes destinées à préserver les intérêts de toutes les parties prenantes.

Compétences attendues	Savoirs associés
• Différencier le mandat ad hoc de la conciliation. • Caractériser la notion de cessation des paiements. • Identifier les conditions d'engagement d'une procédure collective. • Présenter les acteurs des procédures collectives. • Schématiser les procédures applicables en fonction du degré de la difficulté rencontrée. • Déterminer l'issue d'une procédure collective.	• La cessation des paiements. • Les spécificités et comparaison des procédures préventives (mandataire *ad hoc*/conciliation). • La procédure de sauvegarde (finalités, acteurs, issues). • Le redressement et la liquidation judiciaire (finalités, initiatives, acteurs, durée, issues).

6. Droit pénal des groupements d'affaires (15 heures)

Dans le cadre du développement de ses activités, l'entreprise mais aussi le dirigeant peuvent voir mise en cause leur responsabilité pénale. Cette dernière a pour but la défense sociale et la garantie d'une forme de morale des affaires. Elle peut toutefois mettre en jeu la survie même de l'entreprise ou la liberté des hommes de l'entreprise. Elle est également parfois perçue comme limitant de manière trop importante la liberté d'entreprendre. Elle doit donc être entourée de nombreuses garanties et trouver un équilibre parfois délicat.

6.1. La responsabilité pénale

Sens et portée de l'étude. Le droit pénal appliqué aux affaires ne saurait se libérer des principes fondateurs du droit pénal afin de garantir son efficacité et sa légitimité. Le rôle du juge est ici fondamental. Il est également nécessaire de comprendre que le risque pénal ne se limite pas au dirigeant ou à l'entreprise : experts-comptables, commissaires aux comptes, banquiers peuvent également voir leur responsabilité mise en cause. Il est donc important de comprendre les enjeux et la mesure du risque pénal afin de permettre aux différents acteurs d'exercer leur liberté d'entreprendre ou leur profession d'une manière acceptable aux yeux de la loi et de la société.

Compétences attendues	Savoirs associés
• Identifier la personne pénalement responsable, l'auteur et le complice. • Associer une peine à une infraction (amende, emprisonnement…). • Schématiser les grandes étapes de la procédure pénale. • Mettre en évidence les grandes règles de la procédure pénale. • Identifier la responsabilité pénale du commissaire aux comptes (CAC).	• Les éléments constitutifs de l'infraction. • La classification des infractions : crime, délit, contravention. • L'identification de la personne responsable : auteur, complice. • La procédure pénale : action publique et action civile, instruction préparatoire, jugement et voie de recours, principes directeurs d'un procès. • Le statut pénal du CAC.

6.2. Les infractions de droit commun applicables aux affaires et les infractions spécifiques du droit pénal des sociétés et groupements d'affaires

Sens et portée de l'étude. Les infractions de droit commun visent surtout à protéger la propriété intéressant la vie des affaires. Principe constitutionnel, la propriété est ici protégée par l'abus de confiance ou l'escroquerie. Mais elles ont également comme objectif de renforcer la probité des comportements des acteurs économiques afin de maintenir la crédibilité du système économique. Le rôle régulateur du droit pénal trouve ici tout son sens.

Compétences attendues	Savoirs associés
• Repérer et nommer les éléments constitutifs de chaque infraction. • Distinguer les infractions de droit commun des infractions spécifiques.	• L'abus de confiance. • L'escroquerie. • Les faux et usage de faux. • Le recel. • L'abus de biens et du crédit de la société. • La distribution de dividendes fictifs. • La présentation ou publication de bilan ne donnant pas une image fidèle. • La surévaluation des apports. • Les infractions remettant en cause le bon déroulement de la mission de contrôle du CAC.

AVANT-PROPOS

Rédigés par des enseignants des classes préparatoires à l'expertise comptable, membres des commissions d'examen, les manuels Dunod constituent une préparation complète aux examens de DCG et DSCG.

L'axe 1 « Droit des affaires » et l'évaluation par les compétences

Les unités d'enseignement (UE) des « fondamentaux du droit » (UE 1), de « droit des sociétés et des groupements d'affaire » (UE 2), de « droit social » (UE 3) et de « droit fiscal » (UE 4) ont pour objet de fournir au titulaire du DCG une connaissance juridique du fonctionnement des organisations. Elles forment **l'axe 1** des parcours de formation intitulé **« Droit des affaires »**.

Les unités sont déclinées en compétences. Ces compétences sont à la fois variées mais limitées par une liste donnée et clairement identifiée. Une compétence peut être définie comme la capacité à utiliser un savoir-faire dans une situation donnée pour produire un résultat requis. Elle s'acquiert dans une situation, d'où l'importance de la structuration et de l'entraînement à la pratique de la problématisation.

Une compétence présente un caractère disciplinaire ; elle vise à résoudre des problèmes liés à la discipline et repose nécessairement sur des connaissances inhérentes à cette même discipline. Mais, dans le même temps, une compétence s'appuie sur des savoir-faire généraux et transversaux (capacité à analyser, à rédiger de manière concise et précise, etc.).

La compétence induit donc un rapport au savoir, elle ne s'y oppose pas. Les savoirs sont les informations qu'il faut être en mesure de mobiliser à bon escient avec, pour finalité, l'élaboration d'un raisonnement structuré ou la résolution d'un problème lié à la pratique juridique.

Le concept de situation est donc central lorsque l'on évoque une compétence ; la mise en situation donne à l'étudiant l'occasion d'exercer la compétence visée. Une **situation** présente donc divers caractères, à la différence de la simple application de la règle :

- Elle mobilise un ensemble d'acquis et est orientée vers une tâche porteuse de sens.
- Elle fait référence à une catégorie de problèmes spécifiques à la discipline, elle est nouvelle.

Une compétence est évaluable. Elle peut se mesurer à la qualité de l'exécution de la tâche *et* à la qualité du résultat. Dès lors, une préparation efficace repose sur un équilibre judicieux entre l'acquisition de connaissances et un développement de compétences ciblées centré sur le réinvestissement en contexte. L'évaluation s'en trouve renouvelée ; elle met l'accent sur le cheminement intellectuel et l'esprit critique du candidat et promeut une nouvelle quête de sens.

Le parti pris de nos manuels

Le présent manuel vise à apporter l'**ensemble des savoirs disciplinaires associés à l'unité d'enseignement «** Droit des sociétés et des groupements d'affaires » à travers six parties, structurées en 24 chapitres, respectant scrupuleusement la progression logique du programme. Chaque chapitre propose une **synthèse synoptique** finale propice à la mémorisation.

La section « Des savoirs aux compétences » a été conçue comme une **passerelle** entre les deux éléments du programme :

- Dans un premier temps, le candidat est invité à s'autoévaluer à l'aide d'un quiz/QCM (réponses en fin d'ouvrage) et d'une application directe des connaissances (rubrique « Évaluer les savoirs »). En fonction de ses résultats, l'étudiant détermine les points du cours à revoir.
- Dans un second temps, l'étudiant est placé en contexte afin de tester les compétences requises et évaluées à l'examen (rubrique « Maîtriser les compétences ») : **toutes les compétences du programme font l'objet d'une mise en situation**. Les cas proposés sont progressifs (le niveau de difficulté est systématiquement indiqué). Les compétences les plus complexes sont traitées isolément.
- Enfin, une fois les compétences maîtrisées, l'étudiant est invité à se placer en condition d'examen (rubrique « Préparer l'épreuve »), au travers de **situations pratiques** et d'**études de documents** (décisions de justice et documentation professionnelle). Ces pages sont émaillées de conseils méthodologiques et de rappels théoriques.

Chaque partie du programme est ponctuée d'un **cas de synthèse transversal** testant les principaux savoirs et compétences de la partie. L'ouvrage s'achève par **un sujet type d'examen intégralement corrigé**.

Un aller-retour constant entre savoirs et compétences

Deux parcours de préparation sont possibles grâce à ce manuel :

- Des savoirs disciplinaires étudiés aux compétences à mettre en œuvre en situation.
- L'acquisition de la compétence par la confrontation des situations aux savoirs.

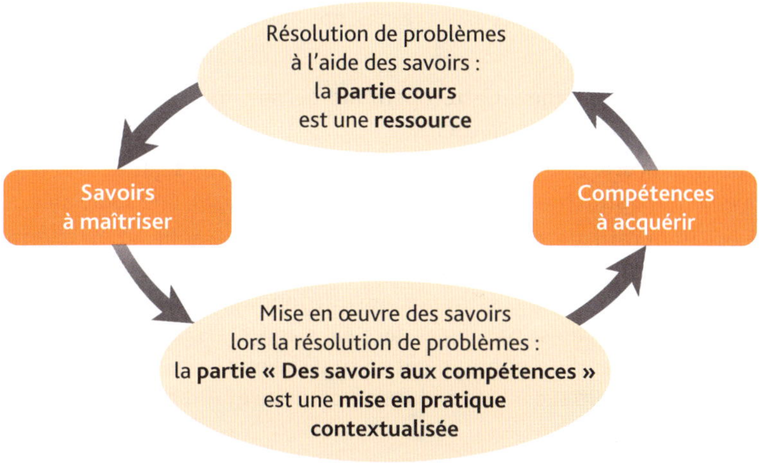

Rendez-vous

MÉTHODE 1

Répondre à une question ou élaborer une note

En amont : comment apprendre efficacement

- **Une attitude positive.** Avoir confiance en soi, prendre plaisir à apprendre, comprendre, fournir un effort régulier et être persévérant sont des conditions *sine qua non*.
- **La méthode des strates.** Les connaissances ne se superposent pas comme les pages d'une encyclopédie, sans lien actif les unes avec les autres. Pour mémoriser un chapitre, il faut d'abord disposer d'une vision globale de ce que l'on étudie. Puis, il importe de revenir sur les points essentiels, avant de s'intéresser aux points secondaires. Deux étapes sont nécessaires pour assimiler un cours :
  - d'abord, le comprendre par la lecture complète dans le détail ;
  - ensuite, l'apprendre, le relire en s'attachant à l'essentiel, à sa structure et au lien entre les éléments. Il convient d'appliquer une méthode en entonnoir, en allant du plus important au moins important, sans se contenter d'à-peu-près.

Exemple

Strate 1 : le plan détaillé ; strate 2 : les définitions, les paragraphes ; strate 3 : les exemples, les approfondissements et ressources, les applications et cas.

- **Le *feed-back*.** Multiplier les occasions de réaliser des *feed-back* écrits, oraux ou mentaux permettant de contrôler si ce que l'on vient d'étudier est bien assimilé, d'en dégager l'essentiel sous une forme structurée (arborescence, carte mentale) et d'entraîner sa mémoire pour être capable de mobiliser les données en temps utile.
- **La maîtrise du temps.** Se concentrer et se focaliser sur un thème.

Comprendre sa mémoire :
rdv sur la page YouTube de Mathieu Gagnon

Comment répondre à une question

Lire la question et repérer les mots-clés (verbes, notions juridiques)

Définir les termes du sujet.

Identifier les contours du sujet. Cette opération permet de déterminer les éléments attendus du sujet et ceux qui en sont exclus.

Mettre les idées en ordre. Une introduction définit les termes du sujet et annonce le plan. Un développement est structuré en paragraphes traitant, chacun, une seule idée.

Rédiger. Il est impératif de respecter les règles d'orthographe et de syntaxe. Les phrases sont courtes et précises. Le vocabulaire est choisi : chaque mot doit être pesé. La structure attendue est classique : une introduction suivie du développement annoncé. Une conclusion n'est pas nécessaire s'il s'agit d'exposer des règles.

Relire. Chassez les fautes d'orthographe et de syntaxe en consacrant 5 à 10 minutes à une relecture finale minutieuse. Une rédaction confuse et imprécise est pénalisante.

Rendez-vous

MÉTHODE 2

Analyser une décision de justice et en dégager la portée : l'exemple d'un arrêt de la Cour de cassation

Objectif

L'analyse d'une décision de justice consiste à dégager les **règles de droit** utilisées par le juge pour résoudre un **litige**. La décision à étudier émane, le plus souvent, de la Cour de cassation.

Méthode

L'analyse d'une décision de justice comporte **cinq étapes** :

- **Rechercher les parties au procès.** Il s'agit d'identifier le demandeur, le défendeur et la juridiction.
- **Exposer sommairement et chronologiquement les faits.** Il s'agit de dégager ce qui s'est passé et ce qui a conduit les parties devant les tribunaux (possibilité de schématisation).
- **Présenter le déroulement de la procédure antérieure.** Les précédentes décisions doivent être rappelées de façon chronologique, en relevant, pour chacune, la date et le dispositif (sens de la décision).
- **Identifier le ou les problèmes de droit soulevés.**
- **Analyser la décision**. Il s'agit de rechercher, compte tenu des prétentions des parties, les arguments (*motifs*) et la solution (*dispositif*) retenus par la juridiction pour trancher le litige.

Portée d'une décision

Il s'agit d'apprécier, au regard du droit positif, l'**impact** de la décision et de la critiquer. Le plus souvent, un questionnement guide cette étape.

La **compréhension** d'une décision de la Cour de cassation passe par l'identification du raisonnement, en l'imaginant comme le résultat d'un **dialogue** :

- si la Cour casse une décision, elle indique aux juges du fond qu'ils ont mal appliqué le droit ;
- si la Cour rejette un pourvoi, elle estime que les arguments du demandeur ne permettent pas de remettre en cause le raisonnement juridique appliqué par les juges du fond.

La première chose à faire, quand on analyse une décision de justice, est donc de **lire la décision** rendue (rejet ou cassation).

Structure des arrêts de la Cour de cassation antérieurs à octobre 2019

Les arrêts de la Cour de cassation partageaient, jusqu'à la fin de la décennie 2010, une structure commune :

Arrêt de cassation		Arrêt de rejet	
Arrêt n° X du Y… N	Indication de la juridiction qui a rendu la décision	Arrêt n° X du Y… N	Indication de la juridiction qui a rendu la décision
Sur le moyen unique… Mais sur le moyen…	Arguments du pourvoi	Sur le moyen unique… Mais sur le moyen…	Arguments du pourvoi
La Cour ; Vu l'article… de la loi…	Visa (texte de loi appliqué)	La Cour ; Attendu que, selon l'arrêt attaqué…	Faits, procédure, dispositif et motifs de l'arrêt d'appel attaqué
Attendu que, selon l'arrêt attaqué…	Faits (tels que dans la décision de la cour d'appel)	Alors que…	Arguments du demandeur
Attendu que : • pour accueillir la demande… • pour débouter…	Décision antérieure		
Qu'en statuant ainsi/faisant ainsi application, alors que… la Cour d'appel a violé le texte susvisé. Par ces motifs : • casse et annule…, • renvoie…	Motifs, raisonnement et décision de la Cour de cassation qui casse et annule ou renvoie vers une juridiction de même degré que la juridiction d'origine	Mais attendu que… Par ces motifs : • rejette le pourvoi formé contre l'arrêt de la cour d'appel	Motifs, raisonnement de la Cour de cassation

La Cour de cassation a adopté, depuis octobre 2019, de nouvelles normes de rédaction de toutes ses décisions. Le style est direct, sans « attendu » ni phrase unique. Les paragraphes sont numérotés. Les grandes parties composites de l'arrêt sont clairement identifiées :

- Faits et procédure.
- Examen du ou des moyens.
- Dispositif.

Présentation des arrêts de la Cour de cassation postérieurs à octobre 2019

Le plan des arrêts se découpe désormais en trois parties : I. Faits et procédure, II. Examen des moyens du pourvoi (énoncé du ou des moyen(s) et réponse(s) de la Cour), III. Dispositif.

La première partie (« Faits et procédure ») est unique pour l'ensemble de l'arrêt quel que soit le nombre de moyens examinés.

Les titres des parties ne sont pas numérotés. Les divisions de l'arrêt apparaissent par un graphisme différencié de chaque niveau de titre. En général, l'arrêt n'en compte pas plus de trois. On distingue par le titre l'« Énoncé [Exposé] du moyen », de la « Réponse de la Cour ».

Le dispositif de l'arrêt est annoncé par la formule « PAR CES MOTIFS, la Cour… » suivi, à la ligne, de l'énoncé de la décision (cassation de la décision attaquée ou rejet du pourvoi).

L'arrêt est ainsi séquencé (afin qu'il soit suffisamment illustratif, le premier exemple choisi a trait à une situation procédurale ramifiée) :

- Faits et procédure
- Examen des moyens
  - Sur le premier moyen du pourvoi principal
    Énoncé [Exposé] du moyen
    Réponse de la Cour
  - Sur le deuxième moyen du pourvoi principal
    Énoncé [Exposé] du moyen
    Réponse de la Cour
  - Sur le moyen unique du pourvoi incident
    Énoncé [Exposé] du moyen
    Réponse de la Cour : PAR CES MOTIFS, la Cour…

En cas de moyen unique, la structure ci-dessus demeurera inchangée :

- Faits et procédure
- Examen du moyen
  Énoncé [Exposé] du moyen
  Réponse de la Cour : PAR CES MOTIFS, la Cour…[1]

Décisions de justice et questions à l'examen

Une décision de justice peut figurer dans le dossier documentaire. Elle peut soit :

- servir de support à un questionnement portant directement sur l'analyse de la décision, et donc sur sa portée ;
- représenter une ressource mettant en scène une situation juridique proche de celle figurant dans la mise en situation. La réponse donnée par le juge peut alors constituer une règle jurisprudentielle pouvant servir de guide à la résolution du cas.

1 Éléments issus du guide des nouvelles règles relatives à la structure et à la rédaction des arrêts.

Rendez-vous

MÉTHODE 3

Résoudre une situation pratique

Une situation pratique est fondée sur des faits concrets, soulevant un problème de droit qu'il faut résoudre à l'aide d'un **raisonnement juridique** qui repose sur un **syllogisme** :
- une majeure, l'énoncé de la règle de droit ;
- une mineure, l'application de la règle aux faits ;
- une conclusion, la solution juridique qui en découle.

Cette méthodologie est requise pour répondre à l'ensemble des questions du sujet d'examen, sauf mention contraire.

Travail préparatoire

Comprendre la situation : identifier les faits utiles à la compréhension de la situation. Il peut être nécessaire de noter la chronologie des faits, d'identifier les personnes concernées en précisant leur statut et de schématiser leurs relations.

Exemple

Lucie Damar confie à Albert Lebel des travaux dans son salon de coiffure à exécuter du 1er au 7 octobre, le salon étant fermé. Albert interrompt les travaux sans raison le 3 octobre et les reprend du 27 au 31 octobre. Le salon ayant été fermé plus longtemps que prévu, Lucie a enregistré une baisse sensible de son chiffre d'affaires. *Quel recours Lucie peut-elle exercer contre Albert ?*

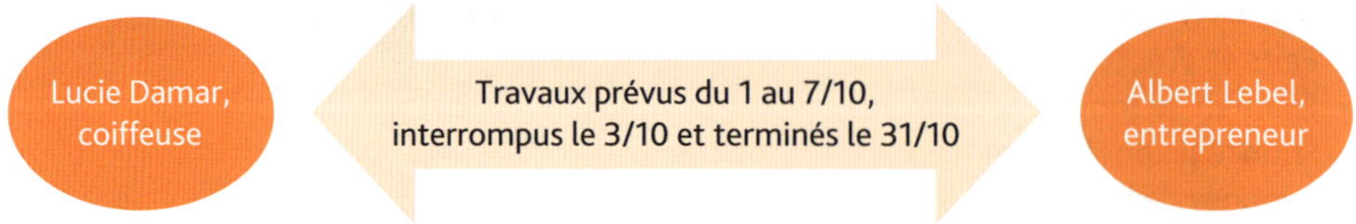

Qualifier les faits et soulever le problème juridique : traduire la situation en termes juridiques pour la relier à une catégorie de droit. La qualification permet d'identifier le problème juridique (question de droit soulevée). Il s'agit d'une question générale, qui ne se limite pas au cas exposé.

Exemple

Un contrat lie Lucie Damar et Albert Lebel, des professionnels. La mauvaise exécution de l'obligation contractuelle d'Albert d'effectuer des travaux du 1er au 7 octobre se traduit par un préjudice pour Lucie, une perte de CA. *Quelles sont les conditions de la responsabilité civile contractuelle ?*

Rechercher les règles applicables : mobiliser les connaissances liées à la situation qui permettront de répondre à la question posée. Toutes les règles pertinentes devront être évoquées ; les termes juridiques, définis.

Exemple

▸ La mise en œuvre de la responsabilité civile contractuelle implique la preuve d'une faute contractuelle (inexécution ou mauvaise exécution d'une obligation prévue au contrat), d'un préjudice (prévisible, certain, licite) et d'un lien de causalité entre ces deux éléments. ◂

Appliquer les règles et formuler la solution : démontrer l'application de chaque règle juridique à la situation. L'argumentation doit être précise et détaillée. Il convient de vérifier chaque condition. La **solution** découle de l'**argumentation** développée.

Exemple

▸ Le contrat entre Lucie Damar et Albert Lebel oblige Albert à effectuer des travaux du 1er au 7 octobre dans le salon de coiffure de Lucie. Les travaux sont interrompus et le chantier terminé hors délai (faute contractuelle), d'où un préjudice (perte de CA) en raison du report des travaux (lien de causalité). *Solution : possibilité pour Lucie d'engager la responsabilité civile contractuelle d'Albert.* ◂

Rédaction de la réponse

En l'absence de précision dans le sujet, la méthode de résolution de cas exposé ci-avant doit être appliquée à l'examen.

La rédaction doit être structurée et contenir les éléments suivants :

- présentation des **règles juridiques** permettant de répondre au problème soulevé ;
- **solution proposée**, s'appuyant sur une argumentation détaillée ;
- conclusion par une **réponse directe** à la question posée dans l'énoncé.

La réponse doit être **entièrement rédigée**. L'expression doit être claire et soignée.

Si le rappel des faits n'est pas exigé dans la réponse, leur étude et leur qualification préparatoires sont indispensables.

Exemple

▸ La mise en œuvre de la responsabilité civile contractuelle suppose l'existence d'un contrat entre la victime et l'auteur du dommage. La victime doit apporter la preuve d'une faute commise par le cocontractant (inexécution ou mauvaise exécution d'une obligation prévue au contrat) et établir l'existence d'un préjudice prévisible, certain et licite. Enfin, le préjudice doit résulter directement de l'inexécution de l'obligation.

En l'espèce, Lucie Damar et Albert Lebel ont conclu un contrat prévoyant l'exécution par Albert de travaux dans un délai précis. L'interruption et le report des travaux sans raison constituent une faute. Lucie a subi un préjudice correspondant à la perte de CA, causé par l'interruption des travaux. Elle peut donc agir en responsabilité civile contractuelle contre Albert afin d'obtenir réparation de ce préjudice. ◂

Qualifier et analyser un contrat ou un document professionnel

Qualifier et analyser un contrat

L'**analyse d'un contrat** permet de cerner la teneur des **engagements** des parties qui l'ont souscrit mais aussi de résoudre les problèmes relatifs aux **litiges** qui peuvent survenir à propos de sa formation ou de son exécution.

La démarche comporte **plusieurs étapes** :

- **Lire attentivement le contrat**. Identifier les mots-clés des extraits du contrat présenté pour parvenir à déterminer sa nature exacte.

- **Analyser le contrat** :
  - **qualifier** juridiquement le contrat, c'est-à-dire nommer précisément le contrat (contrat de vente, de location, de travail, etc.) ;
  - en **définir** l'objet (vente d'un bien meuble ou immeuble, contrat de travail ou contrat de sous-traitance, etc.) ;
  - **identifier** les parties au contrat et leur qualité respective (dans la vente, qui est le vendeur, qui est l'acquéreur…) ;
  - **apprécier** ses conditions de validité : le contrat est-il valable ? Réunit-il les conditions requises (consentement des parties concernées, capacité juridique et contenu licite et certain du contrat proposé) ?
  - **situer** le contrat dans l'espace et le temps : préciser la date et le lieu de signature (pour déterminer les règles juridiques applicables au moment de sa conclusion) ;
  - **caractériser** le contrat : est-ce un contrat synallagmatique ou unilatéral ? instantané ou à exécution successive ? consensuel ou solennel ?
  - **expliquer** les obligations des parties au regard des différentes clauses que le contrat contient et vérifier les conditions de validité des clauses prévues (ex. : la clause de non concurrence pour le contrat de travail) ;
  - **dégager** les effets du contrat sur chacune des parties : quelles sont les conséquences en cas d'inexécution ou de mauvaise exécution du contrat ? Le contrat peut-il être reconduit et à quelles conditions ? Etc.
  - **préciser** les signataires du contrat et, en cas de formalités légales imposées, vérifier les conditions de forme qui seraient applicables (ex. : un acte établi sous signatures privées impose que chaque contractant reçoive un exemplaire du contrat).

- **Rédiger la ou les réponse(s) aux différentes questions posées** :
  - **mobiliser** les règles de droit connues et faire le lien avec les questions posées ;
  - **appliquer** les règles au contrat présenté, en tenant compte des spécificités de la situation juridique envisagée.

Qualifier et analyser un document professionnel

Des documents professionnels variés peuvent être soumis aux candidats (charte, règlement, conditions générales de ventes – CGV, compromis…). Dans tous les cas, il convient de :

- Bien **lire** le document et les questions posées en sélectionnant les **mots-clés.**
- **Identifier** la nature et les sources du document étudié pour le **qualifier** précisément (ex. : règlement intérieur d'entreprise, statuts de société, CGV, loi, article…).
- **Situer** le document dans le temps : date du support, actualisation à opérer (référence à des articles de codes)… pour apprécier l'application de la règle de droit à une situation donnée.
- **S'interroger** sur les idées véhiculées, les informations à commenter, la validité des clauses présentées. L'intérêt est de confronter l'ensemble aux textes légaux et à la jurisprudence.
- **Synthétise**r les idées et **structurer** l'argumentation pour répondre aux questions.

CHAPITRE 1 La notion de société

PROGRAMME

Compétences attendues

- **Identifier** les sources du droit des sociétés
- **Repérer** les grandes évolutions historiques et économiques ayant donné naissance aux différentes formes sociétaires
- **Repérer** l'influence du droit communautaire en droit des sociétés à travers quelques exemples concrets
- **Chercher** la forme la plus adaptée à la situation patrimoniale de l'entrepreneur (sociétaire, EIRL, entreprise individuelle)

Savoirs associés

- Définition de la société
- Sources et évolution du droit des sociétés
- EIRL et entreprise individuelle

LIENS AVEC LE DCG 1

§ 2.2 Les commerçants, personnes physiques • § 2.3 Les autres professionnels de la vie des affaires

PLAN DU CHAPITRE

Cours : 1. Sources et évolutions du droit des sociétés • 2. Le choix d'une structure juridique

Des savoirs aux compétences : Évaluer les savoirs • Maîtriser les compétences • Préparer l'épreuve

Synthèse

Pour exercer une activité économique, il est nécessaire de s'organiser juridiquement. L'entreprise est définie en droit comme « toute entité exerçant une activité économique, indépendamment du statut juridique de cette entité et de son mode de financement » (Cour de Justice des Communautés européennes, 1er novembre 1995 et Cour de cassation, 12 mars 2002). Il existe quatre types d'entreprise : l'entreprise individuelle (EI, EIRL), l'entreprise sociétaire (SARL, SA, SAS, SNC, société civile…), le groupement d'intérêt économique (GIE) et l'entreprise associative. La société n'est donc qu'une forme d'organisation entrepreneuriale, parmi d'autres, utilisée pour l'exercice d'une activité économique.

MOTS-CLÉS

Droit des sociétés • EIRL • Entreprise individuelle • Groupement d'affaires • Patrimoine • Société

1 Sources et évolutions du droit des sociétés

Définition

Le **droit des sociétés** regroupe l'ensemble des règles juridiques qui régissent la vie des sociétés de leur constitution à leur dissolution.

A) Les sources du droit des sociétés

Le droit des sociétés est un droit éclaté. De nombreuses sources existent, qu'il convient de distinguer. Il est fortement influencé par le droit européen.

1. Le droit européen

Harmonisation des législations nationales. L'Union européenne (UE) tend à mettre en place un droit des sociétés et un cadre de gouvernance d'entreprise modernes et efficaces pour les sociétés. L'harmonisation des règles nationales sur les sociétés a introduit certaines normes minimales, par le biais de directives portant sur des domaines tels que :

- la protection des intérêts des actionnaires et leurs droits ;
- les offres publiques d'achat pour les sociétés anonymes ;
- les fusions et scissions ;
- les règles minimales applicables aux sociétés à responsabilité limitée à un seul associé ;
- l'information financière et la comptabilité (la directive CSRD du 14 décembre 2022 impose aux grandes entreprises la publication d'informations en matière de durabilité) ;
- l'accès rapide et simplifié à l'information sur les sociétés ;
- certaines formalités de publicité imposées à ces dernières (ex. : directive UE 2017/1132 relative à certains aspects du droit des sociétés).

Création de nouveaux types de groupement. Des entités juridiques européennes s'appliquent dans toute l'UE et coexistent avec les entités nationales.

Exemples

- Le règlement CEE n° 2137/85 du Conseil établit un statut pour les groupements européens d'intérêt économique (GEIE) ; le règlement CE n° 2157/2001 est relatif au statut de la société européenne.

2. Les sources nationales

Œuvre du législateur national. Le droit des sociétés trouve principalement sa source dans des textes législatifs ou réglementaires. Il n'est pas rare que le droit soit issu d'ordonnances, qui permettent de prendre des dispositions plus rapidement.

Codification. Les dispositions législatives et réglementaires relatives au droit des sociétés sont comprises dans trois codes différents (tab. 1.1) :

- le Code civil ;
- le Code de commerce ;
- le Code monétaire et financier.

Tableau 1.1. Dispositions législatives régissant le droit des sociétés

Code civil	Code de commerce	Code monétaire et financier
• Dispositions générales applicables à toutes les formes de sociétés (articles 1872 à 1844-17). • Réglementation de la société civile et de la société en participation.	• Dispositions relatives aux sociétés commerciales (SNC, SCA, SARL, SAS, SA) et aux GIE. • Dispositions pénales applicables à certaines sociétés commerciales.	Dispositions applicables notamment aux sociétés cotées et aux marchés financiers.

Jurisprudence interprétative ou créatrice. La jurisprudence des tribunaux de commerce (pour les sociétés commerciales ou le GIE), du tribunal judiciaire (pour les sociétés civiles ou les associations), des juridictions pénales ou de la Cour de cassation (chambre commerciale, chambre civile ou chambre criminelle) joue un rôle important en droit des sociétés. Le juge est amené à intervenir pour interpréter la loi ou pour créer des règles permettant de trancher un conflit.

Toute la jurisprudence de la Cour de cassation : www.courdecassation.fr

FOCUS **Le contrat, créateur de situation que les tiers ne peuvent ignorer**

Le contrat de société (les statuts ↪ chapitre 2), le contrat d'association (↪ chapitre 13), le contrat de GIE (↪ chapitre 19) sont autant de textes issus de la volonté des membres qui réglementent le fonctionnement des groupements d'affaires en créant des obligations. Ils n'ont qu'un effet relatif (bien souvent, leurs dispositions sont inopposables aux tiers) et doivent respecter les dispositions impératives de la loi. Cependant, la rédaction de ces conventions est cruciale puisqu'elles déterminent les relations entre les associés, les membres de l'association ou du GIE. Ces contrats sont nécessaires à la fois au juge pour trancher d'éventuels conflits, mais aussi au professionnel pour répondre aux interrogations de ses clients. Soumis à publication, ils créent, en principe, une personne morale dotée d'une capacité juridique lui permettant d'intervenir dans la vie des affaires et que les tiers doivent reconnaître.

B) Les évolutions du droit des sociétés

Le droit des sociétés a souvent accompagné les mutations économiques. Les différentes formes sociétaires ont toujours été créées pour répondre à des besoins. L'histoire récente du droit des sociétés reflète celle de la France contemporaine, aux prises avec deux contraintes contradictoires :

- la mondialisation et le libéralisme d'un côté ;
- l'universalisme et le principe d'égalité entre les associés de l'autre (fig. 1.1).

Moyen Âge : apparition des premières sociétés, les « commandites », pour les foires

XIXe et XXe siècles : développement de nombreuses formes sociales accompagnant le développement économique ou permettant de résister aux crises
- Code civil 1804 : dispositions générales sur les sociétés civiles
- Loi du 24 juillet 1867 : liberté de création des SA
- Loi du 24 juillet 1966, marquée par un fort interventionnisme de l'État
- Fin du XXe siècle : création des SAS, des sociétés unipersonnelles (EURL, SASU)

Enjeux pour le XXIe siècle :
- Libéralisation du droit pour répondre aux crises économiques (ex. : ordonnances de simplification)
- Retour de la liberté contractuelle en droit des sociétés (ex. : pactes d'associés, SAS)
- Renforcement des règles de gouvernance et de contrôle pour protéger les associés dans les grandes sociétés
- Financiarisation du droit des sociétés (ex. : création de nouveaux types de titres – actions de préférence – ou d'un statut pour la société cotée)
- Prise en compte des impacts de l'entreprise sur l'environnement et la société (ex. : raison d'être, directive CSRD)

Figure 1.1. Évolutions du droit des sociétés

→ CAS 3 • COMMENTAIRE DE DOCUMENTS 5

2 Le choix d'une structure juridique

A) La typologie de sociétés et groupements d'affaires

Définitions

- Le **groupement d'affaires** est une structure juridique permettant l'exercice d'une activité économique.
- La **société** est un contrat entre deux ou plusieurs personnes qui conviennent d'affecter, à une entreprise commune, des biens ou leur industrie en vue de partager le bénéfice ou de profiter de l'économie qui pourra en résulter. Elle peut être instituée, dans les cas prévus par la loi, par l'acte de volonté d'une seule personne. Les associés s'engagent à contribuer aux pertes (Code civil, art. 1832).

Les groupements d'affaires et les formes de sociétés sont très divers, pour satisfaire à la variété des besoins auxquels ils répondent. Plusieurs critères de classement existent (tab. 1.2).

Tableau 1.2. Typologie des groupements d'affaires

En fonction du but recherché			
Le but est lucratif (partage du bénéfice ou recherche d'une économie).	• Sociétés. • GIE.	Le but est autre que lucratif (le groupement ne distribue pas nécessairement ses bénéfices éventuels à ses membres).	• Associations. • Coopératives.
En fonction de la responsabilité des membres ou des besoins financiers			
Sociétés de capitaux (ou par actions)		**Sociétés de personnes**	
• Ce sont des sociétés aux besoins financiers importants, certaines pouvant faire appel aux marchés financiers. • Elles émettent des actions et la responsabilité des actionnaires se limite aux apports.	• SA. • SCA. • SAS.	• Ce sont des sociétés dans lesquelles compte la personne de l'associé, qui s'engage sur son patrimoine personnel vis-à-vis des dettes sociales. Le décès d'un associé entraîne, en principe, la dissolution de la société. • Elles émettent des parts sociales.	• SNC. • Sociétés civiles.
La SARL a une nature hybride. Elle émet des parts sociales mais les associés voient leur responsabilité limitée aux apports.			
En fonction du domaine économique ou de l'activité exercée			
Sociétés civiles		**Sociétés commerciales**	
Elles exercent une activité de nature civile (immobilière, agricole, libérale).	• SCI. • SCP, SCM. • GAEC, EARL.	La commercialité peut être liée à la forme de la société ou à son objet.	• SA. • SAS. • SARL. • SNC. • SCA.
Certaines structures (coopératives, sociétés d'exercice libéral – SEL) bénéficient d'un statut spécial pour des activités soumises à une réglementation spécifique.			
En fonction du nombre de membres			
Structures pluripersonnelles		**Structures unipersonnelles**	
Plusieurs personnes se regroupent pour atteindre l'objectif qu'elles se sont fixé.	• Société. • Association. • GIE.	Un seul membre suffit.	• Société unipersonnelle (SASU, EURL). • Entreprise individuelle (EI, EIRL).

B) Les critères de choix d'une structure juridique

1. Un choix crucial

Dans la majorité des cas, à la création d'une entreprise ou au cours de son évolution, l'entrepreneur a le choix entre les deux principales formes d'exercice de l'activité économique que sont l'entreprise individuelle et la structure sociétaire. La loi du 14 février 2022, applicable à compter du 15 mai 2022, a profondément remanié le droit de l'entreprise individuelle, en créant notamment un nouveau statut unique protecteur pour les entrepreneurs individuels.

Définitions

- Une **entreprise individuelle** est la propriété exclusive d'une personne physique. L'entrepreneur individuel est la personne physique qui exerce en son nom une ou plusieurs activités professionnelles indépendantes.
- L'**entreprise individuelle à responsabilité limitée** (**EIRL**) est une forme d'entreprise individuelle dans laquelle l'entrepreneur a affecté une partie de son **patrimoine** à son activité. Néanmoins, la loi du 14 février 2022 prévoit l'extinction progressive du régime de l'EIRL (seules les EIRL créées avant l'entrée en vigueur de la loi de 2022 continuent d'exister, aucune nouvelle EIRL ne pouvant désormais être créée).

Chacune des structures présente des avantages et des inconvénients, qu'il est nécessaire de connaître pour conseiller efficacement l'entrepreneur (fig. 1.2 à 1.4).

CHIFFRES-CLÉS

En 2023, selon l'INSEE, le niveau des créations d'entreprises en France reste élevé, avec 1 051 500 nouvelles entreprises créées. La part des créations d'entreprises individuelles classiques dans l'ensemble des créations s'établit à 11 %, alors qu'elle était de 20 % en 2017. Les sociétés constituent 26 % des créations.

Société

Avantages	Inconvénients
• Un ou plusieurs associés dont la responsabilité peut être limitée aux apports → protection du patrimoine. • Personnalité morale indépendante des membres de la société et patrimoine social propre → crédibilité, notamment pour le financement externe (recours éventuel aux marchés financiers). • Choix des statuts fiscal et social adaptés pour le dirigeant → rémunération en dividendes, pour le mandat social et, éventuellement, cumulable avec un contrat de travail.	• Formalités de constitution (statuts) et de fonctionnement (organisation d'AG) → lourdeurs et coûts additionnels (nécessité d'être conseillé...). • Possibilité d'imposer des contraintes financières (ex. : capital minimum en SA) → freins supplémentaires.

Figure 1.2. Avantages et inconvénients d'une société

Entreprise individuelle

Avantages

- Entrepreneur en nom propre : seul propriétaire et dirigeant de l'entreprise non reconnue par le droit (absence de personnalité morale) → absence de comptes à rendre à d'éventuels associés.
- Depuis le 15 mai 2022, la responsabilité de l'entrepreneur individuel est limitée et son patrimoine personnel est protégé : le patrimoine professionnel de l'entrepreneur, constitué des biens, droits, obligations et sûretés utiles à son activité indépendante, est séparé de son patrimoine personnel → le droit de gage des créanciers dont les droits sont nés à l'occasion de l'activité professionnelle de l'entrepreneur individuel est limité à ce patrimoine professionnel.
- Simplicité de création (*via* le guichet unique tenu par l'INPI), facilités de transmission d'une entreprise individuelle (par vente ou donation) ou du passage en société, et simplicité de fonctionnement (absence d'assemblées à organiser) → réduction des coûts.
- En deçà de certains seuils de CA,allégement des obligations comptables et statut fiscal simplifié.

Inconvénients

- Pas de possibilité de s'associer avec d'autres personnes → frein au développement.
- Pour les entreprises déjà créées avant la réforme de 2022, la dissociation des patrimoines ne s'applique qu'aux nouvelles créances.
  Ainsi, pour les dettes contractées avant le 15 mai 2022, les créanciers peuvent poursuivre l'entrepreneur individuel sur l'ensemble de son patrimoine.
- La responsabilité limitée de l'entrepreneur peut entraîner une réticence des créanciers → crédibilité amoindrie pour trouver des financements. C'est pourquoi la loi prévoit que l'entrepreneur pourra notamment renoncer au bénéfice de cette séparation en faveur d'un créancier professionnel pour un engagement spécifique, en particulier pour obtenir un crédit bancaire.
- Pas de possibilité d'optimiser le statut social de l'entrepreneur.

Figure 1.3. Avantages et inconvénients d'une entreprise individuelle

La loi du 14 février 2022 va entraîner une disparition progressive du régime de l'EIRL. Ce régime ne peut en effet plus être choisi par un nouvel entrepreneur. Le régime de l'EIRL continue toutefois à s'appliquer pour les entrepreneurs exerçant sous ce statut à la date de la publication de la loi.

EIRL

Avantages
- Création d'un patrimoine d'affectation (professionnel) pour l'exercice d'une activité économique, sans création de société → protection du patrimoine personnel.
- Fonctionnement similaire à l'entreprise individuelle → simplicité de création et de gestion.

Inconvénients
- Formalités nécessaires.
- Obligation d'affectation à l'entreprise des biens nécessaires à l'exercice de l'activité → sortie des biens du patrimoine personnel de l'entrepreneur.

Figure 1.4. **Avantages et inconvénients d'une EIRL**

2. Des questions essentielles au choix

Se poser la question du choix de la structure juridique nécessite de se demander quelle est la forme la plus adaptée à la situation patrimoniale de l'entrepreneur, mais pas seulement (fig. 1.5). Par ailleurs, les choix, effectués dans un environnement donné, peuvent évoluer, notamment en fonction de la situation économique de l'entreprise.

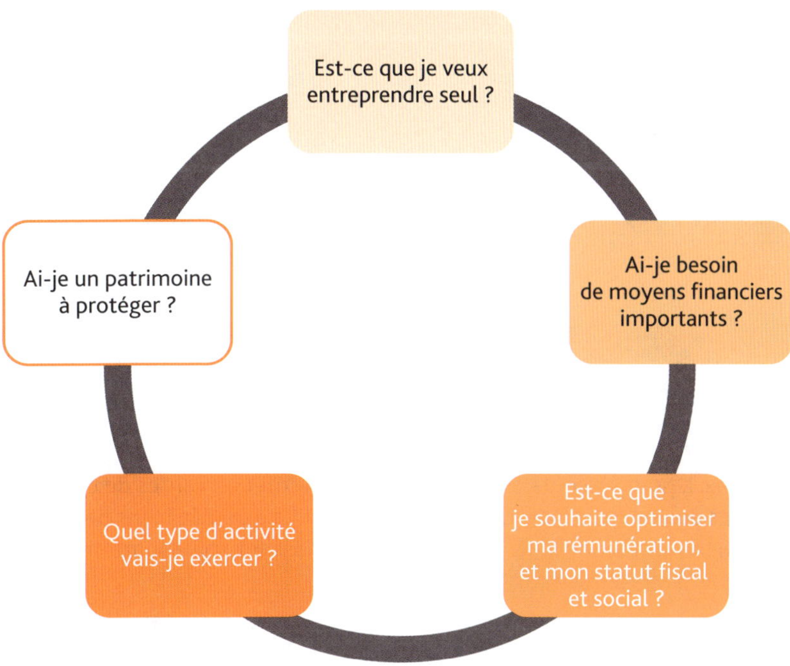

Figure 1.5. **Questions à se poser lors de la création ou de l'évolution d'une activité économique**

→ APPLICATION 2 • CAS 3 • CAS 4

Évaluer les savoirs — Maîtriser les compétences — Préparer l'épreuve

1 Quiz

Vérifiez l'exactitude des propositions ci-après et justifiez-les.

	Vrai	Faux
1. Le droit des sociétés est un droit peu évolutif.	☐	☐
2. Les sources du droit des sociétés sont exclusivement nationales.	☐	☐
3. Peu de structures juridiques existent aujourd'hui.	☐	☐
4. L'entreprise individuelle est une structure qui permet de s'associer avec d'autres personnes.	☐	☐
5. Une société peut ne comprendre qu'un seul associé.	☐	☐
6. L'activité économique implique toujours un but lucratif.	☐	☐
7. Créer une entreprise individuelle est moins compliqué que de créer une société.	☐	☐
8. Dans une société, le patrimoine de l'associé est toujours protégé.	☐	☐
9. Un entrepreneur individuel engage toujours son patrimoine personnel.	☐	☐
10. Choisir une structure juridique dépend de multiples facteurs.	☐	☐

2 Quelle forme juridique choisir ?

Dans chacun des cas suivants, conseillez l'entrepreneur sur la forme juridique la plus adaptée à son projet.

1. Camille, 22 ans, a pour projet la création d'un site Internet de ventes de couches lavables et autres produits écologiques à destination des bébés. Elle a peu de biens personnels (elle possède uniquement les meubles, de peu de valeur, garnissant son appartement) et son projet ne nécessite pas d'investissements importants.
2. Amandine, 45 ans, garagiste en nom propre depuis 20 ans, souhaiterait adjoindre à son activité la vente de véhicules neufs d'une grande marque de luxe. Le projet nécessite des investissements très importants. Plusieurs de ses amis se sont dits prêts à investir dans son affaire.

3. Hugo, fraîchement diplômé en droit, aimerait s'associer avec un ami de sa promotion et ouvrir son propre cabinet pour exercer la profession d'avocat.

Afin de déterminer les contours juridiques de votre projet, aidez-vous des critères de choix en ligne : https://bpifrance-creation.fr/

4. Gaspard et Martin souhaitent créer une structure leur permettant de mettre en place des actions de promotion de la filière du DCG dans laquelle ils étudient. Ils ne comptent pas gagner d'argent.

Évaluer les savoirs | Maîtriser les compétences | Préparer l'épreuve

3 Cas : une nouvelle forme de société ★★★

Compétences attendues

- **Identifier** les sources du droit des sociétés
- **Repérer** les grandes évolutions historiques et économiques ayant donné naissance aux différentes formes sociétaires

En vous appuyant sur vos connaissances et sur les documents 1 et 2, répondez aux questions ci-après (la méthodologie du cas pratique n'est pas exigée) :

1. *Identifiez les deux sources du droit proposées.*
2. *Indiquez à quel besoin économique la création de sociétés ayant pour objet l'exercice en commun de la profession d'avocat et de la profession d'expert-comptable peut répondre.*

Document 1

Loi n° 2015-990 du 6 août 2015 pour la croissance, l'activité et l'égalité des chances économiques

L'Assemblée nationale et le Sénat ont délibéré, L'Assemblée nationale a adopté, [...]

Le Président de la République promulgue la loi dont la teneur suit : [...]

Article 65

Dans les conditions prévues à l'article 38 de la Constitution, le Gouvernement est autorisé à prendre par ordonnances, dans un délai de huit mois à compter de la promulgation de la présente loi, les mesures relevant du domaine de la loi pour :

2° Faciliter la création de sociétés ayant pour objet l'exercice en commun de plusieurs des professions d'avocat, d'avocat au Conseil d'État et à la Cour de cassation, de commissaire-priseur judiciaire, d'huissier de justice, de notaire, d'administrateur judiciaire, de mandataire judiciaire, de conseil en propriété industrielle et d'expert-comptable [...]

Document 2

Ordonnance n° 2016-394 du 31 mars 2016 relative aux sociétés constituées pour l'exercice en commun de plusieurs professions libérales soumises à un statut législatif ou réglementaire ou dont le titre est protégé

Titre Ier : Dispositions générales relatives aux sociétés constituées pour l'exercice en commun de certaines professions libérales

Chapitre Ier : Dispositions complétant la loi du 31 décembre 1990

Article 1. Après le deuxième alinéa de l'article 1er du titre Ier de la loi du 31 décembre 1990 susvisée, il est inséré un troisième alinéa ainsi rédigé : « Les sociétés constituées pour l'exercice en commun des professions d'avocat, d'avocat au Conseil d'État et à la Cour de cassation, de commissaire-priseur judiciaire, d'huissier de justice, de notaire, d'administrateur judiciaire, de mandataire judiciaire, de conseil en propriété industrielle et d'expert-comptable sont régies par les dispositions du titre IV *bis*. » [...]

4 Cas : diagnostic immobilier ★★★

Compétence attendue **Chercher** la forme la plus adaptée à la situation patrimoniale de l'entrepreneur (sociétaire, entreprise individuelle)

En pleine reconversion professionnelle, Johanna Gallet termine une formation de diagnostiqueur immobilier. Désormais spécialiste des normes réglementant la construction, elle souhaite s'installer à son compte pour examiner la conformité des biens immobiliers avec les obligations légales.

Âgée d'une quarantaine d'années, elle est propriétaire de sa résidence principale. Dans un premier temps, elle a identifié un certain nombre d'investissements immédiatement nécessaires (achats d'appareils d'analyse et de mesure, de matériel informatique et de logiciels). Le matériel représente une valeur de plusieurs dizaines de milliers d'euros. Elle pense créer une entreprise individuelle.

1. *Présentez à Johanna les avantages et les inconvénients de l'entreprise individuelle, et vérifiez si ce statut est le plus adapté à sa situation.*

Poursuivant ses recherches, Johanna prend conscience de certains frais de fonctionnement qu'elle n'avait pas initialement prévus. Ainsi, par exemple, l'assurance de responsabilité civile des diagnostiqueurs immobiliers est un poste budgétaire qui ne cesse d'augmenter.

À la réflexion et au vu du montant des investissements nécessaires, Johanna pense qu'il serait préférable de mettre en commun le matériel et les frais et de les mutualiser. Lors de sa formation, elle a rencontré Éric, lequel lui a paru très compétent. Johanna sait qu'il dispose d'un peu d'argent immédiatement disponible. Elle se demande s'ils pourraient collaborer.

2. *Déterminez en quoi la structure sociétaire est adaptée à l'évolution du projet de Johanna.*
3. *Précisez, en vous adaptant au cas, les avantages et les inconvénients de la structure sociétaire.*

5 Commentaire de documents : loi Pacte ★★★

45 min

Compétences attendues

- **Identifier** les sources du droit des sociétés
- **Repérer** l'influence du droit communautaire en droit des sociétés à travers quelques exemples concrets

Rendez-vous MÉTHODE 4

En vous appuyant sur vos connaissances, répondez aux questions ci-après portant sur le dossier documentaire (la méthodologie du cas pratique n'est pas exigée).

Missions

1. *Identifiez les différentes sources du droit mentionnées.*
2. *Déterminez les enjeux de l'augmentation des seuils du contrôle légal.*
3. *Expliquez pourquoi on peut affirmer que le droit européen influence le droit des sociétés.*
4. *Montrez que le droit des sociétés est un droit évolutif.*

Document 1

La loi Pacte et l'augmentation des seuils de certification légale des comptes

Le plan d'action pour la croissance et la transformation des entreprises (Pacte) ambitionne de donner aux entreprises les moyens d'innover, de se transformer, de grandir et de créer des emplois. Élaboré selon la méthode de la coconstruction avec tous les acteurs, la loi n°2019-486 a été adoptée le 11 avril 2019 et promulguée le 22 mai 2019.

Seuils de certification légale des comptes

Les seuils sont mal adaptés et la certification des comptes est coûteuse :

- 5 500 €, c'est le coût que représente en moyenne la certification des comptes pour les entreprises situées en dessous des seuils européens. Cela représente une charge élevée pour les petites entreprises (0,17 % du chiffre d'affaires).
- 75 % des petites entreprises recourent en parallèle aux services d'un expert-comptable.

Relever les seuils de certification légale des comptes pour alléger les contraintes et les charges

Les seuils de certification légale des comptes seront relevés et harmonisés : ils seront relevés au niveau européen. Désormais, seules les entreprises remplissant deux des trois conditions suivantes seront obligées de faire certifier leurs comptes par un commissaire aux comptes :

…

...
- un bilan supérieur ou égal à 4 millions d'euros ;
- un chiffre d'affaires hors taxes supérieur ou égal à 8 millions d'euros ;
- un effectif supérieur ou égal à 50 personnes.

Les seuils de certification légale seront harmonisés quelle que soit la forme juridique de la société : cette mesure permettra de supprimer une charge conséquente (5 500 € en moyenne) et de favoriser le développement des petites entreprises.

Mise en place d'une mission sur l'avenir de la profession de commissaire aux comptes : afin d'identifier de nouveaux axes de développement (nouvelles missions, développement de l'appui et du conseil aux entreprises).

https://www.economie.gouv.fr/plan-entreprises-pacte

Document 2

Nouveaux seuils applicables aux commissaires aux comptes

Le décret n°2024-152 du 28 février relatif à l'ajustement des critères de taille pour les sociétés et groupes de sociétés a été publié au Journal officiel du 29 février 2024.

Ce décret a augmenté plusieurs seuils relatifs aux obligations comptable des entreprises dont celle de nominations des commissaires aux comptes.

Nouveaux seuils audit légal :

Total bilan : 5 000 000

CA net : 10 000 000

Nombre moyen de salariés : 50

://www.crcc-paris.fr/nouveaux-seuils-applicables-aux-commissaires-aux-comptes/

Document 3

Directive 2013/34/UE du Parlement européen et du conseil du 26 juin 2013 relative aux états financiers annuels, aux états financiers consolidés et aux rapports y afférents de certaines formes d'entreprises, modifiant la directive 2006/43/CE du Parlement européen et du Conseil et abrogeant les directives 78/660/CEE et 83/349/CEE du Conseil

Article 3 – Catégories d'entreprises et de groupes

2. Une petite entreprise est une entreprise qui, à la date de clôture du bilan, ne dépasse pas les limites chiffrées d'au moins deux des trois critères suivants :

a) total du bilan : 4 000 000,00 € ;

b) chiffre d'affaires net : 8 000 000,00 € ;

c) nombre moyen de salariés au cours de l'exercice : 50.

Les États membres peuvent fixer des seuils supérieurs aux seuils prévus aux points a) et b) du premier alinéa. Toutefois, ces seuils n'excèdent pas 6 000 000,00 € en ce qui concerne le total du bilan et 12 000 000,00 € pour ce qui est du chiffre d'affaires net.

SYNTHÈSE

La notion de société

Les sources du droit des sociétés

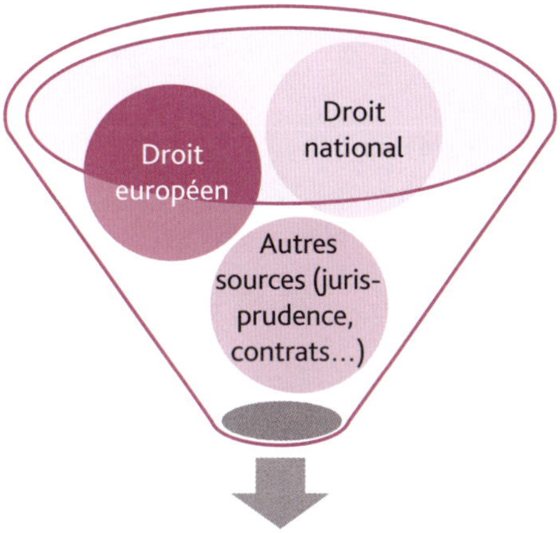

Droit des sociétés

Les évolutions du droit des sociétés

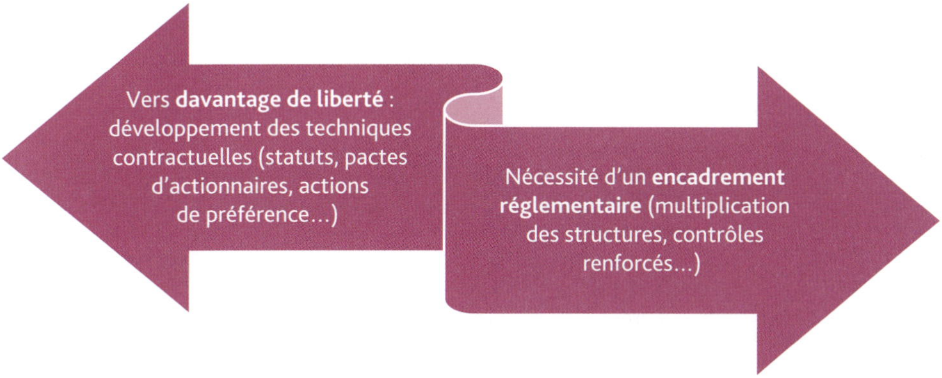

La nature juridique d'une entreprise, un choix contingent entre deux structures

L'entreprise individuelle

Avantages	Inconvénients
Facilité de création	
Souplesse de fonctionnement	Crédibilité limitée auprès des partenaires
Entrepreneur, dont le patrimoine est protégé seul maître à bord	Peu de possibilités de développement

La structure sociétaire

Avantages	Inconvénients
Création d'une personne morale indépendante de ses membres…	Nécessité de trouver des associés
… qui dispose de son propre patrimoine…	Formalités et coûts de création
… et qui peut recourir à des financements facilités	Formalités et coûts de fonctionnement

CHAPITRE 2 La société-contrat

PROGRAMME

Compétences attendues	Savoirs associés
• **Identifier** les différents éléments constitutifs du contrat de société et les **caractériser** • **Analyser** le régime juridique des apports • **Distinguer** bénéfices et dividendes • **Distinguer** capital social et capitaux propres • **Analyser** l'influence du régime matrimonial de l'associé sur le contrat de société • **Analyser** l'impact du débat de la nature juridique de la société sur la notion d'intérêt social	• Les éléments constitutifs du contrat de société : associé(s), apports, bénéfice ou économie, *affectio societatis* • Le régime des nullités en cas d'élément constitutif manquant • La terminologie des aspects juridiques intéressant les capitaux et résultats : capital social, capitaux propres, bénéfice/dividendes • La nature juridique de la société : contrat, institution • L'intérêt social, l'abus de droit

PRÉREQUIS

Notions de société (chapitre 1) et de contrat

LIENS AVEC LES DCG 6 ET 9

- UE 6 : § 3.2. Les marchés financiers
- UE 9 : § 6. Documents de synthèse

PLAN DU CHAPITRE

Cours : 1. La nature juridique de la société • 2. Les éléments constitutifs du contrat de société • 3. La nullité des sociétés

Des savoirs aux compétences : Évaluer les savoirs • Maîtriser les compétences • Préparer l'épreuve

Synthèse

La société est à la fois un contrat entre associés et une personne juridique autonome. Cette double nature confère à la société un statut juridique particulier. Sa nature contractuelle se révèle dans le contrat de société, acte fondateur, dont les différents éléments constitutifs doivent être étudiés avec attention. Tout manquement aux conditions de constitution de la société peut donner lieu à sa nullité.

MOTS-CLÉS

Apport • Apport en industrie • Apport en nature • Apport en numéraire • Capital social • Capitaux propres • Clause léonine • Contribution aux pertes • Immatriculation • Intérêt social • Nullité • Objet social • Partage des bénéfices

1 La nature juridique de la société

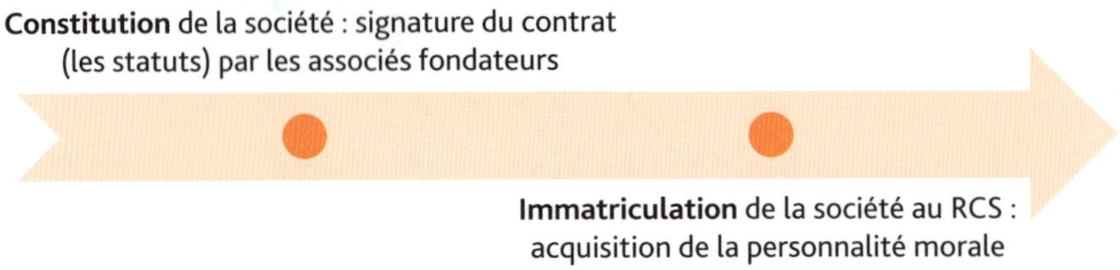

A) La société, à la fois contrat et personne juridique

Afin de concilier des objectifs parfois contradictoires que sont le respect de la volonté et de la liberté contractuelle des associés mais aussi la protection des tiers, la société a une double nature juridique (fig. 2.1 et tab. 2.1).

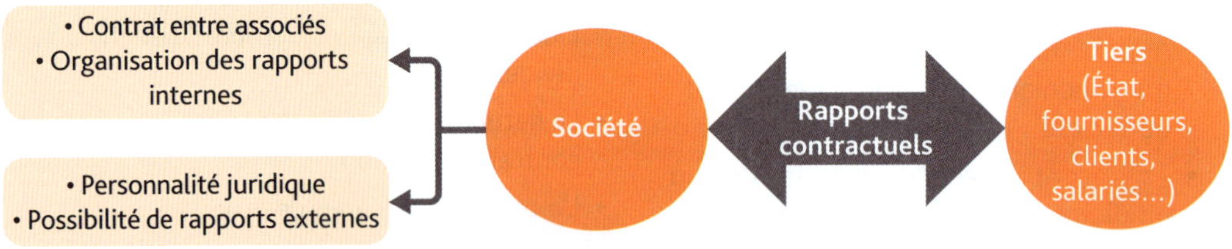

Figure 2.1. Dualité de la nature juridique de la société

Tableau 2.1. Société-contrat et société autonome

La société, contrat entre associés	La société, personne juridique autonome
• Nécessité d'un contrat (statuts), fruit de la volonté des parties (associés). • Respect des conditions générales de validité de tout contrat (consentement et capacité des parties, contenu licite). • Dans une certaine mesure, la loi renvoie aux statuts pour régir le fonctionnement des sociétés.	• Le contrat, bien que nécessaire, ne suffit pas à la création d'une société : des formalités de publicité (immatriculation) sont indispensables à la reconnaissance de son existence juridique. • Après acquisition de la personnalité morale, la société fonctionne selon des principes parfois incompatibles avec la liberté contractuelle (ex. : recours à la majorité pour les décisions, respect de l'objet social, reconnaissance d'un intérêt social).

La société a une nature juridique hybride : instrument juridique au service de la liberté individuelle et contractuelle de ses associés, elle dispose d'une autonomie certaine par rapport à la volonté de ses créateurs, puisqu'elle devient une personne morale indépendante à compter de son **immatriculation**. Ainsi, au cours de la vie sociétaire, les volontés individuelles sont parfois dépassées au profit d'un **intérêt social** qui s'impose aux associés et aux dirigeants.

B) La reconnaissance d'un intérêt social

La reconnaissance d'une existence juridique de la personne morale indépendante de ses membres pose la question de la définition et de la protection des intérêts de la personne morale. On utilise l'adjectif « social » pour qualifier tout ce qui se rapporte à la personne morale.

1. La définition de l'intérêt social

Deux conceptions de l'intérêt social peuvent être envisagées (fig. 2.2).

Intérêt social au sens d'intérêt des associés (société-contrat)

- Accroissement maximum du rendement pour les associés (dividendes)
- Accroissement maximum de la valeur des titres détenus par les associés (actions ou parts sociales)

Intérêt social au sens d'intérêt de l'entreprise (société-personne autonome)

- Intérêt des associés et des autres acteurs (clients, fournisseurs, État)
- Recherche de prospérité et de continuité (pérennité de l'entreprise)

Figure 2.2. **Différentes acceptions de l'intérêt social**

De même que la société a une nature juridique hybride, l'intérêt social est un mélange des deux conceptions.

Définition

L'**intérêt social** se définit comme l'intérêt propre de la société en tant que personne morale.

FOCUS La loi Pacte, une assise légale à l'intérêt social et à la RSE

Même si la notion n'est pas définie, la loi prévoit désormais, créant ainsi des obligations incombant aux dirigeants, que la société doit être gérée :

- d'une part, dans son intérêt social, consacrant ainsi la jurisprudence de la Cour de cassation qui entend préserver l'intérêt fondamental de la société considérée comme personne morale, indépendamment de l'intérêt des associés ;
- d'autre part, en prenant en considération les enjeux sociaux et environnementaux de son activité.

Par ailleurs, les associés ont la faculté de faire figurer, dans les statuts d'une société, une « raison d'être constituée des principes dont la société se dote et pour le respect desquels elle entend affecter des moyens dans la réalisation de son activité ». Notion inédite, cette raison d'être est définie par le Conseil d'État comme « un dessein, une ambition, ou tout autre considération générale tenant à l'affirmation de [...] valeurs ou de [...] préoccupations de long terme ».
Les sociétés ayant opéré ce choix pourront le mettre en avant en faisant publiquement état de leur statut d'entreprise à mission, indiquant ainsi que les associés se sont fixé un objectif autre que le seul partage des bénéfices.

2. La protection de l'intérêt social

La notion d'intérêt social peut être comprise en figurant une boussole que doivent utiliser les acteurs qui interviennent au cours de la vie de la société (dirigeants, associés, juge...) pour leur permettre de suivre un cap, celui de la pérennité de la société.

La protection de l'intérêt social intervient dans **plusieurs cas de figure** :

- Hypothèse de la **violation de l'intérêt social par le dirigeant.** La responsabilité du dirigeant est alors mise en œuvre :
  - responsabilité civile, sur le fondement de la faute de gestion (↳ chapitre 4) ;
  - responsabilité pénale, sur le fondement de l'abus de biens sociaux dans certaines sociétés (↳ chapitre 24).
- Hypothèse de la **violation de l'intérêt social par les associés.** Celle-ci intervient en **cas** :
  - d'**abus de majorité**, c'est-à-dire un vote des associés, contraire à l'intérêt social, émis dans le seul but de favoriser les membres de la majorité au détriment de l'intérêt des autres associés. Le juge peut ordonner le versement de dommages-intérêts aux minoritaires et à la société (sur le fondement de la responsabilité civile des majoritaires), ainsi que la nullité de la décision adoptée ;
  - d'**abus de minorité**, c'est-à-dire une opposition des minoritaires à l'adoption d'une décision, dans leur intérêt personnel, empêchant la réalisation d'une opération essentielle pour la survie de la société. Le juge peut ordonner le versement de dommages et intérêts aux associés majoritaires ainsi que la nomination d'un mandataire chargé de voter à la place des minoritaires.

La protection de l'intérêt social intervient également en recourant notamment :

- À la nomination par le juge d'un **expert de gestion**. Le juge peut, à la demande des associés, nommer un expert chargé d'établir un rapport sur une opération de gestion contestée par les associés, et susceptible de porter atteinte à l'intérêt social (↳ chapitre 5).
- À la nomination par le juge d'un **administrateur provisoire**. Lorsque la gestion de la société est paralysée par la mésentente ou la carence des organes sociaux, la protection de l'intérêt social peut amener le juge à nommer un administrateur provisoire.

→ CAS 4 • ANALYSE D'ARRÊTS 6

2 Les éléments constitutifs du contrat de société

Associé(s) + Apports + Participation aux résultats + *Affectio societatis* = **Contrat de société**

A) Les associés

L'associé se définit comme la personne qui a effectué un apport, qui participe aux bénéfices et aux pertes, et qui a eu la volonté de s'associer.

1. Le nombre d'associés

En principe, la société ne peut exister que si deux personnes au moins décident de s'associer. La loi prévoit cependant que la SARL et la SAS peuvent être unipersonnelles. Dans la SA (↳ chapitre 10), les associés doivent être au moins deux si la société ne fait pas offre au public de titres financiers, sept si la SA fait offre au public de titres financiers. La société en commandite par actions (↳ chapitre 16) doit comprendre au moins quatre associés.

FOCUS L'offre au public de titres financiers

L'offre au public de titres est l'opération effectuée par une société qui consiste soit à faire acheter les titres qu'elle émet par le biais d'intermédiaires financiers (ex. : banques) soit à communiquer des informations précises qui pourraient permettre à des personnes de décider de souscrire ses titres. Ainsi, les sociétés cotées en Bourse ont, toutes, procédé à une offre publique de titres. La loi exige alors l'intervention d'une autorité de contrôle des opérations dont le rôle est de protéger les investisseurs potentiels et le marché : c'est l'Autorité des marchés financiers (AMF ↪chapitre 5).

Aucun nombre maximum d'associés n'est prévu, sauf pour la SARL (↪chapitre 8) où le nombre maximum d'associés ne doit pas dépasser cent.

2. La capacité des associés

Les associés doivent être capables (tab. 2.3). Les associés peuvent être des personnes morales ou des personnes physiques.

Tableau 2.3. Conditions relatives à l'associé

	Associé-personne morale
Personne morale capable	• Pour devenir associée d'une autre société, la personne morale doit avoir la personnalité juridique : être immatriculée. • Son objet doit lui permettre de devenir associée d'une autre société (principe de spécialité).
Personne morale représentée	• Le représentant légal d'une personne morale est habilité à acquérir des titres dans d'autres sociétés.
	Associé-personne physique
Personne physique majeure	• Un mineur ne peut devenir associé dans une société que par l'intermédiaire de son représentant légal. • Il peut être autorisé par ses représentants légaux à créer seul une société unipersonnelle (ex. : EURL) et à la gérer en partie (certains actes graves devront être traités par son représentant légal). • Certaines sociétés exigent la capacité commerciale. Le mineur n'a en principe pas la capacité commerciale. Il ne pourra donc pas s'associer dans une SNC ou devenir associé commandité de SCA, sauf en cas d'émancipation et sur autorisation du juge d'exercer le commerce. • Des règles particulières protègent le patrimoine du mineur.
Personne physique capable	• Le majeur en tutelle ou en curatelle est dans la même situation que le mineur non émancipé. Le majeur sous sauvegarde de justice conserve en principe l'exercice de ses droits sans être représenté, mais les actes qu'il a passés pourront être rescindés pour lésion ou réduits en cas d'excès. • Les personnes qui ont fait l'objet d'une décision judiciaire prononçant la faillite personnelle ou une interdiction professionnelle liée à certaines infractions ne peuvent exercer le commerce et par conséquent être associés d'une SNC ou commandités dans une société en commandite. • Les membres des professions libérales réglementées, les fonctionnaires et les officiers ministériels ne peuvent pas être commerçants ou diriger une société par actions ou une SARL.

FOCUS **La détermination de la qualité d'associé**

Parfois, la détermination de la qualité d'associé peut poser des difficultés, notamment en cas de démembrement des titres sociaux. En principe, la qualité d'associé n'appartient qu'au nu-propriétaire. Par ailleurs, sauf convention contraire, le droit de vote appartient au nu-propriétaire, sauf en ce qui concerne les décisions relatives à l'affectation des bénéfices, réservées à l'usufruitier.

B) Les apports

Définition

L'**apport** est le bien ou l'industrie dont l'associé confère la propriété ou la jouissance à la société. En contrepartie de cet apport, l'associé reçoit des droits sociaux (actions ou parts sociales), par le biais du contrat d'apport.

La somme des apports en numéraire et en nature constitue le **capital social** (fig. 2.3).

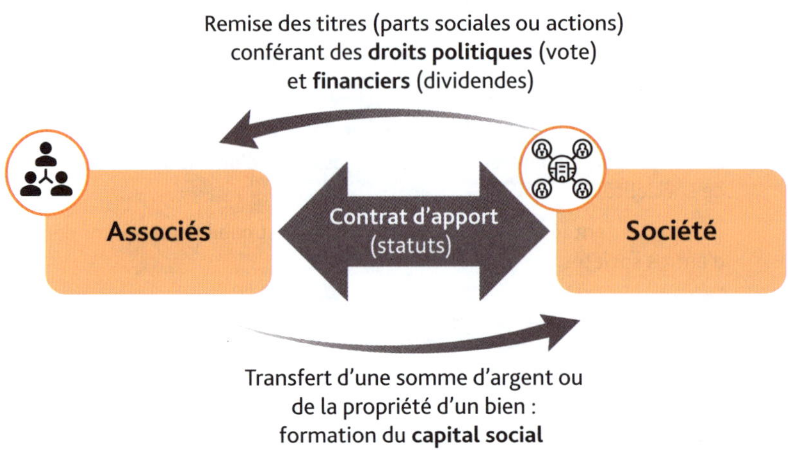

Figure 2.3. L'opération d'apport

Juridiquement, l'opération d'apport se décompose en trois étapes (fig. 2.4).

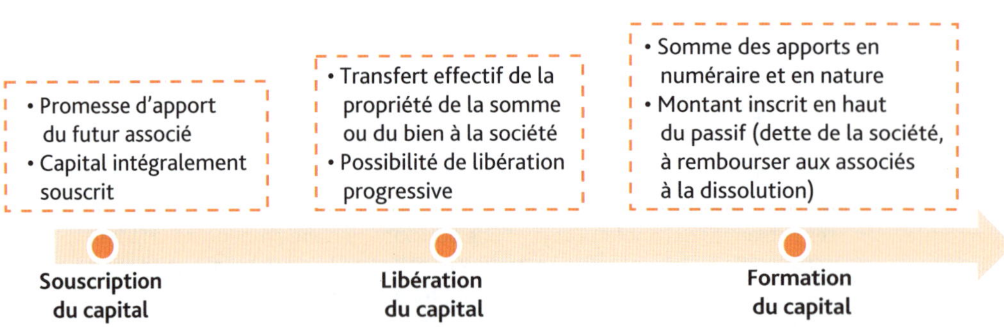

Figure 2.4. Étapes de l'opération d'apport

Il existe trois types d'apports.

1. L'apport en numéraire

Définition

L'**apport en numéraire** est l'apport d'une somme d'argent.

Souscription. Le capital correspondant aux apports en numéraire doit être intégralement souscrit au moment de la signature des statuts (constitution de la société).

Libération. Elle est différée dans le temps selon la forme juridique. Dans les SNC (↪ **chapitre 12**) et les sociétés civiles (↪ **chapitre 18**), la loi n'impose pas de délai. Dans les autres sociétés, un montant minimum des apports en numéraire doit être libéré lors de la constitution, le reste devant l'être dans les cinq ans de l'immatriculation sur appel de fonds des dirigeants.

2. L'apport en nature

Définition

L'**apport en nature** est constitué de biens, autres que de l'argent, pouvant être évalués financièrement.

L'apport en nature concerne :

- des biens meubles corporels (machines, outillages, stocks…) ;
- des biens meubles incorporels (entreprise individuelle, brevet, clientèle, créance, droits sociaux, droit au bail…) ;
- des biens immeubles (terrain, locaux…).

La loi du 14 février 2022 organise le transfert universel du patrimoine professionnel d'un entrepreneur individuel par voie d'apport en société et elle autorise les créanciers à faire opposition au transfert. L'apport de certains éléments seulement du patrimoine professionnel est également possible.

Intervention d'un commissaire aux apports (CAA). L'évaluation des apports en nature comporte un risque de surévaluation qui peut entraîner une rupture d'égalité de traitement entre associés (ex. : un associé pourrait obtenir davantage de titres que ce que représente la valeur de ses apports). Les créanciers sont également lésés par cette surévaluation puisque le montant du capital, qui représente le gage des créanciers sociaux, ne correspond pas à la réalité. D'où l'intervention d'un CAA, facultative ou obligatoire selon la structure juridique et la valeur des apports (tab. 2.4).

Tableau 2.4. Présence obligatoire ou facultative du CAA

Dans une SNC ou une société civile	L'évaluation par un CAA est facultative du fait de la responsabilité illimitée des associés. Les créanciers de la société sont protégés de la surévaluation, puisque, quand bien même le montant du capital ne correspondrait pas à la réalité, les associés sont engagés de façon indéfinie envers les créanciers sociaux.
Dans une SARL et une SAS	L'intervention d'un CAA est obligatoire. Par exception, elle devient facultative si trois conditions sont remplies : aucun apport en nature n'est supérieur à 30 000 € et la somme des apports en nature soumis à évaluation n'excède pas la moitié du capital social ; la décision de ne pas recourir à un CAA est prise à l'unanimité des futurs associés.
Dans une SA	La nomination du CAA est obligatoire.

Désignation et rôle du CAA. La désignation du CAA se fait soit à l'unanimité des associés, soit sur requête d'un des fondateurs auprès du président du tribunal de commerce qui désigne un CAA inscrit sur une liste établie auprès de la cour d'appel. Le CAA établit sous sa responsabilité un rapport sur l'évaluation des apports en nature ; il y décrit chacun des biens apportés, indique le mode d'évaluation et affirme que la valeur des apports correspond à la valeur nominale des titres à émettre. Le rapport est annexé aux statuts qui doivent contenir l'évaluation de chaque apport en nature. Les associés peuvent décider à l'unanimité de retenir une autre évaluation que celle du commissaire aux apports mais ils peuvent engager leur responsabilité pénale pour délit de majoration frauduleuse des apports en nature (↳ chapitre 24) et éventuellement leur responsabilité civile pour les dommages causés aux tiers. À l'égard des tiers, les associés sont en effet solidairement responsables pendant le délai de cinq ans de l'immatriculation.

FOCUS **Apport et propriété**

L'apport en nature peut être effectué en pleine propriété, en jouissance (pendant une durée déterminée, le bien sera mis à disposition de la société, l'apporteur en conservant la propriété), en usufruit (pendant une durée déterminée, la société pourra utiliser le bien et en percevoir les fruits, l'apporteur en gardant la propriété) ou en nue-propriété (le droit de propriété est transféré à la société, l'apporteur conservant le droit d'utiliser le bien et d'en percevoir les fruits). Dans tous les cas, l'apporteur reçoit la pleine propriété des titres remis en échange de son apport.

3. Le cas particulier de l'apport d'un bien commun

Dans toutes les sociétés. Les époux mariés sous un régime de communauté ne peuvent seuls aliéner (transférer la propriété) un immeuble ou un bien meuble commun soumis à publicité.

Dans les sociétés émettant des parts sociales. Les époux peuvent librement s'associer entre eux ou avec des tiers mais doivent respecter une procédure pour apporter un bien commun. Les sociétés concernées sont la SARL, la SNC et les sociétés civiles (tab. 2.5).

Tableau 2.5. Apport d'un bien commun dans une société autre que par actions

Bien autre qu'un immeuble ou fonds de commerce	Immeuble, patrimoine professionnel, fonds de commerce, exploitation agricole ou artisanale, parts sociales ou meubles corporels dont l'aliénation est soumise à publicité
• L'apporteur doit informer son conjoint et justifier de cette information dans l'acte d'apport du bien. • Le défaut d'information du conjoint entraîne, sauf ratification par le conjoint, la nullité de l'apport.	• L'apporteur doit obtenir le consentement du conjoint. • À défaut, l'apport encourt la nullité.

Le conjoint peut intenter l'action en nullité pendant 2 ans à partir du jour où il a eu connaissance de l'acte et au plus tard dans les 2 années qui suivent la dissolution de la communauté.

Revendication de la qualité d'associé. En principe, sauf aménagements (tab. 2.6), la qualité d'associé appartient à celui des deux époux qui a fait l'apport.

Tableau 2.6. Revendication de la qualité d'associé par le conjoint de l'apporteur

<table>
<tr><td>Dans les sociétés par actions</td><td colspan="2">Si l'apport est effectué conjointement par les deux époux, chacun d'eux a la qualité d'associé indivis ou personnel si l'acte d'apport indique la répartition des actions entre les deux époux.</td></tr>
<tr><td>Dans les sociétés émettant des parts sociales</td><td>Le conjoint de l'apporteur peut revendiquer la qualité d'associé pour la moitié des parts sociales souscrites lorsque la souscription a été faite au moyen de biens communs.</td><td>• Si la revendication est concomitante à l'apport, l'acceptation ou l'agrément donné à l'apporteur emporte automatiquement l'acceptation du conjoint.
• Si la revendication est postérieure à l'apport, le conjoint pourra être soumis à l'agrément des associés si les statuts le prévoient. L'époux déjà associé est exclu du vote et ses parts ne sont pas prises en compte pour le calcul de la majorité. Si le conjoint n'est pas agréé, seul l'apporteur a la qualité d'associé pour la totalité des parts sociales.
• Le conjoint peut exercer son droit de revendication jusqu'à dissolution de la communauté. Il peut également renoncer définitivement et par écrit à la qualité d'associé.</td></tr>
</table>

Même si un époux n'a pas la qualité d'associé, les titres remis en échange de l'apport de bien commun sont des biens communs. Les revenus de ces titres (dividendes) entrent donc dans la communauté.

4. L'apport en industrie

Définition

Par un **apport en industrie**, un associé met à la disposition de la société son savoir-faire, sa notoriété tout en respectant une obligation de non-concurrence à l'égard de la société.

Principe. Les apports en industrie sont autorisés dans une société civile et dans la SNC. Dans la SARL et dans la SAS, ils sont possibles si les statuts le prévoient. Ils sont interdits dans la SA et dans la SCA.

Régime juridique. La rémunération des apports en industrie figure dans les statuts mais ces apports ne concourent pas à la formation du capital social (leur montant n'est pas pris en compte dans le calcul du capital). Les statuts déterminent le nombre de parts sociales rémunérant l'apport en industrie. Ces parts sociales ouvrent droit au bénéfice et à la contribution aux pertes selon les dispositions statutaires. Dans le silence des statuts, l'apporteur en industrie perçoit les bénéfices et contribue aux pertes comme le plus petit apporteur.

FOCUS Les titres sociaux

Les titres sociaux sont remis aux associés en contrepartie de leurs apports ; ils traduisent l'importance de leur participation dans le capital social. On les appelle parts sociales dans les sociétés autres que par actions et actions dans les sociétés par actions. Ces titres permettent aux associés d'exercer des droits politiques (ex. : vote) et des droits financiers (ex. : dividende) dans la société.

Les parts sociales émises par les sociétés de personnes (société civile, SNC, SARL) ne peuvent pas être représentées par des titres négociables. Il est interdit à ces sociétés de faire offre au public de titres pour le placement de leurs parts sociales, cette interdiction étant sanctionnée par la nullité des titres émis irrégulièrement.

Les parts sociales sont cessibles selon des conditions propres à chaque structure. Ce ne sont pas des valeurs mobilières au sens du Code monétaire et financier : « titres émis par des personnes morales, publiques ou privées, transmissibles par inscription en compte [...], qui confèrent des droits identiques par catégorie et donnent accès, directement ou indirectement, à une quotité du capital de la personne morale émettrice ou à un droit de créance général sur son patrimoine ». Constituent donc des valeurs mobilières les actions, les obligations et les valeurs mobilières donnant accès au capital ou donnant droit à l'attribution de droits de créance. Les valeurs mobilières peuvent en principe être négociées sur des marchés réglementés d'instruments financiers.

5. Le capital social

Définition

Le **capital social** d'une société est la somme des apports en nature et en numéraire, libérés ou non, effectués par les associés lors de la constitution et durant l'existence de la société (ex. : augmentation de capital).

Composition. Le capital social, dont le montant est mentionné dans les statuts et sur les documents destinés aux tiers, se compose de titres sociaux (parts sociales ou actions) de valeur nominale (valeur individuelle au moment de l'émission) égale. Il permet à la société de se constituer un patrimoine.

FOCUS Le capital social, photographie de la solidité financière de la société

Le montant du capital social est inscrit au passif du bilan, alors que les sommes et les biens apportés par les associés figurent à l'actif. Au moment de la constitution, ces valeurs sont en correspondance même si, par la suite, elles peuvent différer.

Gage des créanciers sociaux. Le capital social est une notion abstraite qui s'appréhende juridiquement comme le « gage des créanciers ». En cas de dissolution, les créanciers sont remboursés, parfois au détriment des associés qui risquent de perdre leurs apports, que la société soit à risque limité ou non, si les ressources ne permettent pas le remboursement du capital à la liquidation. Le capital social revêt également une fonction politique : il représente la clé de répartition du pouvoir entre les associés. Son montant minimal est fixé par la loi ou par les statuts (tab. 2.7).

Tableau 2.7. Montant minimum du capital social selon la forme juridique

Structure	Montant minimum
SNC, société civile	Aucun capital minimum
SARL, SAS	Montant librement fixé par les statuts
SA, SCA	Montant minimum : 37 000 €

Évolutions. Tout changement affectant le capital social est soumis à une décision collective des associés et publié pour en informer les tiers :

- le capital peut être augmenté soit par de nouveaux apports soit par incorporation de bénéfices non distribués ou de réserves ;
- il peut être réduit à la suite de pertes subies par la société, sans devenir inférieur au capital minimum fixé par la loi ou par les statuts.

FOCUS Les capitaux propres

Le capital social fait partie des capitaux propres, qui représentent le passif interne de la société (en complément des dettes qui représentent le passif externe).

Les **capitaux propres** sont les ressources financières de la société. Ils sont placés en haut du passif du bilan (puisqu'ils sont des dettes envers les associés, dont l'exigibilité est reportée à la dissolution) et déterminent la valeur comptable de la société (ils mesurent sa situation financière réelle). Ils sont constitués du capital et des profits ou des pertes générés par l'activité sociale : réserves (légale, statutaire ou facultative) et résultat (bénéfice ou perte), auquel s'ajoute le report à nouveau qui peut être bénéficiaire (il s'agit alors des bénéfices antérieurs non distribués et non mis en réserve) ou déficitaire (pertes antérieures). La loi exige donc que, dans les SARL et les sociétés par actions, lorsque les capitaux propres deviennent inférieurs à la moitié du capital, les associés soient consultés pour prendre des mesures destinées à remédier à la situation (↪ **chapitres 8 et 10**).

C) La participation aux résultats

La création d'une société peut permettre aux associés de s'enrichir mais ils peuvent également, si la société rencontre des difficultés, perdre la valeur de leurs apports, voire davantage lorsque la société est à risque illimité (↪ **chapitre 5**).

Concrètement, la participation aux résultats intervient au moment de l'approbation des comptes annuels (fig. 2.5).

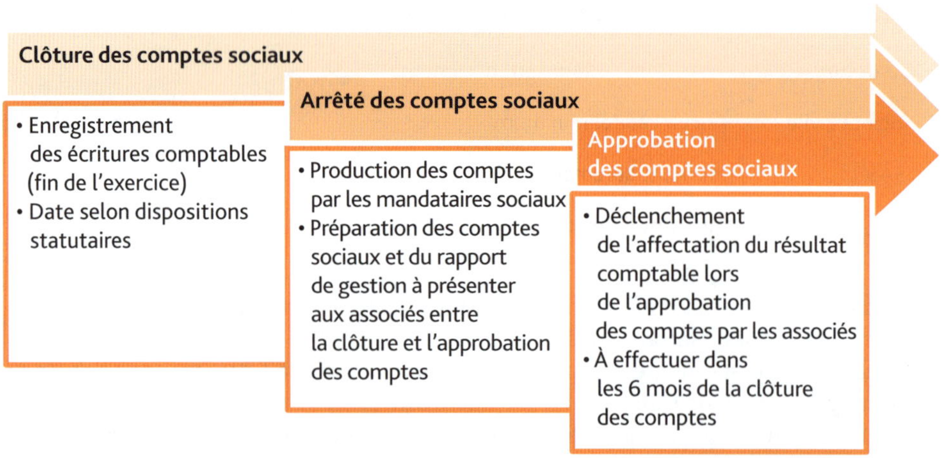

Figure 2.5. De la clôture à l'approbation des comptes

Le résultat peut être un bénéfice ou une perte pour la société.

Une société dont les comptes n'ont pas été approuvés continue simplement son activité. Le défaut d'approbation n'a pas d'effet ; aucun bénéfice éventuel n'est distribué. Les comptes doivent en principe être déposés au RCS dans le mois qui suit la décision des associés, sauf dispense. Si le dépôt est fait par voie électronique, le délai est porté à deux mois après l'approbation des comptes. À réception par le greffe, les comptes annuels font l'objet d'une publication au Bodacc.

1. La vocation des associés aux bénéfices et aux économies

Définition

Le **partage des bénéfices** est l'enrichissement pécuniaire des associés résultant de l'action commune, c'est-à-dire de l'action sociale.

Bénéfice distribuable. Le partage des bénéfices nécessite la constatation par les associés d'un bénéfice distribuable, autrement dit un résultat comptable positif. Le bénéfice résultant de l'action commune pourra alors être distribué aux associés sous forme de dividendes, mis en réserves ou reporté.

Bénéfice distribuable

=

Bénéfice de l'exercice

–	Pertes antérieures éventuelles (report à nouveau déficitaire)
+	Bénéfices antérieurs non affectés (report à nouveau bénéficiaire)
–	Sommes affectées aux réserves, le cas échéant
+	(éventuellement) Sommes prélevées sur les réserves (sauf réserve légale)

Distribution de dividendes. Les bénéfices sont répartis entre les associés selon les dispositions statutaires. Si rien n'est prévu, la répartition s'effectuera proportionnellement aux apports. Les associés sont libres de prévoir des clauses de traitement inégalitaire, dans la limite des clauses léonines (clauses par lesquelles un associé se taillerait la « part du lion »). Les clauses léonines sont réputées non écrites : elles ne produisent aucun effet.

Définition

Une **clause** attribuant la totalité des bénéfices à l'un des associés ou l'exonérant de la totalité des pertes, excluant un associé totalement du profit ou mettant à sa charge la totalité des pertes est qualifiée de **léonine**.

Dotation aux réserves. Dans les SARL et les sociétés par actions, les associés sont tenus de doter une partie du bénéfice en réserve légale, à hauteur de 5 % du bénéfice net réalisé au cours de l'exercice et dans la limite de 10 % du montant du capital social, sous peine de nullité des délibérations d'affectation du résultat. Les statuts peuvent prévoir d'autres réserves, qu'on appelle « réserves statutaires ». Les associés peuvent décider ponctuellement de doter des réserves libres. Les montants placés en réserve légale ne peuvent pas être distribués aux associés, contrairement aux sommes qui figurent dans les autres réserves. En revanche, la réserve légale peut, comme les autres réserves, être incorporée au capital social.

Profiter d'une économie. Parfois, notamment dans certaines sociétés civiles, l'entreprise commune n'a pas pour objectif de réaliser des bénéfices mais plutôt de profiter des économies qu'elle procure (ex. : limiter ou mutualiser les dépenses).

2. La contribution aux pertes

Définition

La **contribution aux pertes** est la quote-part qui incombe à chaque associé dans le montant des pertes sociales au moment de la dissolution.

Les associés n'ont pas le pouvoir de décider une contribution immédiate aux pertes sociales. Leur demander de renflouer la société en cours d'activité reviendrait à leur ordonner une augmentation de leurs engagements, ce que la loi interdit (sauf sous réserve d'un accord unanime). En principe, les pertes donnent lieu à un traitement purement comptable. Elles sont portées au passif du bilan en report à nouveau négatif.

D) *L'affectio societatis*

Définition

L'***affectio societatis***, notion issue de la jurisprudence, désigne la volonté de chaque associé de collaborer effectivement à l'entreprise commune, dans un intérêt commun et sur un pied d'égalité avec les autres associés.

L'entreprise commune correspond à la réalisation de l'**objet social**, c'est-à-dire des activités que les associés se proposent de faire réaliser par la société. Le pied d'égalité est le critère permettant de distinguer le contrat de société des autres contrats (ex. : contrat de travail).

→ APPLICATION 2 • CAS 3 • CAS 4 • CAS 5 • SITUATION PRATIQUE 7

3 La nullité des sociétés

Définition

La **nullité** est une sanction qui affecte un défaut intervenant au moment de la constitution (en cours de vie sociale, on parle de « cause de dissolution »).

La loi a pour objectif de limiter les annulations en matière de sociétés commerciales, car la nullité de la société entraîne la disparition de la personne morale, et donc d'un contribuable, d'un employeur ou d'un cocontractant.

A) Les causes de nullité

La nullité d'une société procède soit de la violation d'une règle, soit d'une fraude (tab. 2.8).

Tableau 2.8. Les causes de nullité en droit des sociétés

	Société	Cause de nullité
Nullité résultant de la violation des règles générales de validité des contrats	SNC, société civile.	• Défaut ou vice du consentement. • Incapacité d'un ou plusieurs associés. • Impossibilité, illicéité ou défaut d'objet social.
	SARL et société par actions.	• Éventuellement illicéité de l'objet social. • Incapacité atteignant tous les associés fondateurs.
Nullité résultant de la violation des règles spécifiques du contrat de société	SNC, société civile.	• Absence d'au moins deux associés. • Absence ou fictivité d'un apport. • Défaut d'*affectio societatis*.
	SA et SCA.	Constitution par un seul associé.
	SARL et SAS.	Aucune cause spécifique de nullité.
Nullité résultant de la fraude	SNC, société civile.	Condition : tous les associés doivent avoir participé à la fraude (action effectuée dans le but de tromper autrui ou d'échapper à l'application d'une règle impérative).
	SARL et société par actions.	La fraude n'est pas une cause de nullité dans les sociétés par actions et les SARL.

Même si le droit des sociétés contient de nombreuses dispositions non sanctionnées par la nullité, il n'est pas possible de les violer impunément. La sanction est d'une autre nature : les clauses statutaires contraires à ces règles sont réputées non écrites.

B) Les conditions d'exercice de l'action en nullité

1. Le droit d'agir en nullité

Nullité absolue. Lorsque la nullité sanctionne un vice de portée générale, toute personne justifiant d'un intérêt légitime peut agir en nullité. Ce sera le cas des associés, des dirigeants, des CAC. L'action en nullité est déclarée irrecevable si elle est intentée par le responsable de la nullité.

Nullité relative. Lorsque la nullité a pour objet la protection d'intérêts particuliers, ceux d'une personne déterminée ou ceux d'un groupe de personnes, seule la personne que la loi a voulu protéger peut agir en nullité.

2. La prescription

L'action en nullité est prescrite à l'expiration d'un délai de 3 ans à compter du jour où la nullité est encourue. Ce délai plus court que le délai de droit commun se justifie par la volonté du législateur de limiter les hypothèses de nullité.

3. La régularisation

Toutes les causes de nullité peuvent être régularisées (effacées) à l'exception de celle fondée sur l'illicéité de l'objet social. Une nullité peut être régularisée jusqu'à ce que le tribunal ait statué sur le fond en première instance. Une fois le vice réparé, l'action en nullité n'est plus recevable.

C) Les effets de la nullité

Par exception aux principes du droit civil, la nullité n'a pas d'effet rétroactif ; elle ne vaut que pour l'avenir (tab. 2.9).

Tableau 2.9. Conséquences de la nullité dans le temps

Pour l'avenir	**À l'égard de la société**	La nullité fait disparaître le contrat de société et la personne morale. Elle produit les effets d'une dissolution judiciaire. Il est alors procédé à la liquidation.
	À l'égard des associés	• Après paiement des dettes de la société et remboursement du capital social, l'actif net est partagé entre les associés dans les mêmes proportions que la participation aux bénéfices. • La nullité de la société peut engager la responsabilité de ceux à qui elle est imputable.
	À l'égard des tiers	Ni la société ni les associés ne peuvent, pour se soustraire à leurs engagements, se prévaloir d'une nullité à l'égard des tiers de bonne foi. Par exception, la nullité résultant d'un vice du consentement ou d'une incapacité est opposable par l'associé concerné, même aux tiers de bonne foi.
Pour le passé	La société est réputée avoir existé conformément aux dispositions statutaires. La société annulée doit donc honorer ses engagements. Réciproquement, les tiers ne peuvent invoquer la nullité de la société pour se soustraire à leurs engagements.	

→ CAS 5

Évaluer les savoirs — Maîtriser les compétences — Préparer l'épreuve

1 Quiz

Vérifiez l'exactitude des propositions ci-après et justifiez-les.

		Vrai	Faux
1.	La création d'une société nécessite un contrat.	☐	☐
2.	L'intérêt social représente l'intérêt de la personne morale.	☐	☐
3.	L'intérêt social ne figure pas dans la loi.	☐	☐
4.	L'*affectio societatis* est un critère permettant de différencier le contrat de société d'autres contrats.	☐	☐
5.	Un mineur de 15 ans ne peut être associé dans une SARL.	☐	☐
6.	Un mineur de 15 ans ne peut être associé dans une SNC.	☐	☐
7.	Un mineur de 17 ans ne peut être associé dans une SNC.	☐	☐
8.	Dans une société : Alice apporte un matériel évalué à 2 000 € ; Bernard, 2 000 € en numéraire. Christian apporte ses connaissances en comptabilité évaluées à 1 000 €. Le montant du capital sera donc de 5 000 €.	☐	☐
9.	Un chèque de 1 000 € est un apport en nature.	☐	☐
10.	Une société en création devient propriétaire d'un apport dès la signature du contrat d'apport.	☐	☐
11.	Les apports en industrie sont autorisés dans une société anonyme.	☐	☐
12.	« Parts sociales » et « actions » ne sont pas synonymes.	☐	☐
13.	En échange de l'apport, l'associé reçoit des dividendes.	☐	☐
14.	Le montant des capitaux propres peut être négatif.	☐	☐
15.	La contribution aux pertes ne signifie pas que les associés doivent renflouer la société en cours de vie sociale.	☐	☐
16.	La nullité n'a pas d'effet rétroactif en droit des sociétés.	☐	☐
17.	Une cause de nullité peut toujours être régularisée.	☐	☐

2 Contrat de société ★★★

Dans chacune des situations ci-après, identifiez, en justifiant votre réponse, les conditions du contrat de société qui font défaut (la méthodologie du cas pratique n'est pas exigée).

1. Société Unlock, SNC créée par Jean (âgé de 73 ans, retraité), Pascal, son fils (45 ans, condamné il y a 2 ans pour escroquerie) et David, son petit-fils (âgé de 17 ans).
2. Société Tissus d'ange, SARL créée par Ida (qui apporte son savoir-faire de couturière, évalué à 1 000 €) et Charlotte (qui apporte son savoir-faire de vendeuse, évalué à 800 €).
3. Société Tuyo, SAS créée par Paul et Maxime. Il est convenu que Maxime percevra une somme fixe tous les mois, en échange de l'apport de ses compétences de plombier, mais aucun dividende. Les bénéfices ou les pertes seront supportés par Paul.

3 Cas : Spirul'IN ★★★

Compétences attendues

- **Identifier** les différents éléments constitutifs du contrat de société et les **caractériser**
- **Analyser** le régime juridique des apports
- **Distinguer** capital social et capitaux propres

Tony Alvarez, Hakim Hadj et Louise Bouroux viennent d'obtenir leur diplôme d'ingénieur en biochimie. Ils ont mis au point un procédé d'exploitation de la spiruline et souhaitent créer la société Spirul'IN.

Tony a 21 ans. Il peut apporter des instruments de laboratoire d'une valeur de 2 000 € et une somme de 2 000 €. Hakim, 22 ans, apporte un local, reçu par succession au décès de ses parents, d'une valeur de 10 000 €. Sarah, la sœur mineure d'Hakim, dont il est le tuteur, apporte 1 000 €. Louise ne peut apporter que son travail que les trois amis évaluent à 5 000 € puisqu'elle a toujours été la plus sérieuse du trio. Ils optent pour la SAS dont les statuts seront conformes à la loi.

1. *Vérifiez la capacité des associés.*
2. *Déterminez la nature des apports indiqués.*
3. *Précisez si l'apport de Louise est réalisable.*
4. *Déterminez le montant du capital social.*
5. *Indiquez comment le bénéfice sera réparti.*
6. *Précisez pourquoi l'intervention d'un commissaire aux apports est obligatoire.*
7. *Précisez pourquoi la volonté des trois amis suffit à créer une société.*

4 Cas : Deshorts ★★★

Compétences attendues

- **Distinguer** capital social et capitaux propres
- **Analyser** l'influence du régime matrimonial de l'associé sur le contrat de société

Marc et Henri Deshorts sont associés de la SNC Deshorts, créée en 2020, avec pour objet social la fourniture de services de plomberie et autres travaux à destination des particuliers. La valeur nominale de chaque part a été fixée à 100 €. Marc détient 80 parts sociales en contrepartie de l'apport d'un véhicule servant à l'exploitation. Henri dispose de 100 parts sociales en contrepartie d'un apport de marchandises, dépendant de la communauté de biens qui le lie à son épouse, Hélène. Il n'a respecté aucune procédure spécifique à l'occasion de cet apport. Henri a également apporté ses connaissances techniques et professionnelles, sa notoriété et son concours constant à l'exploitation du fonds social, ce qui lui donne droit, selon les statuts, à 40 parts supplémentaires. Les statuts ne contiennent aucune clause spécifique à la répartition du bénéfice.

Le bénéfice du dernier exercice annuel est de 33 000 €. Henri est un peu déçu puisque le montant est inférieur aux bénéfices habituellement réalisés. Les associés ont constitué des réserves, à hauteur de 10 000 €.

1. *Présentez de façon simplifiée le bilan à la constitution de la SNC (la méthodologie du cas pratique n'est pas exigée).*
2. *Déterminez si les réserves peuvent être distribuées.*
3. *Montrez qu'Hélène ne pourrait pas demander la nullité de l'apport, mais qu'elle pourrait revendiquer la qualité d'associé.*

5 Cas : Food&Co ★★★

Compétences attendues

- **Identifier** les différents éléments constitutifs du contrat de société et les **caractériser**
- **Distinguer** bénéfices et dividendes

Deux amis exploitent à parts égales un *food truck* sous la forme d'une SARL, Food&Co, depuis 2 ans. Cet établissement a connu un réel succès la première année mais, depuis quelques mois, des tensions entre les associés et le ralentissement des fréquentations font craindre à l'un d'eux, Olivier Duroux, une situation difficile mettant en péril la pérennité de la société. Les comptes annuels font en effet apparaître une perte de plus de 2 000 €. Olivier voudrait se retirer de la société en cédant ses parts à son associé mais celui-ci ne veut pas les lui racheter et il ne trouve pas d'acquéreur.

1. *Déterminez les suites à donner à l'approbation des comptes en rassurant Olivier, qui craint de devoir renflouer la société après l'assemblée générale annuelle.*

Olivier pense à une solution pour mettre fin à la société : son annulation. Il a réfléchi et évoque un vice du consentement ; il estime que son ami l'a trompé sur les perspectives commerciales de la société pour l'inciter à s'associer.

2. *Indiquez pourquoi l'idée d'Olivier ne pourrait pas conduire à l'annulation de la société.*

3. *Déterminez pourquoi la réponse à la question précédente n'aurait pas été la même si la société avait été une SNC.*
4. *Indiquez si Oliver serait dans les temps pour engager une action en nullité.*

Évaluer les savoirs — Maîtriser les compétences — Préparer l'épreuve

6 Analyse d'arrêts : l'abus du droit de vote ★★★

25 min

Compétence attendue — **Analyser** l'impact du débat de la nature juridique de la société sur la notion d'intérêt social

Stagiaire dans un cabinet d'expertise comptable, vous avez été invité(e) par votre tuteur à vous former à l'analyse de la jurisprudence de la Cour de cassation. Il en profite pour vous indiquer que la Haute Juridiction a récemment révolutionné la rédaction de ses arrêts, à la suite d'une décision de la Cour européenne des droits de l'homme (CEDH), qui a censuré les décisions de la Cour de cassation française pour manque de clarté. Ainsi, depuis le 1er octobre 2019, la forme des arrêts rendus par la Cour de cassation a évolué.

Pour que vous vous en rendiez compte, votre tuteur vous soumet deux arrêts, l'un dans sa rédaction antérieure, l'autre adoptant la nouvelle forme. Les deux arrêts portent sur le même thème, celui de l'abus du droit de vote des associés. En vous appuyant sur le dossier documentaire, vous traiterez les points suivants.

Vos missions

1. *À partir du document 1, retrouvez et notez dans la marge chaque élément de la décision : solution de la Cour de cassation, argumentation de la Cour de cassation, faits, décision de la cour d'appel, arguments du demandeur, visa (la méthodologie du cas pratique n'est pas exigée).*
2. *À partir du document 2, retrouvez et notez dans la marge chaque élément de la décision : décision de la Cour de cassation, argumentation de la Cour de cassation, faits, décision de la cour d'appel, arguments du demandeur, visa (la méthodologie du cas pratique n'est pas exigée).*
3. *Concluez sur la lisibilité des arrêts de la Cour de cassation : quelle forme vous paraît la plus simple à analyser ?*
4. *Relevez, dans les décisions, les conditions de la reconnaissance d'un abus du droit de vote des associés.*

Document 1

L'abus de minorité, Cour de cassation, chambre commerciale, 20 mars 2007, pourvoi n° 05-19.225

Attendu, selon l'arrêt attaqué, statuant en matière de référé, que les capitaux propres de la société La Roseraie clinique hôpital (la société La Roseraie) étant devenus inférieurs à la moitié du capital social, une assemblée générale a été convoquée pour le 13 juin 2005 afin de voter une augmentation de capital, devant être suivie d'une réduction de capital par absorption des dettes, proposée par la société Gruppo villa Maria, détentrice de 49 % du capital ; que l'augmentation de capital n'a pas pu être adoptée à la majorité requise, par suite du refus de la société Hexagone hospitalisation Ile-de-France (la société Hexagone), détentrice de 46 % du capital, aux motifs que la question préalable de la dissolution ou de la poursuite d'activité n'avait pas été examinée et qu'elle n'avait pas eu réponse à ses questions sur le plan stratégique de développement ; que la société La Roseraie et la société Gruppo villa Maria ont assigné en référé la société Hexagone pour voir dire que son attitude constituait un abus de minorité et obtenir la désignation d'un mandataire *ad hoc* chargé de la représenter et pour voter à une assemblée générale à venir sur l'augmentation de capital ; [...]

Et sur le moyen, pris en sa troisième branche :

Vu l'article 1382 du Code civil ;

Attendu que pour confirmer l'ordonnance de référé ayant accueilli cette demande, l'arrêt retient que la société Hexagone qui avait écarté la possibilité de voter la dissolution, ne proposait aucune solution alternative sérieuse ou précise à l'augmentation de capital qui était la seule mesure conforme à l'intérêt de la société La Roseraie, indispensable à sa survie et qui ne lésait pas ses propres intérêts dans la société ;

Attendu qu'en se déterminant par de tels motifs, impropres à établir en quoi l'opposition de la société Hexagone au vote de l'augmentation de capital était fondée sur l'unique dessein de favoriser ses propres intérêts au détriment de l'ensemble des autres associés, la cour d'appel n'a pas donné de base légale à sa décision ;

PAR CES MOTIFS, et sans qu'il y ait lieu de statuer sur l'autre grief :

CASSE ET ANNULE, dans toutes ses dispositions, l'arrêt rendu le 6 juillet 2005, entre les parties, par la cour d'appel de Paris ; remet, en conséquence, la cause et les parties dans l'état où elles se trouvaient avant ledit arrêt et, pour être fait droit, les renvoie devant la cour d'appel de Paris, autrement composée ;

Document 2

Abus de majorité, Cour de cassation, chambre commerciale, 10 juin 2020, pourvoi n° 18-15.614

1°/ M. Q... C..., domicilié [...],

2°/ M. K... C..., domicilié [...],

3°/ Mme O... C..., épouse J..., domiciliée [...],

4°/ la société Société internationale de transit, société anonyme, dont le siège est [...],

ont formé le pourvoi n° U 8-15.614 contre l'arrêt rendu le 8 février 2018 par la cour d'appel d'Aix-en-Provence (8e chambre C), dans le litige les opposant à M. K... C..., domicilié [...], défendeur à la cassation.

[...] Faits et procédure

1. Selon l'arrêt attaqué (Aix-en-Provence, 8 février 2018), l'assemblée générale de la société anonyme Société internationale de transit (la société SIT), dont le capital est détenu à concurrence de 54 % par M. Q... C..., 43,36 % par M. K... C..., 2,52 % par M. K... C... et 0,12 % par Mme C... épouse J..., a, par sa troisième résolution adoptée le 26 juin 2014, décidé d'affecter la somme de 550 346 euros aux réserves.

2. Estimant que cette décision était constitutive d'un abus de majorité, M. K... C... a assigné M. Q... C..., M. K... C..., Mme C... épouse J... (les consorts C...) et la société SIT notamment en annulation de la troisième résolution de l'assemblée du 26 juin 2014 et en condamnation de la société SIT à lui payer une provision d'un montant de 500 000 euros à valoir sur sa participation aux bénéfices.

Examen du moyen unique

Sur le moyen, pris en ses cinquième et huitième branches

Énoncé du moyen

3. Les consorts C... et la société SIT font grief à l'arrêt d'annuler, pour abus de majorité, la troisième résolution de l'assemblée générale du 26 juin 2014 alors :

« 1°/ que l'abus de majorité suppose que soit cumulativement caractérisée une atteinte portée à l'intérêt social par la décision adoptée ainsi qu'une rupture d'égalité entre des actionnaires ; que la décision litigieuse doit donc avoir été prise dans l'unique dessein de favoriser les membres de la majorité au détriment de la minorité ; qu'en retenant uniquement que, « en privant M. K... C... sans justification au regard de l'intérêt social de son droit au bénéfice, et alors qu'aucun dividende n'avait été distribué depuis de nombreuses années, les actionnaires constituant le groupe majoritaire de la société SIT ont commis à l'encontre de M. K... C..., actionnaire minoritaire détenant 43,36 % des actions, un abus de majorité », sans expliquer, comme elle y était pourtant invitée, en quoi l'absence de distribution de dividendes faisant suite à la mise en réserve litigieuse favorisait les seuls associés majoritaires, tandis que cette absence concerne tous les associés, minoritaires comme majoritaires, la cour d'appel a privé sa décision de base légale au regard de l'article 1382 du Code civil, dans sa version alors applicable, désormais l'article 1240 du même code ;

2°/ que l'abus de majorité suppose que soit cumulativement caractérisée une atteinte portée à l'intérêt social par la décision adoptée ainsi qu'une rupture d'égalité entre des actionnaires ; que la décision litigieuse doit donc avoir été prise

...

dans l'unique dessein de favoriser les membres de la majorité au détriment de la minorité ; qu'en retenant uniquement que, « en privant M. K... C... sans justification au regard de l'intérêt social de son droit au bénéfice, et alors qu'aucun dividende n'avait été distribué depuis de nombreuses années, les actionnaires constituant le groupe majoritaire de la société SIT ont commis à l'encontre de M. K... C..., actionnaire minoritaire détenant 43,36 % des actions, un abus de majorité », sans expliquer, comme elle y était pourtant invitée, en quoi l'absence de distribution de dividendes intervenant suite à la mise en réserve litigieuse se faisait au détriment des seuls associés minoritaires, tandis que cette absence concerne tous les associés, minoritaires comme majoritaires, la cour d'appel a privé sa décision de base légale au regard de l'article 1382 du Code civil, dans sa version alors applicable, désormais l'article 1240 du même code. »

Réponse de la Cour

Vu l'article 1382, devenu 1240, du Code civil :

4. Aux termes de ce texte, tout fait quelconque de l'homme, qui cause à autrui un dommage, oblige celui par la faute duquel il est arrivé à le réparer.

5. Pour annuler la troisième résolution de l'assemblée générale du 26 juin 2014, l'arrêt, après avoir énoncé que la mise en réserve systématique, pendant de nombreuses années et sans projet d'investissement ou nécessité de gestion, des bénéfices d'une société est susceptible de caractériser un abus de majorité, lorsqu'elle a pour effet de priver les actionnaires minoritaires de leur droit aux dividendes, retient que la vocation d'une société ayant une activité foncière est, en principe, de procurer un revenu périodique aux associés.

6. Relevant ensuite que la société SIT, qui a pour activité la gestion d'un patrimoine immobilier, n'a pas de crédit en cours ni de projet d'investissement, l'arrêt retient que si une gestion prudente peut justifier la constitution de réserves au regard de l'éventualité d'une vacance prolongée des biens, les justifications avancées à cet égard par les consorts C... en des termes très généraux et exempts de chiffrage ne permettent pas de rendre compte de la légitimité de la mise en réserve litigieuse, cependant que les réserves de la société s'élèvent déjà à la somme de 624 284 euros.

7. L'arrêt relève encore que les biens immobiliers appartenant à la société SIT sont donnés en location à une vingtaine de locataires différents et que le plus important des deux biens appartenant à la SCI Les Mûriers, sa filiale, est loué au conseil régional, ce dont il déduit que la nécessité de se prémunir contre un risque de vacance massif et subi doit être fortement relativisée et ne peut justifier la constitution de réserves représentant plus de cinq fois le montant des charges externes de la société.

8. L'arrêt constate, enfin, que les disponibilités de la société s'élevaient, au 31 décembre 2013, à la somme de 744 249 euros, à rapprocher du montant des valeurs mobilières de placement, qui n'est que de 6 106 euros.

9. L'arrêt déduit de l'ensemble de ces énonciations, constatations et appréciations que la politique de mise en réserve suivie par la société SIT est une politique de pure thésaurisation, contraire à l'intérêt social, et qu'en privant ainsi M. K... C... de son

...

...
droit au bénéfice, cependant qu'aucun dividende n'avait été distribué depuis de nombreuses années, les actionnaires majoritaires ont commis un abus.

10. En se déterminant ainsi, sans expliquer en quoi la résolution litigieuse avait été prise dans l'unique dessein de favoriser les consorts C... au détriment de M. K... C..., la cour d'appel a privé sa décision de base légale.

PAR CES MOTIFS, et sans qu'il y ait lieu de statuer sur les autres griefs, la Cour :

CASSE ET ANNULE, sauf en ce que, confirmant le jugement, il déclare le tribunal de commerce incompétent pour connaître du litige successoral opposant les parties et rejette la demande d'annulation de l'assemblée générale du 23 juin 2013, l'arrêt rendu le 8 février 2018, entre les parties, par la cour d'appel d'Aix-en-Provence.

7 Situation pratique : SK Mobility ★★★

40 min

Compétences attendues

- **Identifier** les différents éléments constitutifs du contrat de société et les caractériser
- **Analyser** le régime juridique des apports
- **Analyser** l'influence du régime matrimonial de l'associé sur le contrat de société.

Après l'obtention de son BTS en 2022, Sonia Kacem a élaboré un projet de création d'entreprise, SK MOBILITY, dont l'objet est de proposer des trottinettes électriques et des vélos de ville à assistance électrique pour des locations de longue durée. Le projet SK MOBILITY est né du constat qu'acheter une trottinette électrique ou un vélo à assistance électrique est onéreux, et que la réparation et l'entretien sont fastidieux pour les usagers. Ainsi, SK MOBILITY propose des trottinettes ou vélos neufs pour un loyer limité et accessible, incluant la révision et les diagnostics électriques annuels et le changement régulier de trottinette ou vélo pour bénéficier des dernières innovations. Sonia Kacem envisage d'ouvrir une agence au centre-ville de Besançon, pour proposer des trottinettes électriques et des vélos de ville à assistance électrique. Sonia est mariée depuis 2020 à Anthony DUPIRE.

À la suite de l'obtention de votre DCG, vous êtes embauché(e) au sein du cabinet d'expertise comptable comme collaborateur junior en charge de l'accompagnement de ce projet. S'il se concrétise, vous avez l'assurance de suivre l'entreprise dans les années à venir.

Sonia Kacem a débuté seule son activité de location de trottinettes électriques et de vélos à assistance électrique, sous la forme d'une entreprise individuelle. Néanmoins elle s'est récemment rendue à un forum sur l'entrepreneuriat, à l'occasion duquel elle a rencontré Louise Oréo. C'est « un déclic ». Le 10 septembre dernier, la SARL SK MOBILITY est créée par acte sous signature privée. Au moment de la rédaction des statuts de la société (document 1), Sonia Kacem a convenu avec Louise de faire l'apport de son entreprise individuelle, cependant Louise lui avait indiqué qu'il n'était pas certain qu'il soit possible de faire l'apport d'une entreprise individuelle, celle-ci ne disposant pas d'une existence juridique en tant que telle.

(D'après un sujet d'examen)

Vos missions

À l'aide du dossier documentaire et de vos connaissances, vous répondrez aux questions suivantes :

1. *Justifier le choix des différentes formes juridiques abordées dans la situation (entreprise individuelle et société).*
2. *Rassurer Louise en montrant que le patrimoine professionnel peut faire l'objet d'un apport, et en analysant en quoi cet apport diffère de l'apport d'un fonds de commerce (la méthodologie du cas pratique n'est pas exigée).*
3. *Déterminer les conditions dans lesquelles l'apport de Sonia a pu être effectué.*

Document 1

Statuts de la SARL SK Mobility (extraits)

Article 6 – Objet social

La société a pour objet social : « proposer des trottinettes électriques et des vélos de ville à assistance électrique pour des locations de longue durée ».

Article 8 – Apports

Apports en nature. Les associés suivants effectuent des apports en nature à la société.

Sonia KACEM apporte les éléments figurant à l'actif et au passif de son entreprise individuelle (SIRET n°.....) dans la situation arrêtée au 31/12, et représentant un apport net de dix-huit mille euros (18 000 €).

Louise Oréo apporte un lot de trottinettes électriques évalué à dix mille euros (10 000 €).

Total des apports en nature : vingt-huit mille euros (28 000 €).

Apports en numéraire

Louise Oréo apporte quatre mille euros (4 000 €) de numéraire

Total des apports en numéraire : quatre mille euros (4 000 €).

Les associés s'engagent à libérer totalement les apports en numéraire dès la constitution. Les fonds correspondant aux apports en numéraire seront virés sur le compte n°80686613001 ouvert au nom de la SARL SK Mobility à la Société Générale. Ils pourront être retirés par le gérant de la société sur présentation d'un extrait K-Bis conforme.

Récapitulation des apports

Le total des apports formant le capital social s'élève à trente-deux mille euros (32 000 €).

Article 9 – Capital social

Le capital social de la SARL SK Mobility est de trente-deux mille euros (32 000 €). [...]

Document 2

Code de commerce, Article L526-27
(Création LOI n°2022-172 du 14 février 2022 - art. 1)

L'entrepreneur individuel peut céder à titre onéreux, transmettre à titre gratuit entre vifs ou apporter en société l'intégralité de son patrimoine professionnel, sans procéder à la liquidation de celui-ci. Le transfert non intégral d'éléments de ce patrimoine demeure soumis aux conditions légales applicables à la nature dudit transfert et, le cas échéant, à celle du ou des éléments transférés.

Le transfert universel du patrimoine professionnel emporte cession des droits, biens, obligations et sûretés dont celui-ci est constitué. Il peut être consenti à titre onéreux ou gratuit. Lorsque le bénéficiaire est une société, le transfert des droits, biens et obligations peut revêtir la forme d'un apport.

Sous réserve de la présente section, les dispositions légales relatives à la vente, à la donation ou à l'apport en société de biens de toute nature sont applicables, selon le cas. Il en est de même des dispositions légales relatives à la cession de créances, de dettes et de contrats.

Dans le cas où le cédant s'est obligé contractuellement à ne pas céder un élément de son patrimoine professionnel ou à ne pas transférer celui-ci à titre universel, l'inexécution de cette obligation engage sa responsabilité sur l'ensemble de ses biens, sans emporter la nullité du transfert.

Le transfert de propriété ainsi opéré n'est opposable aux tiers qu'à compter de sa publicité, dans des conditions prévues par décret.

La société-contrat

La société : un contrat et une personne morale

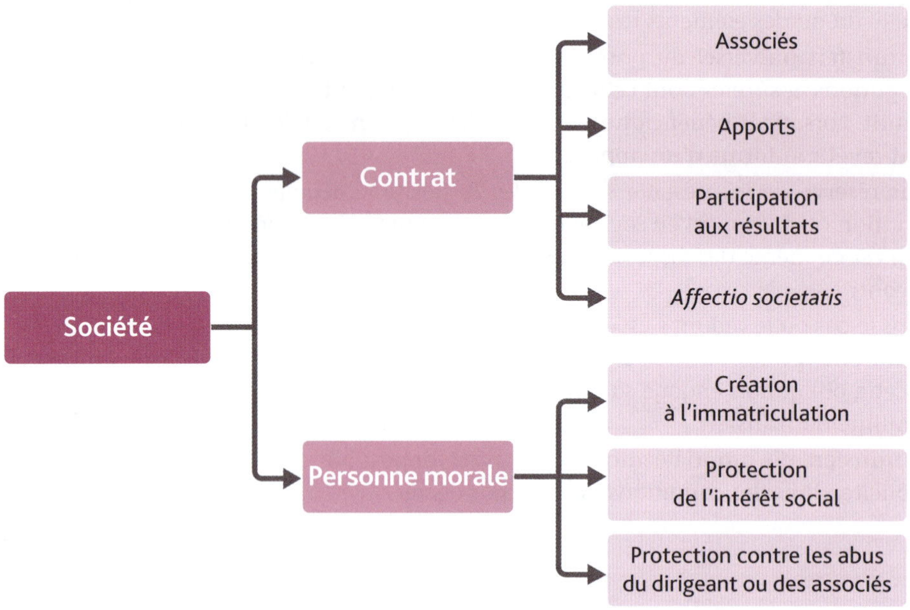

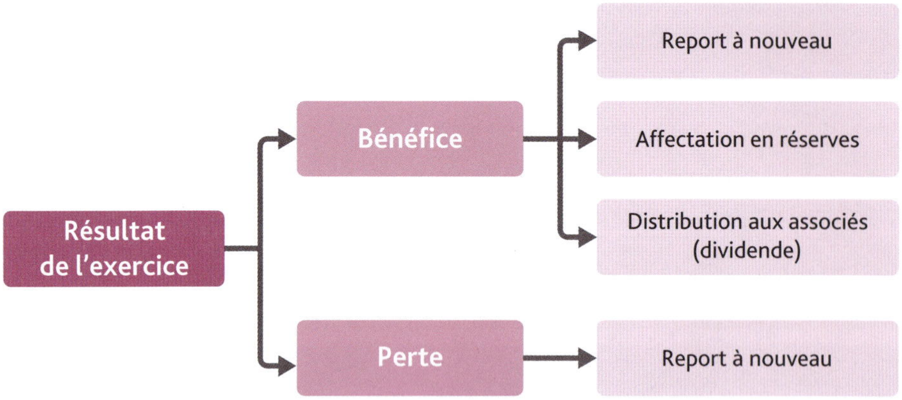

Les conditions du contrat

Associés	• Capables ou représentés. • Capacité commerciale en SNC et sociétés en commandite pour les commandités.
Apports	• En numéraire (souscription intégrale, libération différée). • En nature (évaluation nécessaire). • En industrie (prévu par les statuts selon le type de société).
Contribution aux résultats	• Bénéfice (distribution aux associés sous forme de dividendes). • Économie. • Contribution aux pertes (au moment de la dissolution).
Affectio societatis	Volonté des associés de collaborer ensemble à l'entreprise commune sur un pied d'égalité.

Les capitaux et les résultats

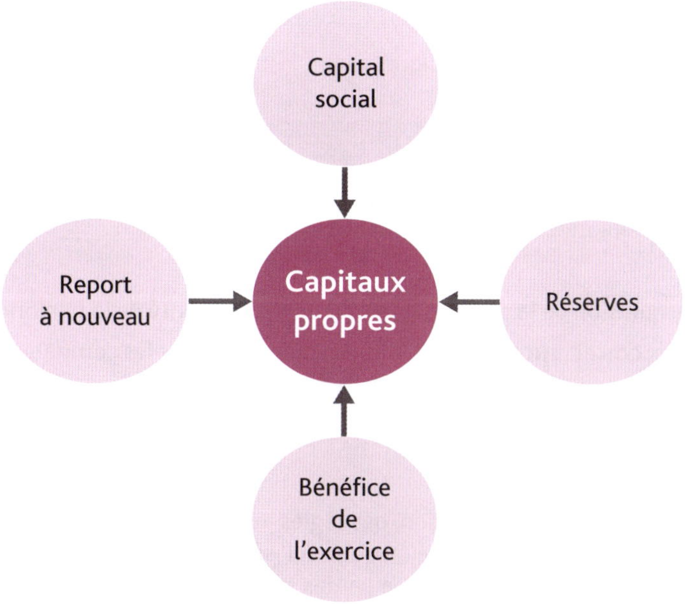

Les nullités

Le législateur a choisi de limiter les nullités :

- causes limitativement énumérées par les textes.
- absence d'effet rétroactif.
- délai de prescription court (3 ans).
- possibilité de régularisation.

CHAPITRE 3 La création de la société

PROGRAMME

Compétences attendues

- **Différencier** constitution de la société et acquisition de la personnalité juridique
- **Schématiser** le processus administratif aboutissant à l'acquisition de la personnalité morale
- **Analyser** les conséquences d'un acte pris par une société en formation
- **Repérer** les attributs de la personne morale et en **analyser** le régime juridique

Savoirs associés

- La constitution de la société, l'acquisition de la personnalité morale, l'immatriculation de la personne morale
- L'identité : les attributs de la personne morale (nom, siège, patrimoine, durée, capacité)

PRÉREQUIS

La société-contrat (chapitre 2)

PLAN DU CHAPITRE

Cours : 1. L'acquisition de la personnalité morale • 2. L'identité de la personne morale

Des savoirs aux compétences : Évaluer les savoirs • Maîtriser les compétences • Préparer l'épreuve

Synthèse

Depuis sa création jusqu'à sa disparition, des règles juridiques encadrent la vie d'une société. La personnalité morale de la société, acquise à l'issue d'un processus administratif précis, lui donne une autonomie certaine, exprimée par les statuts, dans un cadre déterminé par la loi.

MOTS-CLÉS

Capacité • Clause statutaire • Constitution • Dénomination sociale • Durée de la société • Immatriculation • Patrimoine social • Personne morale • Registre national des entreprises • Représentation légale • Reprise des actes • Siège social • Société en formation • Statuts

1 L'acquisition de la personnalité morale

A) La signature des statuts

Les **statuts** sont obligatoirement écrits et établis par acte sous signature privée ou par acte authentique. Leur signature par les associés entraîne leur engagement à libérer les apports promis (↪ chapitre 2). La loi impose certaines mentions :

- forme juridique ;
- durée ;
- dénomination sociale ;
- siège social ;
- objet social ;
- apports et montant du capital social ;
- évaluation des apports en nature.

Modalités de fonctionnement. Les associés peuvent prévoir des clauses supplémentaires qui réglementent les relations entre eux (ex. : clause de répartition des bénéfices, clause limitative des pouvoirs du dirigeant). Les **clauses statutaires** doivent respecter les dispositions légales impératives.

Sont annexées aux statuts certaines pièces comme le rapport du CAA, l'état des actes passés pour le compte de la **société en formation**.

B) La réalisation des apports

La réalisation de l'apport correspond à sa mise à la disposition de la société par l'associé.

1. La réalisation des apports en numéraire

Chronologie. La réalisation de l'apport en numéraire (sa libération) est jalonnée par trois étapes (fig. 3.1).

Figure 3.1. **Libération de l'apport en numéraire**

Délais de libération. La loi ou les statuts imposent un minimum à libérer au moment de la constitution, variable selon le type de société, le reste devant être libéré dans les 5 ans de l'immatriculation. Si une SARL ou une SA n'est pas constituée ou immatriculée dans les 6 mois du dépôt des fonds, chaque apporteur peut individuellement demander, par requête, au président du tribunal de commerce, l'autorisation de retirer auprès du dépositaire le montant de son apport. Les apporteurs peuvent aussi désigner un mandataire qui les représente et qui retire les fonds directement auprès du dépositaire, sans saisir le tribunal.

2. La réalisation des apports en nature

Les apports en nature sont mis à la disposition effective de la société lors de la constitution. Le transfert de propriété s'effectue lors de l'immatriculation au RCS. Pour que ce transfert soit opposable aux tiers, notamment aux créanciers de l'apporteur, certaines formalités de publicité sont nécessaires (tab. 3.1).

Tableau 3.1. Formalités particulières selon les apports

Apport	Formalité	Publicité
Immeuble	Acte authentique	Enregistrement au service de la publicité foncière
Droit au bail	Consentement du bailleur	• Insertion dans un support habilité à recevoir des annonces légales (SHAL) • Insertion au Bodacc
Brevet	Mention dans les statuts	Inscription à l'Inpi
Marque	Mention dans les statuts	Inscription à l'Inpi
Créance	Information écrite au débiteur	–
Droits sociaux	Information écrite à la société	–

FOCUS — L'opposabilité d'un acte ou d'un fait juridique

L'opposabilité d'un acte ou d'un fait juridique signifie qu'ils vont produire des effets pour les tiers, qui ne peuvent donc les ignorer. Le contraire s'appelle l'inopposabilité. Ainsi, les clauses statutaires, bien que publiées, demeurent inopposables aux tiers (comme tous les contrats), qui ne sont donc pas censés les connaître ni en tenir compte dans leurs rapports avec la société.

3. La réalisation des apports en industrie

Les apports en industrie se libèrent au fur et à mesure de l'activité, quand l'associé met effectivement son savoir-faire à la disposition de la société.

C) Les formalités d'immatriculation : la publicité légale

Pour devenir personne morale, la société doit faire l'objet d'une publicité et d'une immatriculation au RCS, à des fins d'information des tiers (fig. 3.2).

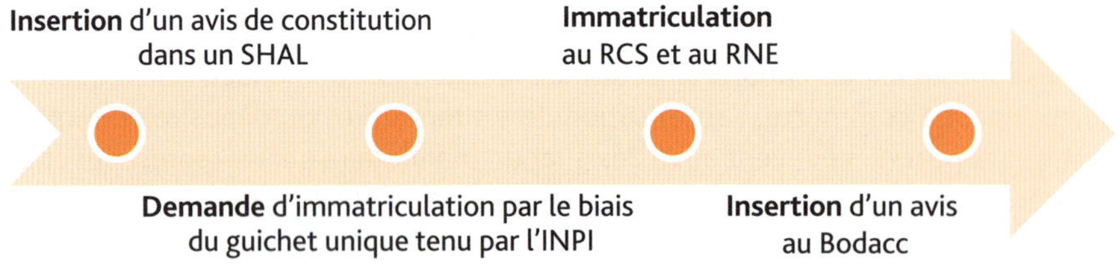

Figure 3.2. Naissance de la personne morale

1. L'insertion dans un support habilité à recevoir des annonces légales (SHAL)

Le SHAL est un support, papier ou digital, habilité à recevoir les annonces légales dans le département du **siège social**. L'avis de **constitution** est signé par l'un des fondateurs, puis inséré dans un SHAL qui remet au fondateur une attestation de parution.

Exemple

Modèle d'avis de constitution d'une SARL à publier dans un SHAL

Société X. [dénomination sociale]

Société à responsabilité limitée au capital de ________ euros

Siège social : ________

Constitution

Aux termes d'un acte sous signature privée en date du ________, il a été constitué sous la dénomination sociale « ________ », une société à responsabilité limitée ayant pour objet ________

Le siège social a été fixé à ________, rue ________, n° ________

La durée de la société, qui prendra cours à dater de son immatriculation au RCS, est fixée à ________ années.

Le capital social, formé par les apports des associés, s'élève à la somme de ________ euros ; il est divisé en ________ parts sociales de ________ euros chacune, entièrement souscrites et intégralement libérées, lesquelles ont été réparties entre les associés dans la proportion de leurs apports.

La société est gérée et administrée par M. ________ [nom, prénoms, profession, domicile], désigné en qualité de gérant associé [ou : de gérant non-associé], lequel jouit, vis-à-vis des tiers, des pouvoirs les plus étendus pour contracter au nom de la société et l'engager pour tous les actes et opérations entrant dans l'objet social, sans limitation.

La société sera immatriculée au RCS tenu au greffe du tribunal de commerce de ________

Pour avis et mention : [Le gérant]

2. La demande de création et d'immatriculation

Rôle de l'INPI. La demande d'immatriculation doit être réalisée au plus tard dans les 30 jours qui suivent le début d'activité. La demande s'effectue sur le site : https://procedures.inpi.fr/?/. Ce guichet unique électronique des formalités d'entreprises est un portail internet sécurisé, auprès duquel toute entreprise est tenue de déclarer sa création, la modification de sa situation ou la cessation de ses activités depuis le 1er janvier 2023. L'INPI en est l'opérateur. Pour réaliser sa formalité, le déclarant saisit en ligne les informations et joint les pièces dématérialisées nécessaires.

Récépissé de dépôt. Une fois le dossier complet envoyé, l'INPI transmet un un récépissé de dépôt de dossier de création d'entreprise (RDDCE) comportant la mention « En attente d'immatriculation ». Il permet d'accomplir toutes les démarches nécessaires auprès des divers organismes (ex. : souscrire des assurances obligatoires et complémentaires pour l'entreprise, adhérer à une caisse de retraite...).

Le récépissé est valable jusqu'à la notification du guichet des formalités des entreprises confirmant l'immatriculation de la société. La durée de validité maximale du récépissé est de 1 mois.

Registre national des entreprises (RNE). Suite à la télédéclaration, les données renseignées par les déclarants, créateurs et chefs d'entreprises, lors de la réalisation de leurs formalités sont automatiquement transmises au RNE (dont la tenue est assurée par l'INPI), qui centralise et diffuse les informations économiques et juridiques des entreprises. L'INPI transmet également les informations aux autres organismes compétents (Insee, services sociaux et fiscaux, greffes de tribunaux de commerce, chambres consulaires, etc.) qui les traitent.

Rôle du greffier du tribunal de commerce. Le greffier du tribunal de commerce dont dépend le siège social de la société est en charge de la tenue du Registre du commerce et des sociétés (RCS). Il doit vérifier la régularité de la constitution. Le contrôle porte, notamment, sur le dépôt des pièces obligatoires composées de :

- un exemplaire des statuts ;
- une copie des actes de nomination des organes de gestion, d'administration, de direction, de surveillance et de contrôle lorsque ces personnes n'ont pas été désignées par les statuts ;
- un justificatif de domicile de la personne morale ;
- une copie des pièces d'identité et un extrait de casier judiciaire (ou une attestation sur l'honneur de non-condamnation) des dirigeants ;
- la déclaration des bénéficiaires effectifs (personne(s) physique(s) détenant plus de 25 % du capital de la société) ;
- le cas échéant, un exemplaire du rapport des CAA et du certificat du dépositaire des fonds (avec mention des souscripteurs pour une société par actions).

Immatriculation de la société au RCS. Le greffier immatricule la société au RCS dans le délai d'un jour ouvrable à réception de la demande et remet au représentant légal un certificat attestant l'immatriculation de la société, l'extrait Kbis, qui permet le retrait des fonds. Dans les 8 jours, il fait paraître un avis de constitution au Bulletin officiel des annonces civiles et commerciales (Bodacc).

Toutes les formalités doivent être renouvelées en cas de modification statutaire.

D) Les actes passés pendant la période de formation

Pendant la période qui s'écoule entre le moment où les associés conviennent de constituer une société et l'immatriculation, il peut être nécessaire de conclure des contrats au nom et pour le compte de la future société (ex. : ouverture d'un compte en banque, bail des locaux du siège social). Cependant, la société ne dispose pas encore de la personnalité morale, ce qui l'empêche de contracter en son nom.

1. Le principe : la responsabilité de celui qui a passé l'acte

Si des contrats sont conclus pour la future personne morale, la loi prévoit que les personnes qui ont agi sont tenues indéfiniment responsables des actes accomplis, de façon solidaire si la société est commerciale, sans solidarité si elle est civile.

FOCUS La solidarité

La solidarité est le lien juridique qui permet à un créancier de réclamer le paiement de la totalité d'une dette contractée par plusieurs débiteurs à un seul d'entre eux. Le débiteur ne peut pas demander au créancier de diviser ses recours. La solidarité est présumée en matière commerciale.

2. L'exception : la reprise des actes par la société

Substitution rétroactive de débiteur. La **reprise des actes** signifie que si la société est finalement immatriculée, c'est cette dernière qui sera réputée avoir conclu le contrat dès l'origine : elle devient rétroactivement cocontractante.

Conditions. Seuls peuvent être repris par la société :
- les actes qui révèlent la commune intention des parties, de le conclure pour le compte de la société en formation, même si l'acte ne le mentionne pas ;
- les actes passés dans l'intérêt de la société et nécessaires à son immatriculation.

Formalités. La loi prévoit trois modalités de reprise de ces actes par la société régulièrement immatriculée (tab. 3.2). Si ces formalités ne sont pas accomplies, l'acte est nul.

Tableau 3.2. **Modalités de reprise des actes**

Modalité	Conséquence
Annexion aux statuts d'un état des engagements conclus pour le compte de la société en formation (« État des actes accomplis pour le compte de la société en formation »).	La signature des statuts entraîne une reprise automatique par la société des actes annexés dès l'immatriculation.
Mandat spécial (déterminé et précis) accordé, pendant la période de formation, à un ou plusieurs futurs associés.	Les actes passés dans le cadre du mandat sont repris automatiquement après immatriculation de la société.
Absence de l'une des modalités précédentes.	L'AG des associés prend une décision expresse de reprise, votée dans les conditions spécifiques à chaque type de société, après immatriculation.

→ CAS 3 ET 4 • SITUATIONS PRATIQUES 5 ET 6 • COMMENTAIRE DE DOCUMENT 7

2 L'identité de la personne morale

A) Le nom de la personne morale : la « dénomination sociale »

Toute personne morale a une **dénomination sociale** mentionnée dans les statuts et sur les documents sociaux et accompagnée de la forme juridique choisie. Le choix de la dénomination sociale est librement effectué par les associés, dans le respect de certaines conditions :
- ne pas porter atteinte aux droits privatifs détenus par une autre personne physique ou morale (ex. : marque déposée, dénomination déjà utilisée) ;
- ne pas entretenir la confusion dans l'esprit du public entre deux entreprises concurrentes.

B) Le siège social

1. Le principe

Domicile de la personne morale, le siège social est le lieu de réunion des organes d'administration et de direction de la société. Il permet de déterminer le lieu où doivent être effectuées les formalités légales de publicité, la loi applicable, la nationalité de la société, les tribunaux compétents. La loi française est applicable aux sociétés dont le siège social est situé en France.

2. Les aménagements du principe

Pour réduire les coûts de constitution d'une société, la loi prévoit deux aménagements (tab. 3.3).

Tableau 3.3. Domiciliation de la personne morale

Domiciliation dans des locaux communs à plusieurs entreprises	Domiciliation au domicile du représentant légal
• Contrat écrit de domiciliation établi et fourni lors de l'immatriculation. • Fourniture par la société de domiciliation de services et des locaux adaptés, notamment, aux réunions des organes de direction ou de surveillance de ses sociétés clientes.	• De manière permanente, en l'absence de dispositions législatives contraires ou stipulations contractuelles restrictives. • De manière temporaire, pour une durée maximale de 5 ans à compter de la constitution, en présence de dispositions législatives ou de stipulations contractuelles restrictives (ex. : contrat de bail imposant l'usage d'un local d'habitation).

Le changement de siège au cours de la vie sociale relève d'une décision extraordinaire des associés. Il existe toutefois des aménagements pour les SARL et SA.

C) Le patrimoine social

Une société détient un patrimoine constitué par l'ensemble de ses droits (à l'actif) et obligations (au passif).

Le **patrimoine social** constitue un ensemble cohérent dans lequel l'actif répond du passif.

Les créanciers de la société ont un **droit de gage exclusif** sur le patrimoine social, ce qui leur permet, selon que leur créance est ordinaire ou privilégiée, de poursuivre la société en paiement sur tout ou partie de ses biens.

Le bilan représente la situation patrimoniale de la société à une date donnée.

D) La durée de la société

La **durée** de la société est déterminée par les statuts (fig.3.3).

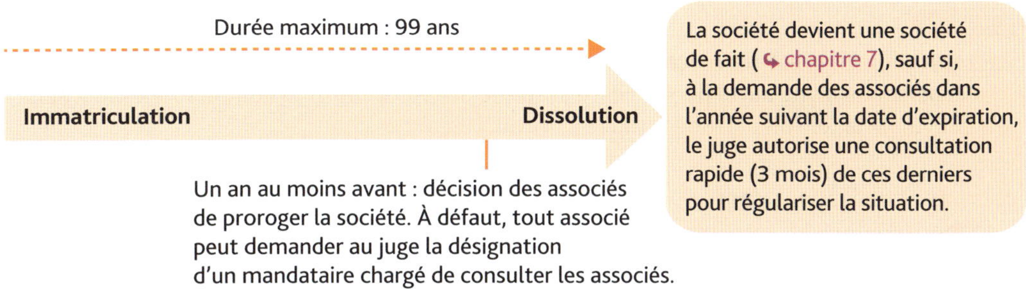

Figure 3.3. Règles relatives à la durée d'une société

E) La capacité de la société

La **capacité** est l'aptitude à être titulaire de droits et d'obligations et à les exercer. La capacité des personnes morales est encadrée par la loi, dans la mesure où, la personne morale n'ayant pas d'existence matérielle, elle ne peut pas exercer ses droits par elle-même.

1. Le principe de spécialité

La société immatriculée jouit de la capacité juridique attachée à la personnalité, mais dans la limite de son **objet social**. Une détermination des activités peut être effectuée par la loi, dans certains secteurs, ou, de manière plus fréquente, par les statuts.

Spécialité légale. Certaines activités sont réservées, d'autres sont interdites à certains types de sociétés en vertu de la loi.

Spécialité statutaire. La société ne peut en principe agir que dans les limites de son objet social statutaire. L'indication de l'objet social a une conséquence sur les pouvoirs des organes de direction de la société à l'égard des tiers : la société est engagée par tout acte entrant dans son objet. La rédaction de l'objet est donc cruciale (**chapitre 4**).

Exemple

- Une formulation restrictive de l'objet social limite les possibilités de réalisation et de diversification de l'activité sociale. Inversement, un objet trop large ne joue plus de façon efficace son rôle d'encadrement des pouvoirs des dirigeants.

L'activité située hors du champ de l'objet social est toutefois toujours valable si elle entretient un lien avec les actes de gestion courante nécessaires à l'activité (ex. : achat et vente de marchandises, recrutement, ouverture d'un compte…).

Le dépassement de l'objet social statutaire engage la responsabilité du représentant légal auteur de l'acte si la société subit un préjudice.

2. La représentation

La personne morale n'ayant pas d'existence matérielle, elle ne peut intervenir dans la vie juridique que par l'intermédiaire de quelqu'un d'autre : elle doit être représentée.

Définition

La **représentation** est un mécanisme qui transfère le pouvoir d'agir dans la vie juridique d'une personne à une autre personne. Le système de représentation des personnes morales est prévu par la loi : on parle de « **représentation légale** ».

Les droits et obligations dont la personne morale jouit sont exercés par son représentant légal (↪ chapitre 4).

FOCUS **Représentant légal et dirigeant**

La représentation relève des rapports de la personne morale avec les tiers. La direction relève des rapports entre le dirigeant et les associés. Tous les dirigeants sont investis d'un mandat social, mais tous ne sont pas habilités à représenter légalement la société à l'égard des tiers.

→ APPLICATION 2 • CAS 3 • CAS 4 • SITUATION PRATIQUE 6

1 Quiz

Vérifiez l'exactitude des propositions ci-après et justifiez-les.

		Vrai	Faux
1.	Les statuts ne sont pas nécessairement écrits.	☐	☐
2.	Le contenu des statuts est libre.	☐	☐
3.	La libération de l'apport est la promesse d'apport.	☐	☐
4.	La réalisation d'un apport en nature peut nécessiter l'accomplissement de certaines formalités.	☐	☐
5.	Quatre formalités de publicité doivent être accomplies pour acquérir la personnalité juridique.	☐	☐
6.	Les associés peuvent démarrer l'activité sociale à compter de la signature des statuts.	☐	☐
7.	L'état des actes annexé aux statuts emporte automatiquement reprise par la société des actes accomplis pendant la période de formation.	☐	☐
8.	Si une société n'est pas immatriculée, tous les associés sont toujours responsables des actes accomplis pendant la période de formation.	☐	☐
9.	La durée de la société est indéterminée.	☐	☐
10.	Une personne morale a une capacité plus restreinte qu'une personne physique.	☐	☐

2 SAS Ose ta chance ★★★

Virginie Mathias souhaite créer une SAS qui aurait pour objet l'accompagnement des salariés à la formation. Elle pense que son projet a beaucoup d'avenir et souhaite que la durée de la société soit fixée à 200 ans.

Expliquez pourquoi ce souhait n'est pas réalisable.

Évaluer les savoirs — Maîtriser les compétences — Préparer l'épreuve

3 Cas : Fitness Plus ★★★

Compétences attendues

- **Différencier** constitution de la société et acquisition de la personnalité juridique
- **Schématiser** le processus administratif aboutissant à l'acquisition de la personnalité morale
- **Repérer** les attributs de la personne morale et en analyser le régime juridique

Après avoir longuement exercé sous forme d'entreprise individuelle son activité de coach sportif, Michaël Leclercq a décidé d'aller au bout de ses ambitions et de se développer. Il s'est donc associé avec deux membres de sa famille et a créé la société Fitness Plus, société anonyme au capital de 37 000 euros. Les statuts ont été signés le 3 septembre dernier. Un peu perdu dans les formalités à effectuer, Michaël vous demande conseil.

En vous appuyant sur vos connaissances et sur les documents ci-après (la méthodologie du cas pratique n'est pas exigée) :

1. *Rédigez l'annonce légale en vue de la parution au SHAL.*
2. *Schématisez pour Michaël les formalités de création de la SA Fitness Plus*

Document 1

Informations sur la SA Fitness Plus

Dénomination sociale	« Fitness Plus »
Forme	Société anonyme à conseil d'administration
Objet	l'exploitation d'une salle de remise en forme, d'une boutique de vente de compléments alimentaires et la fourniture de prestations de coaching
Siège social	Gradignan (33170), 12 rue des Rosiers
Durée	30 années
Capital social	37 000 euros, divisé en 1 000 actions de 37 euros chacune, entièrement souscrites et intégralement libérées, réparties entre les associés dans la proportion de leurs apports
Composition du CA	M. Michaël Leclercq, Mme Louise Leclercq, M. Charles Dumont
Directeur général	Le conseil d'administration réuni le 15 septembre a nommé en qualité de président du conseil d'administration et confié la direction générale de la société à M. Michaël Leclercq, lequel jouit, vis-à-vis des tiers, des pouvoirs les plus étendus pour contracter au nom de la société et l'engager pour tous les actes et opérations entrant dans l'objet social, sans limitation.

Document 2

Création d'entreprise : comment publier une annonce légale ?

Vous êtes en train de créer votre entreprise ? Dans le cadre de vos démarches, vous devez sans doute publier une annonce légale. Dans quels cas êtes-vous soumis à cette obligation ? Où publier votre annonce ? Que doit-elle comporter ? En dehors de la création, une annonce légale est-elle requise à d'autres moments de la vie d'une entreprise ? On vous explique !

Qu'est-ce qu'une annonce légale ?

Une annonce légale est une annonce qui mentionne les informations juridiques d'une entreprise, et qui est reprise dans un journal d'annonces légales.

L'objectif est de pouvoir avertir le public au sens large (les concurrents, les clients, les investisseurs, les services administratifs, etc.) de certains évènements marquants de la vie d'une entreprise.

En d'autres termes, publier une annonce légale relève de votre devoir de **transparence** et d'**information** concernant l'existence et la nature de votre société. [...]

À savoir

Si la publication d'une annonce légale est généralement obligatoire au moment de la **création de l'entreprise** (voir le détail dans les paragraphes précédents), cette obligation n'est pas requise qu'à cette étape.

En effet, une annonce légale peut être obligatoire à de nombreux moments de la vie d'une entreprise :

- modification des statuts, du nom de la structure, du statut juridique
- changements relatifs à l'objet social ou au capital social
- modification du lieu de domiciliation de l'entreprise
- changement de dirigeant
- en cas de dissolution et liquidation de l'entreprise
- etc.

Que doit contenir l'annonce légale ?

Votre annonce doit spécifier :

1. la **dénomination sociale** suivie le cas échéant de son sigle
2. la **forme de la société**
3. le **montant du capital social**
4. l'**adresse du siège social**
5. l'**objet social**
6. la **durée** pour laquelle la société a été constituée
7. les noms et domiciles des **associés solidaires indéfiniment des dettes sociales**
8. les noms et domiciles des associés ou tiers ayant le **statut de gérant**, **administrateur**, **président du conseil d'administration**, **directeur général**, **membre du directoire**, **membre du conseil de surveillance** ou **commissaire aux comptes**
9. les noms et domiciles des personnes ayant le **pouvoir général d'engager la société envers des tiers**
10. l'indication du **greffe du tribunal** où la société sera immatriculée au RCS.

Bercy Infos, le 13/01/2022, « Créer ou reprendre une entreprise Formalités administratives ».

Document 3

Capture écran du site https://procedures.inpi.fr

Document 4

Guichet des formalités des entreprises (Démarche en ligne)

Institut national de la propriété industrielle (Inpi)

Depuis le 1er janvier 2023, les formalités de création, de modification et de cessation d'activité doivent être réalisées en ligne sur le **guichet des formalités des entreprises**.

L'utilisation de ce « *guichet unique* » dématérialisé est désormais **obligatoire**. Il remplace les centres de formalités des entreprises (CFE) qui sont supprimés.

Le guichet concerne **toutes les entreprises**, quelle que soit leur forme juridique ou leur activité.

Qui peut utiliser le site unique ?

Le **chef d'entreprise** (dirigeant ou micro-entrepreneur) peut réaliser lui-même les formalités en ligne.

Il peut également demander à un salarié (appelé *délégataire*) de réaliser les formalités pour le compte de l'entreprise en rédigeant une délégation.

Il peut aussi donner cette mission à toute autre personne (appelée *mandataire*) en rédigeant un contrat de mandat. Un modèle de mandat est disponible sur le site.

Une copie de l'acte de délégation ou du mandat devra être transmise lors de la réalisation de la formalité sur le site.

Comment fonctionne le site unique ?

Le déclarant (chef d'entreprise, mandataire ou délégataire) doit créer un **compte utilisateur** lors de sa première connexion. Ce compte utilisateur est **personnel**.

Les détenteurs d'un compte « e-procédures » à l'Inpi : Inpi : Institut national de la propriété industrielle peuvent utiliser ce compte pour utiliser le site unique

Pour réaliser sa formalité, le déclarant saisit **en ligne** les informations et joint les **pièces dématérialisées** nécessaires. Il est possible de commencer une démarche et de la sauvegarder dans un brouillon pour la terminer plus tard.

...

...

Les organismes compétents (Insee, services sociaux et fiscaux, greffes de tribunaux de commerce, chambres consulaires, etc.) traitent les informations reçues.

L'état d'avancement des formalités est **consultable à tout moment** sur le guichet, depuis le tableau de bord de l'espace personnel.

https://entreprendre.service-public.fr/vosdroits/R61572

4 Cas : AGIR et Associés ★★★

Compétences attendues

- **Différencier** constitution de la société et acquisition de la personnalité juridique
- **Schématiser** le processus administratif aboutissant à l'acquisition de la personnalité morale
- **Analyser** les conséquences d'un acte pris par une société en formation
- **Repérer** les attributs de la personne morale et en **analyser** le régime juridique

Stagiaire au sein du cabinet d'expertise comptable AGIR et Associés, vous prenez connaissance de divers dossiers sur lesquels travaille votre tuteur.

Repérez, dans chaque situation, les éléments problématiques et proposez des solutions (la méthodologie du cas pratique n'est pas exigée).

1. La SARL Abribus, qui fabrique des abris de bus, a été immatriculée le 14 novembre 1926.
2. La SA Bernard rachète des livres d'occasion, les prépare et les conditionne dans ses entrepôts, avant de les revendre à des particuliers. Elle a été immatriculée il y a quelques mois. Deux jours avant l'immatriculation, le futur directeur général, Michel Bernard, a, de sa propre initiative, acheté à Mme Viana un lot de livres d'occasion pour un montant de 200 €. Mme Viana réclame le paiement de sa dette.
3. Olivier Orange souhaite créer une société qui aura pour objet social l'exploitation d'un fonds de commerce de téléphonie mobile. Il aimerait attribuer à la société son propre nom.
4. La SARL Énergix fabrique et commercialise des panneaux solaires. M. Kubrik en était le créateur et gérant jusqu'à l'année dernière. Il a confié la gérance à sa fille aînée, Clémence. Il est resté associé majoritaire mais a du mal à tourner la page. Lors des congés de sa fille, il téléphone au cabinet pour savoir s'il peut prendre des engagements au nom de la société.
5. La SAS Fuber est l'un des tout nouveaux clients du cabinet. M. Fuber est en train de la créer pour offrir à ses futurs clients des prestations de véhicules de tourisme avec chauffeur (M. Fuber lui-même). Il a déposé le dossier au CFE hier et se demande s'il peut démarrer l'activité sociale dès aujourd'hui, puisqu'il croule déjà sous les demandes.

Évaluer les savoirs — Maîtriser les compétences — Préparer l'épreuve

5 Situation pratique : SARL JTHD ★★★

20 min

Compétences attendues

- **Différencier** constitution de la société et acquisition de la personnalité juridique
- **Schématiser** le processus administratif aboutissant à l'acquisition de la personnalité morale
- **Analyser** les conséquences d'un acte pris par une société en formation

Rendez-vous MÉTHODE 3

Juliette Dupont et ses cousins, Thomas et Héloïse, décident de créer la SARL JTHD dont l'objet est la commercialisation et la vente de produits alimentaires. Avant la signature des statuts, Juliette a conclu un contrat de bail commercial pour des locaux destinés à l'exercice de l'activité commerciale. Les statuts sont signés, un état des actes sur lequel figure la conclusion par Juliette du contrat de bail commercial concernant les locaux est annexé aux statuts. Après la signature des statuts, mais avant l'immatriculation de la société, Juliette conclut différents contrats (assurance, téléphone, recrutement de personnel) pour les besoins de la société. La société est ensuite immatriculée au RCS.

Vos missions

1. *Précisez pourquoi Juliette n'a pas pu utiliser le compte bancaire de la SARL pour régler le dépôt de garantie que demandait le bailleur.*
2. *Déterminez les conditions dans lesquelles les actes conclus par Juliette seront repris par la société après son immatriculation au RCS.*

6 Situation pratique : SARL Papet'rit ★★★

30 min

Compétences attendues

- **Analyser** les conséquences d'un acte pris par une société en formation
- **Repérer** les attributs de la personne morale et en **analyser** le régime juridique

Rendez-vous MÉTHODE 3

François Perrin, qui vit en concubinage, projette de créer la SARL Papet'rit dont il serait le gérant afin d'exploiter un commerce en ligne de papeterie à Bourg-en-Bresse. Il apporterait 1 000 € prélevés sur ses économies personnelles. Il serait associé avec l'un de ses amis, Éric Gardon, qui contribuerait au démarrage de l'activité en apportant du matériel informatique pour un montant total de 2 500 €.

Afin de réduire les coûts de constitution de la société, les associés envisagent de domicilier la future société au domicile d'Éric, qui vit dans une copropriété. En lisant attentivement le règlement de copropriété, il constate qu'une clause stipule : « la domiciliation d'une société dans le local d'habitation est prohibée ».

Votre mission

1. *Identifiez la raison pour laquelle la domiciliation de la SARL Papet'rit chez Éric Gardon est impossible.*

Les statuts ont été signés le 1er septembre. François Perrin accomplit certains actes au nom et pour le compte de la société en formation :
- contrat avec le cabinet d'expertise comptable Audença pour la rédaction des statuts conclu le 30 août pour un prix de 500 €. Ce contrat a été annexé aux statuts ;
- mandat au cabinet Audença pour réaliser les formalités de publicité liées à l'immatriculation de la SARL signé le 1er octobre sans autre formalité, pour un montant de 200 €.

La société a finalement été immatriculée le 2 octobre. Le cabinet Audença, qui n'a pas été payé, réclame 700 € à François Perrin.

Votre mission

2. *Identifiez la personne qui est tenue par la dette de 700 €.*

7 Commentaire de document : reprise des actes, un revirement de jurisprudence ★★★

30 min

Compétence attendue Analyser les conséquences d'un acte pris par une société en formation

Rendez-vous MÉTHODE 2

En vous appuyant sur vos connaissances, répondez aux questions ci-après portant sur le dossier documentaire (la méthodologie du cas pratique n'est pas exigée).

Vos missions

1. *Identifiez les parties. Retracez les faits et la procédure.*
2. *Précisez l'argument du demandeur au pourvoi.*
3. *Déterminez le problème juridique posé à la Cour de cassation.*
4. *Commentez la décision de la Cour de cassation en montrant en quoi elle rompt avec la jurisprudence antérieure et en justifiant ce revirement.*

Document

Arrêt de la cour de cassation, chambre commerciale, financière et économique, du 29 novembre 2023, extraits

1°/ M. [F] [I], domicilié [Adresse 1],

2°/ la société Bypa, société par actions simplifiée, dont le siège est [Adresse 6],

3°/ la société AVL développement, société à responsabilité limitée, dont le siège est [Adresse 2],

ont formé le pourvoi n° P 22-12.865 contre l'arrêt rendu le 6 janvier 2022 par la cour d'appel de Dijon (2e chambre civile), dans le litige les opposant :

1°/ à M. [G] [M], domicilié [Adresse 4],

2°/ à la société Fayett Valley, société à responsabilité limitée, dont le siège est [Adresse 3],

3°/ à M. [N] [J],

4°/ à Mme [U] [Y], épouse [J],

tous deux domiciliés [Adresse 5],

défendeurs à la cassation.

[...]

Faits et procédure

1. Selon l'arrêt attaqué (Dijon, 6 janvier 2022) et les productions, M. et Mme [J] ont, par un acte authentique reçu le 21 janvier 2019, consenti un bail commercial à la société en formation Bypa. L'acte précise que la société est « en cours d'identification au SIREN » et que « la présente opération est réalisée au nom et pour le compte de la société en formation dans le cadre des dispositions des articles L. 210-1 à L. 210-9 du code de commerce et de celles du décret 67-236 du 23 mars 1967 ». Il précise en outre que « la société dénommée Bypa est représentée à l'acte par ses seuls futurs associés ».

2. Le 18 juillet 2019, la société Bypa a été immatriculée au registre du commerce et des sociétés, avec pour associés la société AVL développement, représentée par M. [I], et la société Fayett-Valley, représentée par M. [M].

3. Les relations entre MM. [I] et [M] s'étant dégradées, ce dernier et la société Fayett-Valley ont, le 11 mars 2020, assigné la société Bypa, la société AVL développement et M. [I] en annulation du bail commercial. M. et Mme [J] sont intervenus volontairement à l'instance et se sont joints à cette demande.

Sur le second moyen, pris en sa première branche

Enoncé du moyen

4. M. [I], la société Bypa et la société AVL développement font grief à l'arrêt de déclarer nul le bail commercial, de dire que la société Bypa, M. [I] et M. [M] sont occupants sans droit ni titre, de les condamner à libérer les lieux et, à défaut d'exécution spontanée, d'ordonner leur expulsion, et de les condamner in solidum à payer aux époux [J] une indemnité d'occupation, alors « que le juge a l'obligation de ne pas dénaturer l'écrit qui lui est soumis ; qu'en l'espèce, le bail commercial du 21 janvier 2019 stipule expressément que "les personnes dénommées aux présentes sont les seuls fondateurs de la société" et que "la présente opération est réalisée au nom et pour le compte de la société en formation dans le cadre des dispositions des articles L. 210-1 à L. 210-9 du code de commerce", rappelant même que "l'immatriculation de la société au registre

...

...

du commerce et des sociétés emportera de plein droit reprise par elle des présentées (présentes) qui seront alors réputées avoir été conclus (conclues) dès l'origine par la société elle-même", l'acte étant signé en dernière page par "M. [M] [G] représentant de la société dénommée Bypa" et par "M. [I] [F] représentant de la société dénommée Bypa" ; qu'en retenant néanmoins, pour prononcer la nullité du bail commercial que "les futurs associés n'ont pas agi "pour le compte de la société en formation" en leur qualité d'associé, comme le veut l'usage, afin de pouvoir engager la société elle-même une fois immatriculée", la cour d'appel a dénaturé les termes clairs et précis du bail commercial du 21 janvier 2019 et, partant, a violé l'obligation de ne pas dénaturer l'écrit qui lui est soumis. »

Réponse de la Cour

Vu les articles L. 210-6 et R. 210-6 du code de commerce :

5. Il résulte de ces textes que les sociétés commerciales jouissent de la personnalité morale à dater de leur immatriculation au registre du commerce et des sociétés. Les personnes qui ont agi au nom ou pour le compte d'une société en formation avant qu'elle ait acquis la jouissance de la personnalité morale sont tenues solidairement et indéfiniment responsables des actes ainsi accomplis, à moins que la société, après avoir été régulièrement constituée et immatriculée, ne reprenne les engagements souscrits. Ces engagements sont alors réputés avoir été souscrits dès l'origine par la société.

6. La Cour de cassation juge depuis de nombreuses années que ne sont susceptibles d'être repris par la société après son immatriculation que les engagements expressément souscrits « au nom » (Com., 22 mai 2001, pourvoi n° 98-19.742 ; Com., 21 février 2012, pourvoi n° 10-27.630, Bull. 2012, IV, n° 49 ; Com., 13 novembre 2013, pourvoi n° 12-26.158) ou « pour le compte » (Com., 11 juin 2013, pourvoi n° 11-27.356 ; Com., 10 mars 2021, pourvoi n° 19-15.618) de la société en formation, et que sont nuls les actes passés « par » la société, même s'il ressort des mentions de l'acte ou des circonstances que l'intention des parties était que l'acte soit accompli en son nom ou pour son compte (3e Civ., 5 octobre 2011, pourvoi n° 09-72.855 ; Com., 21 février 2012, pourvoi n° 10-27.630, Bull. 2012, IV, n° 49 ; Com., 19 janvier 2022, pourvoi n° 20-13.719).

7. Cette jurisprudence repose sur le caractère dérogatoire du système instauré par la loi, lequel permet de réputer conclus par une société des actes juridiques passés avant son immatriculation. Elle vise à assurer la sécurité juridique, dès lors que la présence d'une mention expresse selon laquelle l'acte est accompli « au nom » ou « pour le compte » d'une société en formation protège, d'un côté, le tiers cocontractant, en appelant son attention sur la possibilité, à l'avenir, d'une substitution de plein droit et rétroactive de débiteur, et, de l'autre, la personne qui accomplit l'acte « au nom » ou « pour le compte » de la société, en lui faisant prendre conscience qu'elle s'engage personnellement et restera tenue si la société ne reprend pas les engagements ainsi souscrits.

8. Cette solution a pour conséquence que l'acte non expressément souscrit « au nom » ou « pour le compte » d'une société en formation est nul et que ni la société ni la personne ayant entendu agir pour son compte n'auront à répondre de son exécution, à la différence d'un acte valable, mais non repris par la société, qui engage les personnes ayant agi « au nom » ou « pour son compte ». Elle s'avère ainsi produire des effets

...

...

indésirables en étant parfois utilisée par des parties souhaitant se soustraire à leurs engagements, et a paradoxalement pour conséquence de fragiliser les entreprises lors de leur démarrage sous forme sociale au lieu de les protéger, sans toujours apporter une protection adéquate aux tiers cocontractants, qui, en cas d'annulation de l'acte, se trouvent dépourvus de tout débiteur.

9. L'exigence selon laquelle l'acte doit, expressément et à peine de nullité, mentionner qu'il est passé « au nom » ou « pour le compte » de la société en formation ne résultant pas explicitement des textes régissant le sort des actes passés au cours de la période de formation, il apparaît possible et souhaitable de reconnaître désormais au juge le pouvoir d'apprécier souverainement, par un examen de l'ensemble des circonstances, tant intrinsèques à l'acte qu'extrinsèques, si la commune intention des parties n'était pas que l'acte fût conclu au nom ou pour le compte de la société en formation et que cette société puisse ensuite, après avoir acquis la personnalité juridique, décider de reprendre les engagements souscrits.

10. Pour annuler le bail commercial, l'arrêt retient que le contrat a été signé par M. [M] et la société CDV en leur qualité de représentants de la société Bypa, et non pas au nom de cette société en formation, alors que celle-ci n'était pas encore constituée.

11. En se déterminant ainsi, sans rechercher s'il ne résultait pas, non seulement des mentions de l'acte, mais aussi de l'ensemble des circonstances que, nonobstant une rédaction défectueuse, la commune intention de M. [M] et de la société CDV, d'un côté, et de M. et Mme [J], de l'autre, était que l'acte fût passé au nom ou pour le compte de la société en formation Bypa, la cour d'appel n'a pas donné de base légale à sa décision.

[...]PAR CES MOTIFS, et sans qu'il y ait lieu de statuer sur le premier moyen, la Cour :

CASSE ET ANNULE, en toutes ses dispositions, l'arrêt rendu le 6 janvier 2022, entre les parties, par la cour d'appel de Dijon ;

SYNTHÈSE

La création de la société

De la constitution à l'immatriculation de la personne morale

Constitution de la société

- Signature des statuts
- Engagement des associés à effectuer un apport

Immatriculation

- Accomplissement des formalités de publicité
- Acquisition de la personnalité morale
- Libération des apports

Les formalités de publicité

- Insertion dans un SHAL
- Dépôt de la demande d'immatriculation
- Immatriculation au RNE et au RCS
- Insertion au BODACC

→ Permettent l'opposabilité des actes aux tiers

→ Démarches à accomplir à la constitution et à chaque modification des statuts

L'identité : les attributs de la personne morale

Dénomination sociale	Libre choix à condition de respecter les droits des tiers
Siège social	• Choix libre • Possibilité de réduire les coûts par une domiciliation chez le représentant légal
Patrimoine social	• Gage des créanciers • Représentation par le bilan
Durée	• 99 ans • Prorogation possible
Capacité	• Spécialité limitée à l'objet • Nécessité d'une représentation

Les actes accomplis pendant la période de formation

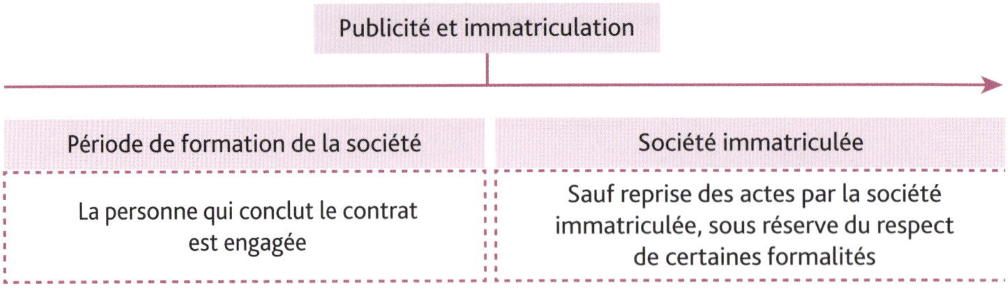

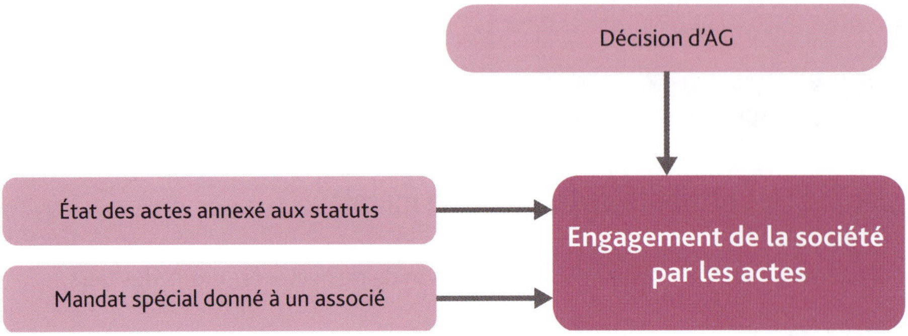

CHAPITRE 4

Le fonctionnement de la société : les dirigeants

PROGRAMME

Compétences attendues	Savoirs associés
• **Analyser** le fonctionnement interne d'une société et sa représentation vis-à-vis des tiers • **Distinguer** la rémunération liée au mandat social, du salaire lié au contrat de travail • **Différencier** les conditions et les conséquences de l'engagement de la responsabilité de la société et des dirigeants	• Les dirigeants et les organes sociaux : représentant légal, mandataire social, fonctionnement, responsabilités • Le contrôle et les sanctions

LIEN AVEC LE DCG 3

§ 2.1. La formation et l'exécution du contrat de travail

LIEN AVEC LE DCG 4

§ 2. L'impôt sur le revenu des personnes physiques, prélèvements sociaux, notions de contrôle fiscal

PLAN DU CHAPITRE

COURS : 1. Les organes de direction • 2. Les attributions des organes de gestion • 3. Les obligations et les responsabilités du dirigeant

DES SAVOIRS AUX COMPÉTENCES : Évaluer les savoirs • Maîtriser les compétences • Préparer l'épreuve

SYNTHÈSE

Le pouvoir de gérer la société est délégué par les associés aux dirigeants par le biais d'un mandat social, qui revêt un caractère contractuel (les dirigeants sont librement choisis et révoqués par les associés, lesquels ont la possibilité d'aménager et de restreindre statutairement les prérogatives des dirigeants), mais aussi institutionnel (les pouvoirs des dirigeants sont largement définis par la loi). Les pouvoirs et responsabilités des organes de direction varient selon les formes sociétaires.

MOTS-CLÉS

Action en responsabilité civile • Dirigeant de fait • Faute personnelle séparable • Gérant • Mandat social • Nomination • Rémunération • Représentation légale • Révocation

1 Les organes de direction

La loi définit la nature des organes de direction à la tête de chaque structure juridique (tab. 4.1).

Tableau 4.1. Organes de direction selon le type de société

SNC, SARL SCA, société civile		Gérance (unique ou cogérance)
SAS		• Président • Éventuellement organes déterminés par les statuts : directeur général, autre organe
SA	**Conception classique**	Conseil d'administration (CA)
		Directeur général (DG)
	Conception dualiste	Directoire
		Conseil de surveillance (CS)

A) La nomination du dirigeant

1. Le dirigeant

Le dirigeant est généralement nommé par les associés (sauf le DG et les membres du directoire de la SA, respectivement nommés par le CA ou le CS), dans les statuts ou par acte séparé (ex. : décision d'AG) (tab. 4.2).

Tableau 4.2. Conditions de désignation des dirigeants

Principe	Exception
Le dirigeant peut être une personne physique ou une personne morale. Le dirigeant personne morale est tenu de désigner un représentant permanent, personne physique, qui est soumis aux mêmes conditions et responsabilités qu'un dirigeant personne physique.	Le gérant de SARL, le DG, le président du CA et les membres du directoire de SA sont obligatoirement des personnes physiques.
Le dirigeant peut être choisi parmi les associés ou les tiers.	Si les statuts l'imposent, le dirigeant doit détenir des titres de la société.
Le dirigeant doit avoir la capacité civile, ne pas être frappé d'une interdiction de gérer ou d'administrer une société, d'une incapacité ou d'une incompatibilité professionnelle.	Le gérant associé de SNC a la capacité commerciale.

2. La publicité de la nomination

La **nomination** du dirigeant doit faire l'objet des formalités de publicité légales (↪ **chapitre 3**).

B) La cessation des fonctions

1. L'échéance du terme et les autres cas

Outre le terme prévu dans l'acte de nomination, certaines situations personnelles (décès, incapacité, interdiction) ou liées à la vie de la société (transformation, dissolution) mettent fin de plein droit au mandat social. La démission n'a pas à être justifiée, mais elle ne doit pas être abusive (par exemple dans le but de nuire à la société ou sans préavis).

2. La révocation

Principe. La société peut révoquer le dirigeant. Les modalités de la **révocation** sont différentes d'une société à l'autre (voire d'un dirigeant à l'autre, dans la SA) mais :

- Aucune clause statutaire ne peut porter atteinte à la faculté de révocation (en prévoyant, par exemple, des indemnités importantes).
- Le dirigeant peut obtenir réparation du préjudice lié à la révocation si elle intervient dans des circonstances injurieuses ou vexatoires ou s'il n'a pas pu organiser sa défense. Dans certaines sociétés, le dirigeant a en outre la possibilité d'obtenir des dommages et intérêts si la révocation n'est pas justifiée (tab. 4.3).

Tableau 4.3. **Le juste motif de révocation**

Révocation reposant sur un juste motif	Révocation sans juste motif
• Fondée sur une faute, un empêchement, un comportement du dirigeant de nature à compromettre l'intérêt social ou le fonctionnement de la société. • En l'absence de juste motif, si la révocation ne repose que sur la volonté arbitraire des associés, le gérant est indemnisé par la société sans droit à réintégration.	• Elle n'a pas à être motivée. • Absence de réparation (absence de préjudice).
Dirigeants concernés	**Dirigeants concernés**
• Gérant d'une société civile, d'une SNC, d'une SARL. • DG, DGD, membres du directoire d'une SA.	Président et membres du CA ou du CS de SA.

Révocation judiciaire. Tout associé peut demander en justice la révocation du dirigeant (ce qui permet d'obtenir la révocation d'un dirigeant qui serait aussi associé majoritaire). Cette demande doit reposer sur une cause légitime appréciée au regard de l'intérêt social.

3. La publicité de la cessation des fonctions

La cessation des fonctions du dirigeant fait l'objet des mêmes publicités que sa nomination.

FOCUS Le dirigeant de fait

Le **dirigeant de fait** est une personne physique ou une personne morale exerçant, en toute indépendance, le pouvoir de direction de la société sans être régulièrement investie d'un mandat social. La jurisprudence exige une activité continue de gestion, c'est-à-dire une répétition des actes de gestion. Le dirigeant de fait engage en principe la société et sa responsabilité.

C) La rémunération

La **rémunération** éventuelle des dirigeants est en principe décidée exclusivement par les associés (dans les statuts ou par acte ultérieur). Les rémunérations du directeur général et des membres du directoire de SA sont cependant déterminées respectivement par le conseil d'administration et le conseil de surveillance.

Rémunération au titre du mandat. Il peut s'agir d'une rémunération fixe ou proportionnelle aux résultats (tab. 4.4). Elle peut s'accompagner d'avantages en nature (ex. : logement ou voiture de fonction) et également de primes. Le dirigeant a droit au remboursement des frais qu'il pourrait engager dans l'exercice de ses fonctions. En cas d'empêchement ou d'absence du dirigeant, la rémunération reste due jusqu'à la décision des associés de la lui retirer.

Tableau 4.4. Régime fiscal et social des rémunérations

Type de société et organes de direction	Cotisations sociales et imposition
Gérant de SARL	• Affiliation des gérants majoritaires à la sécurité sociale des indépendants. • Affiliation des gérants égalitaires et minoritaires au régime général de la sécurité sociale. • Montant minimum de cotisations sociales à acquitter même en l'absence de rémunération. • Rémunération imposable dans la catégorie des traitements et salaires.
Président de SAS	• Régime général de la sécurité sociale, quelle que soit la participation au capital. • Rémuneration imposable au titre des traitements et salaires.
Administrateurs et membres du conseil de surveillance de la SA	• Rémunération des membres du CA ou du CS : aucune cotisation sociale, imposable au titre des revenus de capitaux mobiliers (RCM). • Rémunération du PCA ou du PCS : affiliation au régime général de la sécurité sociale.
DG, membres du directoire de la SA	• Régime général de la sécurité sociale. • Rémuneration imposable au titre des traitements et salaires.

Sur les modalités d'imposition, se reporter au programme du DCG 4 ; sur les modalités d'affiliation au régime général de la sécurité sociale, au programme du DCG 3.

Perception éventuelle d'un salaire. Le dirigeant peut, sous certaines conditions, cumuler ses fonctions avec un emploi salarié dans la société.

FOCUS **Cumul du mandat social et d'un contrat de travail dans la société**

Le cumul avec un contrat de travail présente l'intérêt de sécuriser la position du dirigeant, qui, en cas de révocation, restera salarié de la société. Le dirigeant peut cumuler son **mandat social** avec un contrat de travail dans la société sous réserve de respecter les critères de la jurisprudence :

– exercer une activité effective distincte des fonctions du mandat social ;

– recevoir une rémunération pour les fonctions techniques, qui ne se confond pas avec la rémunération du mandat social ;

– être soumis à un lien de subordination juridique à l'égard de la société, c'est-à-dire que la société peut ordonner, contrôler et sanctionner. En pratique, cette dernière condition n'est pas remplie si le dirigeant est également associé majoritaire ou si la société est de trop petite taille.

Des conditions spécifiques s'appliquent aux mandataires de SA (↪ **chapitre 9**). Sur la forme, le contrat de travail devra être contrôlé par les associés (procédure des conventions réglementées, ↪ **chapitres 8, 9, 11**).

Si les conditions ne sont pas respectées, le contrat de travail est :

– suspendu, si sa conclusion est antérieure à la nomination en tant que dirigeant ;

– annulé, s'il est postérieur.

→ APPLICATION 2 • CAS 4 • CAS 5

Perception de dividendes. Le dirigeant, s'il est associé, peut également percevoir des dividendes (↪ chapitre 2).

2 Les attributions des organes de gestion

A) Le contexte

La direction et la gestion fonctionnent selon des modalités et avec des pouvoirs prévus par la loi. Certains mandataires sont investis du pouvoir de **représentation légale** (ils peuvent alors engager la société vis-à-vis des tiers).

La définition des pouvoirs des dirigeants concilie deux objectifs contradictoires :

- la nécessité de protéger les associés (notamment leur patrimoine si leur responsabilité est illimitée), en limitant les pouvoirs du dirigeant vis-à-vis des tiers ;
- la nécessité de protéger les tiers qui doivent être en mesure de contracter en toute confiance avec la société, en étant certains que celle-ci respecte ses engagements.

NOTRE CONSEIL

Vous devez exposer l'étendue des pouvoirs du dirigeant si le sujet d'examen porte sur la validité des actes passés par un dirigeant ou sur l'engagement de la société à l'égard des tiers.

B) Les pouvoirs des dirigeants

1. Dans les relations avec les tiers

Le représentant légal agit au nom et pour le compte de la société (tab. 4.5 à 4.7).

Tableau 4.5. Pouvoirs externes des dirigeants de sociétés de personnes (SNC, sociétés civiles)

Étendue des pouvoirs	Analyse
• Le gérant est le représentant légal. Il engage la société par les actes entrant dans l'objet social. • En cas de pluralité de gérants, ceux-ci détiennent séparément les pouvoirs. L'opposition formée par un gérant aux actes d'un autre gérant est sans effet à l'égard des tiers, à moins qu'il ne soit établi qu'ils en aient eu connaissance. • Les clauses statutaires limitant les pouvoirs des gérants sont inopposables aux tiers.	• La société n'est pas engagée par les actes qui dépassent l'objet (pour protéger les patrimoines des associés). • L'acte hors objet est nul (sauf confirmation par décision des associés).

Tableau 4.6. Pouvoirs externes des dirigeants de SARL

Étendue des pouvoirs	Analyse
• Le gérant (ou les gérants) est le **représentant légal** de la société. • Le gérant est investi des **pouvoirs les plus étendus** pour agir en toute circonstance au nom de la société.	Le gérant agit au nom et pour le compte de la société : signe les contrats, agit en justice, gère les comptes bancaires, recrute le personnel.
Sous réserve des pouvoirs que **la loi attribue expressément aux associés.**	Le gérant ne peut pas modifier les statuts puisque cette décision relève du pouvoir des associés.
La société est engagée même par les actes du gérant qui ne **relèvent pas de l'objet social**, à moins qu'elle ne prouve que le tiers savait que l'acte dépassait cet objet ou qu'il ne pouvait l'ignorer compte tenu des circonstances, étant exclu que la seule publication des statuts suffise à constituer cette preuve.	Si le tiers connaît le dépassement de l'objet, alors il est de mauvaise foi et l'acte peut être annulé.
Les **clauses statutaires** limitant les pouvoirs des gérants qui résultent du présent article sont **inopposables aux tiers.**	Les clauses sont inopposables à tous les tiers, même de mauvaise foi : l'acte qui dépasse les statuts **reste valable** à l'égard des tiers.
En cas de **pluralité de gérants**, ceux-ci détiennent séparément les pouvoirs. L'opposition formée par un gérant aux actes d'un autre gérant est sans effet à l'égard des tiers, à moins qu'il ne soit établi qu'ils en aient eu connaissance.	Un gérant peut s'opposer aux actes d'un autre gérant avant qu'ils ne soient conclus. – si le tiers connaît l'opposition, la société n'est pas engagée ; – l'opposition permet au dirigeant de dégager sa responsabilité.

Tableau 4.7. Pouvoirs externes des dirigeants de sociétés de capitaux

		Analyse
SA	à DG et CA	• Le CA détermine les orientations de l'activité de la société et veille à leur mise en œuvre. • Le DG représente la société à l'égard des tiers. • La définition de ses pouvoirs est la même que celle du gérant de SARL. Il doit respecter les pouvoirs du CA.
	à directoire et CS	• Le président du directoire représente la société à l'égard des tiers. • La définition des pouvoirs du directoire est la même que celle du gérant de SARL. • Le CS exerce un contrôle permanent sur la gestion de la société par le directoire. Il n'a pas de pouvoir externe.
SAS	• Le président représente la société à l'égard des tiers. • La définition de ses pouvoirs est la même que celle du gérant de SARL.	

2. Dans les relations avec les associés

Le dirigeant accomplit tout acte de gestion dans l'intérêt social.

Les statuts (ou un organe tel que le CA dans la SA) peuvent limiter les pouvoirs du dirigeant et subordonner l'accomplissement d'un acte à une autorisation.

NOTRE CONSEIL

Exposez ces règles si la question porte sur les conséquences des actes ou sur la responsabilité d'un dirigeant qui outrepasserait ses pouvoirs vis-à-vis des associés.

Exemple

- Clause statutaire limitative de pouvoir :
  Le gérant devra obtenir l'accord préalable des associés pour tout engagement dépassant la somme de 10 000 €.

→ APPLICATION 2 • SITUATION PRATIQUE 6

3 Les obligations et les responsabilités du dirigeant

A) Les obligations du dirigeant

Le dirigeant est soumis à cinq obligations principales :
- respecter la loi ;
- se conformer aux pouvoirs qui lui sont conférés par le mandat (et donc par les statuts) ;
- apporter toute diligence et compétence dans sa mission ;
- être loyal vis-à-vis de la société et des associés ;
- rendre compte de sa gestion dans un rapport annuel remis aux associés.

NOTRE CONSEIL

La responsabilité du dirigeant doit être exposée si la question porte sur les conséquences de ses actes, vis-à-vis de la société, des associés ou des tiers.

B) Les responsabilités du dirigeant

1. La responsabilité civile

Le dirigeant engage sa responsabilité civile (fig. 4.1) s'il cause un dommage à la société ou aux tiers.

À l'égard de la société et des associés

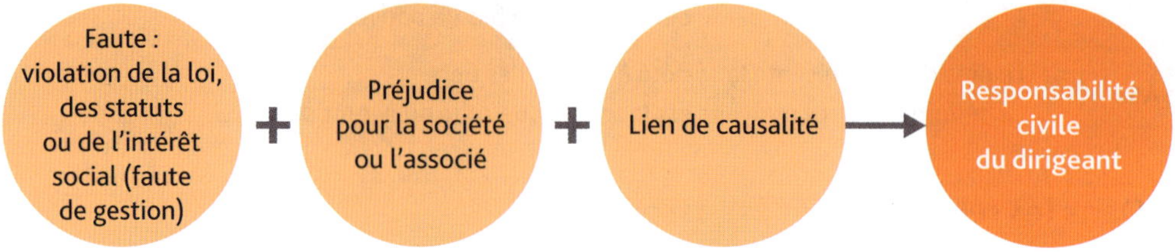

Figure 4.1. Conditions de mise en œuvre de la responsabilité civile du dirigeant

Peut agir en responsabilité civile (tab. 4.8) celui qui subit, personnellement, le préjudice.

Tableau 4.8. Mise en œuvre de l'action en responsabilité civile contre le dirigeant

Action sociale	**Action intentée contre le dirigeant au nom de la société.** **Objectif : réparer le préjudice subi par la société.** **Dommages et intérêts versés à la société.**	**Action sociale *ut universi*** En principe exercée par le représentant légal de la société (les nouveaux dirigeants contre les anciens, un gérant contre un cogérant).
		Action sociale *ut singuli* • Par exception exercée par les associés eux-mêmes au nom de la société en cas d'inaction des dirigeants. • Un associé agissant individuellement quelle que soit la part du capital détenue. Aucune clause statutaire ne peut limiter ce droit. • Regroupement des associés (ce qui permet de partager les frais de justice) : à condition de réunir au moins le dixième du capital d'une SARL ou au moins le vingtième du capital d'une SA.
Action individuelle	**Action intentée contre le dirigeant par un associé en son nom propre.** **Dommages et intérêts versés à l'associé.**	• Démonstration d'un préjudice personnel, distinct de celui subi par la société. • La jurisprudence est exigeante quant à l'appréciation du préjudice personnel : la perte de valeur des actions, ou l'absence de versement de dividendes n'est pas un préjudice personnel puisqu'il découle de celui subi par la société.

À l'égard des tiers. Le dirigeant est protégé par son **mandat social** : c'est la personne morale qui est, par principe, responsable de l'exécution de ses engagements envers les tiers. Toutefois, en cas de **faute personnelle séparable** de ses fonctions de direction de la société, les tiers peuvent engager la responsabilité personnelle du dirigeant (fig. 4.2).

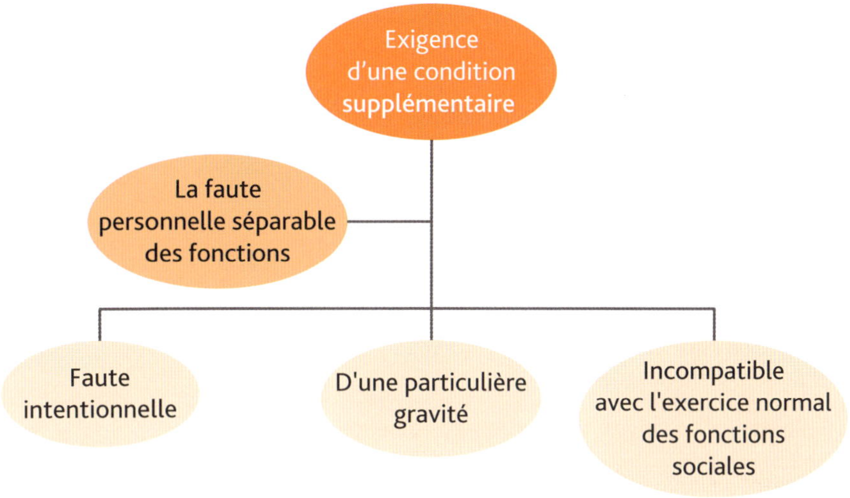

Figure 4.2. **Conditions de mise en œuvre de la responsabilité du dirigeant à l'égard des tiers**

Exemples

- Parmi les fautes séparables, citons le cas du **gérant** qui commet une faute constitutive d'une infraction pénale intentionnelle (un gérant qui ne souscrit pas l'assurance obligatoire pour la société, le DG qui commet un délit dans le cadre de ses fonctions de dirigeant social) ou qui trompe intentionnellement un tiers sur la solvabilité de la société.

Dirigeant de fait. Lorsque qu'un **dirigeant de fait** est concerné, les tiers n'ont pas à prouver de **faute personnelle séparable** puisqu'il engage sa **responsabilité civile dans les conditions du** droit commun.

Prescription. Dans tous les cas, l'**action en responsabilité civile** se prescrit par 3 ans à compter du fait dommageable ou, s'il a été dissimulé, de sa révélation.

2. La responsabilité pénale

Tout **dirigeant** de droit ou **de fait** est pénalement responsable, en qualité d'auteur ou de complice, des infractions à la loi (↪ **chapitre 22**).

3. La responsabilité fiscale

Tout dirigeant de droit ou de fait qui, par des manœuvres frauduleuses ou par l'inobservation grave et répétée des obligations fiscales, a rendu impossible le recouvrement d'impositions quelconques et des pénalités dues par la société peut être condamné personnellement au paiement de ces impositions et pénalités.

→ CAS 4 • SITUATION PRATIQUE 6 • COMMENTAIRE DE DOCUMENT 7

DES SAVOIRS AUX COMPÉTENCES

Évaluer les savoirs — Maîtriser les compétences — Préparer l'épreuve

1 Quiz

Vérifiez l'exactitude des propositions ci-après et justifiez-les.

		Vrai	Faux
1.	Le dirigeant de la société est toujours un associé.	☐	☐
2.	Le directeur général de la SA est obligatoirement une personne physique.	☐	☐
3.	Le cumul d'un mandat social et d'un contrat de travail est en principe possible sous certaines conditions.	☐	☐
4.	La désignation d'un dirigeant relève de la compétence des associés.	☐	☐
5.	Un dirigeant peut modifier sa rémunération s'il l'estime insuffisante.	☐	☐
6.	Une SNC est engagée par tous les actes de son dirigeant.	☐	☐
7.	Une SARL est engagée par tous les actes de son dirigeant.	☐	☐
8.	Un dirigeant engage sa responsabilité vis-à-vis de la société même en l'absence de préjudice.	☐	☐
9.	Un dirigeant engage sa responsabilité vis-à-vis des tiers dans les mêmes conditions que vis-à-vis de la société.	☐	☐
10.	Si le dirigeant n'agit pas au nom de la société, celle-ci ne pourra jamais obtenir réparation du préjudice subi du fait de son action.	☐	☐

2 Statut des dirigeants ★★★

Précisez si les situations ci-après sont conformes à la loi. Justifiez votre réponse (la méthodologie du cas pratique n'est pas exigée).

1. M. Charles, directeur général de la SA OBateau, vient de décéder dans un accident d'avion. Le conseil d'administration souhaite procéder à son remplacement en nommant à la tête de la société la société mère de la SA, la SAS OBatHolding.

2. Mme Laure est gérante de la SNC À l'évidence. Les associés souhaiteraient nommer à ses côtés un second gérant. Mme Laure prétend que cela n'est pas possible.

3. Mme Hélène est gérante de la SARL Patrimoine dont elle possède 52 % des parts. Elle souhaite conclure un contrat de travail de gestionnaire en patrimoine.

4. L'article 10 des statuts de la SCI Le clos du Roy, est ainsi rédigé : « Les associés renoncent expressément à leur faculté de révoquer le gérant. »

3 Pouvoirs des dirigeants

Dans chacun des cas suivants, déterminez si les actes sont valables, si la société est engagée ou non, et les conséquences éventuelles des actes pour le dirigeant concerné (la méthodologie du cas pratique n'est pas exigée).

1. M. Hervé, membre du conseil d'administration de la SA OBateau, dont l'objet social est la réparation de bateaux, en vacances à Saint-Malo, achète pour la société un stock de résine en polyester à un prix très avantageux.
2. Mme Laure est gérante de la SNC À l'évidence, dont l'objet social est « Bar, tabac, presse, loto ». Elle souhaite de son propre chef diversifier l'activité et décide de recruter un cuisinier pour offrir à ses clients des services de restauration.
3. Mme Hélène, gérante de la SARL Patrimoine dont l'objet est le conseil en investissement, très satisfaite des performances de la société dont elle s'estime largement responsable, décide de s'attribuer une prime de fin d'année de 5 000 €.
4. L'article 12 des statuts de la SCI Le clos du Roy, dont l'objet est l'exploitation d'un immeuble, subordonne tout acte supérieur à 15 000 € à l'autorisation des associés. M. Claude, le gérant, décide malgré tout de signer un devis d'un montant de 16 500 € pour des réparations urgentes de plomberie.

Évaluer les savoirs — **Maîtriser les compétences** — Préparer l'épreuve

4 Cas : Sud'Auto ★★★

Compétences attendues

- **Analyser** le fonctionnement interne d'une société et sa représentation vis-à-vis des tiers
- **Différencier** les conditions et les conséquences de l'engagement de la responsabilité de la société et des dirigeants

La SARL Sud'Auto a pour objet l'exploitation d'un garage automobile. Elle exerce son activité dans un local loué à la SCI Immosens. Depuis la constitution de la société en 1996, le gérant statutaire de la SCI était André Dorouble, décédé en 2022. Le contrat de bail a pourtant été signé au déménagement de la SARL, en 2024, par l'autre associé de la SCI. La SCI Immosens assigne aujourd'hui la SARL en paiement d'un arriéré de loyers et taxes devant le tribunal.

En vous appuyant sur le document ci-après, estimez les chances de succès de la défense en justice de la SARL Sud'Auto, qui invoque la nullité du bail pour défaut de capacité du bailleur, la SCI Immosens.

Document

Cour de cassation, 1re civ., 9 juillet 2009, pourvoi n° 08-15.413

Sur le moyen unique, pris en sa première branche :

Vu l'article 1984 du code civil ;

Attendu que la nullité d'un contrat pour absence de pouvoir du mandataire, qui est relative, ne peut être demandée que par la partie représentée ;

Attendu qu'un contrat de construction de maison individuelle a été établi, le 30 mai 2001, entre Mme X..., maître de l'ouvrage et la société CIREC, constructeur, que la maison n'ayant pas été édifiée, Mme X... a assigné cette dernière et la société CEGI, garant de la livraison, pour obtenir l'exécution du contrat ;

Attendu que, pour prononcer la nullité du contrat, l'arrêt retient que celui-ci a été signé non par Mme X... mais par M. Y... lequel n'avait aucun mandat pour le faire ;

Qu'en statuant ainsi, alors que seule Mme X... disposait de la faculté de contester l'existence du mandat, la cour d'appel a violé le texte susvisé ;

PAR CES MOTIFS et sans qu'il y ait lieu de statuer sur les autres branches du moyen :

CASSE ET ANNULE, dans toutes ses dispositions, l'arrêt rendu le 29 janvier 2008, entre les parties, par la cour d'appel de Lyon ; remet, en conséquence, la cause et les parties dans l'état où elles se trouvaient avant ledit arrêt et, pour être fait droit, les renvoie devant la cour d'appel de Lyon, autrement composée ;

5 Analyse d'un article de presse : rémunération du dirigeant ★★★

Compétence attendue **Distinguer** la rémunération liée au mandat social, du salaire lié au contrat de travail

En vous appuyant sur vos connaissances, répondez aux questions suivantes portant sur le document ci-après (la méthodologie du cas pratique n'est pas exigée).

1. *Indiquez pourquoi on peut affirmer que le statut du dirigeant est un des critères du choix de la mise en société.*
2. *Identifiez les rémunérations qu'un dirigeant peut percevoir. Vous raisonnerez également dans l'hypothèse où le dirigeant serait aussi associé.*
3. *Précisez les statuts sociaux et fiscaux offerts au dirigeant de société.*
4. *Déterminez s'il existe un statut optimal pour le dirigeant.*
5. *Identifiez l'intérêt, pour un dirigeant, de cumuler son mandat avec un contrat de travail.*

Document

Optimiser la rémunération du dirigeant

Le chef d'entreprise peut relever de deux régimes distincts : celui des salariés ou de celui des non-salariés.

L'option pour le statut de salarié ou d'indépendant puis l'arbitrage entre rémunération et dividendes font partie des questions que le chef d'entreprise doit généralement se poser.

Chaque statut a des avantages et des inconvénients, mais le dirigeant n'a pas toujours le choix des armes. Lorsque le chef d'entreprise exerce son activité en nom propre ou par le biais d'une société qui ne relève pas de l'impôt sur les sociétés, *« la totalité des bénéfices réalisés par son entreprise est systématiquement imposée entre ses mains, même s'il les a réinvestis dans son activité et ne s'est versé aucune rémunération. Il n'y a aucun arbitrage possible »*, prévient Frédéric Poilpré, directeur de l'ingénierie patrimoniale chez Société Générale Private Banking France. Ils sont soumis au barème progressif de l'impôt sur le revenu dans la catégorie des bénéfices industriels et commerciaux, ou non commerciaux selon la nature de l'activité. *« Cela peut être une solution au démarrage, lorsque l'entreprise est déficitaire. Le chef d'entreprise pourra alors imputer ses pertes sur les autres revenus de son foyer fiscal. Dès que son activité devient rentable, il aura intérêt à opter pour une société soumise à l'impôt sur les sociétés. Mais, dans la mesure où cela coûte cher de transformer une entreprise en société, mieux vaut choisir la forme sociale dès le départ »*, préconise Rolland Nino, directeur général de DBO France, un cabinet d'expertise comptable.

Intérêt de la société : le salaire déduit des bénéfices

Premier intérêt de la mise – ou transformation – en société : elle permet au chef d'entreprise de déduire sa rémunération de son bénéfice imposable, ce qui n'est pas possible lorsqu'il est à la tête d'une entreprise individuelle. *« Il peut en outre se créer une source de rémunération supplémentaire également déductible, sous certaines conditions, des résultats de son entreprise par le biais des comptes courants d'associés »*, ajoute Frédéric Poilpré. À la différence des dividendes, les intérêts des avances en compte courant sont dus même en l'absence de bénéfices et ne sont pas susceptibles d'être soumis à cotisations sociales. Mais ils supportent l'impôt sur le revenu entre les mains du chef d'entreprise, sans abattement. Enfin, l'assujettissement à l'impôt sur les sociétés permet d'être imposé à un taux forfaitaire réduit de 15 % jusqu'à 38 120 euros de bénéfices, puis de 28 % jusqu'à 75 000 euros pour les PME, le taux normal de 33,1/3 % devant progressivement être ramené à partir de 2018 à 28 % pour toutes les entreprises, voire à 25 % [...].

RSI *versus* régime salarié

Reste ensuite à choisir le meilleur statut pour le chef d'entreprise, c'est-à-dire celui qui lui permet de percevoir un revenu net après cotisations sociales et impôt le plus élevé. Ce statut dépend du type de société choisie. En pratique, le chef d'entreprise a le choix entre la SARL et la SAS, et leur version unipersonnelle, l'EURL et la SASU. L'une comme l'autre lui permettent de faire entrer par la suite de nouveaux associés sans avoir à supporter le coût de la mise en société d'une entreprise individuelle. Dans les deux structures, le régime d'imposition des sommes versées au chef d'entreprise est identique : sa rémunération est imposable comme un salaire, tandis que les dividendes qu'il perçoit sont soumis à l'impôt sur le revenu, après un abattement de 40 %.

...

...

Pas de couverture chômage...

Du côté de la protection sociale, le gérant majoritaire de SARL ou associé unique d'EURL a le statut de non-salarié et cotise à ce titre au régime social des indépendants (RSI), tandis que le président de SAS ou l'associé unique d'une SASU a le statut de dirigeant salarié sans toutefois bénéficier de la couverture contre le chômage liée à ce statut ! Or, même si les cotisations sociales au RSI ont fortement augmenté depuis 2013, elles sont moins élevées que dans le régime général des salariés et présentent la particularité de décroître avec le niveau de revenu.

... mais un revenu net supérieur pour les non-salariés

À niveau de rémunération identique, un dirigeant non salarié perçoit donc un revenu net supérieur à celui d'un dirigeant salarié, l'écart ayant tendance à augmenter à mesure que l'on progresse dans l'échelle des rémunérations. « *La balance penche donc en faveur du statut de gérant majoritaire de SARL ou d'associé unique d'EURL lorsqu'on cherche à maximiser le revenu net du dirigeant* », estime Erwan Grumellon, directeur de l'ingénierie patrimoniale chez Swiss Life Banque Privée.

Nathalie Cheysson-Kaplan, *Les Echos*, 16 juin 2017

Le RSI (régime social des indépendants) est voué à disparaître progressivement. Les cotisations seront dues à la Sécurité sociale des indépendants.

Évaluer les savoirs | Maîtriser les compétences | Préparer l'épreuve

6 Situation pratique : SARL La Cave ★★★

30 min

Compétences attendues

Rendez-vous MÉTHODE 3

- **Analyser** le fonctionnement interne d'une société et sa représentation vis-à-vis des tiers
- **Différencier** les conditions et les conséquences de l'engagement de la responsabilité de la société et des dirigeants

L'objet social de la SARL La Cave est « la vente et la dégustation de vins fins du sud-ouest ». Elle est dirigée par Margaux Delannoy qui a été nommée gérante à la constitution de la société. Les statuts lui confèrent le pouvoir d'engager la société, mais subordonnent la réalisation d'actes dont le montant est supérieur à 20 000 € à l'accord des associés.

Le 1er septembre, Margaux achète une bouteille d'un très grand cru chez un producteur, pour un montant de 10 000 €. Dès le lendemain, elle décide d'expédier la bouteille en Corse au profit de sa famille qui y passe des vacances. Le 15 septembre, Margaux conclut un contrat de 23 600 € avec une société de production cinématographique aux termes duquel elle met à la disposition de cette dernière plusieurs caisses de bouteilles de Côtes de Blaye pendant les 6 mois de la réalisation d'un long métrage, aux fins de décoration.

Or, deux acheteurs se présentent fin septembre au magasin en proposant un prix avantageux pour l'acquisition de ces bouteilles. À la fin du mois, Margaux vend une annexe du magasin ainsi qu'une partie du stock qui y était entreposé pour une valeur de 60 000 €. Elle n'informe pas les associés de cette vente.

Vos missions

1. *Précisez si la SARL La Cave est engagée par les différents actes passés par Margaux Delannoy.*
2. *Identifiez les conséquences de ces actes pour Margaux Delannoy.*

Deux associés de la SARL, Emma et John Saintclair, s'interrogent sur les actes passés par Margaux Delannoy.

Vos missions

3. *Déterminez l'action que les associés peuvent engager si la société subit un préjudice.*

Le 1er octobre, Margaux Delannoy est victime d'un accident de la circulation et hospitalisée. Pendant cette période, son frère Émilien, qui détient 40 % des parts sociales et qui a toujours été proche des intérêts de la société, prend un certain nombre de décisions. Il signe les bons de commande, les factures et entretient les relations commerciales avec les clients, lesquels souhaitent désormais traiter avec lui. Émilien décide d'investir dans la publicité et la promotion de la société ; il signe notamment un contrat au nom de la société avec Édiplus, spécialisée dans la création de sites Internet, pour un montant de 15 000 €. Les dépenses engagées n'ont pas l'effet escompté. Le chiffre d'affaires de la société diminue et l'augmentation des charges est à l'origine d'une baisse du résultat doublée de difficultés de trésorerie. À son retour de l'hôpital, Margaux Delannoy refuse de payer la facture de la société Édiplus.

Vos missions

4. *Qualifiez le rôle joué par Émilien Delannoy.*
5. *Identifiez la personne responsable de la dette envers la société Édiplus.*

7 Commentaire de document : SARL Géocalise ★★★

30 min

Compétences attendues

- **Analyser** le fonctionnement interne d'une société et sa représentation vis-à-vis des tiers
- **Différencier** les conditions et les conséquences de l'engagement de la responsabilité de la société et des dirigeants

Rendez-vous MÉTHODE 2

En vous appuyant sur vos connaissances, répondez aux questions ci-après portant sur le dossier documentaire (la méthodologie du cas pratique n'est pas exigée).

Vos missions

1. *Identifiez le problème de droit formulé dans cet arrêt.*
2. *Exposez brièvement les positions de la cour d'appel et de la Cour de cassation.*

3. *En tant que futur(e) professionnel(le), conseillez vos clients-mandataires sociaux en vous appuyant sur l'arrêt reproduit (voir le document ci-après).*
4. *Déterminez si la solution de la Cour de cassation aurait été la même si le préjudice avait été subi par la SARL Géocalise.*

D'après un sujet d'examen.

Document

Cour de cassation, chambre commerciale, 31 mars 2015, pourvoi n° 14-14.575

Sur le moyen unique, pris en ses deux premières branches :

Vu l'article L. 223-22 du Code de commerce ;

Attendu, selon l'arrêt attaqué, qu'en mars 2006, la société à responsabilité limitée Géocalise, ayant M. X... pour gérant, a commandé à la société Connect Systems International (la société Connect Systems) des balises destinées à la localisation des animaux qui en seraient porteurs, leur livraison devant être échelonnée sur une période de quatorze mois ; que la société Géocalise ayant mis fin au contrat au cours de son exécution, la société Connect Systems l'a assignée

pour obtenir le paiement des livraisons impayées et l'allocation de dommages-intérêts ; que faisant, en outre, valoir que M. X... avait engagé sa responsabilité à son égard en lui faisant croire qu'elle bénéficierait de la garantie de la « société » Quiétude assistance alors qu'il savait que cette garantie, donnée par une association insolvable, était illusoire, la société Connect Systems a demandé sa condamnation, in solidum, au paiement des sommes qui seraient mises à la charge de la société Géocalise ;

Attendu que pour rejeter la demande dirigée contre M. X..., l'arrêt retient que son attitude s'est inscrite dans le cadre des relations commerciales de négociation de contrats pour la société Géocalise, sans qu'il puisse être considéré que cette attitude n'était pas conforme à l'objet social et à l'intérêt de cette dernière ; qu'il ajoute que le cocontractant de la société Connect Systems, qui s'est prévalu de la garantie considérée comme non effective de Quiétude assistance, est la société Géocalise et non M. X... à titre personnel ;

Attendu qu'en se déterminant ainsi, par des motifs inopérants, sans rechercher, comme elle y était invitée, si M. X... n'avait pas commis une faute séparable de ses fonctions sociales, engageant sa responsabilité personnelle, en trompant volontairement la société Connect Systems sur la solvabilité de la société Géocalise qu'il dirigeait, afin de permettre à celle-ci de bénéficier de livraisons que, sans de telles manœuvres, elle n'aurait pu obtenir, la cour d'appel a privé sa décision de base légale ;

PAR CES MOTIFS [...] :

CASSE ET ANNULE, mais seulement en ce qu'il rejette la demande de la société Connect Systems dirigée contre M. X..., l'arrêt rendu le 3 octobre 2013, entre les parties, par la cour d'appel d'Aix-en-Provence ; remet, en conséquence, sur ce point, la cause et les parties dans l'état où elles se trouvaient avant ledit arrêt et, pour être fait droit, les renvoie devant la cour d'appel d'Aix-en-Provence, autrement composée ;

Condamne M. X... aux dépens ; [...]

SYNTHÈSE

Le fonctionnement de la société : les dirigeants

Les organes dirigeants

Type (représentant légal en violet)	Nomination	Fin du mandat
SARL, SNC, Sociétés civiles, SCA ▸ Gérant	Par les associés	Terme, décès, incapacité, interdiction, transformation, dissolution
SA ▸ DG/CA ou Directoire (Président)/CS	Fixation de la rémunération par les associés	Démission (libre, non abusive)
SAS ▸ Président	Cumul avec un contrat de travail possible si respect des conditions	Révocation par les associés (non abusive, reposant sur de justes motifs pour certains dirigeants)

Les pouvoirs des dirigeants

Représentant légal de SARL et sociétés par actions	Représentant légal de sociétés civiles et SNC
• Vis-à-vis des tiers : – principe : pouvoirs les plus étendus – limites : loi : pouvoirs des autres organes (associés, CA…) • Vis-à-vis des associés : – principe : pouvoirs de gestion – limites : pouvoirs des associés, statuts, intérêt social	• Vis-à-vis des tiers : – principe : engage la société – limites : loi : pouvoirs des associés, objet social • Vis-à-vis des associés : – principe : pouvoirs de gestion – limites : pouvoirs des associés, statuts, intérêt social

Les obligations et responsabilités des dirigeants

Plusieurs obligations…

à l'égard de la société, des associés…

ou de tiers…

dont l'inexécution…

entraîne la responsabilité du dirigeant…

… civile

- Faute, dommage, lien de causalité
- Action civile exercée au nom de la société par le représentant légal ou un ou plusieurs associés
- Action personnelle par un associé si démonstration d'un préjudice personnel et distinct
- Condition supplémentaire pour les tiers : la faute détachable

… pénale

Infraction

… fiscale

Inobservation grave et répétée des obligations ou manœuvres frauduleuses

CHAPITRE 5 Le fonctionnement de la société : les associés et le contrôle

PROGRAMME

Compétences attendues

- **Analyser** le fonctionnement interne d'une société
- **Différencier** les conditions et les conséquences de l'engagement de la responsabilité des associés
- **Apprécier** les contrôles internes et externes de l'action du dirigeant et leurs conséquences

Savoirs associés

- Les associés : informations, pouvoirs et responsabilités
- Les dirigeants et les organes sociaux : représentant légal, mandataire social, fonctionnement, responsabilités
- Le contrôle et les sanctions

LIEN AVEC LE DCG 10

§ 1. Profession et normalisation comptables

LIEN AVEC LE DCG 3

§ 3.1. La représentation collective

PLAN DU CHAPITRE

Cours : 1. Les pouvoirs et responsabilités des associés • 2. Les autres organes de contrôle interne et la gouvernance • 3. Les contrôles externes : CAC et autres contrôles

Des savoirs aux compétences : Évaluer les savoirs • Maîtriser les compétences • Préparer l'épreuve

Synthèse

La nature des rapports entre les dirigeants et les associés varie en fonction de la taille de la société. Dans les petites structures, l'intérêt des dirigeants et celui des associés coïncident du fait de la confusion des personnes : le pouvoir appartient en général à l'associé majoritaire. Dans les plus grandes sociétés, les dirigeants sont choisis pour leurs compétences et ne sont pas nécessairement associés de la société.

Les objectifs des dirigeants et des associés peuvent se révéler antagonistes. Les mécanismes de contrôle de la gestion de la société doivent favoriser une plus grande transparence. Un équilibre se crée dans le fonctionnement quotidien entre les dirigeants, les associés et les organes de contrôle.

MOTS-CLÉS

Action en responsabilité • Assemblée générale • Audit légal • CAC • Déontologie • Droit à l'information • Droit de vote • Gouvernance • Obligation au passif social

1 Les pouvoirs et responsabilités des associés

A) Les prérogatives des associés

Les pouvoirs des associés s'exercent par la prise de décisions (ex. : contrôle de la gestion lors de l'approbation des comptes ou modifications des statuts). Le **droit à l'information** (tab. 5.1) garantit aux associés une décision éclairée (tab. 5.2).

1. Le droit à l'information

Tableau 5.1. Droit à l'information

En permanence	• Droit pour tout associé de consulter au siège les documents sociaux relatifs aux trois derniers exercices clos (ex. : les comptes annuels, les PV des AG, du CA...), et en obtenir copie, sauf pour l'inventaire. • À défaut, l'associé peut demander au président du tribunal statuant en référé soit d'enjoindre les dirigeants de communiquer les documents, soit de désigner un mandataire chargé de procéder à cette communication.
Avant une assemblée	• 15 jours au moins avant la tenue de l'AG, chaque associé a le droit d'obtenir communication des documents soumis à l'assemblée. *A minima* : texte des résolutions proposées, comptes annuels, proposition d'affectation du résultat, rapport de gestion. Selon la structure juridique, certains documents sont adressés à l'associé sans demande préalable ou sur demande préalable, notamment dans la SA. • Lorsque l'intéressé ne peut obtenir la communication des documents énumérés par la loi, il peut demander au président du tribunal statuant en référé soit d'enjoindre aux dirigeants de les communiquer, soit de désigner un mandataire chargé de procéder à cette communication.
Droit de poser des questions écrites	• Droit pour tout associé de SA et SARL, quelle que soit sa part dans le capital social, de poser des questions écrites sur la gestion (obligation de réponse du dirigeant au cours de l'AG). Le nombre de questions n'est pas limité par la loi mais leur contenu doit être lié à l'intérêt social. • Droit pour tout associé de SNC et SCA, de poser des questions écrites deux fois par exercice en dehors de toute AG.

FOCUS Le rapport de gestion

Exposant la situation de la société durant l'exercice écoulé, son évolution prévisible, les événements importants survenus depuis la clôture de l'exercice et les activités en matière de R&D, le rapport de gestion est souvent indispensable aux associés pour comprendre les enjeux auxquels la société est confrontée. Dans les SA et les SCA, il contient des éléments sur le gouvernement d'entreprise (si la société est cotée, un rapport spécifique est exigé).
Sont débiteurs de l'obligation d'établir un rapport de gestion écrit les gérants (SARL, SNC, société civile, société en commandite), le président de la SAS, le conseil d'administration et le directoire (pour la SA).
Sont dispensées de l'obligation d'établir un rapport de gestion les petites sociétés commerciales, pour lesquelles deux des trois seuils suivants ne sont pas dépassés : total du bilan 7 500 000 €, montant net du chiffre d'affaires : 15 000 000 € et nombre moyen de salariés au cours de l'exercice : 50.
Le rapport accompagne les comptes annuels et doit, en principe, être publié.

2. Les décisions collectives

Le **droit de vote** des associés s'exerce généralement en assemblée.

Tableau 5.2. Modalités des décisions collectives

Qui ?	Tout associé a le droit de participer aux décisions collectives, personnellement ou par l'intermédiaire d'un représentant.
Quoi ?	• Champ de compétence exclusive des associés : – décisions ordinaires qui ne modifient pas, en principe, les statuts (ex. : approbation des comptes annuels, nomination des dirigeants, autorisations données aux dirigeants) ; – décisions extraordinaires qui modifient les statuts (ex. : changement de dénomination sociale, modification de l'objet, modifications du capital social).
Comment ?	• Droit de vote attaché à chaque titre détenu par l'associé (part sociale ou action). • Interdiction de toute clause statutaire privant l'associé de ce droit. • Nombre de voix proportionnel au nombre de titres possédés. Par exception, possibilité pour les statuts des sociétés par actions de plafonner le droit de vote de tous les actionnaires ou d'accorder un droit de vote double à certaines catégories d'actionnaires (actions de préférence). • Libre exercice du droit de vote (sous réserve de l'abus ↪ chapitre 2). • Les conditions de majorité varient selon la forme de la société et le type de décision.

FOCUS L'assemblée générale annuelle obligatoire

L'**assemblée générale** (AG) est l'organe souverain des sociétés, puisque c'est le cadre d'exercice du pouvoir de contrôle des associés. Dans toutes les sociétés, les associés sont en principe obligatoirement réunis une fois par an en assemblée pour délibérer sur les comptes de l'exercice écoulé et décider de l'affectation du résultat.
L'AG est convoquée :
- dans les six mois de la clôture de l'exercice par le gérant, le CA ou le directoire (dans les SA), le président (dans la SAS – sauf clause statutaire contraire) ;
- au minimum 15 jours avant, par LRAR, au siège ou dans tout autre lieu prévu par les statuts.

Les associés peuvent être présents, représentés ou participer à l'AG par des moyens de télétransmission selon des modalités variables. Dans les SNC, SARL, SAS, les statuts peuvent stipuler que les décisions sont prises par les associés par voie électronique sous certaines conditions. L'AG ne peut en principe délibérer que sur les points à l'ordre du jour. Si les règles de convocation ne sont pas respectées, l'AG encourt la nullité. Le PV (relevé des décisions prises) doit être publié.

B) La responsabilité des associés

1. L'obligation au passif social

Définition

On dénomme « **obligation** aux dettes ou **au passif social** » le fait qu'un créancier de la société puisse demander aux associés de régler les dettes de la société.

L'**obligation au passif social** (fig. 5.1) pèse sur l'associé d'une société à risque illimité à l'égard des créanciers de la société, mais pas sur l'associé d'une SARL ou d'une société par actions (qui ne risque finalement que la perte de son apport).

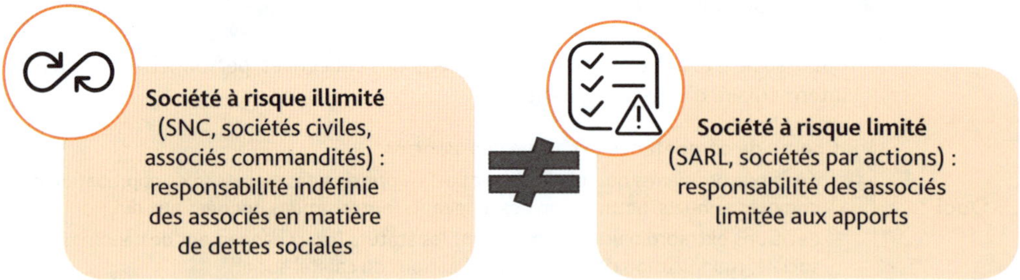

Figure 5.1. Obligation aux dettes sociales

2. Les conditions de la responsabilité des associés

Dette sociale. Dans tous les cas, la dette doit avoir été contractée au nom de la société par le représentant légal dans la limite de l'objet social (↳ chapitre 4).

Procédure. Le créancier ne peut poursuivre le paiement des dettes contre un associé qu'après **vaine mise en demeure de la société par acte extrajudiciaire** (acte de commissaire de justice). Une mise en demeure est vaine si, dans les 8 jours qui suivent l'acte, la société n'a pas acquitté la dette.

Sociétés à risque illimité. Le régime de responsabilité diffère selon le caractère commercial ou civil de la société.

L'ordonnance n° 2016-728 du 2 juin 2016 a lancé une fusion progressive, qui a démarré en 2022, des professions de commissaire-priseur judiciaire et d'huissier de justice en un seul et même corps, les « commissaires de justice ».

Responsabilité en matière commerciale. Les associés d'une SNC et les commandités ont la qualité de commerçant et répondent indéfiniment et solidairement des dettes sociales. Cette obligation est :

- légale : aucune clause statutaire ne peut en dispenser les associés ;
- indéfinie : chaque associé est tenu de la totalité des dettes non payées par la société, sur son patrimoine personnel ;
- solidaire : les créanciers impayés par la société peuvent demander paiement de toute la dette à l'un quelconque des associés.

L'associé qui a payé peut ensuite se retourner contre la société ou ses coassociés afin qu'ils assument la fraction de la dette qui leur incombe.

Responsabilité en matière civile. Les associés d'une société civile (↳ chapitre 18) de droit commun répondent indéfiniment des dettes sociales proportionnellement à leur part dans le capital social. Le créancier poursuivant divise ses recours et ne réclame à un associé qu'une partie de la créance calculée en proportion de sa part dans le capital social. L'obligation des associés est conjointe et non solidaire.

NOTRE CONSEIL

Veillez à ne pas confondre obligation aux dettes et contribution aux pertes (↳ chapitre 2).

→ APPLICATION 2 • APPLICATION 3 • SITUATION PRATIQUE 6

2 Les autres organes de contrôle interne et la gouvernance

A) Les organes de contrôle interne autres que les associés

Outre le contrôle par les associés, d'autres organes internes sont amenés à effectuer des contrôles de l'action des dirigeants. Ces organes peuvent être prévus par la loi ou par les statuts. (tab. 5.3).

Tableau 5.3. Organes de contrôle interne

CA ou CS (dans la SA)	• Possibilité pour le CA de procéder à toutes les vérifications et contrôles opportuns. • Exercice par le CS d'une mission de contrôle permanent de la gestion.
Représentants des salariés	• Comité social et économique (CSE) destinataire d'informations susceptibles d'avoir un impact sur les salariés. • Droit d'alerte du CSE (↪ chapitre 20). • Représenté lors des CA ou des CS de SA (↪ chapitre 9).

B) La gouvernance

Définition

La **gouvernance** (ou le gouvernement d'entreprise) est la façon dont les objectifs des différents acteurs (dirigeants, associés) sont rendus compatibles dans la société, dont les pouvoirs de contrôle et de direction sont rééquilibrés pour éviter les conflits d'intérêts.

1. Un principe d'application volontaire

Soit les mesures de gouvernance sont mises en place de façon volontaire (ex. : application d'un code de gouvernement d'entreprise), soit les dirigeants doivent justifier l'absence de mesures (« *comply or explain* »).

2. Des obligations légales

La loi impose parfois des mesures de gouvernance, principalement pour les sociétés cotées ou d'une certaine importance (↪ chapitre 9).

Exemple

La nomination de salariés aux postes d'administrateur, la publicité de la rémunération des dirigeants, la mise en place de comités spécialisés au sein du CA sont autant d'obligations légales.

3 Les contrôles externes : CAC et autres contrôles

A) Le commissaire aux comptes (CAC)

1. La nomination du CAC

Auditeur externe. Le CAC est un professionnel libéral, soumis à une obligation d'indépendance et à une déontologie, chargé d'effectuer un audit légal externe dans certaines entités : il assure une mission de contrôle et de surveillance d'ordre comptable, financier et juridique au profit des associés mais également de tous les cocontractants de l'entreprise (créanciers, investisseurs, établissements de crédit) qui peuvent ainsi s'engager sur la base d'une information comptable et financière sécurisée.

Nomination obligatoire. Sont tenues de nommer un CAC :

- Les **sociétés commerciales** qui dépassent, à la clôture d'un exercice, deux des trois seuils suivants :
  - 5 M€ de bilan ;
  - 10 M€ de CAHT ;
  - 50 salariés.

Ces seuils sont les seuils applicables depuis le 1er mars 2024.

- Par décision du juge :
  - à la demande d'un ou de plusieurs associés détenant au moins 10 % du capital, dans les SARL et les sociétés par actions ;
  - à la demande de tout associé, dans les SNC.
- Les statuts peuvent également prévoir la nomination obligatoire d'un CAC.

La loi prévoit des dispositions spécifiques pour les associations (↪ chapitre 14), les sociétés civiles (↪ chapitre 18) et les GIE (↪ chapitre 19).

FOCUS — La nomination du CAC dans les groupes de sociétés

Toute société qui contrôle une ou plusieurs autres sociétés doit nommer un CAC lorsque l'ensemble du groupe dépasse deux des trois seuils (5 millions d'euros de bilan, 10 millions d'euros de chiffre d'affaires et 50 salariés), sauf si cette société est elle-même contrôlée par une société ayant désigné un CAC. De plus, les filiales significatives, contrôlées par ces têtes de groupe, doivent elles-mêmes désigner un CAC si elles dépassent deux des trois seuils : 2,5 millions d'euros de bilan, 5 millions d'euros de chiffre d'affaires et 25 salariés.

Nomination facultative. Si les seuils ne sont pas atteints, la société peut désigner volontairement un CAC, sur décision des associés ou dans les statuts. Cette nomination intervient également sur demande motivée des associés représentant au moins le tiers du capital dans les sociétés commerciales. La mission du CAC pourra alors être adaptée (mission ALPE).

FOCUS La mission d'« audit légal des petites entreprises » (ALPE)

La loi instaure une mission dite ALPE, moins contraignante et adaptée à la taille des entités qui se situent en dessous des seuils de nomination, ce qui leur permet de maintenir la présence d'un CAC en réduisant les coûts. Mises en œuvre pour trois exercices, les diligences du CAC sont allégées, se limitant aux missions d'audit, d'alerte et de révélation des faits délictueux. Le CAC doit par ailleurs élaborer, à destination du dirigeant, un rapport sur les risques financiers, comptables et de gestion.

Conditions de nomination. Le CAC :

- est nommé par les associés sur proposition du dirigeant, ou par décision de justice à la demande des associés minoritaires ;
- est nommé en principe pour six exercices (mandat renouvelable sauf dans les sociétés cotées) ;
- doit être une personne physique ou morale diplômée et inscrite sur la liste des CAC.

Incompatibilités. La loi prévoit des incompatibilités, pénalement sanctionnées (↳ chapitre 25) :

- entre des missions de certification et des missions de conseil dans la même entité ;
- avec toute activité susceptible de remettre en cause l'indépendance, tout emploi salarié, toute activité commerciale ;
- mais aussi l'interdiction de tout lien personnel, professionnel ou financier avec l'entité contrôlée ou ses dirigeants.

Rémunération. Le CAC est rémunéré par l'entité contrôlée. Le montant des honoraires est déterminé dans sa lettre de mission, dans des limites fixées par le code de déontologie (pour ne pas remettre en cause l'indépendance du CAC).

Sanction. Sont nulles les assemblées qui ont pris une délibération à défaut de désignation régulière des commissaires ou sur le rapport de commissaires nommés sans être inscrits sur la liste des CAC.

2. Les missions permanentes du CAC

Vérifications. Le commissaire aux comptes vérifie :

- la comptabilité de la société : les valeurs et les documents comptables et la conformité de la comptabilité aux règles en vigueur ;
- la sincérité et la concordance des informations du rapport de gestion avec les comptes annuels ;
- le respect de l'égalité entre les associés.

Dans ce cadre, le CAC opère toutes vérifications et tous contrôles qu'il juge opportuns ; il peut se faire communiquer toutes les pièces utiles à l'exercice de sa mission (ex. : contrats, livres et documents comptables, registre des PV).

Certification. Le CAC certifie que les comptes annuels sont réguliers et sincères et donnent une image fidèle du résultat des opérations de l'exercice écoulé, de la situation financière et du patrimoine de la société à la fin de l'exercice. Il peut également refuser de certifier ou certifier avec des réserves.

Information. Le CAC signale, à la prochaine AG, les irrégularités et inexactitudes relevées, et informe les associés dans un rapport général publié. Il communique aux dirigeants son programme général de travail, les modifications qui lui paraissent devoir être apportées aux comptes, les irrégularités et les inexactitudes qu'il aurait découvertes, les conclusions auxquelles conduisent les observations et rectifications sur les résultats de la période comparés à ceux de la précédente.

3. Les missions occasionnelles du CAC

Le CAC exerce des missions qui dépendent des circonstances (tab. 5.4).

Tableau 5.4. Les missions occasionnelles du CAC

Obligation d'alerte	Déclenchement de la procédure d'alerte en cas de fait de nature à compromettre la continuité de l'exploitation relevé par le CAC (↪ chapitre 9)
Obligation de révélation des faits délictueux	Obligation de dénoncer au procureur de la République les faits délictueux dont il a connaissance au cours de sa mission (↪ chapitre 24)
Établissement de rapports spéciaux	• Sur les conventions réglementées passées pendant l'exercice • Sur les modifications du capital ou les créations de titres et les opérations de restructuration de la société
Obligation de pallier la carence des organes sociaux	Possibilité de convoquer l'assemblée en cas de carence des dirigeants sociaux

FOCUS La durabilité

La directive CSRD – *Corporate Sustainability Reporting Directive* – (transposée par l'ordonnance n° 2023-1142 du 6 décembre 2023) prévoit que les entreprises doivent intégrer, dans une section distincte de leur rapport de gestion, des informations en matière de durabilité ou publier un état de durabilité selon un calendrier d'entrée en vigueur progressif qui débute à partir de l'exercice 2024 pour les grandes entreprises cotées. Ces informations ont pour objectif de décrire les impacts de l'entreprise sur l'environnement et la société, ainsi que la manière dont les enjeux de durabilité (environnementaux, sociaux et de gouvernance) affectent l'entreprise.

Les informations en matière de durabilité doivent être certifiées par un CAC ou par un organisme tiers indépendant (OTI), au choix de l'assemblée générale ordinaire des associés.

B) Les responsabilités du CAC

1. La responsabilité civile

Le CAC est responsable individuellement, tant à l'égard de la personne ou de l'entité contrôlée que des tiers, des conséquences dommageables des fautes et négligences commises dans l'exercice de ses fonctions.

CHIFFRES-CLÉS

Les CAC représentent **2,9 Mds €** de CA dégagé par **11 542** personnes physiques et **6 411** personnes morales (Compagnie nationale des commissaires aux comptes – cncc.fr, 2022).

Le CAC a une obligation de moyens et non de résultat. Il opère une sélection des diligences à mettre en œuvre et procède à un contrôle des opérations comptables par des tests ou sondages. Il décrit l'approche générale des travaux dans son plan de mission.

L'**action en responsabilité** contre un CAC est portée devant le tribunal judiciaire (fig. 5.2).

Figure 5.2. **Action en responsabilité intentée contre un CAC**

2. La responsabilité professionnelle

Le CAC encourt également une responsabilité disciplinaire, qui peut conduire à sa radiation, notamment en cas de manquement à la déontologie.

3. La responsabilité pénale

Le bon déroulement de la mission de contrôle du CAC est protégé pénalement (➥ **chapitre 24**).

C) Les autres organes de contrôle

Selon l'activité ou la situation de la société, divers organes sont amenés à intervenir (tab. 5.5).

Tableau 5.5. **Organes de contrôle externe**

Expert de gestion	• Possibilité, dans les sociétés par actions et les SARL, pour les associés, le ministère public et le CSE de demander au président du tribunal de commerce la nomination d'un expert chargé de faire un rapport sur une ou plusieurs opérations de gestion. L'expertise de gestion n'est pas un audit de l'ensemble de la gestion. • Rapport adressé au demandeur, au ministère public, au CSE, au CAC ainsi qu'au dirigeant. Obligation de l'annexer à celui du CAC en vue de la prochaine AG et de lui réserver la même publicité • Conditions de nomination (➥ **chapitres 8, 9 et 11**)
Autorité des marchés financiers (AMF)	• Autorité publique indépendante, dotée de la personnalité morale, qui veille à la protection de l'épargne investie dans les instruments financiers et autres placements donnant lieu à offre publique de titres, à l'information des investisseurs et au bon fonctionnement des marchés financiers. • Participation à la régulation des marchés aux échelons européen et international.
Administrations (État)	Divers contrôles : • fiscaux (administration fiscale) ; • respect du droit du travail (inspection du travail) et versement des cotisations sociales (Urssaf) ; • respect du droit de la consommation et de la concurrence (douanes et DGCCRF).

Missions et compétences de l'AMF : www.amf-france.org
et sur les compléments en ligne www.dunod.com

➔ APPLICATION 3 • CAS 4 • CAS 5 • SITUATION PRATIQUE 6

DES SAVOIRS AUX COMPÉTENCES

Évaluer les savoirs | Maîtriser les compétences | Préparer l'épreuve

1 Quiz

Vérifiez l'exactitude des propositions ci-après et justifiez-les.

		Vrai	Faux
1.	La rédaction d'un rapport de gestion est obligatoire dans toutes les sociétés.	☐	☐
2.	La tenue d'une AG est obligatoire au moins une fois par an.	☐	☐
3.	Une décision collective extraordinaire ne modifie pas les statuts.	☐	☐
4.	Un expert de gestion peut expertiser une ou plusieurs décisions collectives.	☐	☐
5.	Un associé a accès en permanence aux documents commerciaux de l'exercice en cours.	☐	☐
6.	L'expertise de gestion peut être demandée, dans une SARL, par un ou plusieurs associés représentant au moins 5 % du capital social.	☐	☐
7.	La nomination du CAC est obligatoire dans toutes les sociétés.	☐	☐
8.	Le CAC est lié à la société par une mission contractuelle.	☐	☐
9.	Il est possible au CAC de certifier les comptes d'une société dont il est actionnaire majoritaire.	☐	☐
10.	La durée du mandat d'un CAC est de six exercices dans les sociétés cotées et renouvelable une fois.	☐	☐

2 Assemblée générale de la SA SFD ★★★

La SA Société française de distribution (SFD) réunit ses actionnaires pour son AG annuelle obligatoire le 15 juin prochain.

L'ordre du jour est le suivant :

- approbation des comptes et du bilan clôturé au 31 décembre ;
- affectation du résultat ;
- renouvellement du mandat de trois membres du CA ;
- augmentation de capital ;
- renouvellement du mandat d'un CAC.

1. *Précisez qui a convoqué l'assemblée.*
2. *Déterminez si le délai de la tenue de l'assemblée est conforme à la loi.*
3. *Indiquez les moyens dont les actionnaires disposent pour s'exprimer lors de l'assemblée.*
4. *Classez les décisions en décisions ordinaires et décisions extraordinaires.*
5. *Vérifiez si le CA encourt une sanction s'il ne convoque pas l'AG annuelle.*

3 SARL BioCocoon ★★★

La SARL BioCocoon est spécialisée dans la distribution de produits bio. L'un des associés, détenteur de 4 % du capital, a demandé au gérant de lui communiquer diverses factures et les bons de livraison de certains fournisseurs. Le gérant ayant refusé tout net d'accéder à ses demandes, l'associé veut obtenir en justice, au nom de son droit à l'information, la communication forcée des documents.

Analysez les chances de succès de la demande en justice.

Évaluer les savoirs | **Maîtriser les compétences** | Préparer l'épreuve

4 Cas : L'Atelier du Devoir ★★★

Compétences attendues

- **Analyser** le fonctionnement interne d'une société
- **Apprécier** les contrôles internes et externes de l'action du dirigeant et leurs conséquences

Créée en 1985 par Richard Bertino, maître-artisan et compagnon du devoir, et dirigée par ses fils, Fabien et Michaël Bertino, depuis 2014 (Fabien en est le président), la SAS l'Atelier du Devoir est une entreprise générale de bâtiment, spécialiste de la réhabilitation, de la rénovation, du génie climatique et de l'entretien du bâti existant (tertiaire, résidentiel, équipements publics). Son capital social est de 263 250 €. Son siège est situé à Saint-Ouen (Seine-Saint-Denis), 26 boulevard Giron.

Bien implantée en Île-de-France, la SAS a réalisé l'an dernier un chiffre d'affaires de 40 965 800 €. La société emploie aujourd'hui plus de 200 salariés. À la clôture du dernier exercice, la structure financière est saine, avec des capitaux propres estimés à 22 millions d'euros et une trésorerie nette d'endettement de 3,7 millions d'euros.

1. *Identifiez les raisons pour lesquelles la SAS l'Atelier du Devoir est tenue de nommer un commissaire aux comptes.*

En tant que collaborateur(trice) au cabinet d'expertise comptable D&H, vous êtes chargé(e) de préparer la prochaine AG de la SAS l'Atelier du Devoir devant notamment statuer sur les comptes de l'exercice écoulé, qui se tiendra le 26 juin. L'ordre du jour devra également comprendre une modification du capital social pour permettre l'entrée d'un nouvel associé, le Groupe Maisons de France, qui souhaite prendre une participation à hauteur de 50 % du capital.

2. *Rédigez la lettre de convocation, en précisant les points à l'ordre du jour (la méthodologie du cas pratique n'est pas exigée).*
3. *Dans une note rédigée en vous appuyant sur le document, expliquez à Fabien Bertino le rapport du CAC (SA Prest'Audit) au regard des missions et des obligations du commissaire aux comptes (la méthodologie du cas pratique n'est pas exigée).*

Document

Rapport du CAC sur les comptes annuels : exercice clos le 31 décembre

Aux associés, en exécution de la mission qui nous a été confiée par votre assemblée, nous vous présentons notre rapport relatif à l'exercice clos le 31 décembre, sur :

- le contrôle des comptes annuels de la société SAS l'Atelier du Devoir, tels qu'ils sont joints au présent rapport ;
- la justification de nos appréciations ;
- les vérifications et informations spécifiques prévues par la loi.

Les comptes annuels ont été arrêtés par le président. Il nous appartient, sur la base de notre audit, d'exprimer une opinion sur ces comptes.

I. Opinion sur les comptes annuels

Nous avons effectué notre audit selon les normes d'exercice professionnel applicables en France ; ces normes requièrent la mise en œuvre de diligences permettant d'obtenir l'assurance raisonnable que les comptes annuels ne comportent pas d'anomalies significatives. Un audit consiste à vérifier, par sondages ou au moyen d'autres méthodes de sélection, les éléments justifiant des montants et informations figurant dans les comptes annuels. Il consiste également à apprécier les principes comptables suivis, les estimations significatives retenues et la présentation d'ensemble des comptes. Nous estimons que les éléments que nous avons collectés sont suffisants et appropriés pour fonder notre opinion.

Nous certifions que les comptes annuels sont, au regard des règles et principes comptables français, réguliers et sincères et donnent une image fidèle du résultat des opérations de l'exercice écoulé ainsi que de la situation financière et du patrimoine de la société à la fin de cet exercice.

II. Justification des appréciations

En application des dispositions de l'article L. 823-9 du Code de commerce relatives à la justification de nos appréciations, nous portons à votre connaissance les appréciations auxquelles nous avons procédé.

...

...

Sans remettre en cause l'opinion exprimée ci-dessus, nous attirons votre attention sur le point suivant concernant une correction d'erreur. Cette dernière a pour origine une valorisation erronée du portefeuille de valeurs mobilières de la part des établissements financiers et a pour conséquence une insuffisance de provision pour dépréciation qui aurait dû être comptabilisée au 30 septembre. De ce fait, une provision pour dépréciation complémentaire a été enregistrée pour un montant net d'impôt de 147 133 € isolé sur une ligne spécifique du compte de résultat intitulée « correction d'erreur ».

Les appréciations ainsi portées s'inscrivent dans le cadre de notre démarche d'audit des comptes annuels, pris dans leur ensemble, et ont donc contribué à la formation de notre opinion exprimée dans la première partie de ce rapport.

III. Vérifications et informations spécifiques

Nous avons également procédé, conformément aux normes d'exercice professionnel applicables en France, aux vérifications spécifiques prévues par la loi.

À l'exception de l'incidence éventuelle des faits exposés dans la première partie de ce rapport, nous n'avons pas d'autres observations à formuler sur la sincérité et la concordance avec les comptes annuels des informations données dans le rapport de gestion du Président et dans les documents adressés aux associés sur la situation financière et les comptes annuels.

Saint-Ouen, le 15 avril,

P/O Prest'Audit

5 Cas : Dufour et associés ★★★

Compétence attendue **Apprécier** les contrôles externes de l'action du dirigeant et leurs conséquences

Lise Burridon a été nommée CAC de la SA Dufour et associés en juin dernier. La société est dirigée par David Dufour. Son activité est le conseil en investissement immobilier.

Lise recueille les éléments comptables de la société et constate les faits suivants :

- aucune déclaration fiscale n'a jamais été établie ;
- des clients se plaignent d'avoir reçu des relances de facture alors qu'ils se sont acquittés des paiements. Le montant en cause est de 64 387 €. Lise suspecte Yves Levan, comptable de la société Dufour et associés, d'avoir procédé à un détournement de fonds (ce qui constitue une infraction pénale). Ne voulant pas lui causer de tort, Lise procède à la certification des comptes mais sermonne Yves.

1. *Indiquez à Lise l'appréciation à porter sur ces constatations.*

Quelques jours plus tard, David Dufour, ayant trop arrosé un dîner d'affaires, avoue à Lise avoir assassiné l'amant de sa femme et avoir dissimulé le corps en forêt quelques jours plus tôt.

2. *Déterminez les conséquences que Lise doit tirer de cette confidence.*
3. *Précisez, en vous appuyant sur le document ci-après, pourquoi Lise ne peut remettre sa démission.*

Document

Article 19 du code de déontologie des CAC

Le commissaire aux comptes exerce sa mission jusqu'à son terme. Il a cependant le droit de démissionner pour des motifs légitimes. Constitue un motif légitime de démission :

- la cessation définitive d'activité ;
- un motif personnel impérieux, notamment l'état de santé ;
- les difficultés rencontrées dans l'accomplissement de la mission, lorsqu'il n'est pas possible d'y remédier ;
- la survenance d'un événement de nature à compromettre le respect des règles applicables à la profession, et notamment à porter atteinte à l'indépendance ou à l'objectivité du commissaire aux comptes.

Le commissaire aux comptes ne peut démissionner pour se soustraire à ses obligations légales relatives notamment :

- à la procédure d'alerte ;
- à la révélation de faits délictueux au procureur de la République ;
- à la déclaration de sommes ou d'opérations soupçonnées d'être d'origine illicite ;
- à l'émission de son opinion sur les comptes.

Il ne peut non plus démissionner dans des conditions génératrices de préjudice pour la personne ou l'entité concernée. Il doit pouvoir justifier qu'il a procédé à l'analyse de la situation.

Évaluer les savoirs | Maîtriser les compétences | Préparer l'épreuve

6 Situation pratique : Groupe Inédit Immo ★★★

45 min

Compétences attendues

Rendez-vous MÉTHODE 3

- **Analyser** le fonctionnement interne d'une société
- **Différencier** les conditions et les conséquences de l'engagement de la responsabilité des associés
- **Apprécier** les contrôles internes et externes de l'action du dirigeant et leurs conséquences

Le groupe Inédit Immo est spécialiste de l'immobilier dans la région de Bordeaux depuis 2000. Sa structure est schématisée dans le dossier documentaire.

La SNC Inédit Immo contrôle les quatre SARL puisqu'elle détient 100 % des parts de chacune. Les parts de la SNC Inédit immo sont réparties entre Tony Vallez, également gérant, son épouse Caroline et des membres de la famille qui ont investi. Le groupe réalise un chiffre d'affaires de 12 millions d'euros. Chacune des SARL emploie 10 salariés, sauf celle de Gradignan – la plus ancienne du groupe –, laquelle en salarie 26 (pour un chiffre d'affaires de 6 millions d'euros). La SNC emploie un comptable, un conseiller juridique et une assistante.

Tony suggère aux associés, lors de l'assemblée annuelle, de nommer un CAC en recourant aux services de Carlos Dumez, son neveu.

Vos missions

1. *Précisez pourquoi la SNC Inédit Immo est tenue de nommer un commissaire aux comptes.*
2. *Indiquez les enjeux de l'intervention du CAC dans une société (la méthodologie du cas pratique n'est pas exigée).*
3. *Expliquez pourquoi la proposition de Tony de nommer M. Dumez ne peut aboutir.*
4. *Dressez la liste des documents que Tony doit préparer pour la prochaine assemblée générale.*

La SNC Inédit Immo n'a pas honoré dans les délais la facture de son expert-comptable, malgré la mise en demeure de celui-ci. Ce dernier connaît bien Caroline Vallez ; il lui demande de régler personnellement la facture à la place de la société.

Vos missions

5. *Vérifiez si Caroline Vallez doit répondre à cette sollicitation.*
6. *Indiquez si la réponse aurait été la même si la société avait été une SARL ou une société par actions.*

Carlos Dumez est par ailleurs CAC dans la SA Priunic. Il y a rempli durant l'exercice précédent sa mission légale de contrôle. M. Dumez estime qu'il n'a pas à vérifier la totalité des écritures comptables et des pièces justificatives mais qu'il peut se limiter à un examen de la pertinence des méthodes comptables, à la recherche de la cohérence des comptes et à des sondages d'autant plus approfondis qu'ils font apparaître des anomalies. Sa ligne de conduite est également déterminée par un « attendu » d'un arrêt (cour d'appel de Paris, 18 mars 2002) indiquant : « l'intervention d'un expert-comptable ne dégage pas de ses responsabilités le commissaire aux comptes auquel il appartient d'effectuer lui-même les contrôles suffisants pour forger sa conviction ».

M. Dumez estime que la tenue des comptes de charges sur l'exercice semble présenter quelques anomalies qui pourraient se révéler être des infractions pénales.

Vos missions

7. *Précisez les missions attribuées à M. Dumez par la loi.*
8. *Déterminez quelle doit être la réaction de M. Dumez face aux « anomalies » constatées.*

D'après un sujet d'examen.

Document

Structure du groupe Inédit Immo

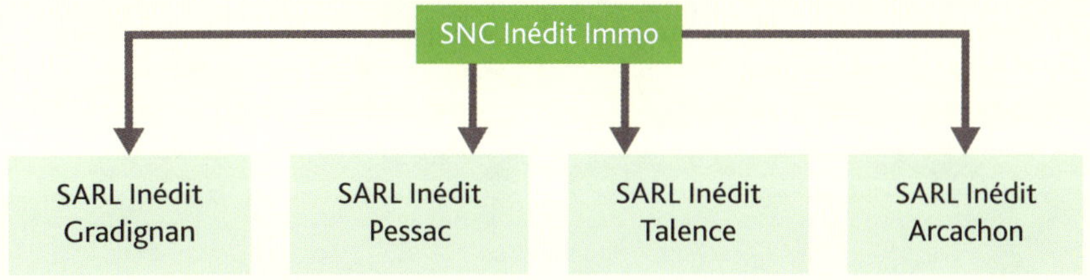

SYNTHÈSE

Le fonctionnement de la société : les associés et le contrôle

Les responsabilités et contrôles

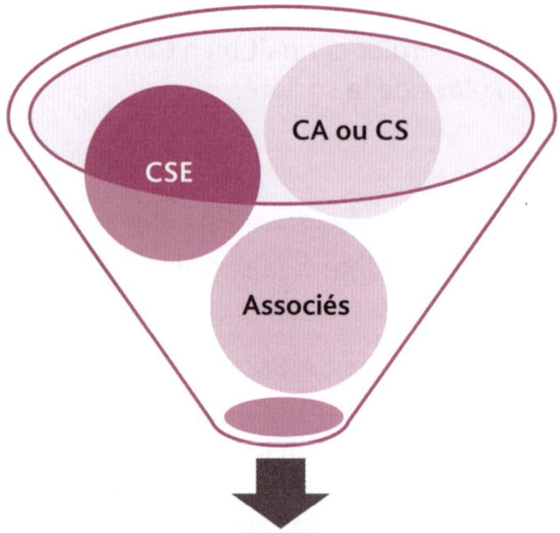

Contrôle de l'action du dirigeant dans la société

Les associés disposent, pour contrôler l'action des dirigeants :

D'un droit à l'information
- en permanence
- avant l'assemblée annuelle obligatoire
- droit de poser des questions par écrit avant l'AG

Du droit de vote, sur
- des décisions ordinaires (approbation des comptes annuels et du rapport de gestion...)
- ou extraordinaires (modifications des statuts)

Les associés ont une responsabilité quant aux dettes sociales :

Limitée aux apports dans les SARL et les sociétés par actions

Indéfinie et :
- conjointe dans les sociétés civiles
- solidaire dans les sociétés commerciales

Les contrôles externes

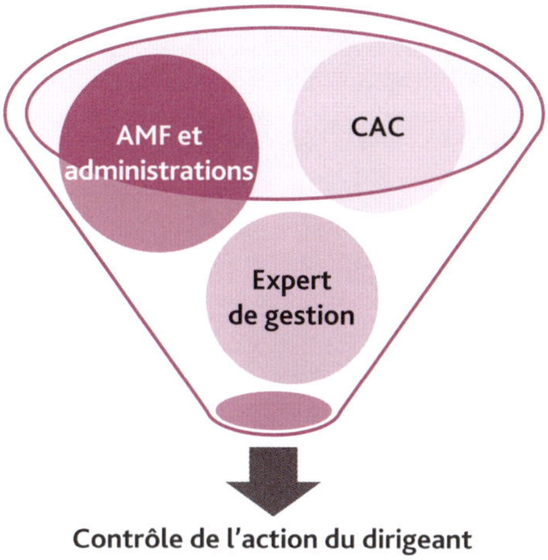

Le rôle du commissaire aux comptes

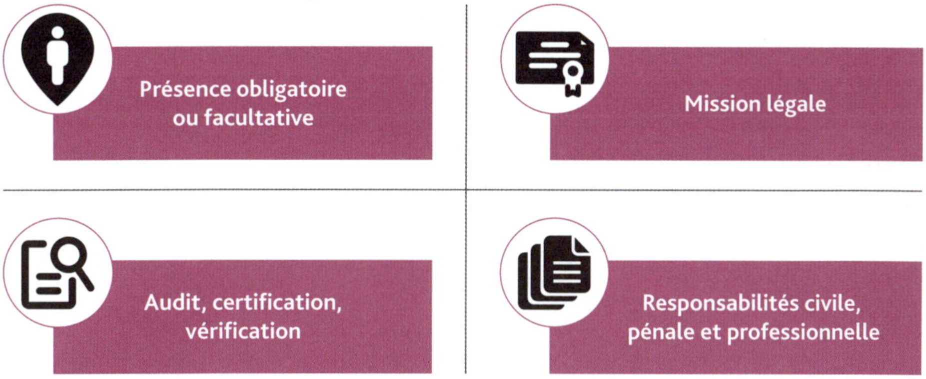

CHAPITRE 6

La disparition de la société

PROGRAMME

Compétences attendues

- **Identifier** les causes de dissolution d'une société
- **Schématiser** le processus de dissolution et de liquidation
- **Analyser** les conséquences de la dissolution et de la liquidation pour la personne morale
- **Analyser** les conséquences de la dissolution et de la liquidation pour les associés

Savoirs associés

- La dissolution et la liquidation
- L'étendue de la personnalité morale pendant les phases de dissolution et liquidation

PRÉREQUIS

Droit commun des sociétés (chapitres 1 à 5)

PLAN DU CHAPITRE

Cours : 1. La dissolution de la société • 2. La liquidation de la société

Des savoirs aux compétences : Évaluer les savoirs • Maîtriser les compétences • Préparer l'épreuve

Synthèse

Selon une image répandue, la dissolution des sociétés serait comparable à la mort des personnes physiques. Toutefois, cette comparaison connaît des limites : la dissolution est un acte juridique qui obéit à certaines formalités et emporte des effets déterminés.

La dissolution est suivie d'une liquidation, définie comme un ensemble complexe d'opérations poursuivant trois objectifs majeurs : apurer le passif social, les créanciers étant payés grâce au patrimoine de la société dissoute ; rembourser, le cas échéant, les apports effectués par les associés et établir une masse active nette à partager entre associés.

MOTS-CLÉS

Boni de liquidation • Dissolution • Liquidation • Reprise des apports

1 La dissolution de la société

Définition

La **dissolution** est la décision des associés ou du juge par laquelle il est mis fin à la société.

La dissolution entraîne la liquidation.

A) Les causes communes de dissolution

Il existe cinq causes de droit commun :

- **L'arrivée du terme**. Les sociétés sont nécessairement convenues pour un terme, au plus égal à 99 ans. La dissolution s'opère de plein droit. Un an avant le terme, les représentants légaux provoquent une réunion pour décider de l'avenir de la société : dissolution ou prorogation. La prorogation est décidée à l'unanimité des associés ou, si les statuts le prévoient, à la majorité prévue pour la modification de ceux-ci. À défaut, tout intéressé peut saisir le président du tribunal afin que soit nommé un mandataire chargé de provoquer cette réunion. Après cette année, il est encore possible de mettre en œuvre une procédure judiciaire de régularisation de la prorogation (↪ chapitre 3).
- **La disparition de l'objet social** :
  - soit parce qu'il peut être réalisé. Tel est le cas lorsque la société a été constituée pour la réalisation d'opérations déterminées (ex. : construction d'un immeuble) ;
  - soit parce qu'il peut être éteint. Tel est le cas quand l'objet est impossible à réaliser (ex. : société exploitant un commerce sur un site historique voué à être détruit).
- **La réunion de tous les droits sociaux dans une même main**. Dans une SARL et une SAS, la réunion de tous les titres sociaux dans une même main entraîne le passage automatique de la société en EURL ou en SASU. Dans les autres sociétés, l'associé unique doit régulariser la situation dans l'année. À défaut, toute personne peut en demander la dissolution. Quant aux conséquences de la dissolution de la société unipersonnelle, il convient de distinguer deux cas. Si l'associé unique est une personne morale, la dissolution s'opérera par transmission universelle du patrimoine social à celle-ci. Si l'associé unique est une personne physique, la société sera liquidée.
- **La dissolution pour justes motifs**. Tout associé peut la demander. L'article 1844-7 du Code civil évoque deux cas : l'inexécution de ses obligations par un associé et la mésentente entraînant la paralysie du fonctionnement de la société.
- **La dissolution anticipée volontaire**. Les associés peuvent la décider, à tout moment. La décision est prise à la majorité requise pour la modification des statuts.

Il existe de nombreuses autres causes de dissolution.

Exemple

▸ L'annulation du contrat de société, la réalisation d'une cause prévue aux statuts ou encore la liquidation judiciaire pour insuffisance d'actif et la dissolution pénale sont autant de causes alternatives de dissolution relevant du droit commun. ▸

B) Les causes particulières de dissolution liées à la forme de la société

Aux causes de droit commun s'en ajoutent d'autres, qui varient selon la forme adoptée par la société :

- **Sociétés de personnes**. Les sociétés en nom collectif (↪ chapitre 12) cessent d'exister chaque fois qu'un événement empêche l'un des associés de jouer son rôle dans la société. Il en est ainsi notamment dans les cas suivants :
  - révocation du gérant associé statutaire ;
  - perte par un associé de sa capacité à être commerçant ;
  - jugement de liquidation judiciaire prononcée contre un associé ;
  - décès, incapacité, faillite personnelle d'un associé.

Il est toujours possible, par divers moyens (ex. : continuation avec les autres associés, décision des associés), de prévoir la continuation de la société.

- **Sociétés de capitaux**. Dans les SA et les SCA (↪ chapitres 9 et 15), la loi prévoit un capital minimum de 37 000 €. À défaut, la société encourt la dissolution. Dans ces mêmes sociétés, la responsabilité des actionnaires est limitée au montant de leurs apports. Le législateur a donc souhaité que le capital social soit représentatif de la solvabilité de l'entreprise. En conséquence, si du fait des pertes constatées dans les documents comptables, les capitaux propres deviennent inférieurs à la moitié du capital social, la société doit réunir une assemblée, sous délai, aux fins de statuer sur son avenir et, éventuellement, de régulariser la situation (reconstitution des capitaux propres ou réduction du capital social). Si elle ne se conforme pas à ces dispositions, tout intéressé peut, sous certaines conditions, demander sa dissolution (↪ chapitre 10). Dans les SA dont les actions sont admises aux négociations sur un marché réglementé, le tribunal de commerce peut prononcer la dissolution si le nombre d'actionnaires devient inférieur à sept. Dans les sociétés en commandite par actions (↪ chapitre 16), les associés doivent être au moins quatre (un commandité et trois commanditaires) sous peine de dissolution.
- **SARL**. Elle comprend au moins deux associés et 100 au plus. Si elle dépasse ce plafond, elle encourt la dissolution (↪ chapitre 8). Des règles similaires aux SA (↪ chapitre 9) s'appliquent quand les capitaux propres deviennent inférieurs à la moitié du capital social.

C) La publicité de la dissolution

Les tiers doivent être informés de la décision de dissolution. La loi a prévu trois formes de publicité (fig. 6.1).

Figure 6.1. Triple publicité

RNE : Registre national des entreprises
SHAL : support habilité à recevoir des annonces légales

→ **APPLICATION 2 • CAS 3 • SITUATION PRATIQUE 5**

2 La liquidation de la société

A) La nomination du liquidateur et la survie de la personne morale

Définition

La **liquidation** recouvre l'ensemble des opérations qui permettent de réaliser le partage de l'actif net résiduel entre les associés.

La liquidation intervient après la dissolution.

La liquidation amiable est choisie par les associés sur contrat particulier ou prévue par les statuts. La liquidation judiciaire est prévue par le Code de commerce. Elle peut être utilisée quand les associés n'ont rien envisagé ou à la demande d'un créancier ou d'un associé.

1. Le liquidateur

Nommé conformément aux statuts, le liquidateur réalise les opérations de liquidation. Dans le silence des statuts, le liquidateur est désigné :

- soit par une décision collective des associés ;
- soit, en cas de désaccord des associés, par voie judiciaire. Cette dernière voie peut aussi être pratiquée quand les associés ne procèdent pas à la nomination du liquidateur. La nomination fait l'objet d'une publicité.

NOTRE CONSEIL

Vous ne devez pas confondre la liquidation judiciaire et la liquidation mise en œuvre quand la société est en état de cessation des paiements et qu'il n'est pas possible d'en envisager le redressement (↳ chapitre 21).

FOCUS Le statut du liquidateur

Le liquidateur doit avoir la capacité d'être mandataire judiciaire. Certaines personnes ne peuvent pas exercer cette activité : les personnes auxquelles les fonctions de directeur général, d'administrateur, de gérant, membre du directoire ou du conseil de surveillance sont interdites.

Le liquidateur est une personne physique (ex. : associé, dirigeant, administrateur judiciaire) ou morale. Dans ce dernier cas, cette personne doit désigner un représentant permanent, personne physique.

Le liquidateur est rémunéré par la société qu'il liquide. Le montant de sa rémunération est prévu par l'acte de nomination. Nommé pour trois ans maximum, il est responsable, tant à l'égard de la société que des tiers, des dommages qu'il commet par ses fautes dans l'exercice de ses missions. Si le préjudice est commis à l'égard de la société, les associés doivent le révoquer, nommer un autre liquidateur qui se retournera contre son prédécesseur. Si le dommage est causé à un associé ou à un créancier social, ces derniers peuvent également se retourner contre le liquidateur.

Dans les sociétés commerciales, l'action en responsabilité contre le liquidateur se prescrit par trois ans à compter du fait dommageable ou de sa révélation ; dans les sociétés civiles, ce délai est de cinq ans.

Dès sa nomination, le liquidateur se substitue aux organes de représentation. Cette règle ne concerne que les liquidations « légales ». En pratique, elle vise le conseil d'administration, le directoire, le président et les gérants. En revanche, la loi est muette en ce qui concerne les liquidations amiables.

2. Les missions du liquidateur

Les missions dont le liquidateur est investi résultent des statuts de la société ou du jugement qui l'a nommé. Si cette mission n'est pas précisée, il accomplit tous les actes nécessaires pour la sauvegarde et la réalisation du patrimoine social. Il ne peut pas engager d'affaires nouvelles. En pratique il dresse un inventaire de l'actif et du passif ; il transforme en liquidités les biens et les créances composant l'actif social et il désintéresse les créanciers sociaux.

3. La survie de la personnalité morale

Le maintien est limité aux opérations de liquidation : la société ne peut pas se lancer dans de nouvelles affaires ou poursuivre l'exploitation sociale.

La société informe les tiers de la précarité de sa situation par une publicité permanente : sur tous ses documents, elle fait suivre sa dénomination sociale de la mention « société en liquidation ». Le liquidateur qui omet cette mention engage sa responsabilité personnelle. La fiction de la survie entraîne des conséquences (fig. 6.2).

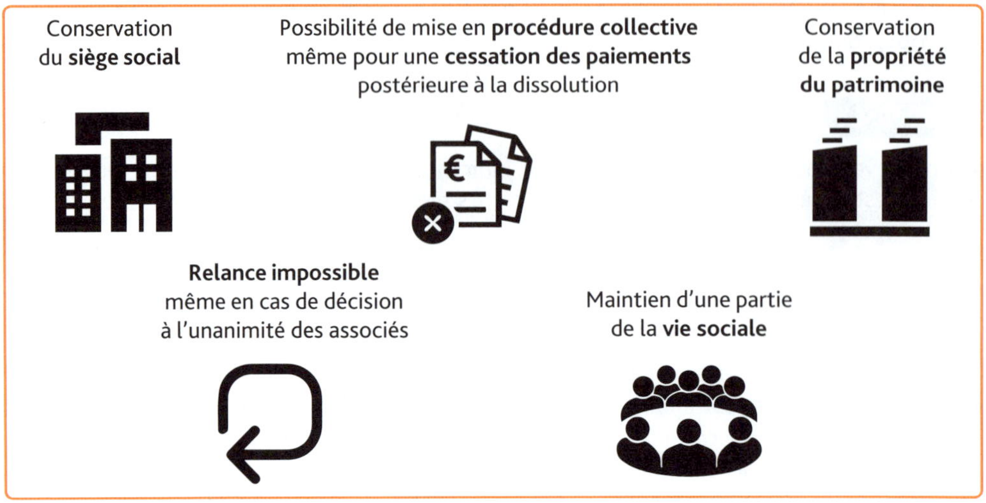

Figure 6.2. Effets de la survie de la société pour les besoins de la liquidation

Le liquidateur agit sous le contrôle des associés. Il les convoque dans les 6 mois de sa prise de fonction. À cette occasion, il dresse un rapport sur la situation de la société, sur la poursuite des opérations de liquidation et sur le délai nécessaire pour achever la procédure. Chaque année, dans les six mois de la clôture de l'exercice, il présente aux associés les comptes annuels et un rapport sur l'état d'avancement de la liquidation.

B) La clôture de la liquidation

Dès que le liquidateur estime que sa mission est terminée, il convoque une assemblée de clôture qui statue sur le compte définitif, se prononce sur le quitus de la gestion du liquidateur, décharge ce dernier de sa mission et constate la clôture de la liquidation.

1. La publicité

La clôture donne lieu à diverses publicités, en principe réalisées par le liquidateur :

- une insertion dans le SHAL ayant reçu la nomination du liquidateur ;
- une insertion au Balo si les actions de la société sont admises aux négociations sur un marché réglementé ou si toutes ses actions ne revêtent pas la forme nominative ;
- une radiation du RNE et du RCS. Cette radiation est réalisée via le guichet unique électronique des entreprises. Doivent être joints divers documents, notamment, un certificat fiscal attestant que la société est en conformité avec ses obligations fiscales et une attestation sociale prouvant que la société est à jour de ses déclarations sociales et du paiement de ses cotisations ;
- un avis au BODACC, à la diligence du greffier.

2. Les effets de la clôture

La clôture entraîne la disparition de la société, assortie de plusieurs effets (fig. 6.3).

Figure 6.3. Effets cumulatifs de la dissolution

Même après la clôture de la liquidation et la radiation de son inscription au RNE et au RCS, la personnalité morale demeure tant que les droits et obligations à caractère social ne sont pas définitivement liquidés. Comme le liquidateur n'a plus qualité pour représenter la société, un mandataire *ad hoc* doit être désigné pour terminer sa liquidation : procéder au recouvrement des créances sociales et répondre aux sollicitations des créanciers.

C) Le partage

Aux termes du Code civil, les règles concernant le partage des successions s'appliquent aux partages entre associés.

1. La reprise des apports

En principe et s'il reste des fonds disponibles après paiement de tous les créanciers, la **reprise des apports** s'effectue en espèces : les associés reçoivent le montant nominal de leurs parts ou actions. Par exception, tout bien apporté qui se retrouve en nature dans la masse à partager est attribué, sur sa demande, à l'associé apporteur. Une soulte est, éventuellement, versée si la valeur du bien récupéré est supérieure au montant de l'apport.

Une soulte est une somme d'argent que l'une des parties doit aux autres, dans un partage ou un échange, pour rétablir l'égalité des biens échangés.

2. Le boni de liquidation

Définition

Le **boni de liquidation** désigne la part de bénéfices distribuée lors de la liquidation, après que les actifs ont été réalisés, que les créanciers et le personnel ont été payés et que les apports ont été repris.

Le boni est partagé entre les associés proportionnellement au montant de leurs apports. Il est possible de déroger à cette règle de répartition. À l'inverse, le mali (déficit) n'est pas réparti, sauf dans les sociétés pour lesquelles la responsabilité des associés est indéfinie (cas des SNC et des sociétés civiles). Quand le liquidateur constate qu'il ne pourra pas désintéresser tous les créanciers, il lui appartient de déclarer l'état de cessation des paiements de la société (↪ **chapitre 21**).

3. La fin de la période de survie et le dépôt des fonds

Les fonds affectés aux répartitions entre les créanciers et les associés sont déposés sur un compte ouvert dans une banque au nom d'une société en liquidation. Les sommes sont retirées sous la signature du liquidateur. Les sommes non retirées sont déposées, à l'expiration du délai d'un an à compter de la clôture de la liquidation, à la Caisse des dépôts et consignations (CDC). Les décisions de répartition des fonds font l'objet d'une publicité dans le SHAL ayant publié l'avis de clôture de la liquidation. Le partage met fin à la survie de la société.

→ **CAS 3 • CAS 4**

Évaluer les savoirs — Maîtriser les compétences — Préparer l'épreuve

1 Quiz

Vérifier l'exactitude des propositions ci-après et justifiez-les.

		Vrai	Faux
1.	Il est impossible de proroger le terme d'une société.	☐	☐
2.	Certaines sociétés de capitaux peuvent être constituées à main unique mais elles doivent recevoir une autorisation du président du tribunal.	☐	☐
3.	Les associés peuvent décider, à tout moment, de dissoudre la société. La décision est prise, dans tous les cas, à l'unanimité des associés.	☐	☐
4.	Les tiers doivent être informés de la dissolution.	☐	☐
5.	Toutes les personnes physiques peuvent exercer les missions de liquidateur.	☐	☐
6.	Le liquidateur peut poursuivre l'exploitation sociale jusqu'à la clôture de la liquidation.	☐	☐
7.	La survie de la personnalité morale pendant la liquidation est une fiction.	☐	☐
8.	La clôture de la liquidation s'accompagne de diverses publicités.	☐	☐
9.	En principe, la reprise des apports se fait en espèces.	☐	☐
10.	La liquidation de la société amène les associés à se partager le boni et le mali de liquidation.	☐	☐

2 Cas de dissolution ★★★

Dans les cas suivants, vous devez identifier la cause éventuelle de dissolution et, le cas échéant, trouver une solution pour empêcher la disparition de la société.

1. Réalisation de l'objet principal d'une société civile immobilière ayant pour objet la construction et l'aménagement d'un immeuble collectif à usage d'habitation.
2. SARL accueillant son 101e associé.
3. Associé refusant de libérer le capital souscrit.
4. Disparition de l'un des deux associés d'une SA, décédé sans laisser d'héritier.
5. Mésintelligence entre associés.
6. Société atteignant son 99e anniversaire la semaine prochaine.
7. SARL dont l'un des associés vient de décéder. Il laisse des héritiers non intéressés par la poursuite de l'activité.
8. Perte par un associé d'une SNC de sa capacité à être commerçant.

Évaluer les savoirs — Maîtriser les compétences — Préparer l'épreuve

3 Cas : SASU BOOST ★★★

Compétence attendue **Schématiser** le processus de dissolution et de liquidation

1. *En vous appuyant sur les documents, schématisez les différentes étapes de la vie sociale de la SASU BOOST.*
2. *Vérifiez si l'annonce reproduite dans le document 3 est conforme à la législation et précisez la phase suivante.*

Document 1

Annonce légale

Il est créé une SASU BOOST au capital de 10 000 euros, entièrement libéré, dont le siège social est situé au 2 rue des Jacobins à 60000 Creil, et dont l'objet social est la création d'une laverie automatique. La SASU ARMBOOST, d'une durée de vie de 99 ans, est détenue à 100 % par Madame Samson Valérie, Présidente, résidant 2 rue des Jacobins à 60000 Creil. La société BOOST est immatriculée au registre du commerce et des sociétés de Creil. Le dépôt d'annonces légales est effectué auprès de *L'Agriculteur de l'Oise*. 26/288.

L'Agriculteur de l'Oise, 4 juillet 2014

Document 2

Annonce légale

ABC SOCIÉTÉ D'AVOCATS 22 rue Victor Basch Creil Tel : 03 68 76 54 32 CESSION DE FONDS DE COMMERCE. Suivant acte sous signature privée à Creil (Oise), en date du 11 octobre 2018, enregistré à Creil (Oise) le 15 octobre 2018, Dossier 2018 00026946, référence 0204P01 2018 A 03759 et Dossier 2018 00026947, référence 0204P01 2018 A 03760, la société BOOST, SASU au capital de 10 000 €, ayant son siège social à Creil (Oise), 2 rue des Jacobins, immatriculée au RCS de Creil sous le n° 803269000 a cédé ses fonds de commerce de laverie automatique sis et exploités à Creil, 107 rue du Général Leclerc et 113 rue Georges Pompidou, à la société JAZ, SASU au capital de 10 000 €, dont le siège social est à Creil, 1 rue Wallon Montigny, immatriculée au RCS de Creil sous le n° 538655962, moyennant le prix de 110 000 €, se décomposant comme suit : Pour le fonds situé 107 rue du Général Leclerc Creil : aux éléments incorporels, pour 10 800 € aux éléments corporels pour 41 100 € ; Pour le fonds situé 113 rue Georges Pompidou Creil : aux éléments incorporels, pour 9 200 € aux éléments corporels, pour 48 900 €. L'entrée en jouissance a été fixée au 12 octobre 2018. Oppositions et correspondance dans les dix jours de la dernière en date des publicités légales : au Cabinet « ABC », 22 rue Victor Basch 60000 Creil. Pour insertion. 90044862

Picardie La Gazette, 17 octobre 2018

Document 3

Annonce légale

BOOST Société par actions simplifiée au capital de 10 000 € Siège social : 2 rue des Jacobins 60000 Creil 803 269 000 RCS Creil Aux termes des décisions de l'associée unique du 11 décembre 2018, il a été décidé la dissolution anticipée de la société à compter du même jour et sa mise en liquidation. Le siège de la liquidation est fixé à CREIL (Oise) 2 rue des Jacobins, adresse à laquelle toute correspondance devra être envoyée, et, actes et documents relatifs à la liquidation devront être notifiés. Le dépôt des actes et pièces relatifs à la liquidation sera effectué au Greffe du Tribunal de Commerce de Creil. Mention sera faite au RCS de Creil. Pour avis. 90047229

Picardie La Gazette, 19 décembre 2018

4 Cas : librairie Les Lecteurs associés ★★★

Compétences attendues

- **Analyser** les conséquences de la dissolution et de la liquidation pour la personne morale
- **Analyser** les conséquences de la dissolution et de la liquidation pour les associés

En 1970, trois personnes, Jacques Santerre, Maryse Legrand et Élisabeth Quinte ont créé la librairie L'Énigme sous la forme d'une SARL. Depuis les origines, Maryse en a assuré la gérance. Au début des années 2000, le chiffre d'affaires de la société a brutalement chuté. Les libraires ont réussi à maintenir l'activité de leur société en réduisant les frais généraux, en diminuant leurs rémunérations et en ouvrant le capital à des lecteurs : L'Énigme est alors devenue Les Lecteurs associés. Aujourd'hui, la crise du livre et de la lecture s'amplifiant et l'heure de la retraite approchant, Jacques, Maryse et Élisabeth ont décidé de vendre leur entreprise. Plusieurs repreneurs se sont manifestés en vain. Les trois libraires ont donc décidé de dissoudre leurs sociétés.

1. *Dressez la liste des principales tâches à accomplir pour mener à bien cette opération.*
2. *Précisez si les associés doivent recourir à un professionnel de la liquidation. L'un d'entre eux pourrait-il s'occuper de cette opération ?*

Maryse ne souhaite pas endosser l'habit du liquidateur mais Jacques pourrait se laisser convaincre d'assumer cette mission.

3. *Identifiez la ou les décision(s) à prendre par les associés et leurs conséquences, notamment en matière de gestion quotidienne (la méthodologie du cas pratique n'est pas exigée).*

Les associés nomment un liquidateur professionnel, Kévin Hubert. Il leur suggère de créer des événements, notamment une foire aux livres, pendant un an, afin de liquider le stock.

4. *Analysez cette suggestion.*

Kévin Hubert a décidé de faire suivre la dénomination sociale de l'entreprise de la mention « société en liquidation ». Maryse pense que ce choix attire défavorablement l'attention des fournisseurs sur la situation de la société. Elle reproche à Kévin une décision maladroite et pense qu'il faudrait le révoquer.

5. *Organisez la défense de Kévin Hubert.*

Les comptes de liquidation font apparaître un mali de 15 000 €.

6. *Conseillez Kévin Hubert.*

Face à cette situation périlleuse, Élisabeth s'interroge sur le devenir des bureaux de designer apportés lors de la constitution de la société dont elle avait hérités.

7. *Précisez si les bureaux peuvent faire l'objet d'une reprise.*

Évaluer les savoirs — Maîtriser les compétences — Préparer l'épreuve

5 Situation pratique : les frères Lefer ★★★

45 min

Compétence attendue • **Identifier** les causes de dissolution d'une société

Alex, Siméon et Oscar Lefer ont créé, en juillet 2000, une SARL dont l'objet est de recycler du matériel électronique obsolète. Longtemps, la société a vivoté mais, depuis un ou deux ans, les affaires sont florissantes. Afin de répondre à cette nouvelle situation, les frères Lefer ont choisi de doubler le capital de leur société. En cette occasion, ils ont ouvert le capital à Sofiane Utrec. Ce nouvel associé s'est engagé à libérer son apport sous 15 jours. Depuis, les Lefer sont sans nouvelles. Ils envisagent de demander la dissolution de la société par application de l'article 1844-7, 5° du Code civil. Ils vous consultent dans cette optique.

En vous appuyant sur le dossier documentaire, vous traiterez les points suivants.

Vos missions

1. *Comparez le problème de droit posé par l'arrêt rendu par la Cour de cassation à celui rencontré par les frères Lefer.*
2. *Expliquez la décision rendue par la Cour de cassation.*
3. *Utilisez la solution de la Cour de cassation pour régler le problème des frères Lefer.*

Document 1

Cour de cassation, chambre commerciale, 3 mai 2018, pourvoi n° 15-23.456

Attendu, selon l'arrêt attaqué, que Mme Z..., M. X... Y... et M. Florian Y... ont constitué la SARL Adéquation patrimoine, chaque associé ayant la qualité de gérant ; que faisant état de l'inexécution de ses obligations par M. X... Y... ainsi que de la mésentente entre les associés, paralysant le fonctionnement de la société, Mme Z... a demandé sa dissolution anticipée pour justes motifs, ainsi que l'annulation de délibérations d'assemblées générales et la condamnation de ses associés et de la société à lui payer des dommages-intérêts ;

Sur le moyen unique du pourvoi incident, qui est préalable :

Attendu que Mme Z... fait grief à l'arrêt de rejeter sa demande de dissolution de la société Adéquation patrimoine alors, selon le moyen, que la dissolution anticipée de la société peut être demandée en justice pour justes motifs, notamment en cas d'inexécution de ...

...

ses obligations par un associé ; que ce cas de dissolution, à la différence de celui tiré de la mésentente entre associés, ne suppose pas en outre une paralysie du fonctionnement de la société ; qu'au cas d'espèce, au titre des inexécutions de ses obligations d'associé imputées par Mme Z... à M. X... Y... figurait en première place la manœuvre ayant consisté pour ce dernier à faire acquérir par la société son fonds libéral pour un prix surévalué, en contournant les règles sur les conventions réglementées ; qu'en repoussant la demande de dissolution au motif que le fonctionnement de la société n'était pas paralysé, sans s'expliquer sur l'inexécution imputée à M. Y..., la cour d'appel n'a pas donné de base légale à sa décision au regard des articles 1844-7, 5° et 1184 du Code civil, ensemble l'article L. 223-19 du Code de commerce ;

Mais attendu que l'inexécution de ses obligations par un associé ne permet, en application de l'article 1844-7, 5°, du Code civil, le prononcé judiciaire de la dissolution anticipée de la société pour juste motif qu'à la condition qu'elle paralyse le fonctionnement de la société ; que le moyen, qui postule le contraire, manque en droit ;

Qu'en statuant ainsi, après avoir exclu l'abus de majorité et sans caractériser aucune faute distincte commise par les consorts Y... et la société Adéquation patrimoine, la cour d'appel, qui n'a pas tiré les conséquences légales de ses constatations, a violé le texte susvisé ; [...]

PAR CES MOTIFS :

REJETTE le pourvoi [...] ;

Document 2

Extrait de l'article 1844-7 du Code civil

La société prend fin : [...]

5° Par la dissolution anticipée prononcée par le tribunal à la demande d'un associé pour justes motifs, notamment en cas d'inexécution de ses obligations par un associé, ou de mésentente entre associés paralysant le fonctionnement de la société ; [...].

SYNTHÈSE

La disparition de la société

La dissolution, ou la fin de la société

Des causes communes aux sociétés

- Arrivée du terme
- Disparition de l'objet social
- Réunion de tous les droits sociaux dans une même main
- Justes motifs
- Anticipation volontaire
- Autres cas (ex. : annulation du contrat de société)

Des causes spécifiques à certaines sociétés

- Sociétés de personnes : 1 associé ne joue plus son rôle (ex. : ne peut plus être commerçant)
- Sociétés de capitaux : SA le capital est insuffisant, les capitaux propres sont inférieurs à la moitié du capital social
- SARL : le nombre d'associés est supérieurs à 100 ou les capitaux propres sont inférieurs à 50 % du capital social

La liquidation, ensemble des opérations permettant le partage de l'actif net résiduel entre les associés

La désignation du liquidateur

Forme amiable

Nomination d'un **liquidateur**

Forme judiciaire

Nomination d'un **liquidateur se substituant aux organes de représentation**

Les étapes de la liquidation

Survie de la personne morale → **Clôture de la liquidation** → **Partage**
- Reprise des apports
- Répartition du boni de liquidation

CHAPITRE 7

Les sociétés sans personnalité juridique propre

PROGRAMME

Compétences attendues	Savoir associé
• **Distinguer** les différentes formes de société sans personnalité juridique propre • **Identifier** les conséquences juridiques associées aux différentes formes de société sans personnalité juridique	Les dispositions régissant l'absence de personnalité juridique de la société • la société en participation • la société de fait • la société créée de fait

PRÉREQUIS

- La société-contrat (chapitre 2)
- La création de la société (chapitre 3)

PLAN DU CHAPITRE

Cours : 1. La société en participation • 2. La société créée de fait • 3. La société de fait

Des savoirs aux compétences : Évaluer les savoirs • Maîtriser les compétences • Préparer l'épreuve

Synthèse

Une société prend en principe naissance lors de son immatriculation au RCS, qui lui confère la personnalité morale. Or, certaines sociétés, à défaut d'être immatriculées, n'ont pas de personnalité juridique propre. Dans le cas d'une société en participation, les associés font le choix de ne pas l'immatriculer. La société créée de fait résulte quant à elle du comportement des associés qui agissent comme tels sans en avoir nécessairement conscience. Enfin, la notion de société de fait est invoquée par la jurisprudence dans des situations diverses lorsque la société est frappée d'irrégularité.

MOTS-CLÉS

Société créée de fait • Société de fait • Société en participation

1 La société en participation

A) La constitution de la société en participation

1. La notion de société en participation

Définition

Créée par des associés qui choisissent de ne pas l'immatriculer au RCS, la **société en participation** n'a pas de personnalité juridique.

La société en participation n'a pas de patrimoine social ; elle ne peut prendre d'engagements, ni agir en justice. Les tiers ne peuvent pas contracter avec la société et n'ont de relations juridiques qu'avec un ou plusieurs associés.

Caractère occulte ou ostensible. La société en participation peut être :

- totalement occulte, si les associés souhaitent la dissimuler entièrement aux tiers ;
- ostensible, si les associés révèlent son existence aux tiers sans toutefois l'immatriculer ;
- occulte pour certaines de ses activités et ostensible pour d'autres, ou bien occulte au début de son activité et ostensible ensuite. Certains associés peuvent révéler leur qualité aux tiers et d'autres non.

Recours à la société en participation. Régie par l'article 1871 du Code civil, la société en participation peut permettre la réalisation d'une opération ponctuelle par plusieurs entreprises qui coopèrent ainsi avec souplesse et discrétion (ex. : production d'un spectacle, réalisation de travaux de construction). Elle permet également de définir les modalités d'utilisation en commun par plusieurs entreprises d'un équipement, ou encore le financement commun d'une opération présentant un risque trop important pour un investisseur seul.

2. Les conditions de constitution d'une société en participation

La société en participation doit présenter les éléments de tout contrat de société (↪ chapitre 2). Elle est constituée par deux associés au minimum, personnes physiques ou morales, qui témoignent d'un *affectio societatis*, de la volonté de participer aux bénéfices et aux pertes et qui réalisent des apports.

Apports. Chaque associé doit effectuer un apport en nature, en numéraire ou en industrie. Toutefois, la société, n'ayant pas de personnalité juridique, n'a pas de patrimoine. Chaque associé reste donc propriétaire des biens qu'il met à disposition de la société, qui n'en a que la jouissance. Par exception, les associés peuvent décider d'acquérir des biens en indivision. Ces biens peuvent être rattachés à un associé (souvent le gérant) qui apparaît, vis-à-vis des tiers, comme le seul propriétaire.

Objet social. Il peut être civil ou commercial.

Durée. Librement fixée par les associés, elle peut être déterminée ou indéterminée.

Dénomination et siège social. Les associés peuvent convenir entre eux d'une dénomination sociale et d'un siège social. Si la société en participation est occulte, ces informations ne sont pas connues des tiers.

Forme. Aucune formalité ni publicité n'est nécessaire (à l'exception d'une déclaration d'existence à l'administration fiscale). La société peut exister en l'absence d'écrit, la preuve pouvant en être faite par tout moyen. En pratique, l'établissement d'un écrit signé par chaque associé est recommandé afin de préciser le fonctionnement de la société, ainsi que les droits et obligations des associés.

B) Le fonctionnement de la société en participation

1. Dans les rapports entre associés

Liberté statutaire. Les associés peuvent dans une très large mesure déterminer librement les règles de fonctionnement de la société. Dans le silence des statuts, les règles relatives à la SNC (↪ chapitre 12) s'appliquent si la société a un objet commercial, celles des sociétés civiles (↪ chapitre 18) si elle a un objet civil.

Gérance. Les associés nomment un gérant (ou plusieurs), associé ou tiers. Dans le silence des statuts, tous les associés sont gérants. Le gérant peut accomplir tout acte de gestion dans l'intérêt de la société, sous réserve d'éventuelles limites statutaires. Il doit rendre compte de sa gestion aux associés.

Associés. Ils ont le droit de participer à la vie sociale en contrôlant la gestion, en approuvant les comptes et en prenant les décisions modifiant les statuts. Ils ont droit aux bénéfices partagés selon les modalités statutaires (à l'exclusion des clauses léonines ↪ chapitre 2). Ils doivent également réaliser leurs apports et contribuer aux pertes.

2. Dans les rapports avec les tiers

Gérant. Le gérant agit en son nom personnel, il ne représente pas la société. Les tiers peuvent engager la responsabilité du gérant pour toute faute personnelle.

Engagement des associés. La société n'ayant pas d'existence pour les tiers, ceux-ci contractent directement avec un associé ou le gérant. Chaque associé contracte en son nom et est seul engagé vis-à-vis des tiers par les actes qu'il passe. Les créanciers ne peuvent donc pas en principe réclamer paiement ni à la société, ni aux autres associés. Ce principe connaît néanmoins des exceptions (tab. 7.1).

Tableau 7.1. Engagement d'un associé par un acte qu'il n'a pas passé

Situation	Personnes engagées vis-à-vis des tiers
Associé s'immisçant dans un acte passé par un autre associé en faisant croire au tiers qu'il s'engage également	Engagement de l'associé contractant et de l'associé immiscé
Associé tirant profit d'un acte passé par un autre associé	Engagement de l'associé contractant et de l'associé qui en tire profit
Cas où un associé révèle personnellement aux tiers sa qualité d'associé	Engagement de l'associé contractant et de l'associé ayant révélé sa qualité : • solidairement si la société en participation est commerciale ; • conjointement si elle est civile.
Société en participation ostensible : existence de la société et identité des associés révélées aux tiers	Engagement indéfini des associés • solidairement si la société en participation est commerciale ; • conjointement si elle est civile.

3. La dissolution de la société en participation

Outre les causes de dissolution communes à toutes les sociétés (➥ chapitre 6), une société en participation est soumise :

- aux causes de dissolution des SNC (➥ chapitre 12), si elle a un caractère commercial ;
- aux causes applicables aux sociétés civiles (➥ chapitre 18), si elle a un caractère civil.

Lorsque la société en participation est à durée indéterminée, n'importe quel associé, à condition qu'il agisse de bonne foi, peut décider de sa dissolution à tout moment, en la notifiant aux autres associés.

La société n'ayant pas de patrimoine, il n'y a pas de liquidation. Les comptes de la société sont arrêtés et réglés entre les associés. Chaque associé reprend les biens qu'il avait mis à la disposition de la société, les biens indivis sont partagés entre les associés. Les bénéfices et les pertes sont répartis selon les modalités statutaires ou, à défaut, à proportion des apports.

➜ APPLICATION 2 • COMMENTAIRE DE DOCUMENT 5

2 La société créée de fait

A) L'existence de la société créée de fait

Définition

La **société créée de fait** est une société sans personnalité juridique caractérisée par le juge d'après le comportement des personnes qui la composent.

La société créée de fait résulte du comportement de personnes, qui, sans en avoir nécessairement conscience, agissent entre elles et avec les tiers comme de véritables associés dans le cadre d'une entreprise commune.

La société créée de fait nécessite une décision de justice pour être caractérisée.

1. L'intérêt de la société créée de fait

L'existence d'une société créée de fait est le plus souvent invoquée *a posteriori* afin de régler les rapports passés entre associés ou avec les tiers. Une personne peut se prétendre associée dans une société créée de fait afin de réclamer l'attribution d'une partie des bénéfices réalisés, ou afin de mettre à la charge d'un autre associé une partie des pertes résultant de l'activité (ex. : concubins exploitant ensemble un fonds de commerce, héritiers reprenant une exploitation après le décès de l'exploitant individuel). Un créancier peut invoquer l'existence d'une société créée de fait pour réclamer paiement aux différents associés et non seulement à son débiteur initial.

2. Les conditions d'existence

La société créée de fait ne résultant pas d'une manifestation de volonté préalable des associés, il faut, pour la caractériser, apporter la preuve des différents éléments du contrat de société (tab. 7.2).

Tableau 7.2. Éléments constitutifs de la société créée de fait

Associés	Au minimum 2
Apports	Financement d'un bien nécessaire à l'activité ou mise à la disposition de l'entreprise commune, par un associé, d'un bien lui appartenant ou de son industrie
Affectio societatis	Participation effective de chaque associé à l'activité de l'entreprise commune, sur un pied d'égalité avec les autres associés (à distinguer du contrat de travail, qui suppose la subordination)
Partage des résultats	Recherche par les associés de bénéfices ou économies et intention de contribuer aux pertes

3. La preuve de la société créée de fait

Elle peut être apportée par tout moyen. Si un tiers cherche à démontrer l'existence d'une société créée de fait, la jurisprudence admet qu'il apporte la preuve de l'apparence de la société, sans avoir à démontrer la présence effective de chacun des éléments constitutifs.

B) Le régime juridique de la société créée de fait

L'article 1873 du Code civil prévoit l'application à la société créée de fait des règles relatives à la société en participation.

1. Les dettes sociales

Chaque associé contracte en son nom personnel ; il est seul engagé à l'égard des tiers. Toutefois, si les participants agissent en qualité d'associés au vu et au su des tiers, chacun d'eux est tenu à l'égard de ceux-ci des obligations nées des actes accomplis en cette qualité par l'un des autres, avec solidarité, si la société est commerciale, sans solidarité dans les autres cas.

2. La dissolution

En pratique, la société créée de fait est souvent caractérisée, au moment où l'entreprise commune prend fin, pour régler les rapports entre associés. Chaque associé récupère la jouissance des biens qu'il avait mis à disposition de la société et dont il est resté propriétaire. Les bénéfices et les pertes sont répartis entre associés à proportion de leurs apports. Lorsque leur montant ne peut être déterminé précisément (notamment en cas d'apport en industrie), la répartition se fait par parts égales.

→ COMMENTAIRE DE DOCUMENT 5

3 La société de fait

Définition

La **société de fait** est une société créée par la volonté des associés, qui exerce son activité de manière durable et importante, mais dépourvue d'existence juridique car elle est atteinte par une irrégularité.

La jurisprudence caractérise la société de fait dans trois hypothèses (tab. 7.3).

Tableau 7.3. Qualifications de « société de fait »

Société créée et immatriculée, mais dont la nullité est prononcée ensuite par le juge	Société en formation, ayant commencé son activité sans être finalement immatriculée	Société dont la dissolution a été prononcée mais non publiée au RCS et au RNE
La nullité de la société n'étant pas rétroactive (↪ chapitre 2), les engagements conclus doivent être respectés. Ils sont réputés passés au titre d'une société de fait.	• Pendant la période de formation, les associés peuvent uniquement conclure certains actes préparatoires (↪ chapitre 3). • S'ils commencent à exercer l'activité, sans que la société soit jamais immatriculée, la qualification de société de fait peut être retenue.	• À compter de la dissolution, seuls les actes nécessaires à la liquidation peuvent être passés. • Si les associés poursuivent l'activité, ils agissent au titre d'une société de fait.

La société de fait n'a pas d'existence juridique. Mais les actes passés par les associés restent valables. Ils devront donc en supporter les conséquences entre eux et vis-à-vis des tiers. Dans tous les cas, les associés sont tenus indéfiniment des dettes sociales :

- solidairement, si la société a un objet commercial ;
- conjointement, si la société a un objet civil.

➡ APPLICATION 2 • CAS 3 • SITUATION PRATIQUE 4 • COMMENTAIRE DE DOCUMENT 5

1 Quiz

Vérifiez l'exactitude des propositions ci-après et justifiez-les.

		Vrai	Faux
1.	Une société en participation est toujours dissimulée aux tiers.	☐	☐
2.	Le gérant d'une société en participation agit en son nom personnel.	☐	☐
3.	Les biens apportés par un associé à une société en participation font partie du patrimoine de la société.	☐	☐
4.	Un associé d'une société en participation commerciale peut décider unilatéralement sa dissolution.	☐	☐
5.	En aucun cas, un associé d'une société en participation n'est engagé par un acte passé par un autre associé.	☐	☐
6.	Les membres d'une société créée de fait se comportent comme des associés sans en avoir conscience.	☐	☐
7.	Pour prouver l'existence d'une société créée de fait, il faut produire un écrit.	☐	☐
8.	Un associé d'une société créée de fait doit participer effectivement à l'activité de l'entreprise commune.	☐	☐
9.	Une société de fait est une société qui n'a jamais existé.	☐	☐
10.	Les associés d'une société immatriculée, puis annulée, sont tenus des actes conclus au nom de la société avant son annulation.	☐	☐

2 Zoom sur plusieurs sociétés ★★★

Indiquez si les sociétés en participation suivantes ont un caractère occulte ou ostensible.

1. Anne, Béa et Carla ont créé une société en participation, qu'elles ont dénommée Alphabet, spécialisée dans la publicité. Anne, gérante, contacte les futurs clients au nom de la société.
2. Les compagnies aériennes Airplus et Flymax ont créé une société en participation pour exploiter en commun des avions acquis par elles en indivision. Les clients et partenaires contractent directement avec chaque compagnie.

3. La société Bofilms produit des films pour le cinéma. Elle a créé la société en participation COD avec deux riches mécènes Bernard Cara et Serge Duau. Les trois associés sont convenus que, pour certains films, apparaîtrait au générique le nom de la société COD ; pour d'autres, seulement le nom de la société Bofilms.
4. Pour assurer le financement d'un programme immobilier important, quatre banques ont constitué une société en participation. Seules la banque du Nord et la banque de l'Est se présentent comme associées de la société en participation.

3 Cas : fonds et forme ★★★

Compétence attendue Distinguer les différentes formes de société sans personnalité juridique propre

Dans chacune de ces situations ci-après, identifiez la forme de société concernée. Justifiez votre choix.

1. La société Sundev, spécialiste des nouvelles énergies, propose à des épargnants de mettre en commun leurs financements afin d'acquérir des panneaux photovoltaïques qui seront placés sur des bâtiments industriels. Sundev, forte de son savoir-faire, se charge de gérer l'installation et l'entretien de ces panneaux. L'électricité obtenue sera revendue à un fournisseur d'énergie, ce qui devrait procurer à chacun de substantiels revenus. Sundev précise aux épargnants qu'il ne sera procédé à aucune formalité ni publicité.
2. Amélie Clerc a acheté, il y a 5 ans, un fonds de commerce de vente de bijoux fantaisie. Depuis 3 ans, elle vit en concubinage avec Dominique Roux, qui exploite avec elle le magasin. Dominique, de formation commerciale, se charge notamment des commandes aux fournisseurs. Amélie et Dominique tirent leurs revenus de l'exploitation et contribuent ensemble aux charges. Le couple s'étant séparé, Amélie a vendu le fonds et Dominique lui réclame maintenant sa part.
3. Louise Martin et Marie Sureau, décoratrices d'intérieur, décident de créer une SARL pour développer cette activité à Cholet, où elles résident. Très enthousiastes, elles ont acheté du matériel, installé un show-room dans le garage de la maison de Marie, et ont déjà réalisé en quelques mois des chantiers pour plusieurs clients. Louise et Marie avaient à l'origine rédigé des statuts de société conformes à la loi, mais, peu organisées, elles n'ont jamais accompli les formalités nécessaires à l'immatriculation.

4 Situation pratique : Arch et I-Bat ★★★

20 min

Compétences attendues

- **Distinguer** les différentes formes de société sans personnalité juridique propre
- **Identifier** les conséquences juridiques associées aux différentes formes de société sans personnalité juridique

Rendez-vous MÉTHODE 3

Les sociétés Arch et I-Bat sont spécialisées dans la réalisation de bâtiments connectés. Elles ont pour projet commun la construction, dans le centre de Lyon, d'un immeuble de bureaux destiné à être vendu à un investisseur. Le secteur étant fortement concurrentiel, Arch et I-Bat souhaitent garder leur accord secret. L'opération devant être réalisée dans un délai de 18 mois, les sociétés ne souhaitent pas engager de lourdes formalités. Par ailleurs, elles veulent pouvoir déterminer librement les règles de fonctionnement de leur entreprise commune.

Vos missions

1. *Identifiez la forme de société adaptée à cette situation.*

I-Bat assure la gérance de la société ainsi constituée. À ce titre, I-Bat a commandé un lot de poutrelles au fournisseur Acielor pour un montant de 75 000 €.

Vos missions

2. *Précisez auprès de qui Acielor doit exiger le paiement de la facture.*

Le dirigeant d'Acielor se rappelle avoir reçu il y a quelques mois un mail de la société Arch dans lequel est évoquée clairement l'implication d'Arch comme associé dans le projet commun qui la lie à I-Bat.

Votre mission

3. *Exposez les conséquences juridiques de cette information quant aux recours que peut exercer Acielor.*

5 Commentaire de document : L'Antre du Hobbit ★★★

30 min

Compétence attendue

Rendez-vous MÉTHODE 2

Identifier les conséquences juridiques associées aux différentes formes de société sans personnalité juridique

Collaborateur(trice) au cabinet Expertplus, vous êtes sollicité(e) par un nouveau client, Harold Leg. Il a créé il y a deux ans une boutique spécialisée dans la vente de jeux de société sous l'enseigne L'Antre du Hobbit. Depuis un an, sa compagne, Maude Arm, participe à l'activité. Elle fait notamment profiter la boutique de ses connaissances comptables, étant titulaire du DCG. Harold et Maude partagent les bénéfices réalisés. Malheureusement, Maude a décidé sur un coup de tête de quitter Harold. Elle lui adresse une lettre recommandée pour lui indiquer la fin immédiate de sa participation à l'activité de la boutique. De plus, Maude a emporté avec elle tous les documents comptables de l'année en cours. Harold vous demande de lui préciser les conséquences juridiques de l'attitude de Maude.

En vous appuyant sur le dossier documentaire, vous traiterez les points suivants.

Vos missions

1. *Déterminez le cadre juridique de l'entreprise d'Harold Leg et Maude Arm.*
2. *Exposez le problème juridique posé à la Cour de cassation.*
3. *Présentez et expliquez la décision rendue par la Cour de cassation.*
4. *Conseillez Harold Leg sur la validité de la décision prise par Maude Arm.*

Document 1

Arrêt de la Cour de cassation – Chambre commerciale du 10 avril 2019
pourvoi n° 17-28.834

Sur le moyen unique, pris en ses troisième et septième branches, qui est recevable :

Vu les articles 1872-2 et 1873 du Code civil ;

Attendu qu'il résulte de ces textes que la dissolution d'une société créée de fait peut résulter à tout moment d'une notification adressée par l'un d'eux à tous les associés, pourvu que cette notification soit de bonne foi, et non faite à contretemps ;

Attendu, selon l'arrêt attaqué, que, par lettre recommandée du 25 juin 2014, M. Y... a notifié à M. D..., son associé dans une société créée de fait exploitant une officine de pharmacie, sa volonté de mettre un terme à leur indivision ; qu'il l'a ensuite assigné en dissolution de cette société, sur le fondement de l'article 1872-2 du Code civil ;

Attendu que pour rejeter sa demande, l'arrêt retient que M. Y... ne démontre pas que, contrairement à ses allégations, tous les candidats acquéreurs ont été systématiquement évincés par M. D..., et qu'il ne justifie d'aucune démarche postérieure à la fin de l'année 2012 et antérieure à la notification de la dissolution de la société, près de deux ans après ;

Qu'en se déterminant ainsi, par des motifs impropres à caractériser une notification faite de mauvaise foi ou à contretemps, la cour d'appel a privé sa décision de base légale ;

...

…

PAR CES MOTIFS, et sans qu'il y ait lieu de statuer sur les autres griefs :

CASSE ET ANNULE, en toutes ses dispositions, l'arrêt rendu le 22 juin 2017, entre les parties, par la cour d'appel de Lyon ; remet, en conséquence, la cause et les parties dans l'état où elles se trouvaient avant ledit arrêt et, pour être fait droit, les renvoie devant la cour d'appel de Lyon, autrement.

Document 2

Extraits du Code civil

Article 1872-2

Lorsque la société en participation est à durée indéterminée, sa dissolution peut résulter à tout moment d'une notification adressée par l'un d'eux à tous les associés, pourvu que cette notification soit de bonne foi, et non faite à contretemps.

À moins qu'il n'en soit autrement convenu, aucun associé ne peut demander le partage des biens indivis en application de l'article 1872 tant que la société n'est pas dissoute.

Article 1873

Les dispositions du présent chapitre sont applicables aux sociétés créées de fait.

SYNTHÈSE

Les sociétés sans personnalité juridique propre

Les caractéristiques communes

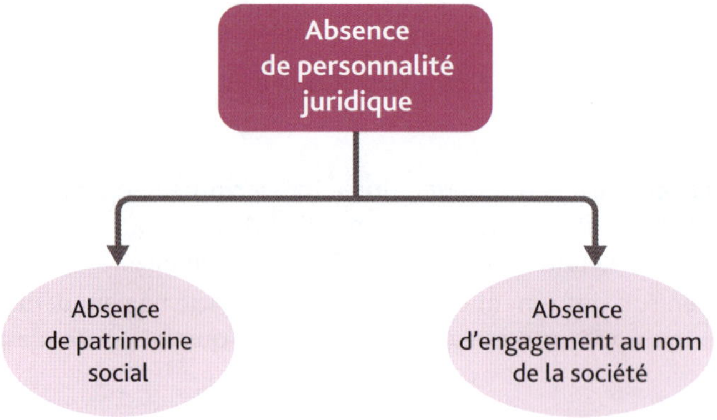

Les caractéristiques spécifiques

Société en participation	• Création par des associés qui choisissent de ne pas immatriculer la société au RCS. • Liberté statutaire (à défaut, application des règles de la SNC si l'objet est commercial, ou de la société civile si l'objet est civil). • Conséquence : engagement du gérant ou de l'associé seul vis-à-vis des tiers par les actes passés.
Société créée de fait	• Résultat du comportement des membres de la société agissant comme des associés, sans en avoir nécessairement conscience. • Régime identique à celui de la société en participation.
Société de fait	• Création par la volonté des associés, mais sans existence juridique en raison d'une irrégularité. • Conséquence : engagement des associés par les actes conclus au nom de la société.

Dans les dossiers ci-après, la méthodologie du cas pratique est exigée, sauf mention contraire.

Félicitations ! Vous venez d'obtenir brillamment votre DCG. Lors d'un dîner avec des amis très proches, la conversation s'oriente sur vos compétences fraîchement acquises. Vos hôtes, Rania et Louis, vous informent qu'ils sont justement en train de créer, avec l'aide de leurs parents, une SARL pour l'exploitation de l'activité professionnelle de Louis. Ils souhaitent en effet offrir des services aux particuliers d'installation et d'entretien d'équipements de chauffage à haut rendement et protecteurs de l'environnement.

1 Création de société

Rania et Louis vous fournissent deux documents : des notes manuscrites contenant les renseignements essentiels sur la société (document 1), ainsi qu'un projet de statuts, trouvé à l'origine sur le site Service-public.fr, qu'ils ont commencé à remplir (document 2).

Animés par la volonté de trouver des solutions véritablement innovantes pour la protection de l'environnement, Rania et Louis viennent de découvrir en ligne l'article présenté dans le document 3. Ils s'interrogent, depuis, sur l'intérêt de faire de leur petite entreprise une entreprise à mission.

Rendez-vous MÉTHODE 3

Vos missions

1. *Vérifiez que le contenu du projet de Rania et Louis est globalement conforme à la loi eu égard aux mentions obligatoires. Rédigez les clauses manquantes.*
2. *Remplissez le projet de statuts (document 2) conformément aux faits énoncés dans la situation. (La méthodologie du cas pratique n'est pas exigée ; les statuts sont conformes à la loi et vous disposez d'un extrait de l'article L. 223-7 du Code de commerce).*
3. *Discutez de l'utilité d'insérer une raison d'être à l'objet de la société en vous appuyant sur les documents 3, 4 et 5.*
4. *Analysez la répartition des parts sociales au regard des rapports de pouvoir entre les associés.*
5. *Justifiez l'intérêt des parties en italique, numérotées de 1 à 3, dans le document 2.*
6. *Corrigez, en justifiant votre position, les trois erreurs contenues dans l'article 7 du projet de statuts (document 2).*
7. *Dressez la liste des formalités qui restent à accomplir pour la création de la SARL.*
8. *Rassurez les parents de Rania, qui sont inquiets quant à l'étendue de leur responsabilité dans l'hypothèse où la société subirait des difficultés.*

2 Contrôle externe

Fortement sensibilisé(e) aux exigences du contrôle externe par vos professeurs, vous conseillez à Rania et Louis l'insertion dans les statuts de l'article qui figure dans le document 6 :

Rendez-vous MÉTHODE 2

Vos missions

1. *Déterminez si cette clause peut être insérée dans les statuts.*
2. *Expliquez aux futurs associés les enjeux de l'intervention d'un CAC dans une société (la méthodologie du cas pratique n'est pas exigée).*

3 Disparition de la société

Plusieurs clients de l'entreprise dans laquelle Louis a effectué ses stages en vue de l'obtention de son diplôme ont connu des difficultés qui l'interpellent. Louis vous soumet la série de documents qu'il a dû traiter (documents 7 et 8) dans le cadre de ses missions.

Rendez-vous MÉTHODE 4

Vos missions

1. *Présentez les documents 7 et 8 (la méthodologie du cas pratique n'est pas exigée).*
2. *Analysez-les en prenant soin de les comparer (la méthodologie du cas pratique n'est pas exigée).*

DOSSIER DOCUMENTAIRE

Document 1

Renseignements essentiels sur la société

Dénomination : Chauf'LoRa

Siège : à la maison

Associés :	Apports :
Rania Sekdaf	2 500 €
Louis Humbert	Mes compétences professionnelles : 5 000 €
Mohamed Sekdaf	Un véhicule utilitaire acheté après le mariage, coté 5 000 € à *L'Argus*
Luisa Sekdaf	2 500 €
Jean Humbert	5 000 €

Parents de Rania, mariés sous le régime légal

Montant nominal des parts sociales : 10 €

Exercice social : année civile

Document 2

Projet de statuts

SARL

STATUTS

Les soussignés,

– .... – ....

– .... – ....

Ont établi ainsi qu'il suit les statuts de la Société à Responsabilité Limitée devant exister entre eux et toute autre personne qui viendrait ultérieurement à acquérir la qualité d'associé.

① *Les conjoints des associés mariés sous le régime de la communauté ont été dûment avertis conformément aux dispositions de l'article 1832-2 du Code civil, de l'apport fait par leur conjoint au moyen de deniers appartenant à la communauté.*

Article 1 – Forme

Il est formé entre les propriétaires des parts sociales ci-après créées et de celles qui pourraient l'être ultérieurement, une société à responsabilité limitée, qui sera régie par les lois en vigueur et notamment par les articles L. 223-1 du Code de commerce, ainsi que par les présents statuts.

Article 2 – Objet social

La société a pour objet :

....

....

② *Et, plus généralement, toutes opérations industrielles, commerciales, financières, mobilières ou immobilières, se rapportant directement ou indirectement à l'objet social ou susceptibles d'en faciliter l'extension ou le développement.*

Article 3 – Exercice social

Chaque exercice social a une durée d'une année qui commence le......... et finit le......... de chaque année.

Par exception, le premier exercice sera clôturé le......... .

Article 4 – Durée

La durée de la société est fixée à...... ans à compter de la date de son immatriculation au Registre du Commerce et des Sociétés, sauf prolongation ou dissolution anticipée.

Article 5 – Apports

Apports en nature

Les associés apportent à la société, sous les garanties de fait et de droit : ....

Apports en numéraire

Les associés apportent à la société la somme de........... euros, soit.............................

.... (en lettres).

...

…
Sur ces apports en numéraire,
M...................... apporte la somme de............... euros,
M...................... apporte la somme de............... euros,
M...................... apporte la somme de............... euros,
Les parts sociales représentant ces apports en numéraire sont libérées à hauteur de....... de leur valeur.

La partie libérée de ces apports en numéraire, soit la somme de........................... euros a été déposée au crédit du compte n°........................ouvert au nom de la société en formation auprès de :.. .

Elle sera retirée par la gérance sur présentation du certificat du greffe du tribunal de commerce attestant l'immatriculation de la société au Registre du commerce et des sociétés.

Les apports en numéraire non libérés seront versés sur appel de fonds du gérant et au plus tard le................................ au compte de la société.

Code de commerce, art. L. 223-7

Les parts sociales doivent être souscrites en totalité par les associés. […] Les parts représentant des apports en numéraire doivent être libérées d'au moins un cinquième de leur montant. La libération du surplus intervient en une ou plusieurs fois sur décision du gérant, dans un délai qui ne peut excéder cinq ans à compter de l'immatriculation de la société au registre du commerce et des sociétés. […]

Apport en industrie

M..................... apporte à la société son activité de............................... selon les modalités suivantes : ....

Il s'interdit d'exercer, directement ou indirectement, une activité concurrençant l'activité promise à la société.

Cet apport en industrie ne concourt pas à la formation du capital social mais donne lieu au profit de M..................... à l'attribution de...... parts sociales ouvrant droit au partage des bénéfices et de l'actif net ainsi qu'à un droit de vote dans les assemblées générales.

Total des apports formant le capital social de................. euros

Article 6 – Capital social

Le capital social est fixé à la somme de : euros.

Il est divisé en...... parts de.................. chacune, libérées à concurrence de...... %, souscrites en totalité par les associés et attribuées à chacun d'eux en proportion de leurs apports respectifs, à savoir :

à M.......................	...... parts	à M...........................	...... parts
à M.......................	...... parts	à M...........................	...... parts

Total des parts formant le capital social...... parts.

Les soussignés déclarent expressément que ces parts sociales ont été réparties entre eux dans la proportion sus-indiquée.

…

...

Article 7 – Gérance

La société est administrée par un ou plusieurs gérants, personnes physiques ou morales, choisi(s) parmi les associés ou en dehors d'eux.

Le ou les gérant(s) sont désignés pour la durée de la société ou pour un nombre déterminé d'exercices, par décision des associés représentant plus de la moitié des parts sociales. Le gérant révoqué aura droit à une indemnité au moins égale à deux années de rémunération.

Ils peuvent être révoqués dans les mêmes conditions.

En rémunération de ses fonctions et en compensation de la responsabilité attachée à la gestion, chaque gérant a droit à une rémunération fixe, proportionnelle ou mixte, dont le montant et les modalités de paiement sont déterminés par le gérant.

Article 8 – Pouvoirs et responsabilité de la gérance

Dans ses rapports avec les associés, la gérance engage la société par les actes entrant dans l'objet social. Ses pouvoirs peuvent être limités dans l'acte de nomination.

Dans les rapports avec les tiers de bonne foi, la société est engagée, même par les actes du gérant qui ne relèvent pas de l'objet social.

③ *Le gérant ne pourra se porter, au nom de la société, caution solidaire ou aval au profit d'un tiers, sans l'agrément préalable des associés représentant au moins la moitié des parts sociales.*

L'opposition formée par un gérant aux actes d'un autre gérant est sans effet à l'égard des tiers à moins qu'il ne soit établi qu'ils en ont eu connaissance.

Le ou les gérants peuvent, sous leur responsabilité, constituer des mandataires pour un ou plusieurs objets déterminés.

Le ou les gérants sont responsables individuellement ou solidairement envers la société ou envers les tiers, soit des infractions aux dispositions législatives ou réglementaires applicables aux sociétés à responsabilité limitée, soit des violations des présents statuts, soit des fautes commises dans leur gestion.

Article 9 – Affectation des résultats

Après approbation des comptes et constatation de l'existence d'un bénéfice distribuable, une fois prélevé...... pour constituer le fonds de réserve légale, l'Assemblée Générale détermine, sur proposition de la gérance, toutes les sommes qu'elle juge convenable de prélever sur ce bénéfice pour être reportées à nouveau sur l'exercice suivant ou inscrites à un ou plusieurs fonds de réserves facultatifs ordinaires ou extraordinaires, généraux ou spéciaux, dont elle règle l'affectation ou l'emploi.

Le surplus, s'il en existe, est attribué aux associés sous forme de.......................... .

Le prélèvement de......... cesse d'être obligatoire lorsque le fonds atteint le............... du capital social.

Les sommes dont la mise en distribution est décidée sont réparties entre les associés gérants ou non gérants proportionnellement au nombre de leurs parts sociales.

...

...

Article 10 – Dissolution

À l'expiration de la société, sauf prorogation de celle-ci ou en cas de dissolution anticipée, une décision des associés nomme un ou plusieurs .... dont elle détermine les pouvoirs et qui exercent leurs fonctions conformément à la loi.

Article 11 – Pouvoirs

Tous pouvoirs sont donnés au gérant ou à son mandataire à l'effet d'accomplir toutes formalités de publicité prescrites par la loi.

Fait à Bordeaux, le 12 octobre N, en trois exemplaires originaux

Document 3

Objet social et raison d'être

Par suite de l'adoption de la loi Pacte, le Code civil a été modifié en ce qui concerne l'objet social d'une société. Jusqu'alors, une société devait avoir un objet licite. Désormais, il est également prévu par l'article 1833 du Code civil que la société devra être gérée « dans son intérêt social, en prenant en considération les enjeux sociaux et environnementaux de son activité. » L'apport de cette modification législative interroge.

[...] Ainsi, par exemple, la Camif en 2017 : « proposer des produits et services pour la maison, conçus au bénéfice de l'Homme et de la planète. Mobiliser notre écosystème... collaborer et agir pour inventer de nouveaux modèles de consommation, de production, d'organisation. » ou ATOS en 2019 « Notre mission est de contribuer à façonner l'espace informationnel. Avec nos compétences et nos services, nous supportons le développement de la connaissance, de l'éducation et de la recherche dans une approche pluriculturelle et contribuons au développement de l'excellence scientifique et technologique. Partout dans le monde, nous permettons à nos clients et à nos collaborateurs, et plus généralement au plus grand nombre, de vivre, travailler et progresser durablement et en toute confiance dans l'espace informationnel. » [...]

Frédéric Guillaumond, avocat, « Loi pacte : objet social et raison d'être... révolution ou outil de communication ? », Village-Justice.com

Document 4

Code de commerce, article L. 210-10

Une société peut faire publiquement état de la qualité de société à mission lorsque les conditions suivantes sont respectées :

1° Ses statuts précisent une raison d'être, au sens de l'article 1835 du code civil ;

2° Ses statuts précisent un ou plusieurs objectifs sociaux et environnementaux que la société se donne pour mission de poursuivre dans le cadre de son activité ;

3° Ses statuts précisent les modalités du suivi de l'exécution de la mission mentionnée au 2°. Ces modalités prévoient qu'un comité de mission, distinct des organes sociaux prévus par le présent livre et devant comporter au moins un salarié, est chargé exclusivement de ce suivi et présente annuellement un rapport joint au rapport de gestion, mentionné à l'article L. 232-1 du présent code, à l'assemblée chargée de l'approbation des comptes

...

…

de la société. Ce comité procède à toute vérification qu'il juge opportune et se fait communiquer tout document nécessaire au suivi de l'exécution de la mission ;

4° L'exécution des objectifs sociaux et environnementaux mentionnés au 2° fait l'objet d'une vérification par un organisme tiers indépendant, selon des modalités et une publicité définies par décret en Conseil d'État. Cette vérification donne lieu à un avis joint au rapport mentionné au 3° ;

5° La société déclare sa qualité de société à mission au greffier du tribunal de commerce, qui la publie, sous réserve de la conformité de ses statuts aux conditions mentionnées aux 1° à 3°, au registre du commerce et des sociétés, dans des conditions précisées par décret en Conseil d'État.

Document 5

Code de commerce, article L. 210-11

Lorsque l'une des conditions mentionnées à l'article L. 210-10 n'est pas respectée, ou lorsque l'avis de l'organisme tiers indépendant conclut qu'un ou plusieurs des objectifs sociaux et environnementaux que la société s'est assignée en application du 2° du même article L. 210-10 ne sont pas respectés, le ministère public ou toute personne intéressée peut saisir le président du tribunal statuant en référé aux fins d'enjoindre, le cas échéant sous astreinte, au représentant légal de la société de supprimer la mention « société à mission » de tous les actes, documents ou supports électroniques émanant de la société.

Document 6

Article X. Commissaire aux comptes

Dès que la société dépasse deux des trois seuils suivants :

- chiffre d'affaires hors taxes supérieur ou égal à 3 000 000 €,
- total du bilan supérieur ou égal à 1 500 000 €,
- nombre moyen de salariés supérieur ou égal à 30.

Les associés statuant à la majorité requise pour les décisions collectives ordinaires doivent désigner un commissaire aux comptes.

Ils exercent leur mission de contrôle conformément à la loi. Les commissaires aux comptes sont désignés pour six exercices.

Document 7

Avis de clôture (www.lelegaliste.fr)

JECITI
SARL au capital de 7 840 €
Siège social : 1 chemin des Cariasses
69440 Mornant
429 B77 277 RCS de Lyon

Le 31/03/2017, l'AGO a approuvé les comptes de liquidation, déchargé le liquidateur de son mandat et constaté la clôture des opérations de liquidation à compter du 31/03/2017.
Radiation au RCS de Lyon

Document 8

Avis de dissolution (www.lelegaliste.fr)

SARL SYATA
PIZZÉRIA
SARL au capital de 1 000 €
Siège social : 28 rue Sainte-Croix
57600 Forbach
B12 610 566 RCS de Sarreguemines

Le 14/04/2017, l'AGE a décidé la dissolution anticipée de la société à compter du 14/04/2017, nommé liquidateur M. Mahmoud BRIPE, 34 rue des Petites Vosges, 57460 Behren-lès-Forbach et fixé le siège de liquidation au siège social.

Le 14/04/2017, l'AGE a approuvé les comptes de liquidation, donné quitus de sa gestion au liquidateur, et prononcé la clôture des opérations de liquidation à compter du 14/04/2017.

Radiation au RCS de Sarreguemines

CHAPITRE 8

La société à responsabilité limitée (SARL)

PROGRAMME

Compétences attendues

- **Schématiser** et **analyser** les règles de fonctionnement de la SARL
- **Rédiger** des clauses spécifiques des statuts de SARL
- **Repérer** dans des statuts de SARL des clauses non conformes et les corriger
- **Analyser** les opérations de contrôle au sein de la SARL
- **Analyser** les opérations d'augmentation et de réduction de capital dans la SARL
- **Analyser** les conditions et les conséquences d'une transformation pour la SARL
- **Identifier** les causes et les conséquences d'une dissolution spécifiques à la SARL
- **Justifier** le choix de la SARL adaptée à une situation donnée

Savoir associé

Les sociétés à responsabilité limitée : pluripersonnelle et unipersonnelle

PRÉREQUIS

Régime juridique des apports (chapitre 2) • Constitution de la société et acquisition de la personnalité morale (chapitre 3) • Fonctionnement de la société (chapitres 4 et 5) • Causes de dissolution (chapitre 6)

PLAN DU CHAPITRE

Cours : 1. La constitution de la SARL • 2. Le fonctionnement de la SARL • 3. L'évolution de la SARL

Des savoirs aux compétences : Évaluer les savoirs • Maîtriser les compétences • Préparer l'épreuve

Synthèse

La SARL, forme ancienne de société inspirée du droit allemand, est soumise aux articles L. 223-1 à L. 223-43 du Code de commerce. Elle est adaptée aux petites structures disposant d'un capital réduit et dont les associés, peu nombreux, souhaitent limiter leur responsabilité à leur apport. La constitution de la SARL doit respecter des conditions de fond et de forme. Le fonctionnement de la SARL est assuré par un gérant, chargé de la direction. Les associés prennent collectivement les autres décisions et contrôlent la gestion. L'évolution de la SARL est encadrée par des règles spécifiques en matière de capital comme de transformation ou de dissolution.

MOTS-CLÉS

Agrément • Associé • Contrôle • EURL • Gérant • Parts sociales • SARL pluripersonnelle • SARL unipersonnelle

1 La constitution de la SARL

La société à responsabilité limitée est soumise aux conditions de constitution communes à toutes les sociétés, ainsi qu'à certaines conditions spécifiques.

CHIFFRE-CLÉ

27 % des entreprises créées en France sont des SARL (Insee, 2023).

A) Les conditions de fond

1. Les associés

Toute personne, physique ou morale, capable, peut être un **associé** de SARL.

La **SARL pluripersonnelle** est instituée par 2 à 100 associés.

La **SARL unipersonnelle**, appelée « entreprise unipersonnelle à responsabilité limitée » (**EURL**), comprend un associé unique.

2. Le capital social

Le montant du capital social est librement fixé dans les statuts. Le capital d'une SARL peut être variable. Le capital est divisé en **parts sociales (PS)** égales, intégralement souscrites par les associés. Les apports peuvent être effectués en numéraire, en nature ou en industrie. Le montant du capital correspond à la somme des apports en numéraire et en nature, les apports en industrie n'étant pas pris en compte pour la formation du capital.

Apports en numéraire. Les parts sociales doivent être libérées au minimum à 1/5 de leur montant, le solde l'étant sur demande du **gérant** dans un délai de 5 ans à compter de l'immatriculation.

Apports en nature. La valeur de chaque bien apporté en nature doit être indiquée dans les statuts. En principe, l'évaluation est effectuée par un commissaire aux apports (CAA), nommé par les associés, dont le rapport est annexé aux statuts. Par exception, les associés peuvent décider à l'unanimité de ne pas en nommer si aucun apport en nature n'excède 30 000 € et si leur total est inférieur ou égal à la moitié du capital social. N'est pas tenu de nommer un CAA l'entrepreneur individuel qui apporte à une EURL un bien qui figurait déjà au bilan de son activité.

FOCUS — La responsabilité liée à l'évaluation des apports en nature

Le risque est d'attribuer à un apport en nature une valeur supérieure à sa valeur réelle. Cette situation peut entraîner une rupture d'égalité entre les associés et porter préjudice aux tiers, notamment aux créanciers de la société. Dans le cas où les associés retiennent une valeur différente de celle fixée par le CAA ou s'ils n'en nomment pas, les associés peuvent voir leur responsabilité civile mise en œuvre solidairement pendant 5 ans. La surévaluation frauduleuse d'un apport en nature est un délit passible de sanctions pénales.

3. L'objet social

L'objet de la SARL peut être civil ou commercial. Les activités d'assurances, de capitalisation et d'épargne sont interdites.

B) Les conditions de forme

Les statuts doivent être établis par écrit et signés par tous les associés. Les formalités de constitution de toute société s'appliquent (↳ chapitre 3). Par dérogation, en cas de constitution d'une EURL dont l'associé unique est également gérant, il est possible d'adopter le modèle de statuts types défini par la loi ; l'insertion au Bodacc n'est pas requise.

→ APPLICATION 3

2 Le fonctionnement de la SARL

A) La gérance de la SARL

La gérance de la SARL pluripersonnelle est assurée par un ou plusieurs gérants, personne(s) physique(s), associé(s) ou non. L'associé unique de la SARL unipersonnelle (EURL) peut nommer un tiers gérant ou assurer lui-même la gérance (dans ce cas, il devra veiller à respecter l'intérêt de la société et à ne pas confondre son patrimoine personnel avec celui de la société).

1. La nomination du gérant

Le gérant est nommé par un ou plusieurs associés représentant plus de la moitié des parts sociales (décision ordinaire), soit dans les statuts, soit par acte séparé. La durée de ses fonctions est prévue par les statuts. Dans le silence des statuts, il est nommé pour la durée de la société. Ne peut être gérant un mineur non émancipé, un majeur sous tutelle ou curatelle, une personne frappée d'incompatibilité ou d'interdiction de gérer.

2. La cessation des fonctions de gérant

Les fonctions du gérant cessent à la fin de la durée de son mandat, lorsqu'il est empêché (en cas de décès, maladie, incapacité, faillite personnelle), lorsqu'il démissionne ou lorsqu'il est révoqué. La révocation intervient soit par décision d'un ou plusieurs associés représentant plus de la moitié des parts sociales et sur juste motif, soit sur demande d'un associé par décision de justice pour cause légitime.

3. La rémunération du gérant

La rémunération du gérant est librement fixée par les associés :

- sur le plan fiscal, elle est assimilée à des traitements et salaires ;
- sur le plan social, est assimilé à un salarié le gérant non associé, ou qui possède au plus 50 % des parts sociales. Est assimilé à un travailleur indépendant le gérant associé qui possède plus de 50 % des parts sociales (sont prises en compte les parts sociales détenues par le ou les gérants, leurs conjoints et leurs enfants mineurs).

4. Le cumul des fonctions de gérant avec un contrat de travail

Le gérant peut cumuler ses fonctions avec un contrat de travail sous réserve du respect des critères fixés par la jurisprudence (↳ chapitre 4). Lorsque le gérant est associé majoritaire, le cumul est impossible car il n'existe pas de lien de subordination vis-à-vis de la société.

5. Les pouvoirs du gérant

NOTRE CONSEIL

Une clause limitative de pouvoir peut, par exemple, être ainsi rédigée : « Toutefois, et sans que cette clause puisse être opposée aux tiers ni invoquée par eux, il est convenu que tout emprunt d'un montant supérieur à 10 000 € autre que les découverts en banque ou tout contrat d'un montant supérieur à 20 000 € ne pourra être réalisé sans avoir été autorisé au préalable par une décision collective ordinaire des associés. »

Les pouvoirs du ou des gérants se manifestent dans leurs relations avec les associés et avec les tiers (tab. 8.1).

Tableau 8.1. Pouvoirs du gérant

Dans ses rapports avec les associés	Dans ses rapports avec les tiers
Conclusion de tout acte de gestion dans l'intérêt de la société, sauf : • décision relevant de la compétence des associés (exceptions : le gérant peut mettre les statuts en harmonie avec une loi nouvelle et décider du transfert du siège social sur le territoire français, sous condition de ratification ultérieure par les associés par décision ordinaire) ; • clauses limitatives de pouvoirs pour les opérations excédant la gestion courante.	• Représentation légale : le gérant a les pouvoirs les plus étendus pour agir en toutes circonstances au nom de la société. • Engagement de la SARL par tout acte du gérant, même : – s'il dépasse les limites fixées par les statuts : – s'il se situe en dehors de l'objet social (sauf lorsque l'acte est passé avec un tiers qui connaissait le dépassement de l'objet).

FOCUS Le cas particulier de la cogérance

Si plusieurs gérants ont été nommés, chaque gérant a le pouvoir d'engager seul la société. Néanmoins, les statuts peuvent contenir des clauses prévoyant d'autres modalités (ex. : clause de répartition des pouvoirs entre gérants, clause imposant aux gérants de prendre ensemble tout ou partie des décisions). Ces clauses sont inopposables aux tiers. Un gérant peut s'opposer à un acte envisagé par un autre avant sa conclusion. Cette opposition est en principe sans effet vis-à-vis des tiers (sauf si ces derniers en ont eu connaissance).

6. La responsabilité du gérant

Comme tout dirigeant (↪ chapitre 4), le gérant de SARL engage sa responsabilité civile, fiscale et pénale.

B) Les associés de la SARL

Chaque associé est soumis à des obligations (libérer son apport et répondre des dettes sociales dans la limite du montant de son apport) et dispose de divers droits.

1. Les droits politiques des associés

Droit à l'information. Ce droit s'exerce selon différentes modalités (tab. 8.2).

Tableau 8.2. Exercice du droit à l'information par les associés

En permanence	Droit de consulter au siège social les statuts et les documents concernant les trois derniers exercices (comptes annuels, PV des assemblées et rapports soumis aux assemblées).
Avant l'assemblée annuelle	• Envoi par le gérant, 15 jours avant l'AG, des comptes annuels, du rapport de gestion, du rapport du CAC (s'il existe) et des résolutions proposées. • Après réception des documents, droit pour l'associé de poser au gérant des questions écrites en rapport avec l'ordre du jour, auxquelles celui-ci devra répondre pendant l'assemblée.
Avant toute consultation des associés	Envoi par le gérant, 15 jours avant toute consultation des associés, de son rapport et des résolutions proposées.

Droit de vote. Chaque associé a le droit de participer aux décisions collectives et de voter. Son nombre de voix correspond au nombre de parts sociales qu'il possède. Les décisions collectives peuvent être prises selon différents modes : en assemblée (tab. 8.3) ou, si les statuts le prévoient, dans un acte signé par tous les associés, ou par consultation écrite. Dans ce dernier cas, le gérant envoie le texte des résolutions soumises au vote à tous les associés, qui disposent de 15 jours au moins pour voter par écrit.

Tableau 8.3. Tenue d'une assemblée

Conditions	Obligatoire dans deux cas : • pour décider l'émission d'obligations ; • à la demande d'un ou plusieurs associés représentant au moins 50 % des PS, ou représentant au moins 1/10 des PS et au moins 1/10 des associés en nombre.
Modalités	• Convocation des associés en principe par le gérant, par LRAR ou par voie électronique, au minimum 15 jours avant l'assemblée. • Ordre du jour (liste des résolutions à voter) établi par le gérant. • Possibilité pour tout associé détenant au moins 5 % des PS de demander l'inscription d'une résolution à l'ordre du jour. • Possibilité de se faire représenter par un autre associé, par son conjoint ou, éventuellement, par un tiers (selon les statuts). • Possibilité de participer à l'assemblée par visioconférence (selon les statuts et sauf pour l'approbation des comptes). • Possibilité pour les statuts de prévoir le vote par correspondance.

Les décisions sont adoptées selon des règles de quorum et de majorité variant selon le caractère ordinaire ou extraordinaire de la décision (tab. 8.4).

NOTRE CONSEIL

Vérifiez la date de création de la société pour déterminer les règles applicables. Ainsi, pour les SARL constituées avant le 4 août 2005, en cas de décisions extraordinaires, aucun quorum n'est imposé et la majorité des 3/4 des parts sociales s'applique. Toutefois, les associés peuvent, à l'unanimité, adopter les règles de majorité prévues pour les sociétés créées à partir du 4 août 2005.

Tableau 8.4. **Règles d'approbation des décisions**

	Décisions ordinaires	Décisions extraordinaires
Majorité	• Première convocation : majorité de plus de 1/2 des PS • Seconde convocation (si la précédente majorité n'est pas atteinte et sauf clause contraire des statuts) : majorité des voix émises, quel que soit le nombre de votants	Majorité des 2/3 des PS détenues par les associés présents ou représentés
Quorum	Aucun	• Première convocation : associés présents ou représentés possédant au minimum 1/4 des PS • Seconde convocation (si le précédent quorum n'est pas atteint) : associés présents ou représentés possédant au minimum un 1/5 des PS

Procès-verbal (PV). Il est rédigé dans tous les cas par le gérant et contient le nom des associés présents ou représentés, les résolutions examinées et le résultat des votes.

Décisions de l'associé unique d'une EURL. Par dérogation, dans la SARL unipersonnelle (EURL), l'associé unique exerce tous les pouvoirs reconnus à la collectivité des associés dans la SARL pluripersonnelle. Les décisions de l'associé unique doivent être mentionnées dans un registre. Elles sont soumises à publicité si elles entraînent modification des statuts. Les modalités d'approbation des comptes en EURL varient selon que le gérant est non associé ou associé unique (fig. 8.1).

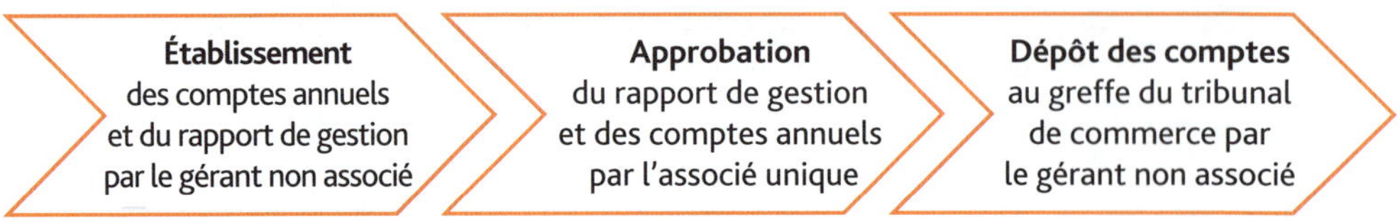

Figure 8.1. **Approbation des comptes annuels dans une EURL dont le gérant est non associé**

Si l'associé unique est aussi gérant, il établit le rapport de gestion et dépose les comptes au greffe du tribunal de commerce.

2. Les droits financiers des associés

Chaque associé a droit aux bénéfices, lesquels sont répartis à proportion des apports de chacun ou selon d'autres modalités prévues par les statuts. À la liquidation de la société, chaque associé a droit au remboursement de l'apport et à un éventuel boni de liquidation.

3. Les parts sociales des associés

Nature juridique. Les parts sociales correspondent aux droits des associés. Les statuts indiquent les parts sociales attribuées à chaque associé. Contrairement aux actions, les parts sociales ne sont pas matérialisées par des titres négociables. C'est le propriétaire des parts sociales qui a la qualité d'associé. Les parts sociales sont des biens meubles incorporels, qui font partie du patrimoine de l'associé. Celui-ci a donc le droit de les céder, de les louer ou de les donner en garantie à un créancier dans le cadre d'un nantissement.

Cession des parts sociales et procédure d'agrément. L'arrivée d'un nouvel associé pouvant modifier l'équilibre entre les associés et influencer la prise de décision, la cession de parts sociales à un tiers doit obtenir l'**agrément** des associés existants. Les autres cessions sont en principe libres : cession à un associé, au conjoint, à un ascendant ou descendant de l'associé, transmission aux héritiers en cas de décès… même si les statuts peuvent prévoir une clause d'agrément.

Exemples

- **Clause d'agrément régissant la cession de parts sociales par un associé à un autre** :
  « Les parts sociales ne pourront être cédées à un autre associé qu'avec l'agrément de la majorité des associés représentant plus de la moitié des parts sociales. L'associé qui souhaite céder ses parts sociales à un autre doit notifier son projet à la société et à tous les associés. »
  Clause d'agrément des héritiers en cas de décès d'un associé :
  « En cas de décès d'un associé, la société continue entre les associés survivants et les héritiers, sous réserve de l'agrément de ces derniers par la majorité des associés représentant plus de la moitié des parts sociales. »

L'agrément est accordé selon une procédure spécifique (fig. 8.2).

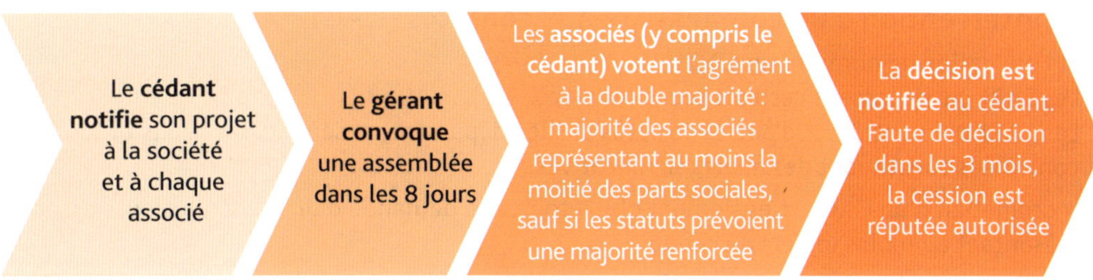

Figure 8.2. Étapes de la procédure d'agrément

Le non-respect de la procédure d'agrément (ex. : associé qui cède ses parts sociales à un tiers sans notifier d'abord son projet à la société) est sanctionné par la nullité de la cession. Par ailleurs, les conséquences d'un refus d'agrément varient selon les cas (tab. 8.5).

Tableau 8.5. Conséquences du refus d'agrément

Détention des PS > 2 ans ou acquisition des PS par succession, donation ou liquidation de communauté entre époux	• L'associé a droit au rachat de ses PS, par les autres associés ou par un tiers qu'ils ont agréé ou par la société elle-même, qui les annule et réduit le capital en conséquence. • Le rachat des PS doit avoir lieu dans les 3 mois du refus d'agrément. À défaut, l'associé peut céder ses parts sociales.
Détention des PS ≤ 2 ans	L'associé ne peut pas céder ses parts sociales.

Les conditions de la cession des parts sociales, notamment le prix, sont librement fixées entre les parties. La cession doit être constatée par écrit, portée à la connaissance de la société (dépôt de l'acte) et les statuts modifiés doivent être publiés au RCS (opposabilité aux tiers) et au RNE.

L'associé unique de l'EURL cédant ses parts sociales à un tiers doit transmettre l'acte à la société. S'il n'en cède qu'une partie, la SARL devient pluripersonnelle.

C) Le contrôle de la gestion de la SARL

1. L'approbation des comptes

Lors de l'assemblée annuelle, les associés se prononcent sur la gestion, au vu des comptes annuels et du rapport de gestion remis par le gérant.

2. L'expertise de gestion

À condition de détenir au minimum 10 % du capital social, un ou plusieurs associés peuvent solliciter la nomination par le tribunal de commerce d'un expert de gestion, chargé d'analyser une ou plusieurs opérations de gestion contestées et de remettre un rapport au tribunal, au demandeur, au gérant, au CSE et au CAC, le cas échéant.

3. La procédure d'alerte

Tout associé a le droit de poser par écrit au gérant qui répond par la même voie, deux fois par exercice, des questions portant sur des faits de nature à compromettre l'exploitation.

4. L'intervention d'un commissaire aux comptes (CAC)

Ont l'obligation de nommer un CAC :

- Les SARL qui dépassent certains seuils (↳ chapitre 5).
- Les SARL qui contrôlent d'autres sociétés si elles dépassent, ensemble, les seuils et les SARL contrôlées constituant des filiales significatives.

La nomination d'un CAC est également obligatoire à la demande d'un ou de plusieurs associés représentant au moins le tiers du capital.

Un CAC peut aussi être nommé facultativement par décision des associés à la majorité ou par décision de justice à la demande d'un ou de plusieurs associés représentant au moins 10 % du capital.

Le CAC établit un rapport remis aux associés lors de l'assemblée annuelle.

5. Le contrôle des conventions

Conventions réglementées. Elles lient la SARL au gérant, à un associé ou à une autre société, dont un gérant, administrateur, DG, membre du directoire ou membre du CS ou un associé indéfiniment responsable est simultanément gérant ou associé de la SARL.

Le **contrôle** s'exerce en principe *a posteriori*, après conclusion de la convention (fig. 8.3).

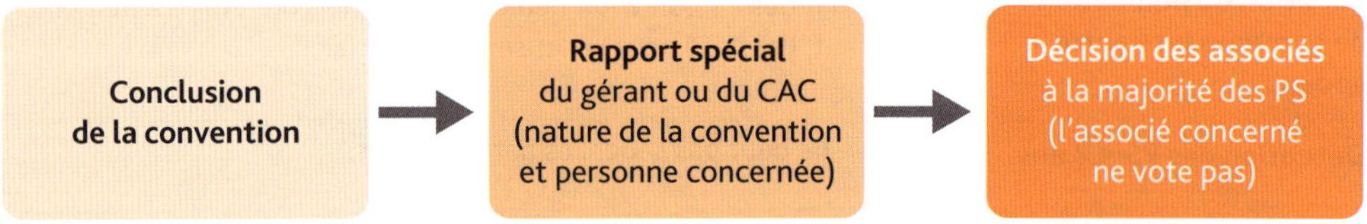

Figure 8.3. **Procédure de contrôle des conventions réglementées**

Cas particulier : dans les SARL sans CAC et dont le gérant n'est pas associé, les associés décident, au vu du rapport du gérant, d'autoriser ou non la conclusion de la convention.

Le refus de ratification est sans effet pour les tiers (poursuite de la convention). Une action en responsabilité peut être engagée, dans les 3 ans de la conclusion, contre le gérant ou l'associé concerné, en cas de non-respect de la procédure ou de refus de ratification, à condition que la convention ait causé un préjudice à la société.

Conventions libres. Une convention passée avec une personne visée par la loi n'est soumise à aucun contrôle à condition :

- qu'elle corresponde à une opération courante (activité habituelle de la société comme la vente de ses produits ou l'achat de marchandises nécessaires à l'exploitation) ;
- qu'elle soit conclue à des conditions normales (identiques à celles pratiquées par la société dans ses relations avec ses clients ou fournisseurs).

Conventions interdites. Il est interdit à un associé personne physique, au représentant d'un associé personne morale, au gérant, ainsi qu'au conjoint, ascendant ou descendant de ces personnes de contracter auprès de la société un emprunt, un découvert ou de faire cautionner ou avaliser par elle un engagement personnel. La conclusion d'une convention interdite est sanctionnée par la nullité absolue.

Dans l'EURL, les conventions conclues entre la société et l'associé unique doivent uniquement être mentionnées dans le registre des décisions, selon le même régime.

➜ APPLICATION 2 • CAS 4 • CAS 5 • CAS 6 • CAS 7 • COMMENTAIRE DE DOCUMENTS 8 • SITUATION PRATIQUE 9

3 L'évolution de la SARL

A) Les opérations relatives au capital

1. L'augmentation du capital

Le capital peut être augmenté par différents moyens, pour renforcer la solidité financière de la société.

Incorporation de réserves. Les associés renonçant à distribuer les réserves et décidant de les incorporer au capital, celles-ci deviennent des ressources permanentes et contribuent à renforcer la situation financière de la société vis-à-vis de ses créanciers (fig. 8.4).

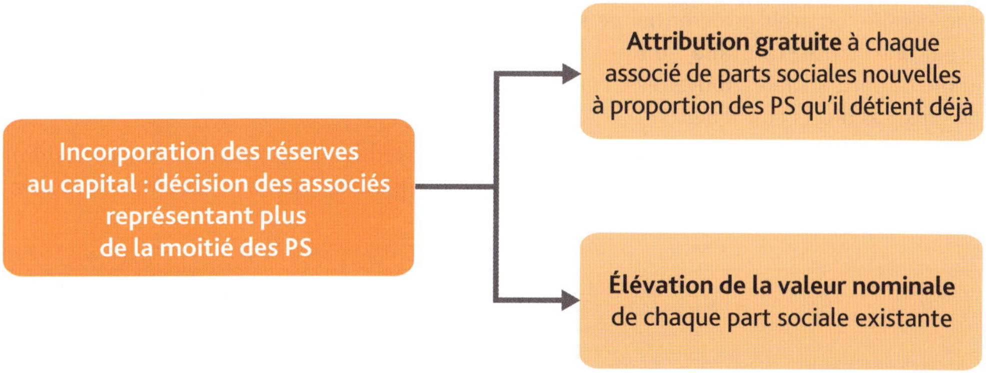

Figure 8.4. **Modalités d'incorporation des réserves**

Exemple

- La SARL Arcade dispose des capitaux propres suivants :
  - Capital 20 000 € (200 PS de 100 €)
  - Réserves 12 800 €
  - Capitaux propres 32 800 €

  Le capital est réparti entre trois associés : Arnaud Baer : 100 PS ; Camille Dur : 40 PS ; Denis Tola : 60 PS.

  Arnaud Baer et Camille Dur, représentant plus de la moitié des parts sociales, décident d'augmenter le capital par incorporation de réserves à hauteur de 10 000 €. Les associés recevront 100 parts sociales nouvelles.

  Capital nouveau 30 000 € (300 PS de 100 €) réparti comme suit : Arnaud Baer : 150 PS ; Camille Dur : 60 PS ; Denis Tola : 90 PS.

  Une autre solution consisterait à élever la valeur nominale des PS à 150 €, chaque associé conservant le même nombre de PS.

Apports nouveaux. La décision d'augmentation de capital est prise par les associés à la majorité requise pour les décisions extraordinaires. Les conditions varient selon le type d'apports (tab. 8.6).

Tableau 8.6. **Apports en numéraire ou en nature**

Apports en numéraire	• Capital initial intégralement libéré • Libération des apports : au minimum de 1/4 lors de l'augmentation de capital, le solde dans les 5 ans
Apports en nature	Évaluation obligatoire de chaque apport par un CAA selon les mêmes règles que celles de la constitution

Agrément des nouveaux associés. Un apport peut être réalisé soit par un associé, soit par une personne extérieure à la société qui souhaite y investir. L'entrée d'un tiers au capital de la société devra être soumise à agrément des associés, selon les mêmes modalités qu'en cas de cession de parts sociales.

Droit préférentiel de souscription (DPS). Dans le cas d'une augmentation de capital par apport en numéraire, un droit préférentiel de souscription peut être créé au profit de chaque associé soit par une clause statutaire, soit par décision des associés. Chaque associé peut souscrire un nombre de parts sociales nouvelles en proportion de sa participation actuelle au capital et maintenir ainsi ses droits politiques.

Prime d'émission. L'arrivée de nouveaux associés peut réduire proportionnellement les droits des anciens sur d'éventuelles réserves. Pour rétablir l'équilibre, il peut être demandé aux nouveaux associés de verser une prime d'émission.

FOCUS L'émission d'obligations, autre mode de financement de la SARL

Afin d'étendre la capacité financière de la société, les associés peuvent décider l'émission d'obligations (décision ordinaire). Cette possibilité est réservée aux SARL qui ont désigné un CAC, et qui ont déjà approuvé régulièrement les comptes de trois exercices de 12 mois.
Les règles relatives à l'émission d'obligations dans les SA sont applicables (↪ **chapitre 10**). Toutefois, la SARL ne peut émettre que des obligations nominatives et ne peut pas faire offre au public de titres financiers.

2. La réduction du capital

Les associés peuvent décider de réduire le capital (décision extraordinaire). S'il existe un CAC, il devra remettre aux associés un rapport donnant son avis sur les causes et les conditions de l'opération. La réduction du capital entraîne, pour chaque associé, l'annulation d'une partie de ses parts sociales ou la réduction de leur valeur nominale. Cette décision est le plus souvent rendue nécessaire par les pertes enregistrées. Si elle n'est pas motivée par des pertes, les créanciers de la société disposent d'un droit d'opposition.

Perte de la moitié du capital. Lorsqu'en raison des pertes constatées à la fin d'un exercice, les capitaux propres deviennent inférieurs à la moitié du capital social, les associés doivent se prononcer sur une éventuelle dissolution. S'ils l'écartent, la société devra régulariser la situation avant la clôture du deuxième exercice suivant celui où les pertes ont été constatées. Elle peut sous certaines conditions bénéficier d'un délai supplémentaire.

Tableau 8.7. Procédure en cas de perte de la moitié du capital

Décisions	Délai
AGO approbation des comptes => constatation de pertes telles que les capitaux propres < moitié du capital social	6 mois après clôture de l'exercice
AGE statuant sur l'opportunité de dissolution de la société	4 mois après AGO
Si la dissolution est écartée, régularisation • Soit par reconstitution des capitaux propres • Soit par réduction du capital social	Avant la clôture du 2e exercice suivant celui où les pertes ont été constatées
SI capitaux propres < moitié du capital social Et SI capital social > 1 % total bilan du dernier exercice Régularisation par réduction du capital à un montant < à 1 % du total du bilan	Délai supplémentaire Avant la clôture du 2e exercice suivant

Exemple

- La SARL Léonor présente au 31/12/N la situation comptable suivante :

  Capital social 20 000 € + Réserves 4 000 € – Pertes 15 000 € = Capitaux propres 9 000 €

  En assemblée, les associés décident d'écarter la dissolution de la société. Les capitaux propres devront être reconstitués au plus tard le 31/12/N+3.

  Au 31/12/N+3, la situation de la SARL Léonor a évolué, selon deux hypothèses :

Hypothèse 1

La société a réalisé des bénéfices au cours des exercices N+1, N+2 et N+3 qui ont permis d'apurer la totalité des pertes.

Capital social 20 000 € + Réserves 4 000 € = Capitaux propres 24 000 €

La situation est régularisée.

Hypothèse 2

La société a réalisé des pertes au cours des exercices N+1, N+2 et N+3. À la clôture de l'exercice N+3, le total du bilan est de 1 300 000 €.

Capital social 20 000€+ réserves 4 000 € – Pertes 17 000 € = Capitaux propres 17 000 €

Capital social 20 000 € supérieur à 1 % du total bilan 13 000 €

La société a un délai supplémentaire jusqu'au 31.12 N+5 pour reconstituer les capitaux propres ou réduire son capital social à un montant inférieur ou égal à 1 % du total bilan.

B) La transformation de la SARL

L'évolution de la société peut justifier un changement de forme sociale si la SARL n'est plus adaptée à l'activité de la société ou aux projets des associés. La transformation de la SARL relève d'une décision extraordinaire des associés (sauf en cas de transformation en SNC, société civile, SCA, SAS : décision à l'unanimité ; en cas de transformation en SA avec capitaux propres excédant 750 000 € : décision ordinaire).

FOCUS — **Information préalable des associés**

Un rapport sur la situation de la société doit être réalisé soit par le CAC de la société, soit par un CAC désigné par le gérant. En cas de transformation d'une SARL sans CAC en société par actions, un rapport sur l'évaluation des actifs de la société doit être réalisé par un commissaire à la transformation désigné par les associés.

C) La dissolution de la SARL

Les causes de dissolution communes à toutes les sociétés s'appliquent. Toutefois, la réunion de toutes les parts sociales entre les mains d'un seul associé n'entraîne pas dissolution, puisque la société devient alors une EURL.

La SARL peut être dissoute :

- automatiquement, si le nombre d'associés dépasse 100 et à défaut de régularisation dans un délai d'un an ;
- sur demande en justice de tout intéressé, lorsque les capitaux propres deviennent inférieurs à la moitié du capital social, si les associés n'ont pas été consultés sur la dissolution ou s'ils n'ont pas régularisé la situation à la fin du deuxième exercice suivant la constatation des pertes.

La dissolution entraîne la liquidation de la société selon les règles de droit commun. Par exception, en cas de dissolution d'une EURL, lorsque l'associé unique est une personne morale, il n'y a pas liquidation, l'ensemble du patrimoine de la société étant transmis à l'associé unique.

→ APPLICATION 2 • CAS 6 • CAS 7 • SITUATION PRATIQUE 8

Évaluer les savoirs — Maîtriser les compétences — Préparer l'épreuve

1 Quiz

Vérifiez l'exactitude des propositions ci-après et justifiez-les.

	Vrai	Faux
1. L'EURL est une forme particulière de société.	☐	☐
2. Les associés peuvent retenir pour un apport en nature une valeur différente de celle du CAA.	☐	☐
3. Le gérant est toujours une personne physique.	☐	☐
4. Un gérant associé majoritaire ne peut pas être révoqué.	☐	☐
5. Chaque associé répond des dettes sociales dans la limite de ses apports.	☐	☐
6. Un associé exerce son droit de vote à proportion des parts sociales qu'il détient.	☐	☐
7. Un associé peut dans tous les cas céder librement ses parts sociales.	☐	☐
8. Tout associé peut demander une expertise de gestion.	☐	☐
9. Toute SARL est tenue de nommer un CAC.	☐	☐
10. Lorsque les capitaux propres sont inférieurs à la moitié du capital social, la société est dissoute.	☐	☐

2 Le Monde de Charlie ★★★

La SARL Le Monde de Charlie, a été créée en 2010, et son capital, divisé en 150 PS, est réparti entre quatre associés : Émile Bas : 60 PS ; Anne Loan : 30 PS ; Irma Grus : 50 PS ; Louis Rémon : 10 PS. En l'absence d'Irma Grus, non représentée, les associés se réunissent pour prendre deux décisions : l'approbation des comptes de l'exercice et la modification de l'objet social.

Précisez, pour chaque décision, le quorum et la majorité requis (la méthodologie du cas pratique n'est pas exigée).

3 Mon beau bijou ★★★

Iris Mill, Camille Lecer et Chloé Bon envisagent de créer la SARL Mon Beau Bijou ayant pour objet social la fabrication de bijoux en émaux. Elles prévoient d'effectuer les apports suivants :

- Camille : ses connaissances techniques en bijouterie/joaillerie.
- Chloé : la somme de 10 000 €.

- Iris : un matériel estimé à 4 500 €, valeur validée par ses associées.

Qualifiez chacun des apports et calculez le montant du capital social (la méthodologie du cas pratique n'est pas exigée).

4 Cas : Infoserv ★★★

Compétence attendue Schématiser et analyser les règles de fonctionnement de la SARL

Arnaud Bolet est le gérant non associé de la SARL Infoserv créée en 2012. La société possède des clients dans toute la France, particulièrement à Bordeaux. Arnaud souhaite y déplacer le siège social. Les associés ne sont pas favorables à cette décision.

Arnaud Bolet a pris au cours des derniers mois les décisions suivantes :

- Il a embauché un informaticien spécialiste de la communication sur les réseaux sociaux.
- Une opportunité s'étant présentée, il a conclu très rapidement un contrat d'achat de bureaux dans le centre-ville de Bordeaux.
- Il a décidé le transfert du siège social dans les nouveaux bureaux de Bordeaux.
- Il a fait financer par la société des cours de pilotage afin d'effectuer ses futurs déplacements professionnels en avion.

En vous appuyant sur vos connaissances et sur le document ci-après, analysez les décisions prises par le gérant et précisez-en les conséquences juridiques.

Document

Extrait des statuts de la SARL Infoserv

Article 3. Objet social

La société a pour objet la réalisation de toutes prestations d'assistance informatique ainsi que la fourniture de solutions informatiques adaptées.

Article 4. Siège social

Le siège social est fixé à Lille (59), 12 rue Parmentier.

Article 10. Pouvoirs du gérant

Dans ses rapports avec les tiers, le gérant est investi des pouvoirs les plus étendus pour représenter la société et agir en son nom en toutes circonstances.

Toutefois, et sans que cette clause puisse être opposée aux tiers ou invoquée par eux, il est convenu que tout achat ou vente d'immeuble ou de fonds de commerce, ne pourra être réalisé par le gérant sans avoir été autorisé au préalable par une décision collective des associés représentant plus de la moitié des parts sociales.

5 Cas : Hexa ★★★

Compétence attendue Schématiser et analyser les règles de fonctionnement de la SARL

La SARL Hexa a été créée en 2006 par cinq associés : Sliman Ayoub, Luc Arman, Pierre Béraud, Simone Bart et Anne Erb. En janvier 2023, le capital est divisé en 100 PS réparties de la manière suivante : Sliman Ayoub : 45 PS ; Luc Arman : 15 PS ; Pierre Béraud : 25 PS ; Simone Bart 10 PS ; Anne Erb : 5 PS. Les statuts sont conformes à la loi.

Indiquez, pour chaque hypothèse, dans quelles conditions la cession ou la transmission des parts peut s'effectuer (la méthodologie du cas pratique n'est pas exigée).

1. Si Simone Bart veut céder ses parts à Sliman Ayoub.
2. Si Pierre Béraud décède et si son héritier souhaite céder ses parts à un ami.
3. Si Luc Arman veut céder ses parts à sa sœur Léa Arman, avec l'accord des autres associés.
4. Si Sliman Ayoub veut céder ses parts à la SA Yzo alors qu'Anne Erb, Pierre Béraud et Simone Bart ne sont pas d'accord.

6 Cas : Agritec ★★★

Compétence attendue Analyser les opérations de contrôle au sein d'une SARL

Spécialisée dans la vente d'outils de jardinage et gérée par Rodolphe BACH, gérant non associé, la SARL Agritec a été constituée entre Marc Aber, Gérard Roux, Hubert Roux et la SAS MEDORI.

Au cours des 2 derniers exercices, le total du bilan s'élève à plus de 6 000 000 €. La SARL emploie 60 salariés. L'exercice social coïncide avec l'année civile.

Qualifiez juridiquement les conventions suivantes conclues par la SARL Agritec au cours du dernier exercice et analysez-en les conséquences (la méthodologie du cas pratique n'est pas exigée).

1. Contrat de bail conclu avec la SCI Moderne, dont le gérant est également Rodolphe Bach.
2. Vente d'une débroussailleuse à Gérard Roux au prix de vente clientèle.
3. Contrat de travail à temps partiel conclu avec la femme de Marc Aber.
4. Prêt de 20 000 € accordé à Rodolphe Bach.
5. Cautionnement par la société d'un emprunt contracté par la SAS MEDORI auprès de la banque Gold.

7 Cas : Merlin ★★★

Compétences attendues

- Schématiser et analyser les règles de fonctionnement de la SARL
- Analyser les opérations d'augmentation et de réduction de capital dans la SARL
- Identifier les causes et les conséquences d'une dissolution spécifiques à la SARL

Créée il y a 6 ans, la SARL Merlin fournit des prestations de restauration. Afin de développer la société, le gérant souhaite effectuer un investissement de 500 000 € visant à acquérir du matériel de cuisine plus performant.

Il envisage trois solutions différentes pour le financer :
- un emprunt auprès de la Banque du Sud ;
- l'émission d'un emprunt obligataire ;
- une augmentation de capital par incorporation de réserves (sans modification de la valeur nominale des parts sociales).

La société réalise, depuis sa création, un CAHT annuel moyen de 11 000 000 € et emploie une soixantaine de salariés. Ses comptes ont toujours été régulièrement approuvés. Ses statuts sont conformes à la loi.

1. *Analysez chacune des solutions envisagées et précisez-en les conditions. Présentez la solution à privilégier dans l'intérêt de la société en justifiant votre choix.*

L'investissement se solde par un échec : au bout d'un an, la SARL Merlin, qui fait face à une concurrence dynamique, voit son chiffre d'affaires diminuer au point que ses capitaux propres ne représentent plus qu'un tiers du capital social. Dépassés par les événements, les associés n'ont toujours pas réagi, un an et demi après que le gérant leur a soumis les comptes.

2. *Analysez la situation de la SARL Merlin en indiquant comment le gérant et les associés auraient dû réagir.*

8 Commentaire de documents : SARL Ozona ★★★

30 min

Compétence attendue Schématiser et analyser les règles de fonctionnement de la SARL

Rendez-vous MÉTHODE 2

Collaborateur(trice) au sein du cabinet Forcexpert, vous êtes sollicité(e) par l'un de vos clients, José Rivera, associé majoritaire de la SARL Ozona dont le gérant n'est pas associé. L'assemblée annuelle doit avoir lieu prochainement. Votre client vous fait part de son inquiétude face à certaines décisions récentes du gérant, qui lui paraissent constitutives de fautes de gestion. En vous appuyant sur le dossier documentaire, vous traiterez les points suivants.

Vos missions

1. *Déterminez le problème juridique posé à la Cour de cassation.*
2. *Présentez les arguments du demandeur au pourvoi.*
3. *Présentez et expliquez la décision de la Cour de cassation*
4. *Précisez à votre client les conditions dans lesquelles la révocation du gérant pourrait intervenir.*

Document 1

Cour de cassation, chambre commerciale, financière et économique, 14 octobre 2020, pourvoi n° 18-12.183

Faits et procédure

1. Selon l'arrêt attaqué (Basse-Terre, 9 octobre 2017), M. F... était cogérant, aux côtés de Mme O..., depuis 2011, de la société à responsabilité limitée Techno Pieux Guadeloupe, devenue la société Focon (la société), jusqu'à sa révocation, décidée lors de l'assemblée générale du 19 mai 2014.

2. Le 31 mars 2015, la société l'a assigné en remboursement des rémunérations qui lui avaient été versées en sa qualité de gérant, de dépenses exposées dans le cadre de ses fonctions et des cotisations sociales personnelles, qui avaient été indûment supportées par la société. Reconventionnellement, M. F... a demandé réparation du préjudice causé par sa révocation, intervenue selon lui de manière brutale et sans juste motif. [...]

Sur le second moyen – Énoncé du moyen

4. M. F... fait grief à l'arrêt du rejet de sa demande de réparation au titre du caractère abusif et injustifié de sa révocation, alors :

« 1°/ que la révocation du gérant, ou des manquements de nature à l'entraîner, doivent être prévus à l'ordre du jour de l'assemblée générale au cours de laquelle elle est décidée ; que la révocation qui n'est pas annoncée ou prévisible, permettant à l'intéressé de s'y préparer, est irrégulière ; que la cour d'appel qui a constaté que ni la révocation de M. F..., ni aucun manquement susceptible de l'entraîner, ne figurait à l'ordre du jour, n'a pas tiré les conséquences de ses constatations en retenant que la révocation était régulière ; qu'elle a violé l'article L. 223-25 du Code de commerce et l'article 6 § 1 de la Convention européenne de sauvegarde des droits de l'homme ;

2°/ que le gérant doit pouvoir s'expliquer sur les griefs qui lui sont reprochés avant que les associés se prononcent sur sa révocation ; que la cour d'appel a constaté que « l'examen de la gestion de M. F... avait permis de statuer immédiatement sur sa révocation » ; qu'il en ressortait que la révocation de M. F..., décidée sans qu'il puisse s'en expliquer, était irrégulière ; qu'en retenant le contraire, la cour d'appel a violé l'article L. 223-25 du Code de commerce et l'article 6 § 1 de la Convention européenne de sauvegarde des droits de l'homme ;

3°/ que la révocation du gérant doit reposer sur un juste motif ; que pour juger la révocation justifiée, la cour d'appel a affirmé qu'elle n'était pas sans juste motif « vu les fautes retenues à l'endroit de M. F... » ; qu'en ne s'expliquant pas sur les manquements reprochés à M. F..., la cour d'appel a privé sa décision de base légale au regard de l'article L. 223-25 du Code de commerce ; [...]

Réponse de la Cour

5. Selon l'article L. 223-25, alinéa 1, du Code de commerce, le gérant d'une société à responsabilité limitée peut être révoqué par décision des associés. Si la révocation est décidée sans juste motif, elle peut donner lieu à des dommages-intérêts.

6. En premier lieu, l'arrêt retient, par motifs propres et adoptés, que lors de l'assemblée générale des associés, à l'issue de laquelle M. F... a été révoqué de ses fonctions de cogérant,

...

...
ont été discutées différentes anomalies ou irrégularités ayant conduit les associés, qui n'avaient pas obtenu de réponses aux questions qu'ils avaient préalablement posées par écrit au cogérant sur la gestion de la société, à ne pas approuver les comptes des exercices précédents, ni la rémunération du cogérant.

7. En l'état de ces constatations et appréciations, faisant ressortir que les questions inscrites à l'ordre du jour de l'assemblée générale étaient susceptibles de déboucher sur celle de la révocation du cogérant et que ce dernier avait été à même de présenter ses observations sur les fautes qui lui étaient reprochées à cet égard préalablement à sa révocation, la cour d'appel a pu écarter le grief pris de la brutalité de la révocation, peu important que celle-ci n'ait pas été inscrite à l'ordre du jour de l'assemblée générale.

8. En second lieu, l'arrêt constate, par motifs propres et adoptés, que les comptes soumis à l'approbation des associés étaient peu rigoureux et comportaient une erreur dans les stocks, que les prélèvements effectués par M. F... étaient en augmentation, que les relations de la société avec une société Technopose, dont M. F... assurait également la direction, n'avaient pas été clarifiées, comme celui-ci s'y était engagé, par la soumission de conventions à l'approbation des associés.

9. En l'état de ces constatations et appréciations souveraines, dont elle a déduit que la révocation de M. F... avait été décidée pour un juste motif, la cour d'appel, qui n'avait pas à répondre aux conclusions inopérantes invoquées par la quatrième branche, a légalement justifié sa décision.

10. Le moyen n'est, en conséquence, fondé en aucune de ses branches.

PAR CES MOTIFS, la Cour :

REJETTE le pourvoi ;

Document 2

Article L. 223-25, alinéas 1 et 2, du Code de commerce

Le gérant peut être révoqué par décision des associés dans les conditions de l'article L. 223-29, à moins que les statuts prévoient une majorité plus forte. Si la révocation est décidée sans juste motif, elle peut donner lieu à des dommages et intérêts.

En outre, le gérant est révocable par les tribunaux pour cause légitime, à la demande de tout associé.

9 Situation pratique : Tolino ★★★

40 min

Compétences attendues

- **Repérer** dans des statuts de SARL des clauses non conformes et les corriger
- **Analyser** les opérations de contrôle au sein d'une SARL
- **Analyser** les conditions et les conséquences d'une transformation pour une SARL
- **Justifier** le choix de la SARL adaptée à une situation donnée

Rendez-vous MÉTHODE 3

Salarié du cabinet Actufact, vous êtes en charge du dossier de la SARL Tolino dont un extrait des statuts figure dans le dossier documentaire. La SARL Tolino a pour activité la rénovation de façades. Elle a été créée en 1988 par Henri Tolino, ses deux fils, Luc et Paul, et son neveu, Marc.

Lors de la constitution, Henri Tolino avait été nommé gérant. Désormais âgé de 67 ans, il a souhaité confier la gérance de la société à ses deux fils, qui ont été nommés gérants par décision des associés. La société n'a pas l'obligation de nommer un CAC.

La SARL Tolino sous-traitait jusqu'à présent l'installation des échafaudages pour ses chantiers. Luc Tolino envisage à présent d'effectuer directement cette partie de l'activité ; il a entrepris des négociations avec la société Lémar pour l'achat d'échafaudages au prix de 15 000 €. Aucun contrat n'a toutefois encore été signé. Paul Tolino est opposé à ce projet.

Vos missions

1. *Déterminez les pouvoirs de Luc et Paul Tolino.*
2. *Indiquez si Paul Tolino peut empêcher la conclusion du contrat avec la société Lémar.*
3. *Proposez une solution pour qu'à l'avenir les décisions soient prises d'un commun accord par les deux gérants. Vous rédigerez le document adapté.*

Afin de sécuriser sa situation dans l'hypothèse où la société rencontrerait des difficultés, Paul Tolino souhaiterait conclure un contrat de travail avec la société. Il n'exerce toutefois aucune fonction particulière dans la société, hormis sa mission de gérance.

Votre mission

4. *Vérifiez si la conclusion d'un contrat de travail par Paul Tolino avec la société est envisageable.*

Marc Tolino, gestionnaire d'un lycée public, s'intéresse de près à la vie de la société. Celle-ci subit actuellement la forte concurrence d'entreprises locales ayant la même activité, dont certaines pratiquent des tarifs inférieurs. Par conséquent, le chiffre d'affaires a fortement diminué et la société est depuis quelques mois en sous-activité.

Les gérants ne semblent pas se soucier de la situation, mais Marc s'en inquiète.

Votre mission

5. *Conseillez Marc Tolino sur la démarche à adopter pour attirer l'attention des gérants.*

Emma, la fille de Luc Tolino est titulaire d'un master en droit des affaires. Elle a évoqué avec son père l'éventualité d'adopter la forme de la SAS, laquelle offre plus de souplesse.

Votre mission

6. *Identifiez les conditions à remplir pour adopter la forme de SAS.*

Document

Extrait des statuts de la SARL Tolino

Article 7. Capital social

Le capital social est fixé à la somme de 25 000 €. Il est divisé en 250 parts sociales de 100 euros chacune, entièrement libérées, souscrites en totalité par les associés et attribuées à chacun d'eux à proportion de leurs apports respectifs, à savoir : Henri Tolino : 75 parts sociales ; Luc Tolino : 75 parts sociales ; Paul Tolino : 75 parts sociales ; Marc Tolino : 25 parts sociales.

SYNTHÈSE

La société à responsabilité limitée (SARL)

La constitution de la SARL

Constitution par des associés, personnes physiques ou morales :
- **SARL pluripersonnelle** : 2 à 100 associés maximum
- **SARL unipersonnelle** (EURL) : associé unique

- **Capital** divisé en parts sociales
- Aucun capital minimum exigé

Apports en numéraire, en nature ou en industrie

Le fonctionnement de la SARL

La gérance

Un ou plusieurs gérant(s), personne physique, nommé par les associés

→ Pouvoir d'accomplir tout acte de gestion dans l'intérêt de la société

→ Limitation possible des pouvoirs par les statuts

Les associés

Droit à l'information

Droit aux bénéfices

Droit de vote (décisions collectives)

Obligation aux dettes sociales limitée à l'apport des associés

• En cas de cession de PS à un tiers, agrément obligatoire des autres associés
• Droit au rachat des PS en cas de refus d'agrément si elles sont détenues depuis plus de 2 ans ou si elles ont été acquises par succession ou par donation

Le contrôle de la gestion de la SARL

Contrôle par les associés	Intervention d'un CAC	Contrôle des conventions
• Approbation des comptes • Demande d'expertise de gestion • Déclenchement de la procédure d'alerte	• Nomination obligatoire dans les SARL dépassant certains seuils	• Soumission au contrôle des associés des conventions entre la SARL et son gérant ou un associé • Interdiction pour la SARL d'accorder un prêt, un découvert ou une garantie personnelle à un associé personne physique, au gérant ainsi qu'à leurs conjoint, ascendant ou descendant

L'évolution de la SARL

Augmentation du capital	Réduction du capital	Transformation	Dissolution
• Par incorporation de réserves *ou* • Par apports nouveaux	• Motivée ou non par les pertes • Application de règles particulières si les capitaux propres deviennent inférieurs à la moitié du capital social	Règles de majorité différentes selon la forme adoptée	• Causes communes à toutes les sociétés • Causes propres à la SARL (plus de 100 associés, absence de régularisation en cas de perte de la moitié du capital social)

CHAPITRE 9

La société anonyme (SA) : son administration

PROGRAMME

Compétences attendues

- **Schématiser** et **analyser** les règles de fonctionnement de la SA
- **Rédiger** des clauses spécifiques des statuts (clause limitative de pouvoir)
- **Analyser** les opérations de contrôle au sein d'une SA
- **Justifier** le choix de la SA adaptée à une situation donnée

Savoir associé

Les sociétés anonymes : forme classique, à directoire

PRÉREQUIS

Offre au public de titres (chapitre 2) • Personnalité morale (chapitre 3) • Responsabilité des dirigeants (chapitre 4) • CAC et expertise de gestion (chapitre 5)

PLAN DU CHAPITRE

COURS : 1. La constitution de la SA • 2. Le fonctionnement de la SA

DES SAVOIRS AUX COMPÉTENCES : Évaluer les savoirs • Maîtriser les compétences • Préparer l'épreuve

SYNTHÈSE

Nécessitant un capital minimum, avec la possibilité de l'ouvrir au public, la SA est une société de capitaux, pour laquelle les apports comptent plus que la personnalité des associés, qui peuvent être nombreux et ne pas se connaître. Encadrée par de très nombreuses règles légales, elle est administrée par plusieurs organes aux pouvoirs hiérarchisés : soit par un conseil d'administration et un directeur général (SA à forme classique), soit par un directoire et un conseil de surveillance (SA à directoire).

Forme adaptée aux grandes entreprises, la SA est soumise à des contrôles multiples.

MOTS-CLÉS

Actionnaire • Administrateur • Conseil d'administration • Conseil de surveillance • Directeur général • Directoire • Procédure d'alerte

1 La constitution de la SA

A) Les conditions de fond

1. Les associés

La SA est constituée par au moins 2 associés, appelés **actionnaires**. Par exception, les SA cotées (SA dont les actions sont admises aux négociations sur un marché réglementé ou sur un système multilatéral de négociation) sont constituées par au moins 7 actionnaires. Toute personne physique ou morale peut être actionnaire.

2. Le capital social

Le capital social minimum exigé par la loi est de 37 000 €. Les clauses de variabilité du capital sont interdites. Le capital est divisé en actions, qui doivent être intégralement souscrites par les actionnaires. Le montant du capital correspond à la somme des apports en numéraire et en nature.

Apports en numéraire. Ils doivent être libérés au minimum de la moitié de leur montant, le solde l'étant sur demande du CA ou du directoire dans les 5 ans à compter de l'immatriculation.

Apports en nature. Ils doivent être intégralement libérés. Ils sont obligatoirement évalués par un commissaire aux apports (CAA), nommé par les actionnaires à l'unanimité ou, à défaut, par décision de justice à la demande d'un ou plusieurs actionnaires. Dans un rapport annexé aux statuts, le CAA indique le mode d'évaluation retenu et affirme que la valeur des apports correspond au capital qu'ils représentent.

FOCUS — **La responsabilité liée à l'évaluation des apports en nature**

Les actionnaires peuvent retenir une autre valeur que celle fixée par le CAA mais ils encourent une sanction pénale en cas de surévaluation frauduleuse (↪ chapitre 24). Leur responsabilité civile peut être engagée si la surévaluation d'un apport cause un préjudice à la société ou aux actionnaires.

3. L'objet social

L'objet de la SA peut être civil ou commercial, la société étant toujours commerciale par sa forme. Certaines activités sont réservées aux SA (ex. : entreprises d'assurance autres que les mutuelles, sociétés d'économie mixte locale).

B) Les conditions de forme

Outre les formalités communes à toutes les sociétés (↪ chapitre 3), la constitution d'une SA est soumise à des modalités particulières, selon qu'elle s'accompagne ou non de l'offre au public de titres financiers (↪ chapitre 2).

FOCUS — **L'offre au public de titres financiers**

Cette opération consiste pour une société soit à placer ses titres auprès du public grâce à un intermédiaire financier (par exemple une banque), soit à communiquer au public, par quelque moyen que ce soit, les informations nécessaires pour permettre à un investisseur de décider d'acquérir ses titres. L'offre au public peut intervenir à la constitution de la société ou ultérieurement lors d'une augmentation de capital ou d'une émission d'obligations (↪ chapitre 10).

1. La constitution de la SA sans offre au public de titres

Les statuts écrits doivent être signés par tous les actionnaires (ou par leurs mandataires). Outre les mentions imposées par la loi pour toute société (↪ chapitre 3), les statuts d'une SA doivent préciser le type d'actions émises et leur forme, le choix du mode de gestion, les règles relatives à la composition, au fonctionnement et aux pouvoirs des organes de la société, le nom des premiers **administrateurs** ou membres du **conseil de surveillance**.

Les premiers dirigeants (président du CA, DG, membres du directoire) sont nommés ensuite par l'organe compétent dans un acte séparé.

2. La constitution de la SA avec offre au public de titres

La procédure est plus contraignante et plus longue afin d'assurer la protection et l'information du public sollicité (fig. 9.1).

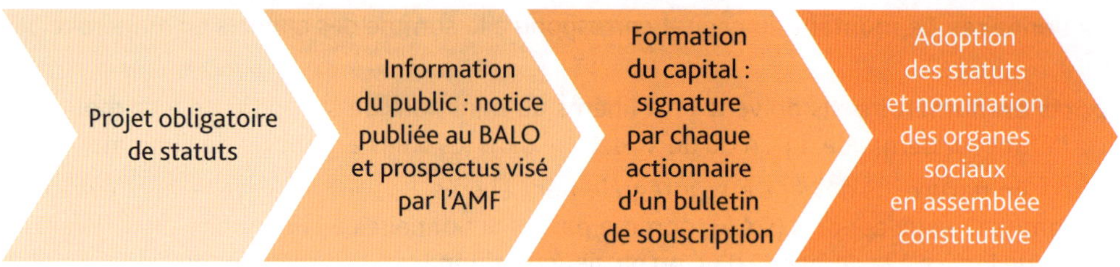

Figure 9.1. Principales étapes de la constitution d'une SA avec offre au public

➔ CAS 6

2 Le fonctionnement de la SA

La gestion de la SA peut s'effectuer selon deux modalités, forme classique ou directoire, avec des organes différents. Le choix est effectué par les actionnaires dans les statuts et peut être modifié au cours de la vie sociale par décision de l'AGE (tab. 9.1).

Tableau 9.1. Organes de la SA

SA à forme classique	SA à directoire
• Conseil d'administration • Président du Conseil d'administration • Directeur général	• Directoire • Conseil de surveillance

A) La gestion de la SA à forme classique

1. La composition du conseil d'administration (CA)

Nombre d'administrateurs. Il est d'au minimum 3 et au maximum 18.

Qualité. Peut être administrateur toute personne physique ou morale, actionnaire ou non (exigence possible de détention d'un certain nombre d'actions par une clause statutaire) sauf incompatibilité ou interdiction de gérer.

Limite d'âge. Le conseil d'administration ne peut compter plus d'un tiers d'administrateurs de plus de 70 ans. À défaut, l'administrateur le plus âgé est réputé démissionnaire. Les statuts peuvent prévoir une autre limite et d'autres modalités de régularisation.

Équilibre homme-femme. La loi fixe pour toute SA un objectif (non sanctionné) de représentation équilibrée d'hommes et de femmes au sein du CA. Les sociétés cotées et les sociétés excédant, depuis trois exercices, 250 salariés et 50 000 000 € de CAHT ou de total de bilan, ont l'obligation de compter au minimum 40 % d'administrateurs de chaque sexe. Sont nulles les nominations contraires et les décisions prises par le CA irrégulièrement composé. Le versement des rémunérations des administrateurs est suspendu tant que la situation n'est pas conforme.

Cumul avec un contrat de travail. Le cumul est possible sous réserve de respecter les critères jurisprudentiels (↳ chapitre 4) ainsi qu'une limite en nombre (au plus un tiers des administrateurs liés à la société par un contrat de travail). Les conditions du cumul varient selon la taille de la société (tab. 9.2).

Tableau 9.2. Cumul avec un contrat de travail selon la taille de la société

	PME (CAHT < 50 M€ ou total bilan < 43 M€ et < 250 salariés)	Autres SA
Nomination d'un salarié comme administrateur	Cumul possible	Cumul possible
Conclusion d'un contrat de travail après nomination comme administrateur	Cumul possible	Cumul impossible

FOCUS — Le cas particulier des représentants des salariés au CA

Les salariés peuvent élire parmi eux des administrateurs chargés de les représenter au CA, si les statuts le prévoient. Cette nomination est obligatoire dans les SA de très grande taille (au moins 1 000 salariés pour une SA et ses filiales françaises ; au moins 5 000 pour une SA et ses filiales étrangères).

Dans les SA de très grande taille – comme dans les sociétés cotées – lorsque plus de 3 % du capital est détenu par des salariés, les actionnaires doivent nommer en AGO un ou plusieurs administrateurs représentant les salariés actionnaires.

Ces deux catégories d'administrateurs ne sont prises en compte ni dans le calcul du nombre maximum d'administrateurs, ni pour le respect de la limite des administrateurs liés à la société par un contrat de travail.

Nomination. Les administrateurs sont nommés au cours de la vie sociale par décision de l'assemblée générale ordinaire (AGO). La loi prévoit, dans certains cas, la désignation provisoire d'un administrateur par le CA (cooptation, tab. 9.3), sous réserve de ratification par la prochaine AGO.

Tableau 9.3. Cooptation des administrateurs

Cooptation possible	Cooptation obligatoire	Cooptation interdite : convocation obligatoire d'une AGO
En cas de décès ou de démission d'un administrateur, si le nombre d'administrateurs est supérieur ou égal au minimum statutaire	Si le nombre d'administrateurs est inférieur au minimum statutaire mais supérieur ou égal au minimum légal	Si le nombre d'administrateurs est inférieur au minimum légal

Durée et cessation des fonctions. La durée est fixée par les statuts, elle est au maximum de 6 ans. Un administrateur cesse ses fonctions à la fin de la durée prévue, par démission, application de la limite d'âge, décès ou dissolution (administrateur personne morale), adoption du régime de SA à directoire, transformation ou dissolution de la SA. La révocation peut être décidée à tout moment par l'AGO et ne donne pas lieu à indemnité, même en l'absence de juste motif.

Responsabilité. Comme pour tout dirigeant, les responsabilités civile, pénale et fiscale des administrateurs peuvent être engagées (↳ **chapitres 4 et 22**).

2. Le fonctionnement du CA

Pouvoirs. Le CA détermine les orientations de l'activité de la société et veille à leur mise en œuvre dans l'intérêt social en prenant en compte les enjeux sociaux et environnementaux de l'activité de la société. Le CA surveille l'action du DG. Ses pouvoirs sont limités par ceux des autres organes et par l'objet social. Le CA exerce également des pouvoirs propres, lesquels recouvrent :

- l'établissement du rapport de gestion, des comptes annuels et du rapport sur le gouvernement d'entreprise ;
- la nomination, la fixation de la rémunération et la révocation du PCA, du DG et des DGD ;
- la cooptation d'administrateurs et la répartition des rémunérations des administrateurs ;
- la convocation de l'AG et la fixation de l'ordre du jour ;
- le transfert du siège social en France, sous réserve de ratification par l'AGO ;
- l'autorisation des conventions réglementées ;
- l'autorisation des cautions, avals et garanties consentis au nom de la société ;
- la mise en conformité des statuts avec la loi, avec ratification par la prochaine AGE.

Le rapport sur le gouvernement d'entreprise peut être remplacé par une section spécifique du rapport de gestion (sauf si la société est cotée).

FOCUS — Le rapport sur le gouvernement d'entreprise

Le CA doit présenter aux actionnaires un rapport contenant des informations relatives aux mandataires sociaux (notamment les fonctions exercées par chacun, la composition et le fonctionnement du CA, la dissociation des fonctions de PCA et DG). Dans les SA cotées, le rapport indique notamment les rémunérations versées aux mandataires sociaux ainsi que d'autres informations concernant la gouvernance de la SA (référence à un code de gouvernement d'entreprise).

Réunions du CA. Le CA se réunit sur convocation du PCA. Le DG peut demander la convocation du CA, ainsi que le tiers au moins des administrateurs si le CA ne s'est pas réuni depuis plus de 2 mois. Participent aux réunions les administrateurs et le DG, ainsi que le CAC (s'il y en a un) lors de l'arrêté des comptes. Un administrateur peut en représenter un autre. Sauf clause statutaire contraire, la participation en visioconférence est admise. Les statuts peuvent autoriser le CA à prendre des décisions par consultation écrite. Les administrateurs disposent d'un droit à l'information et sont soumis à une obligation de discrétion.

Décisions du CA. Le quorum est de la moitié des administrateurs. Les décisions sont prises à la majorité des voix des administrateurs présents ou représentés, celle du PCA étant prépondérante en cas de partage de voix. Un PV est établi pour chaque réunion.

Les statuts peuvent prévoir la possibilité de voter au préalable par correspondance.

Rémunération. Les administrateurs perçoivent, à titre de rémunération, une somme globale (somme fixée annuellement par les actionnaires en AGO, répartie ensuite par décision du CA entre les administrateurs). Un administrateur chargé d'une mission particulière peut percevoir une rémunération exceptionnelle.

3. Le président du CA (PCA)

Les administrateurs désignent parmi eux, à la majorité, un président du CA, personne physique, de moins de 65 ans (sauf autre limite statutaire). Le PCA est nommé pour une durée fixée par les statuts ou par le CA, sans excéder la durée de son mandat d'administrateur. Ses fonctions cessent de diverses manières : à la fin de la durée prévue, par démission, empêchement personnel, perte de la qualité d'administrateur, limite d'âge. Sa révocation peut être décidée à tout moment par le CA et ne donne pas lieu à indemnité, même en l'absence de juste motif. Il a pour mission d'organiser et diriger les travaux du CA, d'en rendre compte à l'AG et de veiller au bon fonctionnement des organes sociaux.

FOCUS La rémunération du président du CA

Le PCA perçoit une rémunération spéciale, fixée par le CA.
Dans les sociétés « cotées », les rémunérations du PCA (ainsi que celles du DG et des DGD) sont soumises à une double consultation lors de l'AGO annuelle (« *Say on pay* »). Les actionnaires doivent se prononcer sur la politique de rémunération à venir, élaborée par le CA, et sur les rémunérations versées au cours de l'exercice.

4. Le directeur général (DG)

Nomination. Le CA désigne un **directeur général** personne physique, de moins de 65 ans (sauf autre limite statutaire). Le CA choisit de confier la direction générale de la société soit au PCA, soit à un autre administrateur ou à un tiers.

Durée et cessation des fonctions. La durée est librement fixée par les statuts. Le DG cesse ses fonctions par démission, empêchement personnel, application de la limite d'âge, décès, adoption du régime de SA à directoire, transformation ou dissolution de la SA. La révocation peut être décidée à tout moment par le CA et peut donner lieu à dommages-intérêts en l'absence de juste motif (sauf si le DG est le PCA).

Rémunération. Elle est fixée librement par le CA.

Pouvoirs. Les pouvoirs du DG (tab. 9.4) sont déterminés dans ses rapports avec les associés et les tiers.

Tableau 9.4. **Les pouvoirs du directeur général**

Dans ses rapports avec les associés	Dans ses rapports avec les tiers
• Exercice de la direction générale sous le contrôle du CA : pouvoirs les plus étendus pour agir au nom de la société • Limitations des pouvoirs : – actes de la compétence du CA ou de l'AG ; – actes n'entrant pas dans l'objet social ; – clause statutaire ; – décision du CA.	• Représentation légale de la SA. • Engagement de la société par tout acte du DG, même : – s'il dépasse les limites fixées par les statuts ou par un autre organe ; – s'il se situe en dehors de l'objet social (sauf lorsque l'acte est passé avec un tiers qui connaissait le dépassement de l'objet).

Exemple de clause statutaire :
« Toutefois et sans que cette clause puisse être opposée aux tiers ni invoquée par eux, toute aliénation d'immeuble ou de fonds de commerce appartenant à la société sera soumis à l'autorisation préalable du CA. »

Limitation des pouvoirs du DG concernant les cautions, avals ou garanties accordés par la société. La loi impose une autorisation préalable par le CA des cautions, avals ou garanties accordés par la société pour garantir l'engagement d'un tiers, dans la limite d'un plafond global et pour un an. Le CA peut également fixer une limite particulière, par engagement. Un acte conclu sans autorisation ou au-delà d'un an n'est pas opposable à la société. Si l'ensemble des actes dépasse la limite globale, la société reste engagée vis-à-vis des tiers de bonne foi. Si un acte dépasse à lui seul la limite (globale ou particulière), la société n'est pas engagée.

Responsabilité. Comme tout dirigeant, le DG engage sa responsabilité civile, pénale et fiscale (↪ chapitres 4 et 22).

5. Le directeur général délégué (DGD)

Nomination. Sur proposition du DG, le CA peut nommer un DGD (ou plusieurs, au maximum 5), personne physique, administrateur ou tiers, de moins de 65 ans (sauf autre limite statutaire).

Durée et cessation des fonctions. Le CA fixe la durée des fonctions du DGD. Ses fonctions cessent en même temps que celles du DG. Le DGD peut être révoqué à tout moment pour juste motif par le CA sur proposition du DG.

Pouvoirs. Le DGD est chargé d'assister le DG. Ses pouvoirs sont fixés précisément par le CA avec accord du DG. Vis-à-vis des tiers, le DGD a les mêmes pouvoirs que le DG (représentation de la société) et la limitation de ses pouvoirs ne leur est pas opposable.

Rémunération. Elle est librement fixée par le CA.

Responsabilité. Comme tout dirigeant, le DGD engage sa responsabilité civile, pénale et fiscale (↪ chapitres 4 et 22).

B) La gestion de la SA à directoire et conseil de surveillance

1. Le directoire

Nombre. Le directoire comprend au minimum deux et au maximum cinq membres (sept, dans les SA cotées). Par exception, dans les SA dont le capital est inférieur à 150 000 €, il est possible de nommer un seul membre (directeur général unique).

Nomination. Le conseil de surveillance (CS) nomme les membres du directoire. Peut-être membre du directoire toute personne physique, actionnaire ou non, de moins de 65 ans (sauf autre limite statutaire). Les membres du CS ne peuvent pas être membres du directoire. Le CS poursuit un objectif (non sanctionné) de représentation équilibrée des hommes et des femmes au sein du directoire.

Durée des fonctions. Elle est fixée par les statuts, entre 2 et 6 ans. À défaut de clause statutaire, elle est de 4 ans.

Cessation des fonctions. À la fin de la durée prévue, tous les membres du directoire cessent leurs fonctions simultanément. Les fonctions cessent aussi par démission, empêchement personnel, application de la limite d'âge, nomination au CS, décès, adoption du régime de SA à forme classique, transformation ou dissolution de la société. La révocation est décidée par l'AG (ou par le CS si les statuts l'ont prévu). Elle peut donner lieu à dommages-intérêts en l'absence de juste motif.

Cumul avec un contrat de travail. Le cumul est possible sous réserve de respecter les critères jurisprudentiels (↪ **chapitre 4**).

Rémunération. Elle est fixée par le CS pour chaque membre lors de sa nomination.

Responsabilité. Comme tout dirigeant, les membres du directoire engagent leur responsabilité civile, pénale et fiscale (↪ **chapitres 4 et 22**).

Président du directoire. Le CS désigne parmi les membres du directoire un président et peut le révoquer, sans qu'il ne puisse obtenir d'indemnité, même en l'absence de juste motif.

Pouvoirs. Les pouvoirs du directoire (tab. 9.5) sont déterminés dans ses rapports avec les associés et les tiers.

Tableau 9.5. Pouvoirs du directoire et de son président

Vis-à-vis des associés	Vis-à-vis des tiers
• Exercice de la direction : pouvoirs les plus étendus pour agir au nom de la société. • Pouvoirs spécifiques : – établissement des comptes annuels ; – convocation de l'AG, information des actionnaires. Limitation des pouvoirs : • actes de la compétence des autres organes ; • actes n'entrant pas dans l'objet social ; • limite statutaire imposant l'autorisation préalable du CS pour certains actes.	• Représentation légale de la SA par le président du directoire (et, éventuellement, le ou les autres membres désignés par le CS (DG)). • Engagement de la société par tout acte du président du directoire, même : – s'il dépasse les limites fixées par les statuts ; – s'il se situe en dehors de l'objet social (sauf lorsque l'acte est passé avec un tiers qui connaissait le dépassement de l'objet).

Directeur général. Les statuts peuvent prévoir aussi la possibilité pour le CS de donner pouvoir de représenter la société à un (ou plusieurs) autre membre du directoire qui prend le titre de directeur général.

Limitation des pouvoirs du directoire concernant les cautions, avals ou garanties accordés par la société. La loi impose une autorisation préalable par le CS des cautions, avals ou garanties accordés par la société pour garantir l'engagement d'un tiers, dans la limite d'un plafond global et pour un an. Le CS peut également fixer une limite particulière, par engagement. Un acte conclu sans autorisation ou au-delà d'un an n'est pas opposable à la société. Si l'ensemble des actes dépasse la limite globale, la société reste engagée vis-à-vis des tiers de bonne foi. Si un acte dépasse à lui seul la limite (globale ou particulière), la société n'est pas engagée.

Fonctionnement. Les décisions sont prises collégialement par les membres du directoire. Les modalités sont fixées par les statuts (fréquence des réunions, convocation, quorum et majorité). Le directoire doit remettre au CS une fois par trimestre au moins un rapport sur la marche de la société.

2. Le conseil de surveillance (CS)

Composition. Les règles applicables sont identiques à celles relatives au CA, sauf sur deux points :

- incompatibilité des fonctions de membre du CS avec celles de membre du directoire ;
- possibilité de cumul avec un contrat de travail, que ce dernier ait été conclu avant ou après la nomination au CS.

Président et vice-président. Le CS désigne parmi ses membres un président et un vice-président, personnes physiques, chargés de convoquer le CS et de diriger ses travaux.

Réunions. Le CS peut être convoqué par le président ou le vice-président, à la demande d'un membre du directoire ou du tiers des membres du CS. Les règles relatives à la représentation, à la participation en visioconférence, au quorum et à la majorité sont identiques à celles du CA.

Rémunération. Selon le même régime que les administrateurs, les membres du CS perçoivent une rémunération annuelle, ainsi que des rémunérations exceptionnelles pour des missions particulières.

Pouvoirs. Le CS exerce un contrôle permanent de l'action du directoire, sans s'immiscer dans la gestion, car il ne dispose d'aucun pouvoir externe. À tout moment, il peut effectuer des vérifications et se faire communiquer tout document nécessaire. Il examine les rapports présentés par le directoire. Le CS détient également des pouvoirs propres :

- nomination des membres du directoire et du président, fixation de leur rémunération ;
- nomination, révocation des président et vice-président du CS, cooptation, répartition de la rémunération annuelle globale ;
- faculté de convoquer l'AG ;
- élaboration du rapport sur la gouvernance d'entreprise contenant, notamment, ses observations sur le rapport du directoire et les comptes de l'exercice ;
- transfert du siège social en France sous réserve de ratification par l'AGO suivante ;
- autorisation des conventions réglementées ;
- autorisation préalable des cautions, avals et garanties accordés au nom de la société ;
- la mise en conformité des statuts avec la loi , avec ratification par la prochaine AGE.

Responsabilité. La responsabilité des membres du CS est limitée puisque le CS ne dispose d'aucun pouvoir de gestion. Elle est engagée civilement en cas de faute personnelle commise dans l'exercice de leur mission (ex. : négligence dans les contrôles) et pénalement en cas de complicité des délits commis par les membres du directoire.

C) La limitation du cumul des mandats sociaux dans la SA

Ces limites imposées au cumul (tab. 9.6) concernent les mandats exercés dans les SA ayant leur siège social en France par des personnes physiques (sont aussi pris en compte les représentants permanents des mandataires personnes morales). L'objectif est de garantir la disponibilité et l'indépendance des mandataires sociaux. En cas de dépassement, l'intéressé doit démissionner d'un de ses mandats dans les 3 mois. À défaut, il est réputé démissionnaire de son dernier mandat.

Tableau 9.6. **Les limites au cumul des mandats sociaux dans les SA**

	Limite	Dérogations (cumulables)
Mandats d'administrateur ou membre du CS	5 mandats	• Nombre illimité de mandats dans des SA contrôlées. • 5 mandats dans les SA sœurs non cotées équivalent à 1 mandat.
Mandat de DG ou membre du directoire (DGD exclu)	1 mandat	• 1 autre mandat dans une SA contrôlée par la première. • 1 autre mandat dans une autre SA si les 2 sont non cotées.
Tous mandats	5 mandats (3, dans les SA cotées de grande taille)	• DG et administrateur d'une même SA comptent pour un seul mandat. • Les mandats d'administrateur ou de membre du CS ne sont pas pris en compte dans une SA contrôlée par la première. • 5 mandats d'administrateur ou de membre du CS, dans des SA sœurs non cotées, équivalent à un mandat.

D) Le contrôle de la gestion de la SA

1. Le contrôle des conventions

Conventions réglementées. Les conventions conclues directement ou par personne interposée entre la SA et certains mandataires sociaux, actionnaires ou entreprises (fig. 9.2) sont soumises à contrôle.

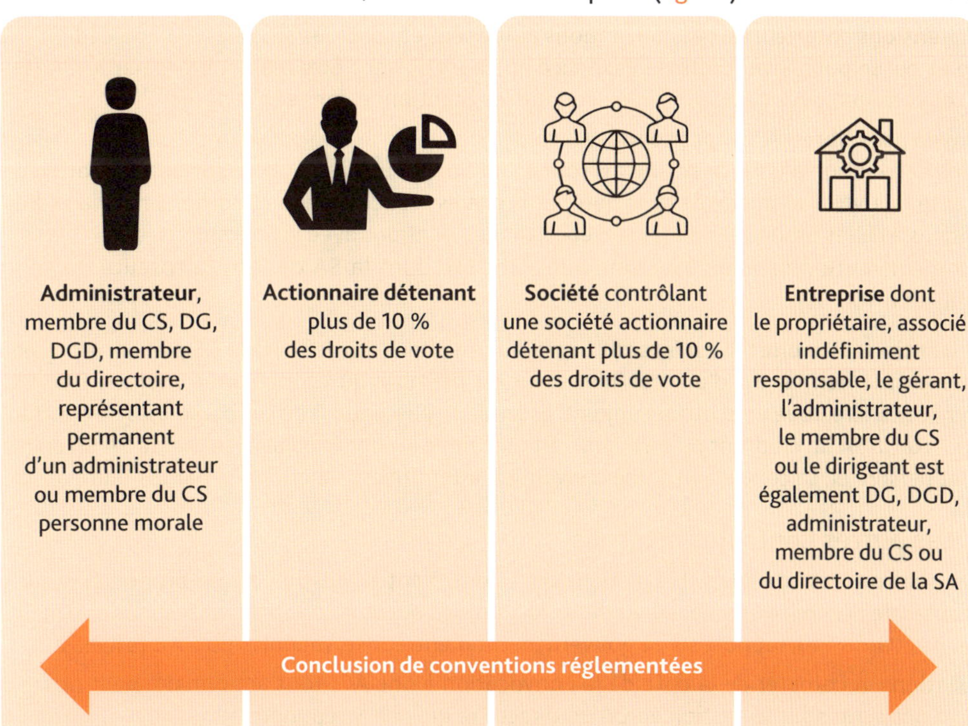

Figure 9.2. **Personnes susceptibles de conclure avec la SA une convention réglementée**

Procédure. Les conventions réglementées sont soumises à un double contrôle (fig. 9.3).

- Le CA/CS décide ou non d'autoriser la convention
- Si l'intéressé est membre du CA/CS, il ne participe pas aux délibérations et ne vote pas

Les actionnaires approuvent ou non les conventions conclues. L'intéressé ne vote pas et ses actions ne sont pas prises en compte pour le calcul de la majorité

Toute personne concernée, directement ou indirectement, doit informer le CA/CS dès qu'elle a connaissance du projet de convention

Un rapport spécial est présenté en AG. Il est rédigé :

- soit par le CAC (s'il existe), qui doit être informé par le PCA/PCS au plus tard un mois après la convention
- soit par le PCA/PCS

Figure 9.3. Procédure de contrôle des conventions réglementées dans la SA

Sanctions. Une convention conclue sans autorisation préalable du CA peut être annulée si elle cause un dommage à la société et la responsabilité de l'intéressé peut être engagée. Une convention non approuvée par les actionnaires poursuit ses effets à l'égard des tiers. Si elle a causé un préjudice à la société, l'intéressé ainsi que les administrateurs ou les membres du CS l'ayant autorisée peuvent voir leur responsabilité engagée.

Conventions antérieures. Les conventions autorisées et conclues au cours d'un précédent exercice et qui se poursuivent lors de l'exercice en cours doivent être réexaminées par le CA (ou le CS) et communiquées au CAC (s'il existe) qui les mentionne dans son rapport.

Conventions libres. N'est pas soumise à contrôle :

- une convention passée avec une personne visée par la loi si elle porte sur une opération courante (activité habituelle de la société) et si elle est conclue à des conditions normales (identiques à celles pratiquées par la société dans ses relations avec les tiers) ;
- une convention conclue avec une autre société dont la SA détient la totalité du capital (filiale à 100 %).

Conventions interdites. Il est interdit à un administrateur ou membre du CS personne physique, représentant permanent d'un administrateur ou membre du CS personne morale, DG, DGD, membre du directoire ainsi qu'au conjoint, ascendant, descendant de ces personnes de contracter auprès de la SA un emprunt ou un découvert, de faire cautionner ou avaliser par la SA un engagement personnel. La conclusion d'une convention interdite est sanctionnée par la nullité absolue.

2. Les autres contrôles internes

Approbation des comptes. Les actionnaires contrôlent la gestion en se prononçant sur les comptes de l'exercice écoulé, au vu des informations qui leur sont transmises : rapport de gestion (↪ chapitre 5), rapport sur le gouvernement d'entreprise, rapports du CAC (s'il existe).

Questions. À compter de la date de la convocation à une AG, tout actionnaire peut poser des questions écrites sur la gestion au CA ou directoire qui doit y répondre pendant l'AG.

Contrôle par les organes sociaux. Dans les SA à forme classique, le CA exerce une surveillance de l'action du DG et peut le révoquer. Dans les SA à directoire, le CS a pour mission de contrôler en permanence l'action du directoire. Il en rend compte aux actionnaires dans le rapport sur le gouvernement d'entreprise et peut révoquer ses membres si les statuts l'ont prévu.

3. Les contrôles externes

Expertise de gestion. Un expert de gestion peut être nommé par le président du tribunal de commerce pour examiner une ou plusieurs opérations de gestion, à la demande d'un actionnaire ou groupe d'actionnaires détenant au minimum 5 % du capital, et après question écrite au PCA ou au directoire sans réponse ou en cas de réponse insatisfaisante (↪ chapitre 5).

Nomination du CAC. Sont tenues de nommer un CAC par décision de l'AGO :

- Les SA qui dépassent certains seuils (↪ chapitre 5).
- Les SA qui contrôlent d'autres sociétés – si elles dépassent, ensemble, les seuils – et les SA contrôlées constituant des filiales significatives.

La nomination d'un CAC est également obligatoire à la demande d'un ou de plusieurs associés représentant au moins le tiers du capital.

Un CAC peut aussi être nommé facultativement :

- soit par une décision des actionnaires, à la majorité ;
- soit par une décision de justice, à la demande d'un ou de plusieurs actionnaires représentant au moins 10 % du capital.

Mission du CAC. Le CAC (↪ chapitre 5) établit différents rapports destinés à l'AG (rapport sur les comptes annuels rendant compte de sa mission d'audit légal, rapport sur les conventions réglementées, observations sur le rapport sur le gouvernement d'entreprise, ainsi que des rapports liés à des opérations spécifiques (ex. : augmentation de capital). Il est tenu de déclencher l'alerte s'il constate au cours de sa mission des faits de nature à compromettre la continuité de l'exploitation. La **procédure d'alerte** se déroule en quatre phases (fig. 9.4).

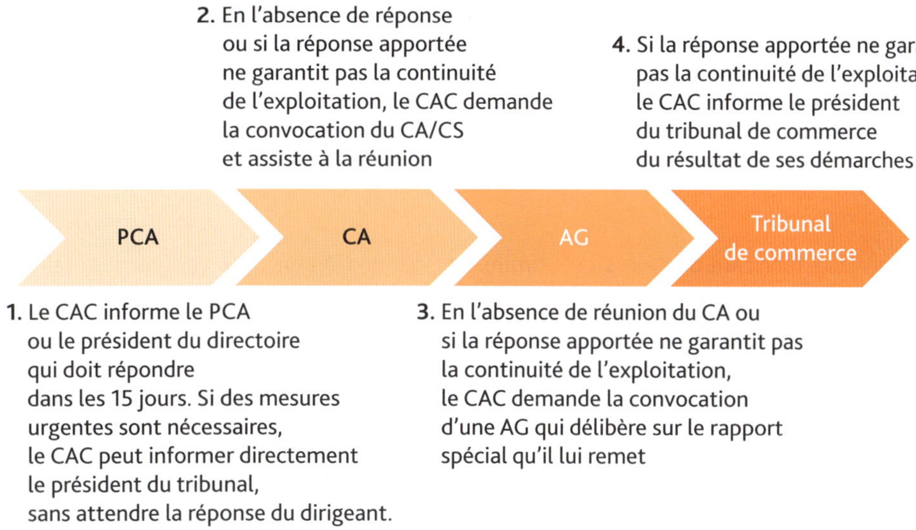

Figure 9.4. **Procédure d'alerte par le commissaire aux comptes**

➔ APPLICATION 2 • CAS 3 • CAS 4 • CAS 5 • CAS 6 • SITUATION PRATIQUE 7 • COMMENTAIRE DE DOCUMENTS 8

1 Quiz

Vérifiez l'exactitude des propositions ci-après et justifiez-les.

	Vrai	Faux
1. Une SA peut être constituée par deux personnes.	☐	☐
2. Le choix du mode de gestion est effectué définitivement à la constitution.	☐	☐
3. Un administrateur en fonction peut toujours devenir salarié de la SA.	☐	☐
4. Les administrateurs sont en principe nommés et révoqués par les actionnaires.	☐	☐
5. Le CA définit les orientations de la SA.	☐	☐
6. Le PCA peut aussi être directeur général.	☐	☐
7. Les décisions du directoire sont prises collégialement.	☐	☐
8. Le CS n'exerce aucun pouvoir de gestion.	☐	☐
9. Toute convention entre la SA et un actionnaire est soumise à contrôle.	☐	☐
10. Une SA a toujours l'obligation de nommer un CAC.	☐	☐

2 Mélo Vélos ★★★

La SA Mélo Vélos, fabricant de cycles, est administrée par un CA composé de Georges Mélo (président), Anaïs Mélo et Louis Réa. Hervé Gall est DG et Bruno Amant, DGD, chargé des relations commerciales. Les décisions suivantes sont envisagées :

- Diversification de l'activité (production de vélos électriques).
- Convocation du prochain CA.
- Embauche d'un commercial.
- Arrêté des comptes de l'exercice écoulé.
- Révocation de Louis Réa.
- Nomination d'Aude Dubain au CA en remplacement de Louis Réa.
- Signature d'un contrat de distribution pour la vente des nouveaux vélos.
- Cautionnement par la SA Mélo d'un prêt contracté par une de ses filiales.

Indiquez par quel organe chaque décision doit être prise.

3 Cas : Yves Graik ★★★

Compétence attendue Schématiser et analyser les règles de fonctionnement de la SA

Yves Graik exerce différents mandats dans des SA non cotées et ayant leur siège social en France (les mandats sont cités dans l'ordre chronologique des nominations) : membre du directoire de la SA Alpha, administrateur de la SA Bêta, PDG de la SA Gamma, membre du conseil de surveillance de la SA Delta, administrateur de la SA Epsilon, président de la SAS Lambda, administrateur de la SA Oméga. Ces sociétés n'ont pas de lien entre elles.

Vérifiez que les règles relatives au cumul des mandats sont respectées.

4 Cas : Dronissime ★★★

Compétence attendue Schématiser et analyser les règles de fonctionnement de la SA

William Hub et Jean Cloud ont pour projet de créer, sous forme de SA, une start-up dénommée « Dronissime », afin de concevoir et produire des drones intelligents. William effectuerait un apport de 15 000 €. Jean apporterait du matériel de production dont il estime la valeur à 25 000 €. La direction de la société serait confiée à Oscar Net, un ami intéressé par le projet mais qui ne souhaite pas s'associer.

1. *Déterminez si la SA peut être valablement constituée en indiquant les modalités des apports.*
2. *Précisez les mentions statutaires nécessaires.*

5 Cas : Colore ★★★

Compétence attendue Analyser les opérations de contrôle au sein d'une SA

Le capital de la SA à directoire Colore, fabricant de peintures à base de composants naturels, s'élève à 40 000 €, divisé en 400 actions, réparties de la façon suivante :

- Léon Blue, 100 actions (président du CS) ;
- Annie Blue, 100 actions (membre du CS) ;
- SARL Azur, 100 actions (membre du CS, représentant permanent Luc Noiret) ;
- Pierre Vair, 56 actions (membre du CS) ;
- Gaël Bland, 44 actions.

Les conventions suivantes doivent être prochainement conclues au nom de la SA :

- contrat de bail avec la SCI Arc-en-ciel dont Annie Blue est gérante ;
- contrat de travail avec Léa Vair, épouse de Pierre Vair ;
- achat par Gaël Bland d'un véhicule de la société ;
- vente à Léon Blue de 100 litres de peinture au tarif client ;

- cautionnement accordé par la société pour garantir un emprunt contracté par Luc Noiret ;
- prêt consenti à la SARL Azur.

Analysez ces situations et indiquez si ces conventions doivent être soumises à contrôle.

6 Cas : Vocalog ★★★

Compétence attendue

Justifier le choix d'une forme sociétaire adaptée dans une situation donnée

Jules Simon, 28 ans, a mis au point Vocalog, système de reconnaissance vocale permettant de piloter à distance les objets du quotidien. Il souhaite créer une société afin de le développer. Jules est seulement en mesure pour le moment d'apporter 10 000 € à la société. Ses parents, Martin et Nadège, qui le soutiennent, accepteraient d'effectuer un apport financier, tout en lui laissant la direction de la société. Le projet a retenu l'attention de la presse spécialisée et Jules a participé récemment à un congrès international dans le domaine de l'intelligence artificielle. Il espère donc pouvoir rapidement ouvrir le capital de la société à des investisseurs français et étrangers.

Justifiez le choix de la forme SA dans cette situation.

Évaluer les savoirs | Maîtriser les compétences | Préparer l'épreuve

7 Situation pratique : Thermoflex ★★★

40 min

Compétences attendues

- **Schématiser** et **analyser** les règles de fonctionnement de la SA
- **Rédiger** des clauses spécifiques des statuts (clause limitative de pouvoir)
- **Analyser** les opérations de contrôle au sein d'une société

Rendez-vous MÉTHODE 3

La société Thermoflex, située à Vannes, est une SA non cotée, fondée en 1970 par Gérard Lamarche et Marc Valet, dont un extrait des statuts figure dans le dossier documentaire. Elle produit des systèmes de chauffage. Elle emploie 45 salariés et a réalisé, lors du dernier exercice, un CAHT de 7 500 000 €.

Le mandat de Robert Aymard, CAC de la SA Thermoflex est arrivé à échéance à la fin du dernier exercice clos. Sont actuellement administrateurs Gérard Lamarche et son épouse Flora Lamarche, ainsi que Marc Valet et sa fille Lucie Valet. Marc Valet est PCA et DG. Aucun administrateur n'est lié à la société par un contrat de travail.

Lucie Valet propose d'orienter l'activité vers la production de thermostats connectés. Cette décision doit être prise lors de la prochaine réunion du CA. Marc Valet soutient cette proposition, mais Gérard et Flora Lamarche y sont opposés.

Votre mission

1. *Indiquez si la décision peut être adoptée par le conseil d'administration.*

Marc Valet souhaite faire entrer au CA Théo Baer, jeune ingénieur ayant une expérience en domotique. Ses compétences techniques seraient très utiles à la société et il pourrait prendre la direction de la nouvelle branche d'activité.

Votre mission

2. *Vérifiez, dans l'hypothèse où Théo Baer serait nommé administrateur, s'il pourrait également être salarié de Thermoflex. Précisez à quelle procédure particulière le contrat de travail devrait alors être soumis.*

Souffrant de problèmes de santé, Marc Valet envisage de démissionner de son mandat de DG de la SA Thermoflex. La direction devrait être confiée à Lucie Valet. Toutefois, les actionnaires souhaitent que les décisions du DG soient soumises à autorisation préalable du CA, pour tous les engagements excédant 20 000 €.

Votre mission

3. *Rédigez la clause à insérer dans les statuts pour limiter les pouvoirs du directeur général.*

Compte tenu de son effectif et de son CAHT lors du dernier exercice, la SA Thermoflex n'est plus tenue de nommer un CAC. Toutefois, Marc Valet souhaiterait que la SA continue à être contrôlée de cette manière, afin de garantir à ses partenaires une information financière fiable. Les autres actionnaires n'y sont pas favorables.

Votre mission

4. *Vérifiez si un CAC peut être nommé.*

Document

Extraits des statuts de la SA Thermoflex

Article 4. Apports

Les apports suivants ont été effectués :

M. Gérard Lamarche, un apport en numéraire de cinquante mille euros (50 000 €)
Mme Flora Lamarche, un apport en numéraire de vingt mille euros (20 000 €)
M. Marc Valet, un apport en numéraire de cinquante mille euros (50 000 €)
Mme Lucie Valet, un apport en numéraire de vingt mille euros (20 000 €)
M. Luc Hermont, un apport en numéraire de dix mille euros (10 000 €)
Mme Sophie Hazard, un apport en numéraire de dix mille euros (10 000 €)
M. Samy Ezri, un apport en numéraire de dix mille euros (10 000 €).

Article 5. Capital social

Le capital social est fixé à la somme de cent soixante-dix mille euros (170 000 €).

Article 10. Composition du conseil d'administration

Le conseil d'administration est composé de 3 à 6 membres.

8 Commentaire de documents : SA Parfums du Sud ★★★

40 min

Compétence attendue — **Schématiser** et **analyser** les règles de fonctionnement de la SA

Rendez-vous MÉTHODE 2

Fondée en 1952, la SA Parfums du Sud produit des eaux de toilette, parfums et savons à base d'huiles essentielles naturelles (lavande, thym, agrumes…) récoltées dans le sud-est de la France.

L'activité de la SA Parfums du Sud a connu ses dernières années une croissance importante. Portée par l'attractivité des cosmétiques français auprès de la clientèle étrangère, la société exporte désormais une part significative de sa production en Asie.

Le directeur général de la société, Lucas Gilet, est secondé par Sabine Levaut, directrice export embauchée en CDI en 2016. Celle-ci prend contact avec les clients étrangers, mène les négociations, Lucas Gilet n'intervenant que pour signer les contrats. Ce dernier souhaiterait toutefois que Sabine Levaut puisse prendre, de façon autonome, toutes les décisions concernant la branche export.

Vos missions

1. *Précisez quel mandat Sabine Levaut pourrait exercer et indiquez les modalités de sa nomination.*

En conflit avec le conseil d'administration, Lucas Gilet a démissionné avec effet au 1er juin. Xavier Bell est sollicité pour lui succéder. Il conditionne toutefois sa décision au remplacement de Sabine Levaut par Adel Bera. Or Sabine souhaiterait poursuivre sa mission.

2. *Analysez les conséquences de la nomination de Xavier Bell sur le mandat de Sabine Levaut.*

Adel Bera a été nommé pour assister le nouveau directeur général et prendre en charge les exportations vers l'Asie. À ce titre, il a conclu un contrat avec un investisseur chinois, lequel s'avère préjudiciable à la société. Le conseil d'administration lui reproche cette faute de gestion. Mais Adel Bera s'estime injustement mis en cause puisqu'il a agi sous la supervision du directeur général.

3. *En vous appuyant sur le dossier documentaire, vérifiez si la responsabilité d'Adel Bera peut être engagée.*

Document 1

Arrêt de la Cour de cassation, chambre commerciale, financière et économique, 5 mai 2021, pourvoi n° 19-23.575

M. [Z] [Q], […], a formé le pourvoi n° T 19-23.575 contre l'arrêt rendu le 12 septembre 2019 par la cour d'appel de Paris (pôle 5, chambre 9), dans le litige l'opposant :

1°/ à la société BTSG2, société civile professionnelle, […], en la personne de M. [T] [E], prise en qualité de liquidateur judiciaire des sociétés Mona Lisa Holding, Mona Lisa hôtels et résidences, Assinie, société d'exploitation du golf et de l'hôtel de Mignaloux Beauvoir, société Hôtelière de la Valette, JD, Sol e Mar, Manoir de Beauvoir et Aurelia Maussane,

2°/ à M. [V] [J], défendeurs à la cassation. […]

…

•••

Faits et procédure

1. Selon l'arrêt attaqué (Paris, 12 septembre 2019), la société Mona Lisa Holding était la société mère d'un groupe dont les activités étaient réparties entre un pôle promotion et un pôle exploitation.

2. Le 2 mars 2009, les sociétés appartenant au pôle exploitation, parmi lesquelles les sociétés Mona Lisa hôtels et résidences (la société ML hôtels et résidences), Sol e Mar et Aurelia Maussane, ont été mises en redressement judiciaire. Cette procédure a été convertie en liquidation judiciaire le 28 janvier 2010, la société BTSG2 étant désignée liquidateur.

3. Le 28 janvier 2013, le liquidateur a assigné, notamment, MM. [Q] et [J], en leur qualité de dirigeants de droit, en responsabilité pour insuffisance d'actif.

Sur le moyen, pris en sa deuxième branche

Énoncé du moyen

5. M. [Q] fait grief à l'arrêt de le condamner à payer au liquidateur les sommes de 1 000 000 euros au titre de l'insuffisance d'actif de la société ML hôtels et résidences, 100 000 euros au titre de l'insuffisance d'actif de la société Sol e Mar, et 100 000 euros au titre de l'insuffisance d'actif de la société Aurelia Maussane, alors « que le directeur général délégué, dont les pouvoirs, leur étendue et leur durée sont déterminés par le conseil d'administration, en accord avec le directeur général, exerce une fonction d'auxiliaire de ce dernier auquel il est subordonné et n'a donc pas qualité de dirigeant de droit ; qu'en considérant que M. [Q] aurait eu qualité de dirigeant de droit de la société Mona Lisa hôtels et résidences, après avoir constaté qu'il n'avait que la qualité de directeur général délégué, de sorte qu'il était l'auxiliaire subordonné du directeur général, la cour d'appel a violé les articles L. 225-53 et L. 225-56 du Code de commerce. »

Réponse de la Cour

6. Contrairement à ce que postule le moyen, il résulte des articles L. 225-53 et L. 225-56, II, du Code de commerce que le directeur général délégué d'une société anonyme, qui est chargé d'assister le directeur général et dispose de pouvoirs dont l'étendue est déterminé par le conseil d'administration, a la qualité de dirigeant de droit au sens de l'article L. 651-2 du même code, de sorte qu'il engage sa responsabilité pour les fautes de gestion commises dans l'exercice des pouvoirs qui lui ont été délégués.

7. Le moyen n'est donc pas fondé. [...]

Document 2

Article L. 651-2 alinéa 1 du Code de commerce

Lorsque la liquidation judiciaire d'une personne morale fait apparaître une insuffisance d'actif, le tribunal peut, en cas de faute de gestion ayant contribué à cette insuffisance d'actif, décider que le montant de cette insuffisance d'actif sera supporté, en tout ou en partie, par tous les dirigeants de droit ou de fait, ou par certains d'entre eux, ayant contribué à la faute de gestion. En cas de pluralité de dirigeants, le tribunal peut, par décision motivée, les déclarer solidairement responsables. Toutefois, en cas de simple négligence du dirigeant de droit ou de fait dans la gestion de la personne morale, sa responsabilité au titre de l'insuffisance d'actif ne peut être engagée. Lorsque la liquidation judiciaire concerne une association régie par la loi du 1er juillet 1901 relative au contrat d'association ou, le cas échéant, par le code civil applicable dans les départements du Bas-Rhin, du Haut-Rhin et de la Moselle et non assujettie à l'impôt sur les sociétés dans les conditions prévues au 1 *bis* de l'article 206 du Code général des impôts, le tribunal apprécie l'existence d'une faute de gestion au regard de la qualité de bénévole du dirigeant.

SYNTHÈSE

La société anonyme (SA) : son administration

La constitution de la SA

Actionnaires	Minimum 2, personnes physiques ou morales
Capital minimum	Montant de 37 000 €, divisé en actions
Mode de gestion	Choix des actionnaires entre SA classique (à CA) et SA à directoire + CS
Offre au public de titres	Constitution possible avec offre au public des titres composant le capital
Apports	En numéraire ou en nature

Les organes de gestion de la SA à forme classique

Conseil d'administration (CA)	Président du CA (PCA)	Directeur général (DG)
• 3 à 18 administrateurs nommés par l'AGO • Détermine les orientations de la société, surveille l'action du DG et exerce des pouvoirs propres	• Administrateur personne physique nommé par le CA • Organise les travaux du CA et veille au bon fonctionnement des organes sociaux	• Personne physique, nommée par le CA, éventuellement PCA • Dirige la société et la représente vis-à-vis des tiers • Peut être assisté par 1 à 5 DGD (directeurs généraux délégués)

Les organes de gestion de la SA à directoire

Directoire	Conseil de surveillance (CS)
• 2 à 5 membres personnes physiques, dont un président du directoire, nommés par le CS • Dirige collégialement la société • Représentation légale de la SA par le président du directoire	• 3 à 18 membres nommés par l'AGO dont un président et un vice-président chargés de diriger ses travaux • Contrôle permanent de la gestion par le directoire

Le cumul des mandats sociaux détenus par des personnes physiques

Administrateur ou membre du CS

5 mandats maximum (sauf dérogation)

DG ou membre du directoire

1 mandat (sauf dérogation)

Tous mandats confondus

5 mandats maximum

Le contrôle de la gestion

Contrôle des conventions	Autres contrôles internes	Contrôles externes
• Autorisation préalable du CA et approbation *a posteriori* par l'AG (sauf convention libre) des conventions entre la SA et un mandataire social ou un actionnaire > 10 % des droits de vote *ou* une autre entreprise à dirigeant commun • Interdiction d'accorder un prêt/garantir un engagement personnel d'un mandataire social personne physique (ou de son conjoint, ascendant ou descendant)	• Contrôle par les actionnaires lors de l'approbation des comptes • Contrôle par les organes sociaux (CA ou CS)	• Nomination obligatoire d'un CAC dans les SA dépassant certains seuils • Nomination d'un expert de gestion à la demande des actionnaires qui détiennent plus de 5 % du capital

CHAPITRE 10

La société anonyme (SA) : ses actionnaires

PROGRAMME

Compétences attendues

- **Schématiser** et **analyser** les règles de fonctionnement de la SA
- **Repérer** dans des statuts les clauses non conformes et les corriger
- **Différencier** les principales valeurs mobilières et expliquer leur régime juridique
- **Distinguer** les actions et les parts sociales et justifier les conséquences juridiques de cette distinction
- **Analyser** les opérations d'augmentation et de réduction de capital
- **Analyser** les conditions et les conséquences d'une transformation pour la SA
- **Identifier** les causes et les conséquences d'une dissolution spécifiques à la SA

Savoir associé

Les sociétés anonymes :

- à forme classique ;
- à directoire.

PRÉREQUIS

- Le fonctionnement de la société : les associés et le contrôle (chapitre 5)
- Les apports en nature, les pouvoirs du CA et du directoire (chapitre 9)

LIENS AVEC LE DCG 9

- § 2.4 Actifs financiers
- § 3.1 Capitaux propres

PLAN DU CHAPITRE

Cours : 1. Les valeurs mobilières • 2. Les actionnaires • 3. L'évolution de la SA

Des savoirs aux compétences : Évaluer les savoirs • Maîtriser les compétences • Préparer l'épreuve

Synthèse

La SA, forme principale de société par actions, émet des valeurs mobilières, actions ordinaires ou de préférence composant son capital, et obligations, donnant un droit de créance sur la société. La négociabilité de ces titres facilite le financement de la SA. Un dispositif juridique très complet précise les droits des actionnaires, notamment en ce qui concerne les décisions collectives.

MOTS-CLÉS

Action • Assemblée générale extraordinaire/ordinaire • Clause d'agrément/de préemption • Droit préférentiel de souscription • Obligation • Prime d'émission • Valeurs mobilières

1 Les valeurs mobilières

Définition

Les **valeurs mobilières** sont des titres financiers, au sens de l'article L. 211-1 du Code monétaire et financier. Il s'agit principalement des titres de capital (actions, actions de préférence) détenus par des actionnaires et des titres de créance (obligations) détenus par des prêteurs.

Les sociétés par actions peuvent émettre tout type de valeurs mobilières.

A) La dématérialisation et le régime juridique des valeurs mobilières

1. La dématérialisation des valeurs mobilières

Inscription en compte. Toute valeur mobilière doit être inscrite au nom de son propriétaire dans un compte-titres tenu soit par la société émettrice, soit par un intermédiaire financier (banque, société de Bourse).

Titres nominatifs et titres au porteur. Les titres émis par les sociétés par actions peuvent prendre deux formes (tab. 10.1).

Tableau 10.1. Typologie des titres

Titres nominatifs	Titres au porteur
Inscription dans les comptes tenus par la société émettrice	• Inscription dans les comptes tenus par un intermédiaire financier • Identité des porteurs de titres ignorée de la société • Possibilité pour la société de demander à l'intermédiaire financier le nom des porteurs

Les SA cotées peuvent émettre des titres nominatifs ou au porteur. Les titres émis par les sociétés par actions non cotées sont obligatoirement nominatifs. La forme nominative peut être imposée par la loi (ex : actions de numéraire non entièrement libérées) ou par les statuts.

2. Le régime juridique des valeurs mobilières

Les valeurs mobilières sont :

- Des biens meubles incorporels. Dématérialisées, les valeurs mobilières n'ont pas de support matériel.
- Des titres négociables. Leur transmission s'effectue par simple virement de compte à compte. Elle prend effet à la date de l'inscription au compte du nouveau détenteur. On les distingue des parts sociales, émises par les sociétés autres que les sociétés par actions, qui font l'objet de cession constatée par écrit, soumise à formalités (↪ **chapitre 8**).
- Des biens fongibles. Les valeurs mobilières d'une même émission sont interchangeables. Elles donnent à leurs détenteurs des droits identiques (ex. : obligations issues d'un emprunt obligataire émis par une société).

B) Les actions

1. Les actions ordinaires

Elles confèrent à l'actionnaire qui les détient des droits politiques (droit à l'information, droit de vote en assemblée générale), des droits financiers (droit aux bénéfices, droit au remboursement de l'apport et au boni de liquidation), ainsi que le droit de céder ses **actions**, les nantir ou les louer.

2. Les actions de préférence

Émission. Toute société par actions peut émettre des actions de préférence soit à la constitution de la société, soit dans le cadre d'une augmentation de capital, par décision de l'AGE sur rapport des organes de gestion et rapport spécial du CAC s'il en existe un. Lorsque ces actions sont destinées à des actionnaires nommément désignés, la procédure des avantages particuliers doit s'appliquer : rapport d'un commissaire appréciant la valeur de l'avantage accordé, et vote des actionnaires en AGE, les intéressés ne pouvant pas voter.

Droits particuliers. Les actions de préférence confèrent des droits particuliers (tab. 10.2), qui doivent être précisés par les statuts. Ces droits particuliers peuvent être de toute nature. Il peut s'agir de droits supplémentaires ou de droits réduits par rapport à ceux attachés aux actions ordinaires.

Tableau 10.2. Typologie des droits particuliers associés aux actions de préférence

Droit de vote	• Action à droit de vote multiple (SA non cotées) • Action sans droit de vote (dans la limite de la moitié du capital ; le quart, dans les SA cotées)
Droits financiers	• Action à dividende prioritaire • Action à dividende majoré
Autres droits	• Action ouvrant droit à une information renforcée • Action ouvrant droit à attribution de siège dans les organes de gestion • Action donnant droit de veto sur certaines décisions

C) Les obligations

Les sociétés par actions peuvent se financer en émettant des obligations dans le cadre d'un emprunt obligataire.

Définition

Une **obligation** est un titre négociable qui confère un droit de créance sur la société. La valeur nominale de l'obligation correspond à la fraction d'emprunt souscrite en contrepartie. Les obligataires d'un même emprunt ont des droits identiques.

Les obligations sont toujours nominatives dans les sociétés non cotées et peuvent être nominatives ou au porteur dans les sociétés cotées.

1. L'émission d'obligations

Peuvent émettre des obligations toutes les sociétés par actions, ainsi que, sous certaines conditions, les SARL (↪ chapitre 8), les associations (↪ chapitre 14) et les GIE (↪ chapitre 19).

Conditions. Le capital social doit être entièrement libéré. La société doit avoir établi deux bilans régulièrement approuvés par ses actionnaires. À défaut, un rapport sur la valeur de ses actifs et passifs établi par un commissaire sera remis à l'organe compétent.

Compétence. L'émission d'obligations peut être décidée par les dirigeants (CA ou directoire (SA), président (SAS), gérant (SCA) ou par les associés (SARL). Ils peuvent déléguer à toute personne de leur choix le pouvoir de réaliser l'émission dans un délai d'un an. Une clause statutaire peut réserver ce pouvoir à l'AG ou celle-ci peut prendre cette décision ponctuellement.

Contrat d'émission. Les modalités particulières d'un emprunt obligataire sont définies dans le contrat d'émission (durée de l'emprunt, taux et paiement des intérêts, conditions de remboursement, etc.).

Publicité. L'émission d'obligations peut être réalisée par placement privé, régi par la liberté contractuelle ou, pour les sociétés par actions, dans le cadre d'une offre au public de titres financiers soumise à une information légale (prospectus visé par l'AMF).

2. Les droits individuels de l'obligataire

Tout obligataire dispose de prérogatives (fig. 10.1).

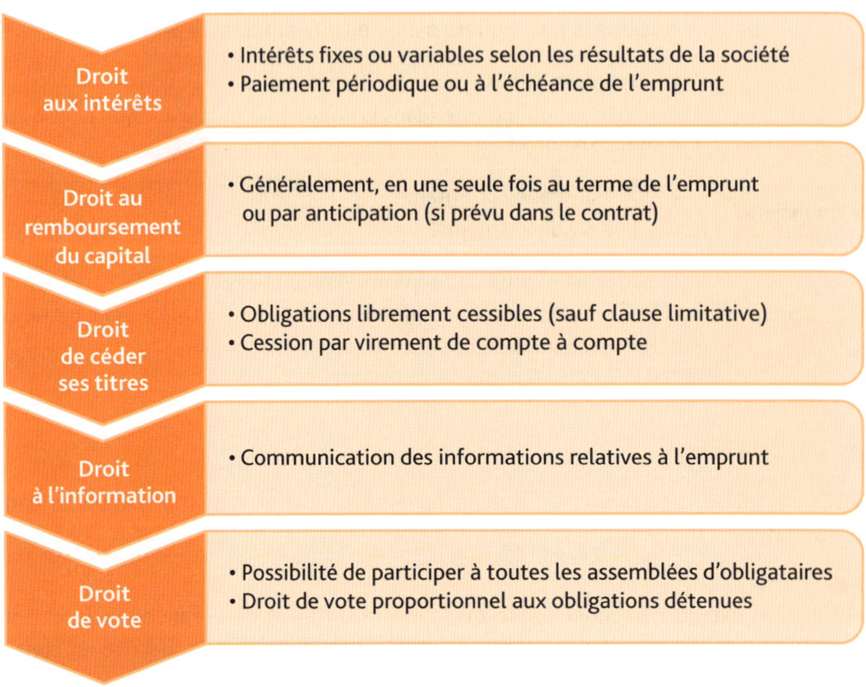

Figure 10.1. Du droit aux intérêts aux droits politiques

3. La collectivité des obligataires

Les modalités de la prise de décision suivent des règles proches de celles des assemblées d'actionnaires (tab. 10.3).

Tableau 10.3. **Modalités des décisions collectives des obligataires**

Forme des décisions	• Assemblée générale • Ou consultation écrite, si elle est prévue par le contrat d'émission
Convocation de l'AG	Par le représentant de la masse, par le CA ou le directoire (SA) ou le représentant légal (autres sociétés), ou par un ou plusieurs obligataires détenant au moins 1/30 des titres
Participation	Possibilité de représentation par un mandataire librement choisi, de vote par correspondance ou de visioconférence
Quorum	1/5 sur première convocation, aucun quorum sur seconde convocation
Majorité	2/3 des voix exprimées par les obligataires présents ou représentés

Les obligataires s'engagent collectivement et bénéficient de prérogatives en contrepartie (fig. 10.2).

Masse des obligataires

- Rassemblement des obligataires d'un même emprunt dans une masse
- Groupement avec personnalité juridique sans possession de patrimoine

Représentation de la masse

- Un ou plusieurs représentants, personnes physiques ou morales, obligataires ou tiers
- Désignation dans le contrat d'émission ou par l'AG des obligataires (ou, à défaut, par décision de justice à la demande de tout intéressé)
- Notification de la nomination à la société, communication aux obligataires
- Cessation de leurs fonctions par démission ou révocation par l'AG des obligataires

Mission des représentants

- Réalisation de tout acte de gestion pour la défense des intérêts communs des obligataires
- Actions en justice au nom de la masse des obligataires, sur autorisation de l'AG des obligataires
- Participation aux assemblées d'actionnaires (sans droit de vote) avec communication des mêmes documents que les actionnaires
- Rémunération, fixée en principe dans le contrat d'émission ou par les obligataires, à la charge de la société

Décisions collectives

- Défense des intérêts communs
- Modification du contrat d'émission
- Avis sur certaines décisions de la société émettrice (modification de l'objet ou de la forme sociale). En cas d'avis négatif, obligation pour la société de renoncer à la modification ou de rembourser les titres

Figure 10.2. **Masse des obligataires et décisions collectives**

→ CAS 3 • CAS 4 • CAS 5 • SITUATION PRATIQUE 7

2 Les actionnaires

Tout actionnaire a l'obligation de libérer son apport et de contribuer aux pertes dans la limite de celui-ci. Il dispose de divers droits.

A) Les droits politiques et financiers des actionnaires

1. Le droit à l'information

Tout actionnaire doit avoir communication des informations relatives à la gestion de la société, pour prendre des décisions éclairées. Ce droit à l'information s'exerce en permanence, et plus spécifiquement avant les assemblées (tab. 10.4). Il est renforcé dans les SA cotées. En cas de non-respect, l'actionnaire peut obtenir les informations par une procédure d'injonction de faire auprès du président du tribunal de commerce (↪ chapitre 5).

Tableau 10.4. Modalités du droit à l'information

Périodicité	À tout moment	Avant toute assemblée, dès la convocation	Avant l'AGOA, dès la convocation
Informations	Documents relatifs aux trois derniers exercices : comptes annuels, PV des AG, rapports des dirigeants et du CAC, liste des membres du CA, du directoire et du CS, montant global des rémunérations versées aux personnes les mieux rémunérées (5 ou 10, selon la taille de la société)	Rapport du CA ou du directoire, ordre du jour et projets de résolution, exposé sur la situation de la société, liste des dirigeants	Comptes de l'exercice, rapport de gestion et rapport sur le gouvernement d'entreprise, ordre du jour et projets de résolution, liste des dirigeants, rapport du CAC
Modes de communication	Consultation au siège social	Envoi à l'actionnaire sur demande ou joint à l'envoi d'une formule de procuration ou en cas de vote par correspondance	Envoi à l'actionnaire sur demande ou joint à l'envoi d'une formule de procuration ou en cas de vote par correspondance

À compter de sa convocation, tout actionnaire peut poser par écrit des questions se rapportant à l'ordre du jour, au CA ou au directoire, qui y répond au cours de l'AG ou sur le site Internet de la société.

2. Le droit de vote

Participation aux assemblées. Tout actionnaire a le droit de participer à la prise de décisions collectives, soit en étant lui-même présent, soit en se faisant représenter par un autre actionnaire, son conjoint, son partenaire pacsé ou dans les SA cotées par toute personne de son choix.

Existence du droit de vote. Tout actionnaire peut exercer librement son droit de vote (↳ chapitre 5). Dans certains cas, le droit de vote peut être supprimé :

- actions de préférence sans droit de vote ;
- actions non libérées des versements exigibles ;
- suppression du droit de vote pour certaines décisions (contrôle de convention entre la SA et l'actionnaire, apport en nature, avantage particulier).

Nombre de voix. L'actionnaire dispose en principe d'un droit de vote proportionnel à la quote-part du capital que représentent ses actions. Par exception, les statuts peuvent limiter le nombre de voix détenues par chaque actionnaire ou attribuer un droit de vote multiple (actions de préférence dans les SA non cotées). Dans les SA cotées, sauf clause contraire des statuts, l'attribution du droit de vote double est systématique lorsque les conditions sont remplies : actions nominatives, entièrement libérées, détenues depuis au moins 2 ans par l'actionnaire.

3. Les assemblées d'actionnaires

Compétence. On distingue les **assemblées générales ordinaires** (AGO) et les **assemblées générales extraordinaires** (AGE), selon la nature des décisions prises (tab. 10.5).

Tableau 10.5. Compétence des assemblées

AGE	AGO
Toute décision modifiant les statuts, notamment augmentation ou réduction de capital, modification de la forme, de l'objet social, dissolution anticipée	Toute décision ne modifiant pas les statuts, notamment approbation des comptes et affectation du résultat, nomination et révocation des membres du CA et du CS, fixation de la rémunération des membres du CA et du CS, nomination du CAC, autorisation des conventions réglementées

Une assemblée est dite mixte lorsque son ordre du jour comprend des décisions de la compétence de l'AGO et d'autres de la compétence de l'AGE. Le quorum et la majorité sont calculés selon la nature de chaque décision. Toutefois, si le quorum de l'AGE n'est pas atteint, une nouvelle assemblée sera réunie en appliquant le quorum requis sur la seconde convocation.

Convocation. L'AG est convoquée par le CA dans la SA à forme classique et par le directoire (éventuellement par le CS) dans la SA à directoire. En cas de carence, elle peut être convoquée par le CAC ou par un mandataire désigné en justice à la demande d'un ou plusieurs actionnaires détenant au moins 5 % du capital. Elle doit intervenir au moins 15 jours avant l'AG (10 jours, sur seconde convocation) par insertion d'un avis dans un SHAL ou, dans les SA dont toutes les actions sont nominatives, par l'envoi d'une lettre à chaque actionnaire. La convocation peut être adressée par voie électronique sur accord de l'actionnaire.

Ordre du jour. Il correspond à la liste limitative des décisions examinées par l'AG. Il est fixé par l'organe auteur de la convocation. Tout actionnaire détenant au moins 5 % du capital peut demander qu'un projet de résolution ou un point y soit ajouté.

Participation. Les actionnaires présents et les représentants signent la feuille de présence. Assistent également à l'AG le CAC, les dirigeants, les représentants du CSE et les représentants de la masse des obligataires si la société a émis des obligations.

Les actionnaires peuvent aussi exprimer leur vote à distance, grâce à un formulaire de vote, retourné par l'actionnaire à la société 3 jours au moins avant l'AG.

Ils peuvent également participer et voter par visioconférence et seront réputés présents. Les statuts peuvent prévoir que les AG se tiendront exclusivement par visioconférence. La société devra mettre en place un site internet dédié aux assemblées.

Règles de quorum et de majorité. La loi impose un nombre minimal d'actions détenues par les actionnaires présents ou représentés et un nombre de voix favorables variable selon le type d'AG (tab. 10.6). Les abstentions et les votes nuls ou blancs ne sont pas pris en compte.

Tableau 10.6. Règles de quorum et de majorité

	AGO	AGE
Quorum	• Sur première convocation, 1/5 des actions ayant droit de vote • Sur seconde convocation, aucun quorum	• Sur première convocation, 1/4 des actions ayant droit de vote • Sur seconde convocation, 1/5 des actions ayant droit de vote (à défaut, report possible de l'AG dans les 2 mois)
Majorité	Majorité (la moitié plus une) des voix exprimées par les actionnaires présents ou représentés	2/3 des voix exprimées par les actionnaires présents ou représentés

Procès-verbal. Les décisions prises sont constatées dans un procès-verbal, contenant principalement le résumé des débats, le texte des résolutions et le résultat des votes.

4. Les droits financiers

Droit aux dividendes. À condition qu'il existe un bénéfice distribuable, l'AGOA peut décider, après approbation des comptes, d'affecter tout ou partie du résultat à la distribution de dividendes. Le dividende doit être versé dans les 9 mois de la clôture de l'exercice. Les bénéfices sont répartis entre les actionnaires à proportion de leur apport ou selon d'autres modalités prévues par les statuts (ex. : versement d'un dividende majoré de 10 % au maximum aux actions nominatives détenues depuis plus de 2 ans) ou liées à l'émission d'actions de préférence.

Droits liés à la liquidation de la société. Tout actionnaire a droit au remboursement de son apport et à un éventuel boni de liquidation.

B) La cession des actions

Liberté de cession. Les actions, titres négociables, peuvent être en principe librement cédées par les actionnaires. Le contrat de cession n'est soumis à aucun formalisme particulier. Le transfert de propriété s'effectue par inscription des titres au compte de l'acquéreur.

Limites à la liberté de cession. Dans les SA non cotées, dont les actions sont nominatives, les statuts peuvent contenir des clauses limitant la négociation des actions.

Clause d'agrément. Les statuts peuvent prévoir une **clause d'agrément** pour les cessions entre actionnaires ou à des tiers. La clause ne peut pas s'appliquer en cas de cession au conjoint, ascendant, descendant, de succession ou de liquidation de régime matrimonial.

Exemple

- **Clause d'agrément**
  « Toute transmission d'actions à un tiers, par vente, donation, échange, doit être autorisée préalablement par décision du conseil d'administration, statuant à la majorité des voix. »

Toute cession conclue en violation d'une clause d'agrément est nulle.

Procédure d'agrément. La loi impose le respect d'une procédure spécifique (fig. 10.3). En cas de refus d'agrément, l'actionnaire a droit au rachat de ses actions par un actionnaire ou un tiers agréé, ou par la SA qui réduit le capital en proportion. Si le rachat n'est pas intervenu dans les 3 mois de la demande d'agrément, l'agrément est réputé accordé.

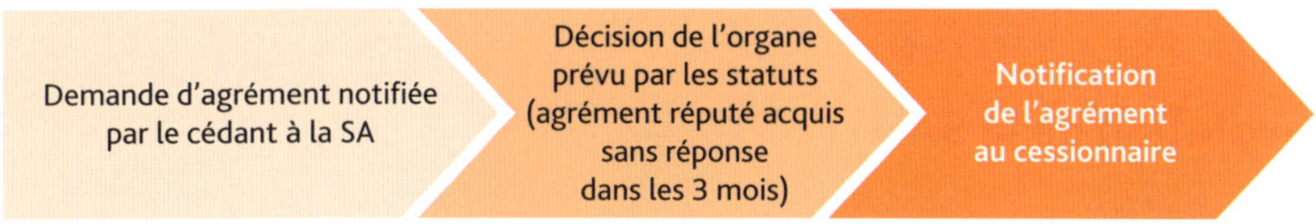

Figure 10.3. **Étapes de la procédure d'agrément**

Droit de préemption. Une **clause de préemption** impose à l'actionnaire souhaitant céder ses actions de les proposer en priorité aux autres actionnaires ou à certains d'entre eux, dans un certain délai. Si le droit de préemption n'est pas exercé, l'actionnaire peut les céder à la personne de son choix.

Exemple

- **Clause de préemption**
  « En cas de cession par un actionnaire de tout ou partie de ses actions, les autres actionnaires bénéficient, au prorata de leur participation, d'un droit de préemption prioritaire.

  L'actionnaire devra notifier son projet de cession à chacun des bénéficiaires, en précisant le nombre d'actions, l'objet de la cession, les conditions et modalités de la cession.

  Dans les trente jours suivant la première présentation de la notification visée ci-dessus, chaque bénéficiaire notifiera à l'actionnaire cédant sa volonté d'acquérir les actions ou son renoncement à exercer son droit de préemption. À défaut de réponse, le ou les bénéficiaires seront réputés avoir renoncé à leur droit de préemption. »

Détention par la société de ses propres actions. La loi autorise dans des cas très limités la possession par la société de ses propres actions (par exemple rachat par la société de ses actions suivi de leur annulation en cas de réduction de capital non motivée par des pertes) et sous certaines conditions (limite de 10 % du capital et existence de réserves – autres que la réserve légale – équivalentes).

Pactes d'actionnaires. Certains actionnaires peuvent convenir dans un contrat de limiter la cession de leurs actions. Le **pacte d'actionnaires**, qui n'a d'effet qu'entre les actionnaires signataires, peut contenir des clauses d'agrément, de préemption, d'inaliénabilité temporaire ou d'exclusion.

Arrêt de la Cour de cassation du 26 avril 2017 relatif au pacte d'actionnaires (pourvoi n° 15-12.888) : www.legifrance.gouv.fr

FOCUS La location des actions

Dans les sociétés par actions, si les statuts l'ont prévu, tout actionnaire peut, par contrat écrit, donner en location à une personne physique ses actions, à condition qu'elles soient nominatives et non négociables sur un marché réglementé. Les actions font l'objet d'une évaluation certifiée par un commissaire aux comptes au début et à la fin du contrat. Si les statuts prévoient un agrément en cas de cession, la location y sera également soumise. Le bailleur exerce le droit de vote en assemblée générale extraordinaire ; le locataire, dans les autres assemblées. Pour l'exercice des autres droits, le bailleur est assimilé au nu-propriétaire et le locataire à un usufruitier (il a notamment droit aux dividendes).

→ APPLICATION 2 • CAS 6 • SITUATION PRATIQUE 7

3 L'évolution de la SA

A) L'augmentation de capital

1. La prise de décision

Compétence. L'AGE est compétente pour décider l'augmentation du capital. Elle peut toutefois accorder au CA ou au directoire :

- Une **délégation de compétence**. L'AGE délègue au CA ou au directoire la compétence de décider d'augmenter le capital :
  - en une ou plusieurs fois ;
  - dans la limite d'un plafond global ;
  - et dans un délai maximum de 26 mois.
- Une **délégation de pouvoir**. L'AGE décide d'augmenter le capital et délègue au CA ou au directoire le pouvoir de fixer les modalités d'émission des titres.

Information des actionnaires. Pour toute augmentation de capital, le CA ou le directoire doit présenter à l'AGE un rapport préalable sur la situation de la société et les motifs de l'augmentation de capital. Si une augmentation de capital est réalisée par délégation, un rapport complémentaire est présenté par le CA ou le directoire à la prochaine AGO. Le rapport de gestion à l'AGOA doit mentionner les délégations en cours et leur utilisation.

2. L'augmentation de capital par apport en numéraire

Conditions préalables. Le capital doit avoir été intégralement libéré avant la décision d'augmentation du capital, à peine de nullité. L'AGE doit aussi se prononcer sur un projet de résolution visant à réaliser également une augmentation de capital réservée aux salariés dans le cadre d'un plan d'épargne d'entreprise.

Droit préférentiel de souscription (DPS). Tout actionnaire a, proportionnellement au montant de ses actions, un droit de préférence à la souscription des actions nouvelles émises. Ce mécanisme permet aux actionnaires de maintenir leurs droits politiques. Ils exercent leur **droit préférentiel de souscription** dans un délai minimum de 5 jours (selon le calendrier d'ouverture de la Bourse). Ils peuvent aussi y renoncer ou le céder (si un agrément statutaire est prévu pour la cession des actions, il s'applique également à la cession de DPS). L'AGE peut, sur rapport du CA ou du directoire, et sur rapport spécial du CAC (s'il existe), décider de la suppression du DPS et réserver l'augmentation de capital à un ou des bénéficiaires dénommés ou à une catégorie de bénéficiaires (si ce sont des actionnaires, ils ne peuvent pas prendre part à cette décision).

Article L. 225-132 du Code de commerce sur le DPS : www.legifrance.gouv.fr

Prime d'émission. Lorsque la société possède des réserves, l'AGE peut demander aux actionnaires souscrivant à l'augmentation de capital de verser une **prime d'émission** afin que les actionnaires existants maintiennent leurs droits sur les réserves. Le montant de la prime d'émission correspond à la différence entre la valeur nominale de l'action et la valeur réelle tenant compte des réserves.

Exemple

- La société Berger, au capital de 100 000 € divisé en 1 000 actions de valeur nominale 100 €, possède des réserves de 50 000 €. Elle procède à une augmentation de capital de 100 000 € par émission de 1 000 actions nouvelles souscrites intégralement par un nouvel actionnaire, avec versement d'une prime d'émission de 50 000 €.

Situation initiale		Après augmentation de capital sans prime d'émission		Après augmentation de capital avec prime d'émission	
Capital	100 000 €	Capital	200 000 €	Capital	200 000 €
Réserves	50 000 €	Réserves	50 000 €	Réserves	50 000 €
				Prime d'émission	50 000 €
Capitaux propres	150 000 €	Capitaux propres	250 000 €	Capitaux propres	300 000 €
Valeur réelle de l'action	150 €	Valeur réelle de l'action	125 €	Valeur réelle de l'action	150 €

Souscription à titre irréductible ou réductible. La souscription à titre irréductible correspond à l'exercice par l'actionnaire de son DPS. Il souscrit dans ce cas le nombre d'actions nouvelles à laquelle sa participation lui donne droit. Il est également possible de souscrire à titre réductible un plus grand nombre d'actions, à condition que l'AGE ait prévu cette possibilité.

Exemple

- Le capital de la SA Créalor, d'un montant initial de 100 000 €, est augmenté de 50 000 € (avec possibilité de souscription à titre réductible). Chaque actionnaire peut, au titre de son DPS, souscrire 1 action nouvelle pour 2 actions détenues. L'actionnaire A, qui détient 100 actions, souscrit à titre irréductible 50 actions nouvelles et souhaite souscrire également des actions supplémentaires à titre réductible. Si toutes les actions nouvelles ne sont pas souscrites à titre irréductible, les actions restantes pourront être attribuées à l'actionnaire A.

Libération. Les actions souscrites doivent être libérées d'un quart au minimum du montant nominal, le solde dans les 5 ans sur appel du CA ou du directoire. La prime d'émission doit être libérée intégralement. La libération peut s'effectuer par versement d'espèces ou par compensation avec une créance que le souscripteur possède sur la SA (ex. : créance en compte courant) à condition qu'elle soit certaine, liquide et exigible.

Insuffisance de souscription. Si à l'expiration du délai de souscription, toutes les actions ne sont pas souscrites, le CA ou le directoire peut prendre plusieurs décisions :

- limitation de l'augmentation de capital au montant des souscriptions recueillies si elles sont supérieures ou égales à 75 % du montant total ;
- répartition des actions non souscrites entre les personnes choisies par le CA ou le directoire ;
- offre au public des actions non souscrites, si cette option a été prévue par l'AGE et sous réserve du respect des conditions de réalisation d'une offre au public.

Sursouscription. L'AGE peut prévoir la possibilité d'augmenter le nombre d'actions émises dans la limite de 15 % de l'augmentation initiale.

FOCUS L'augmentation de capital par offre au public de titres

L'augmentation de capital peut être réalisée en faisant offre au public des actions émises. L'opération est soumise à des conditions particulières. Si elle intervient moins de 2 ans après la constitution de la SA, l'actif et le passif de la SA devront être vérifiés dans un rapport établi par un commissaire aux apports. L'AGE peut décider la suppression du DPS sans indiquer de bénéficiaire. La réalisation de l'opération suppose une information renforcée des actionnaires (prospectus visé par l'AMF et notice publiée au BALO).

3. Les autres modalités d'augmentation de capital

Augmentation de capital par apport en nature. Tout apport en nature doit être évalué par un commissaire aux apports, selon la même procédure qu'au moment de la constitution (↪chapitre 9). Les apports en nature sont libérés intégralement.

Augmentation de capital par incorporation de réserves. Cette opération permet à la société de renforcer sa situation financière vis-à-vis de ses créanciers, en modifiant uniquement la structure de ses capitaux propres, sans apport supplémentaire. Peuvent être incorporés au capital tout type de réserves, ainsi que les bénéfices de l'exercice ou les primes d'émission versées lors d'une précédente augmentation de capital. La décision est prise par l'AGE statuant aux conditions de quorum et de majorité d'une AGO. Les actions émises sont attribuées gratuitement aux actionnaires à proportion des actions qu'ils détiennent déjà.

B) La réduction de capital

1. La décision de réduire le capital

Elle relève de la compétence de l'AGE, qui peut déléguer au CA ou au directoire le pouvoir de la réaliser. S'il existe un CAC, celui-ci doit présenter à l'AGE un rapport sur les causes et les conditions de la réduction. La réduction de capital ne doit pas porter atteinte à l'égalité entre les actionnaires. Chacun verra une partie de ses actions annulées, à proportion de celles qu'il détenait.

2. La réduction de capital motivée par les pertes

Intérêt de l'opération. La réduction de capital permet d'assainir la situation financière de la société, en cas de pertes n'ayant pas pu être imputées sur les réserves, afin de faire coïncider le montant du capital social avec celui des capitaux propres.

Capital minimum. Le capital ne peut pas en principe être réduit en dessous du capital minimum. Par exception, la réduction du capital social à un montant inférieur peut être décidée sous la condition suspensive d'une augmentation de capital destinée à amener celui-ci à un montant au moins égal au minimum. La jurisprudence admet la validité du « coup d'accordéon » : réduction du capital motivée par des pertes, suivie immédiatement d'une augmentation de capital par apport en numéraire.

Perte de la moitié du capital. Lorsqu'en raison des pertes constatées à la fin d'un exercice, les capitaux propres deviennent inférieurs à la moitié du capital social, les associés doivent se prononcer sur une éventuelle dissolution. S'ils l'écartent, la société devra régulariser la situation avant la clôture du deuxième exercice suivant celui où les pertes ont été constatées. Elle peut sous certaines conditions bénéficier d'un délai supplémentaire.

tableau 10.8. Procédure en cas de perte de la moitié du capital

Décisions	Délai
AGO approbation des comptes => constatation de pertes telles que les capitaux propres < moitié du capital social	6 mois après clôture de l'exercice
AGE statuant sur l'opportunité de dissolution de la société	4 mois après AGO
Si la dissolution est écartée, régularisation • Soit par reconstitution des capitaux propres • Soit par réduction du capital social	Avant la clôture du 2e exercice suivant celui où les pertes ont été constatées
SI capitaux propres < moitié du capital social Et SI capital social > à 1 % total bilan du dernier exercice ou > à 37 000 € (valeur la plus élevée) • Régularisation par réduction du capital à un montant < à 1 % du total du bilan	Délai supplémentaire Avant la clôture du 2e exercice suivant

Exemple

La société OMEGA est une SA au capital de 100 000 €, dont l'exercice clôture au 31/12. Du fait des pertes constatées à la clôture de l'exercice N, les capitaux propres s'élèvent à 40 000 €. Lors de l'AGE du 1/9/N+1, les actionnaires ont écarté la dissolution. Au 31/12/N+3, les capitaux propres s'élèvent à 45 000 € et le seuil de 1 % du total du bilan s'établit à 80 000 €. La société a donc un délai supplémentaire jusqu'au 31/12/N+5 pour reconstituer les capitaux propres ou réduire son capital à un montant inférieur à 1 % du total du bilan.

3. La réduction de capital non motivée par des pertes

La réduction de capital peut être décidée en l'absence de pertes (ex. : en cas de rachat d'actions par la société dans le cadre d'un projet de cession d'actions non agréé). Les créanciers de la société, pouvant craindre une diminution de leurs garanties, ont un droit d'opposition devant le tribunal de commerce qui peut décider :

- soit de rejeter l'opposition ;
- soit d'ordonner la constitution de garanties, si la société en offre et si elles sont jugées suffisantes ;
- soit d'ordonner le remboursement des créanciers.

La réduction de capital ne pourra être réalisée qu'après examen des éventuelles demandes d'opposition.

C) La transformation de la SA

1. Conditions communes à toute transformation

Pour pouvoir décider sa transformation, la SA doit avoir 2 ans d'existence et avoir approuvé les bilans des deux premiers exercices. S'il existe un CAC, celui-ci devra établir un rapport attestant que les capitaux propres sont au moins égaux au capital social. Si la SA a émis des obligations, l'AG des obligataires doit être consultée.

2. Conditions propres à chaque type de transformation

Les conditions propres à la nouvelle forme sociale doivent être respectées, ainsi que certaines conditions spécifiques relatives à la décision (tab. 10.8).

Tableau 10.9. Conditions de transformation selon le type de société de destination

SA → SARL	Décision prise par l'AGE aux conditions de majorité prévues pour les décisions extraordinaires des SARL (↪ **chapitre 8**)
SA → SAS	Décision à l'unanimité des actionnaires (SA sans CAC : évaluation des biens de l'actif par un commissaire à la transformation)
SA → SNC	Décision à l'unanimité des actionnaires (les conditions communes – *voir ci-avant* – ne sont pas exigées)
SA → SCA	Accord de tous les actionnaires qui auront la qualité de commandités (SA sans CAC : évaluation des biens de l'actif par un commissaire à la transformation)
SA → société civile	Décision à l'unanimité des actionnaires

D) La dissolution de la SA

Les causes de dissolution communes à toutes les sociétés (↪ **chapitre 6**) s'appliquent. De manière spécifique, la SA peut être dissoute par décision de l'AGE ou par décision du tribunal de commerce à la demande de tout intéressé dans les cas suivants :

- Si le capital est inférieur au capital minimum sans que la transformation en une société d'une autre forme ou qu'une augmentation de capital destinée à ramener le montant au minimum légal n'ait été décidée.
- Dans les SA cotées, si le nombre d'actionnaires est inférieur à 7 depuis plus d'un an.
- Si, les capitaux propres étant devenus inférieurs à la moitié du capital social, les actionnaires n'ont pas été consultés sur la dissolution ou s'ils n'ont pas régularisé la situation à la fin du deuxième exercice suivant celui de la constatation des pertes.

La dissolution entraîne la liquidation de la société selon les règles de droit commun (↪ **chapitre 6**).

→ CAS 5 • SITUATION PRATIQUE 7 • COMMENTAIRE DE DOCUMENT 8

Évaluer les savoirs — Maîtriser les compétences — Préparer l'épreuve

1 Quiz

Vérifiez l'exactitude des propositions ci-après et justifiez-les.

	Vrai	Faux
1. Une action de préférence confère toujours des droits plus étendus qu'une action ordinaire.	☐	☐
2. Une valeur mobilière est inscrite dans un compte au nom de son propriétaire.	☐	☐
3. Un obligataire a droit à communication des mêmes informations qu'un actionnaire.	☐	☐
4. Un actionnaire peut voter en AG sans être physiquement présent.	☐	☐
5. Toute cession d'action peut être soumise à agrément.	☐	☐
6. Les actionnaires doivent exercer leur DPS en cas d'augmentation de capital.	☐	☐
7. Le capital peut être augmenté par incorporation des réserves.	☐	☐
8. La réduction du capital est possible même en l'absence de pertes.	☐	☐
9. La décision de transformation de la SA est toujours prise aux conditions de majorité de l'AGE.	☐	☐
10. La SA peut être dissoute si le capital est inférieur au capital minimum.	☐	☐

2 SA Merlin ★★★

La SA Merlin a un capital de 100 000 € divisé en 1 000 actions de 100 € réparties ainsi : Marcel 50 actions ; Émile : 400 actions ; René : 160 actions ; Louis 40 actions ; Igor : 100 actions ; Norbert : 250 actions.

Indiquez, dans chaque situation, si l'AG peut se tenir et si la décision prévue pourra être adoptée.

1. Une assemblée est convoquée le 15 avril pour statuer sur la nomination d'un nouvel administrateur. À cette date, seuls sont présents Marcel, Louis et Igor.
2. L'assemblée générale ordinaire est convoquée le 15 juin. Seul Norbert est absent. L'une des résolutions prévoit d'affecter en réserves la totalité des bénéfices de l'exercice. Les actionnaires y sont favorables sauf Émile qui s'y oppose.
3. Lors de l'assemblée du 15 décembre, sont absents Émile et Norbert (ce dernier a demandé à Louis de le représenter). Louis, Norbert et Marcel sont favorables à la décision de modification de l'objet social inscrite à l'ordre du jour.

3 Cas : Deshaupts-Daïba ★★★

Compétences attendues

- **Schématiser** et **analyser** les règles de fonctionnement de la SA
- **Distinguer** les actions et les parts sociales et justifier les conséquences juridiques de cette distinction

Il y a 5 ans, Hugo Hallé a souscrit 20 parts sociales de la SARL Deshaupts, représentant 5 % du capital ainsi que 10 actions de la SA Daïba, représentant 3 % du capital. Déçu par ces investissements – ces sociétés n'ayant jamais distribué de bénéfices –, Hugo souhaite céder les parts sociales à un associé de la SARL et les actions à un actionnaire de la SA. Il s'interroge sur les modalités respectives de ces cessions. Les statuts des deux sociétés sont conformes à la loi.

Dans une note structurée, comparez la cession des parts sociales d'une SARL et la cession des actions d'une SA. Concluez en indiquant à Hugo Hallé les dispositions applicables à sa situation.

4 Cas : Montlor ★★★

Compétence attendue

Différencier les principales valeurs mobilières et **expliquer** leur régime juridique

La SA Montlor, SA à forme classique, a été créée il y a 3 ans. Ses statuts sont conformes à la loi. Chaque actionnaire a effectué un apport en numéraire libéré au moment de la constitution dans les conditions légales. Son activité se développant, Florence Lacour, PCA et DG, envisage aujourd'hui des investissements qui seraient financés grâce à un emprunt obligataire.

1. *Expliquez à quelles conditions l'émission d'obligations par la SA Montlor est possible.*

Zoé Ramon, une amie de Florence, a souscrit des obligations émises par la SA Montlor dans le cadre d'un emprunt remboursable dans 10 ans. Zoé s'intéresse beaucoup au devenir de la SA. Elle apprend par Florence que l'assemblée générale annuelle se tiendra en juin prochain.

2. *Déterminez si Zoé peut prendre part à cette assemblée.*

Quelques mois après sa souscription, Zoé connaît des difficultés financières et souhaite récupérer la somme investie.

3. *Expliquez la solution que Zoé peut envisager.*

5 Cas : Logistik ★★★

Compétences attendues

- **Analyser** les conditions et les conséquences d'une transformation pour chaque type de sociétés
- **Différencier** les principales valeurs mobilières et **expliquer** leur régime juridique

La SA Logistik est une filiale de la société Logifair, spécialisée dans le transport de produits alimentaires. Pour des raisons fiscales, la transformation de la SA Logistik en SNC est envisagée.

1. *Identifiez les conditions à remplir pour réaliser cette transformation.*

La SA Logistik a émis l'année dernière un emprunt obligataire sur 5 ans.

2. *Analysez les conséquences de cette émission dans l'hypothèse d'une transformation.*

6 Cas : Climextrem ★★★

Compétence attendue **Repérer** dans des statuts les clauses non conformes et les **corriger**

Théo Lamb, Matteo Réa, Lucie Colomb et Sarah Born, ingénieurs spécialisés en intelligence artificielle, ont mis au point un modèle automatisé de prévention des phénomènes climatiques extrêmes, Climextrem. Ils souhaitent créer une SA pour le commercialiser. Convaincus du potentiel de leur projet, ils envisagent d'ouvrir par la suite le capital de la société au plus large public. Théo Lamb, propose d'insérer dans les statuts de la société les clauses recensées dans le document ci-après.

Document

Clauses proposées par Théo Lamb

1. Toute transmission d'actions par cession ou donation doit être autorisée préalablement par décision du conseil d'administration, statuant à la majorité des voix, dans un délai de 3 mois après notification par le cédant. En cas de refus d'agrément, l'actionnaire devra renoncer à la cession.

2. En cas de cession par un actionnaire de tout ou partie de ses actions, les autres actionnaires bénéficient, au prorata de leur participation, d'un droit de préemption prioritaire.

L'actionnaire devra notifier son projet de cession à chacun des bénéficiaires, en précisant le nombre d'actions, objet de la cession, les conditions et modalités de la cession. Dans un délai d'un mois à compter de la notification du projet de cession, chaque bénéficiaire notifiera à l'actionnaire cédant sa volonté d'acquérir les actions. À défaut de réponse, le bénéficiaire sera réputé avoir exercé son droit de préemption et sera tenu d'acquérir les actions.

1. *Contrôlez la validité de ces clauses et corrigez-les, le cas échéant.*
2. *Indiquez si ces clauses sont compatibles avec les perspectives de développement de la société envisagées par les fondateurs.*

7 Situation pratique : Zen Attitude ★★★

30 min

Compétences attendues

Rendez-vous MÉTHODE 3

- **Schématiser** et **analyser** les règles de fonctionnement de chaque forme sociétaire étudiée
- **Identifier** les causes et les conséquences d'une dissolution spécifiques à chaque type de sociétés
- **Analyser** les opérations d'augmentation et de réduction de capital

La société Zen Attitude est une SA non cotée, à forme classique, et au capital de 300 000 € divisé en 3 000 actions nominatives de 100 €. Créée il y a 6 ans, elle exploite une chaîne de centres de remise en forme dans l'est de la France et en Allemagne. Les actionnaires doivent être prochainement convoqués en assemblée générale pour délibérer sur l'ordre du jour suivant :

- Approbation des comptes annuels de l'exercice N–1.
- Affectation et répartition des résultats de l'exercice N–1.
- Renouvellement du mandat d'un administrateur.

Mélanie Rebois, qui possède 200 actions, souhaiterait que soit évoquée au cours de cette assemblée la modification de l'objet social. En effet, selon elle, il serait intéressant d'étendre l'activité en proposant à la clientèle des prestations d'esthétique.

Vos missions

1. *Vérifiez si cette décision peut être examinée par l'assemblée générale.*

Mélanie voudrait également profiter de l'assemblée pour interroger le PDG sur les résultats de Zen Attitude liés à son implantation en Allemagne.

2. *Identifiez la procédure à suivre pour poser une telle question.*

La SA Zen Attitude compte parmi ses actionnaires des personnes présentes depuis la création de la société, fortement impliquées. La société souhaiterait accorder à ces actionnaires fidèles des droits supplémentaires afin de renforcer leur poids dans la prise des décisions.

3. *Indiquez de quelle manière la SA Zen Attitude peut atteindre cet objectif.*

La SA Zen Attitude a fait le choix de multiplier ses implantations. Malheureusement, la concurrence est importante et les résultats très inférieurs aux prévisions. Les comptes de l'exercice N–1 font apparaître des pertes à hauteur de 180 000 €, la SA disposant par ailleurs de réserves pour un montant de 10 000 €.

4. *Analysez les conséquences de cette situation.*

La société ayant continué à réaliser des pertes, les capitaux propres sont toujours inférieurs à la moitié du capital social à la clôture de l'exercice N+2, le total du bilan s'élevant par ailleurs à 5 000 000 €.

5. *Indiquez quelle décision devra être prise par les associés.*

8 Commentaire de document : l'Amy SA ★★★

35 min

Compétence attendue Analyser les opérations d'augmentation et de réduction de capital

Rendez-vous MÉTHODE 2

En vous appuyant sur vos connaissances, répondez aux questions ci-après portant sur le dossier documentaire.

Vos missions

1. *Identifiez les parties, résumez les faits et exposez la procédure.*
2. *Déterminez le problème posé à la Cour de cassation.*
3. *Présentez et expliquez la décision de la Cour de cassation.*

Document

Cour de cassation, chambre commerciale, 18 juin 2002, pourvoi n° 99-11.999

Attendu, selon l'arrêt attaqué (Besançon, 2 décembre 1998) que la société anonyme l'Amy SA, premier fabricant français de montures de lunettes dont l'endettement bancaire excédait, en novembre 1993, 215 000 000 francs a, dans le cadre de la procédure de règlement amiable de la loi n° 84-148 du 1er mars 1984, décidé de sa restructuration et de sa reprise par la société de droit anglais Kitty Little Group (KLG), société cotée à Londres et filiale de la société américaine Benson Eyecare Corporation ; [...] ; que [...] l'assemblée générale extraordinaire des actionnaires réunie le 8 août 1994 et statuant au vu d'un rapport des commissaires aux comptes, a adopté les résolutions suivantes :

réduction à zéro franc du capital social qui avait été porté à dix-sept millions cinq cent soixante-trois mille neuf cent vingt francs (17 563 920 francs) afin d'apurer à due concurrence le report à nouveau négatif de cent quarante et un millions quatre cent quarante-six mille trois cent onze francs (141 446 311 francs) ; annulation des actions existantes et augmentation corrélative du capital de quatre-vingts millions de francs (80 000 000 francs) par l'émission de huit cent mille actions nouvelles de cent francs chacune – suppression du droit préférentiel de souscription des actionnaires au profit de la société Kitty little Group PLC ; que divers actionnaires minoritaires de la société l'Amy parmi lesquels l'Association Adam ont considéré qu'ils avaient été exclus de façon irrégulière de cette société ; qu'ils ont assigné la société l'Amy afin qu'elle soit condamnée à réparer le préjudice par eux subi du fait de cette exclusion ; que le tribunal a déclaré irrecevable la demande des actionnaires minoritaires de la société l'Amy ; que, par un premier arrêt, la cour d'appel a infirmé le jugement en tant qu'il déclarait irrecevable l'action de l'association Adam et des autres actionnaires minoritaires ; que, par un second arrêt du 2 décembre 1998, la cour d'appel a écarté tous les moyens présentés par les actionnaires minoritaires et a rejeté leurs demandes ;

Sur le moyen unique, pris en ses quatre branches ;

...

...

Attendu qu'il est fait grief à l'arrêt d'avoir ainsi statué alors, selon le moyen,

1°/ que, l'intérêt commun des associés est distinct de l'intérêt social ; qu'en déduisant l'absence d'atteinte à l'intérêt commun des associés du caractère supposé bénéfique de l'opération au regard de l'intérêt social, la cour d'appel a violé l'article 1833 du Code civil ;

2°/ que la réduction à zéro du capital et l'augmentation subséquente réservée à un tiers par suppression du droit préférentiel de souscription des anciens actionnaires caractérisaient une expropriation de ces derniers illégale comme non justifiée par une cause d'utilité publique ni précédée d'une indemnisation ; qu'en refusant d'en tirer les conséquences, la cour d'appel a violé l'article 545 du Code civil ; [...]

Mais attendu, en premier lieu, contrairement à ce que soutient la première branche du moyen, que la cour d'appel qui a retenu que l'opération litigieuse, effectuée afin de préserver la pérennité de l'entreprise et en cela conforme à l'intérêt social, n'avait cependant pas nui à l'intérêt des actionnaires, fussent-ils minoritaires, qui d'une façon ou d'une autre réalisation de l'opération ou dépôt de bilan, auraient eu une situation identique, les actionnaires majoritaires subissant par ailleurs le même sort, n'a pas déduit l'absence d'atteinte à l'intérêt commun des associés de considérations relatives au seul intérêt social ; [...]

Attendu, enfin, qu'ayant relevé, par motifs propres et par motifs non contraires des premiers juges, que l'opération litigieuse avait été décidée par l'assemblée générale des actionnaires pour reconstituer les fonds propres de la société, afin d'assurer la pérennité de l'entreprise, sans cela condamnée au dépôt de bilan, sans nuire aux actionnaires, fussent-ils minoritaires qui, d'une façon ou d'une autre – réalisation de l'opération ou dépôt de bilan – auraient eu une situation identique, les actionnaires majoritaires subissant par ailleurs le même sort, faisant ainsi ressortir que la réduction de capital à zéro ne constituait pas une atteinte au droit de propriété des actionnaires mais sanctionnait leur obligation de contribuer aux pertes sociales dans la limite de leurs apports, la cour d'appel a pu en déduire, par une décision motivée, que cette opération ne constituait pas une expropriation illégale ; [...]

PAR CES MOTIFS :

REJETTE le pourvoi ;

SYNTHÈSE

La société anonyme (SA) : ses actionnaires

Les valeurs mobilières

Actions	Actions de préférence	Obligations
Confèrent à l'actionnaire : • un droit à l'information ; • des droits de vote ; • des droits aux dividendes ; • le droit de céder ses actions.	Confèrent à l'actionnaire des droits particuliers précisés par les statuts.	• Confèrent à l'obligataire un titre de créance sur la société assorti de droits individuels et collectifs. • Émission d'obligations possible sous condition de libération du capital initial.

Les prérogatives des actionnaires

- **Droit à l'information**, en permanence et avant chaque assemblée
- **Droits financiers** (dividendes, remboursement de l'apport, boni de liquidation)
- **Droit de vote** en AG
- **Cession des actions** : en principe libre (clause d'agrément possible pour les cessions entre actionnaires ou à des tiers, clause de préemption…)

L'évolution de la SA

Augmentation de capital	Réduction de capital	Transformation	Dissolution
• Par apport en numéraire avec droit préférentiel de souscription pour chaque actionnaire. • Par apport en nature. • Par incorporation de réserves.	• Motivée par des pertes (règles particulières en cas de perte de la moitié du capital). • Non motivée par des pertes avec droit d'opposition des créanciers.	• Conditions : 2 ans d'existence et deux bilans approuvés. • Décision en AGE (conditions de majorité différentes selon la forme adoptée).	• Causes communes à toutes les sociétés. • Causes spécifiques à la SA (capital inférieur au minimum, perte de la moitié du capital, sans régularisation).

CHAPITRE 11 La société par actions simplifiée (SAS)

PROGRAMME

Compétences attendues

- **Schématiser** et **analyser** les règles de fonctionnement de la SAS
- **Rédiger** des clauses spécifiques des statuts
- **Analyser** les opérations de contrôle au sein de la SAS
- **Analyser** les opérations d'augmentation et de réduction de capital dans la SAS
- **Analyser** les conditions et les conséquences d'une transformation pour la SAS
- **Identifier** les causes et les conséquences d'une dissolution spécifiques à la SAS
- **Justifier** le choix de la SAS dans une situation donnée

Savoir associé

Les sociétés par actions simplifiées :

- pluripersonnelle
- unipersonnelle

PLAN DU CHAPITRE

Cours : 1. La constitution de la SAS • 2. Le fonctionnement de la SAS • 3. L'évolution de la SAS

Des savoirs aux compétences : Évaluer les savoirs • Maîtriser les compétences • Préparer l'épreuve

Synthèse

La société par actions simplifiée (SAS) est une société par actions. Créée par la loi du 3 janvier 1994, elle est régie par les articles L. 227-1 à L. 227-20 et L. 244-1 à L. 244-4 du Code de commerce. Les règles prévues pour la SA s'appliquent à la SAS lorsque la loi ne prévoit pas de dispositions spéciales (organes de direction, assemblées, transformation) ou lorsque les statuts ne décident pas d'y déroger.

MOTS-CLÉS

Agrément • Clauses statutaires limitatives • Contrôle légal • Exclusion • Intérêt social • Président • Représentant légal • SAS pluripersonnelle • SAS unipersonnelle

1 La constitution de la SAS

La société par actions simplifiée est soumise aux conditions de constitution communes à toutes les sociétés (↪ chapitres 2 et 3).

CHIFFRES-CLÉS

En 2023, selon l'INSEE, les SAS représentent 66 % des créations de sociétés, alors qu'elles étaient minoritaires dix ans auparavant (29 % en 2013).

A) Les conditions de fond

1. L'application des règles de la SA

Les règles relatives à la constitution de la SA qui ne fait pas d'offre au public de titres s'appliquent à la constitution de la SAS, sauf exceptions énumérées ci-après.

2. Les associés

La **SAS pluripersonnelle** est créée par deux associés, personnes physiques ou morales capables.

La **SAS unipersonnelle** comprend un associé unique, choix effectué à la constitution ou à la suite de la réunion de toutes les actions de la société entre les mains d'un associé unique.

3. Le capital social

Le montant du capital social est librement fixé par les statuts. La SAS peut être constituée avec un capital variable.

Apports. Ils peuvent être effectués en numéraire, en nature ou en industrie. En principe, les apports en nature doivent être évalués par un CAA. Toutefois, comme en SARL, les futurs associés peuvent décider que le recours à un CAA ne sera pas obligatoire si :

- ils sont unanimes ;
- aucun apport en nature ne dépasse 30 000 € ;
- la valeur totale de l'ensemble des apports en nature est inférieure ou égale à la moitié du capital.

Les sanctions pour les associés sont les mêmes qu'en SARL : responsabilité civile (solidarité), voire pénale en cas de surévaluation frauduleuse (↪ chapitre 22).

Les apports en industrie sont possibles à condition d'être prévus par les statuts. Les actions émises en contrepartie des apports en industrie sont inaliénables.

Souscription et libération du capital. Les règles de la SA s'appliquent (↪ chapitre 9).

FOCUS — La SAS et l'offre au public de titres financiers

L'offre de titres financiers au public est proscrite. La violation de cette règle expose les dirigeants à une amende ; les souscriptions ou les cessions d'actions sont nulles. Cependant, la SAS est autorisée à procéder à des offres réservées à des investisseurs qualifiés ou à un cercle restreint d'investisseurs ou encore portant sur des titres ne dépassant pas les montants fixés par le règlement général de l'Autorité des marchés financiers (AMF).

B) Les conditions de forme

1. Les formalités habituelles

La SAS est constituée par la signature des statuts par tous les associés, puis fait l'objet d'une demande d'immatriculation au RNE, selon les règles habituelles. La SAS acquiert la personnalité morale par son immatriculation au RCS.

2. L'aménagement des formalités

La SASU dont l'associé unique, personne physique, assume personnellement la présidence est soumise à des formalités de publicité allégées (dispense d'insertion au Bodacc).

Tout sur la SAS/SASU consultez la page « Société par actions simplifiée (SAS) : ce qu'il faut savoir » sur le site https://entreprendre.service-public.fr/

→ CAS 5 • CAS 7

2 Le fonctionnement de la SAS

Les dispositions légales impératives sont peu nombreuses, les statuts pouvant organiser les pouvoirs des dirigeants et les droits et les obligations des associés.

A) La direction

1. Les règles légales

Exigence d'un président. En principe, le président est le seul organe légalement obligatoire (fig. 11.1).

Figure 11.1. **Direction de la SAS**

Président. Il peut s'agir d'une personne physique ou d'une personne morale, associée ou non. Seule la capacité d'exercice est exigée. Si une personne morale dirige la société, un représentant permanent n'est pas obligatoire, ce peut être le représentant légal de cette société ou une personne spécialement habilitée (qui encourt alors les mêmes responsabilités que s'il était dirigeant en son nom propre). Les conditions de la désignation sont déterminées dans les statuts.

Prérogatives. Représentant légal de la société, le président est investi des pouvoirs les plus étendus pour agir en toute circonstance au nom de celle-ci dans la limite de l'objet social. Aucune autre disposition légale ne limite ses pouvoirs, contrairement au DG de la SA (ex. : il peut librement consentir des cautionnements au profit de tiers sans qu'une autorisation soit nécessaire). Il respecte les pouvoirs des autres organes et les clauses statutaires limitatives de pouvoirs. Dans ses relations avec la société, il agit dans l'intérêt social. Les clauses statutaires limitatives de pouvoirs sont inopposables aux tiers.

Les dirigeants engagent leur responsabilité dans les conditions de droit commun.

Exemple

- **Clause limitative de pouvoirs du président de la SAS**
  « Le président devra solliciter l'approbation de la collectivité des associés en cas :
  - d'investissement supérieur à 10 000 € ;
  - d'acquisition et de cession de participations ;
  - d'octroi de garanties sur l'actif social. »

2. La liberté statutaire

Direction. Les statuts déterminent les conditions dans lesquelles la société est dirigée. Ils prévoient le nombre de dirigeants (direction unique ou direction collégiale, comité de direction…), les conditions d'accès à la fonction (personne physique ou personne morale, actionnaire ou tiers), leur rémunération, la durée de leurs fonctions, les conditions de leur révocation, et les conditions du cumul des fonctions avec un contrat de travail (dans le respect des conditions dégagées par la jurisprudence).

Directeur général. Les statuts peuvent notamment prévoir qu'une ou plusieurs personnes autres que le président, portant le titre de directeur général (DG) ou de directeur général délégué (DGD), exercent les pouvoirs reconnus par la loi au président. La SAS aura alors plusieurs représentants légaux, sous réserve que ces dirigeants soient mentionnés au RCS.

Exemple

- **Clause de nomination d'un directeur général**
  « Le Président peut donner mandat à une personne morale ou à une personne physique afin de l'assister en qualité de directeur général. Le directeur général dispose des mêmes pouvoirs que le président, il peut notamment engager la société à l'égard des tiers. »

B) La collectivité des associés

1. Les droits politiques des associés

Le droit à l'information. Le droit à l'information est réglementé par les statuts.

Les décisions collectives. La loi réglemente peu les décisions collectives (celles qui relèvent du pouvoir des associés) (tab. 11.1).

Tableau 11.1. Décisions collectives

Décisions relevant de la collectivité des associés, sous peine de nullité	• Opérations sur le capital • Dissolution • Transformation • Nomination des CAC • Approbation des conventions réglementées • Adoption des comptes annuels, de la répartition du bénéfice et de certaines clauses statutaires
Décision collective requise si elle est prévue dans les statuts	Toutes les autres décisions
Application des dispositions de la SA	Modification du capital social (DPS, libération du capital…) (↪ chapitre 10)

La participation aux décisions collectives. Le droit de participer aux décisions collectives peut être restreint par les statuts qui fixent :

- le mode de consultation (ex. : consultation écrite, réunion en assemblée, utilisation de la visioconférence, participation en ligne…) ;
- les formes de la consultation (ex. : formalités de procuration, information préalable des associés…) ;
- les conditions dans lesquelles s'exerce le droit de vote.

Le droit de vote et l'adoption des décisions. Le droit de vote est un droit fondamental dont l'associé ne peut pas être totalement et définitivement privé par les statuts qui peuvent toutefois le limiter.

Exemple

▸ Le droit de vote peut être supprimé de manière permanente pour certaines décisions ou limité dans le temps pour l'ensemble des décisions. ◂

Les statuts peuvent différencier le nombre de voix accordé à certains associés par rapport aux autres associés.

L'adoption des décisions est encadrée par la loi (tab. 11.2).

Tableau 11.2. Conditions de majorité prévues par la loi

	Principe
Liberté statutaire	Les statuts fixent les conditions de majorité qui peuvent être différentes selon la nature et l'importance des décisions.
	Tempéraments
Décisions requérant l'unanimité	Les clauses d'inaliénabilité ne peuvent être adoptées ou modifiées qu'à l'unanimité des associés.
Décision selon les statuts	Les clauses d'agrément ou d'exclusion d'un associé sont adoptées ou modifiées dans les conditions prévues par les statuts.

2. Les droits financiers des associés

Les associés ont un droit aux dividendes, dans les conditions prévues par les statuts, un droit au remboursement de l'apport et un droit au boni de liquidation. En cas d'augmentation de capital, ils ont un droit préférentiel de souscription (DPS). La contribution aux pertes est limitée au montant des apports.

3. Les rapports entre associés

La loi permet aux statuts de réglementer l'admission et le retrait des associés dans le capital de la société. L'inobservation des dispositions statutaires est sanctionnée par la nullité de la cession.

Clauses d'inaliénabilité. Ces clauses permettent d'interdire aux associés la cession de tout ou partie des actions pour une durée maximale de 10 ans. Elles créent un noyau stable d'actionnaires. Les statuts doivent préciser ce qu'il faut entendre par cession.

Exemple

- **Clause d'inaliénabilité**
  « Pendant une durée de 5 ans à compter de l'acquisition ou de la souscription des actions, les associés ne pourront céder leurs actions. La cession s'entend de toute cession à titre onéreux à des tiers à la société. Toutes les cessions d'actions effectuées en violation de ces dispositions sont nulles. Au surplus, une telle cession constitue un juste motif d'exclusion. »

Clauses d'agrément. Ces clauses impliquent la soumission de la cession d'actions à l'agrément de la société. Ces clauses sont autorisées mêmes entre associés, et aussi éventuellement en cas de succession. Elles permettent aux associés en place de contrôler l'admission d'un nouvel associé. Les statuts doivent prévoir l'organe compétent pour statuer sur l'**agrément**. En cas de refus d'agrément, la société doit racheter les actions (puis les céder ou les annuler dans les 6 mois).

Exemple

- **Clause d'agrément**
  « Les actions de la société ne peuvent être cédées, y compris entre associés, qu'avec l'agrément préalable donné par décision collective des associés prise à la majorité des voix des associés disposant du droit de vote sachant que les actions du cédant ne sont pas prises en compte pour le calcul de cette majorité.
  La demande d'agrément doit être notifiée par lettre recommandée avec demande d'avis de réception au Président. Elle indique le nombre d'actions dont la cession est envisagée, le prix de cession, l'identité de l'acquéreur. Cette demande d'agrément est transmise par le Président aux associés. Les associés disposent d'un délai de deux mois à compter de la réception de la demande d'agrément pour faire connaître leur décision au cédant, à défaut, l'agrément est réputé acquis.
  En cas d'agrément, l'associé cédant peut réaliser librement la cession aux conditions notifiées dans sa demande d'agrément.
  En cas de refus d'agrément, la société doit, dans un délai d'un mois à compter de la notification de la décision de refus d'agrément, acquérir ou faire acquérir les actions de l'associé cédant par un ou plusieurs associés ou par des tiers agréés. Si le rachat des actions n'est pas réalisé du fait de la société dans ce délai d'un mois, l'agrément du ou des cessionnaires est réputé acquis. Lorsque la société procède au rachat des actions de l'associé cédant, elle est tenue dans un délai de 6 mois à compter de l'acquisition de les céder ou de les annuler. Le prix de rachat des actions est fixé d'un commun accord entre les parties. À défaut d'accord, le prix est déterminé par expert.
  Toutes les cessions d'actions effectuées en violation de ces dispositions sont nulles. Au surplus, une telle cession constitue un juste motif d'exclusion. »

Clauses d'exclusion. Ces clauses obligent l'associé à céder ses actions et à quitter la société. Les statuts doivent prévoir les motifs et les modalités de cette **exclusion**. Les effets de l'application d'une telle clause peuvent être très lourds pour l'associé concerné. D'ailleurs, la clause des statuts d'une SAS privant l'associé dont l'exclusion est envisagée de son droit de vote est réputée non écrite. Si les statuts ne précisent pas le prix de la cession des actions, le prix est fixé conventionnellement ou selon la procédure d'expertise prévue par le Code civil. Si la société rachète les actions, elle doit les céder ou les annuler dans les 6 mois.

Exemple

Clause d'exclusion

« Tout associé faisant l'objet d'une procédure de dissolution, de redressement ou de liquidation judiciaire est exclu de plein droit.

Par ailleurs, l'exclusion d'un associé peut être également prononcée dans les cas suivants :

- violation des dispositions des présents statuts ;
- exercice direct ou indirect d'une activité concurrente de celle exercée par la société ;
- révocation d'un associé de ses fonctions de mandataire social.

L'exclusion d'un associé est prononcée par décision collective des associés statuant à la majorité des voix des associés disposant du droit de vote, étant précisé que l'associé objet de la procédure d'exclusion participe au vote et que ses actions sont prises en compte pour le calcul de la majorité. La décision d'exclusion prend effet à compter de son prononcé. Cette décision doit également statuer sur le rachat des actions de l'associé exclu et désigner le ou les acquéreurs de ces actions. Elle est notifiée à l'associé exclu par lettre recommandée avec demande d'avis de réception à l'initiative du président. L'associé exclu doit céder la totalité de ses actions dans les 15 jours de la décision d'exclusion ».

D'autres clauses statutaires peuvent être prévues (ex. : clause de préemption).

4. L'associé unique d'une SASU

La SASU est proche de la SARL unipersonnelle (↪ **chapitre 8**). L'associé unique exerce la totalité des pouvoirs reconnus aux associés d'une SAS pluripersonnelle. Il peut s'autodésigner président.

Le rapport de gestion, les comptes annuels et, le cas échéant, les comptes consolidés sont arrêtés par le président. L'associé unique approuve les comptes, après rapport du CAC s'il en existe un, dans les 6 mois de la clôture de l'exercice.

L'associé unique ne peut déléguer ses pouvoirs. Ses décisions sont répertoriées dans un registre. Lorsque l'associé unique, personne physique, assume personnellement la présidence de la société, le dépôt, dans le même délai, au RCS de l'inventaire et des comptes annuels dûment signés vaut approbation des comptes.

C) Le contrôle de la gestion de la SAS

1. Le contrôle par les associés

Examen des comptes. Les associés contrôlent la gestion des dirigeants au moins une fois par an, lors de l'examen des comptes annuels.

FOCUS L'organisation de la SAS

- **Cas 1. Structures modestes**

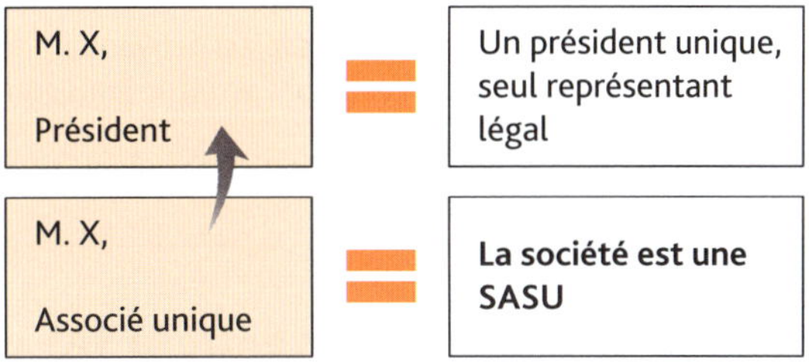

Cette configuration correspond plutôt aux petites structures (ex. : un entrepreneur individuel décide de créer une SAS pour anticiper l'arrivée à terme de nouveaux associés, ou pour bénéficier du statut social du président). L'un des enjeux du choix de la SAS plutôt que de la SARL est le statut social et fiscal du dirigeant. En SAS, le président est en effet assimilé à un salarié (contrairement au gérant majoritaire de SARL). Ce choix doit être effectué en fonction des attentes du futur dirigeant (niveau de rémunération, choix de la protection sociale, etc).

- **Cas 2. Structures relativement conséquentes**

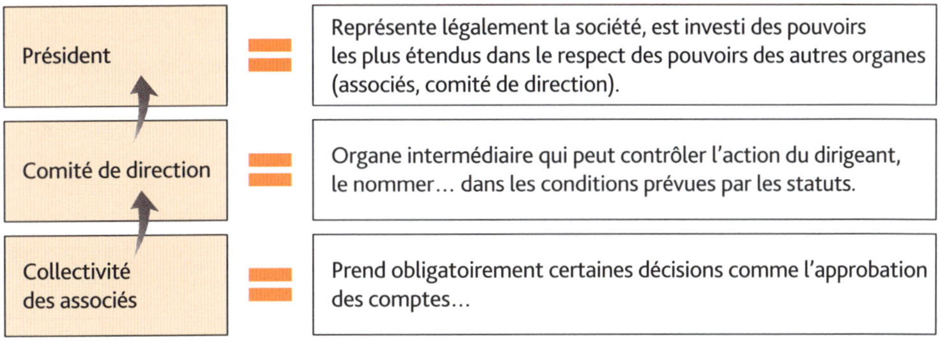

Cette configuration convient plutôt aux grosses structures. L'avantage de la SAS, par rapport à la SARL, réside dans la possibilité d'émettre des actions, titres en principe librement cessibles et négociables. Par rapport à la SA, la SAS offre une certaine souplesse statutaire, qui permet d'organiser relativement librement les rapports entre associés, mais elle ne permet de faire offre publique de titres, ce qui peut limiter à terme les possibilités de financement de la société.

Expertise de gestion. Un ou plusieurs associés représentant 5 % du capital, le ministère public ou le comité social et économique (CSE) peuvent demander en justice la nomination d'un expert de gestion chargé de présenter un rapport sur une ou plusieurs opérations de gestion.

Contrôle légal. Le contrôle légal (↪ chapitre 5) des comptes est effectué par le CAC nommé selon certaines conditions (tab. 11.3).

Tableau 11.3. **Conditions de nomination du CAC**

Nomination volontaire	• Les associés peuvent nommer un ou plusieurs CAC. • Dans ce cas, leur mission est adaptée : mission ALPE (↪ chapitre 5). Ceci permet d'alléger les diligences et le coût du recours aux CAC.
Nomination obligatoire	Sont tenues de nommer un CAC : • Les SAS qui dépassent certains seuils (↪ chapitre 5). • Les SAS qui contrôlent un groupe de sociétés qui dépasse les seuils, ou qui sont des filiales significatives. • Les associés représentant un tiers du capital peuvent en faire la demande motivée auprès de la société (la mission est alors adaptée : mission ALPE).
Demande en justice	La nomination peut être demandée en justice par un ou plusieurs associés représentant au moins 10 % du capital.

2. Le contrôle des conventions intervenues entre la SAS et un dirigeant ou un actionnaire

Principe. Pour éviter que le dirigeant (président ou dirigeant défini par les statuts) ou des actionnaires d'une SAS ne profitent de leurs fonctions pour conclure à leur profit une convention désavantageuse pour la société, le Code de commerce prévoit une procédure applicable à certaines conventions (tab. 11.4).

Tableau 11.4. **Conventions réglementées, libres et interdites**

	Champ d'application	Procédure et sanctions
Conventions réglementées	Conventions intervenues directement (ou par personne interposée) entre la société et son président, ou l'un de ses dirigeants, ou l'un de ses actionnaires disposant d'une fraction des droits de vote supérieure à 10 % ou, s'il s'agit d'une société actionnaire, la société la contrôlant.	• Aucune autorisation préalable n'est nécessaire. • Le CAC ou le président présente aux associés, pour approbation, un rapport sur les conventions réglementées conclues par la société. • Les conventions non approuvées produisent leurs effets.
Conventions libres	Conventions courantes conclues à des conditions normales.	Aucune.
Conventions interdites	• Interdiction pour le président et les autres dirigeants personnes physiques de contracter des emprunts, de se faire consentir un découvert ou de faire cautionner ou avaliser par la société un engagement. • Interdiction étendue aux conjoint, ascendants, descendants des dirigeants concernés ou à toute personne interposée.	Nullité absolue.

Liberté statutaire. La loi laisse aux statuts la liberté de créer des organes de contrôle supplémentaires (ex. : conseil d'administration, comité de surveillance...).

➜ APPLICATION 2 • CAS 3 • CAS 5 • CAS 6 • CAS 7 • SITUATION PRATIQUE 8 • COMMENTAIRE DE DOCUMENT 9

3 L'évolution de la SAS

A) Les opérations sur le capital

Le capital peut être augmenté ou réduit de la même façon qu'en SA (↪ chapitre 10).

B) La transformation

1. La transformation en SAS

Cette décision requiert l'unanimité.

2. La transformation de la SAS

Cette décision doit être prise par les associés ; elle obéit aux conditions communes à toutes les sociétés.

C) La dissolution

Les causes de dissolution communes (↪ chapitre 6) à toutes les sociétés s'appliquent. Si le montant des capitaux propres devient inférieur à la moitié du capital, les associés doivent pouvoir décider d'une dissolution anticipée de la société, comme en SA ou SARL. La dissolution entraîne la liquidation de la SAS. La dissolution de la SAS suit les règles de droit commun ; celle de la SASU, les règles de l'EURL (↪ chapitre 8).

➜ CAS 4 • CAS 6

1 Quiz

Vérifiez l'exactitude des propositions ci-après et justifiez-les.

	Vrai	Faux
1. La SAS émet des parts sociales.	☐	☐
2. Le montant minimum du capital d'une SAS est de 37 000 €.	☐	☐
3. Une SAS est créée avec un capital de 10 000 €. M. X apporte une camionnette estimée à 5 000 €. L'intervention du CAA n'est pas obligatoire.	☐	☐
4. Une SAS ne peut être constituée avec plus de 100 associés.	☐	☐
5. Le président doit toujours être choisi parmi les associés.	☐	☐
6. Le président n'est pas nécessairement désigné par les associés.	☐	☐
7. Le DG est toujours le représentant légal de la société.	☐	☐
8. L'insertion dans les statuts d'une clause d'agrément nécessite l'unanimité.	☐	☐
9. Un associé peut être privé du droit de céder ses actions.	☐	☐
10. Le président peut approuver lui-même les comptes annuels.	☐	☐

2 Décisions ★★★

Précisez l'organe compétent et, le cas échéant, les conditions de validité des décisions suivantes dans une SAS (la méthodologie du cas pratique n'est pas exigée).

- Achat de marchandises.
- Nomination d'un commissaire aux comptes.
- Mise en réserve des bénéfices.
- Embauche d'un salarié.
- Augmentation de capital par apports nouveaux.
- Insertion d'une clause d'inaliénabilité dans les statuts.

3 Cas : SAS Aubrale ★★★

Compétences attendues

- **Schématiser** et **analyser** les règles de fonctionnement de la SAS
- **Analyser** les opérations de contrôle au sein de la SAS

Qualifiez chacune des conventions suivantes, intervenues dans la SAS Aubrale, dont l'objet est la conception et la fabrication d'articles de lingerie, qui est présidée par Louise Aubrale et dont Loïc Aubrale est le directeur général.

- **Convention n° 1**. Avance de fonds à hauteur de 10 000 € par la SAS au fils de Louise Aubrale, qui doit s'installer à Paris pour poursuivre ses études après l'obtention de son baccalauréat.
- **Convention n° 2**. Achat par Louise Aubrale de deux articles de la nouvelle collection, pour ses besoins personnels.
- **Convention n° 3**. Achat par Loïc Aubrale de 150 pièces destinées à être revendues à des tiers.

4 Cas : H5C ★★★

Compétences attendues

- **Analyser** les conditions et les conséquences d'une transformation pour la SAS
- **Schématiser** et **analyser** les règles de fonctionnement de la SAS

En vous appuyant sur vos connaissances, répondez aux questions ci-après portant sur le document.

1. *Déterminez à quelle condition de majorité la décision a été prise dans la SARL H5C.*
2. *Identifiez les rôles de Laure et d'Antoine Dubus.*
3. *Qualifiez la clause statutaire (phrase soulignée).*

Document

Insertion dans un SHAL

H5C, SARL au capital de 5 000 €
4 rue Simon Vollant, 01000 Bourg-en-Bresse
654987653 RCS Bourg-en-Bresse
Aux termes d'une décision extraordinaire en date du 9 novembre 2018, il a été pris acte de transformer la société en SAS.

Capital : 5 000 €, divisé en 500 actions de 50 € chacune entièrement souscrites, et libérées.

Objet social : conseil en patrimoine

- Président : Mme Laure Dubus, demeurant 45 avenue Jean-Jaurès, 01000 Bourg-en-Bresse, élue pour une durée indéterminée.

...

...
- Directeur général : M. Antoine Dubus.
- Commissaires aux comptes titulaire : M. Jean Lecoinche.

Admission aux assemblées : chaque associé a le droit de participer aux décisions collectives par lui-même ou par son mandataire.
Exercice du droit de vote : chaque action donne droit à une voix. Le droit de vote attaché aux actions est proportionnel au capital qu'elles représentent.

Transmission des actions : les actions ne peuvent être transférées entre associés qu'avec l'agrément préalable du Président de la société, lequel doit apprécier si le transfert envisagé est conforme à l'intérêt social.

Mention en sera faite au Registre du commerce et des sociétés de Bourg-en-Bresse.

5 Cas : SAS Fiesta & Co. ★★★

Compétences attendues

- **Schématiser** et **analyser** les règles de fonctionnement de la SAS
- **Rédiger** des clauses spécifiques des statuts
- **Justifier** le choix de la SAS dans une situation donnée

Ylias, Stéphane et Léo viennent d'obtenir leur DCG, ils ont pour projet de créer une SAS qui aurait pour objet l'organisation d'évènements festifs. Ils ont déjà trouvé la dénomination sociale : Fiesta & Co.

Ylias apporte ses économies, soit 1 000 € en numéraire. Stéphane apporte un ordinateur doté de plusieurs logiciels que les trois amis évaluent à 800 €. Léo apporte son expérience dans le domaine, puisqu'il organise ce type d'évènements pour son association étudiante depuis trois ans, ainsi que son carnet d'adresses, bien fourni, d'une valeur de 500 €.

1. *Déterminez le montant du capital et précisez si les apports de Stéphane et de Léo nécessitent des formalités particulières.*
2. *Rédigez la clause de répartition du capital contenant le montant total du capital et sa répartition entre les futurs associés.*

6 Cas : SAS Fiesta & Co. (suite) ★★★

Compétences attendues

- **Schématiser** et **analyser** les règles de fonctionnement de la SAS
- **Analyser** les opérations d'augmentation de capital dans la SAS
- **Analyser** les opérations de contrôle au sein de la SAS

Les affaires sont florissantes pour les trois amis associés de la SAS Fiesta & Co. La société est parvenue à se créer une renommée internationale et a des clients dans le monde entier. Elle affiche à la clôture du dernier exercice un chiffre d'affaires de 2 000 000 €. Elle a embauché 18 salariés à temps plein. Devant les perspectives de développement, la SA Promtour est prête à entrer au capital et à investir dans la SAS à hauteur de 5 000 €.

1. *Vérifiez si la SAS est tenue de nommer un commissaire aux comptes.*
2. *Précisez les conditions, les modalités et les conséquences de l'entrée de la SA Promtour au capital de la SAS.*

Stéphane projette de se marier avec sa compagne de longue date, Agathe. La SAS Fiesta&Co lui propose un devis à hauteur de 20 000 € pour l'organisation de cet évènement, qui rassemblera plus de 100 personnes. En raison de leur longue amitié, Léo, qui est le président de la SAS, décide de lui accorder une remise de 20 %.

3. *Vérifiez si le contrat nécessite des formalités particulières.*

7 Cas : Bonhomme ★★★

Compétences attendues

- **Schématiser** et **analyser** les règles de fonctionnement de la SAS
- **Analyser** les opérations de contrôle au sein de la SAS
- **Rédiger** des clauses spécifiques des statuts
- **Justifier** le choix de la SAS dans une situation donnée

Collaborateur(trice) au sein du cabinet de M. Bonhomme, expert-comptable, vous vous voyez confier un dossier relatif à la création d'une SAS. Deux projets alternatifs sont à l'étude par votre client, les éditions Abasse.

Les éditions Abasse, SA au capital de 151 000 € et les éditions Corto, SARL au capital de 100 000 €, veulent créer une filiale commune sous la forme d'une SAS.

Dans le premier projet, chaque associé détiendra 50 % du capital afin que les deux maisons d'édition produisent ensemble des cédéroms d'ouvrages édités actuellement sous forme de manuels. La dénomination sociale sera « Abto » ; la durée de la SAS, 50 ans. Les éditions Abasse apporteront les droits qu'elles détiennent sur un logiciel de CAO. Ces droits sont évalués à 12 000 €. Les éditions Corto procéderont à un apport en numéraire d'un montant de 10 000 €.

Un second projet prévoit que la gérante de la SARL Abto, Vinciane Boussu, s'associe également en apportant à la société son savoir-faire technique en PAO, évalué à 3 000 €. Dans cette hypothèse, les droits des associés seront répartis au prorata des apports.

Quelle que soit l'hypothèse retenue, les futurs associés émettent plusieurs exigences :

- les associés seront tous les représentants légaux de la future SAS ;
- le dirigeant de la SAS devra consulter les associés pour tout projet d'édition de nouveaux cédéroms ;
- la règle de l'unanimité s'appliquera à toutes les décisions qui relèvent de la compétence des associés ;
- la SAS n'aura pas de CAC.

1. *Pour chacun des projets, vérifiez la répartition des droits des associés. Quel projet recueille votre préférence ? Justifiez ce choix.*
2. *Vérifiez la légalité des exigences des futurs associés.*
3. *Rédigez la clause statutaire relative à la direction. Cette clause suffit-elle à ce que tous les dirigeants soient les représentants légaux de la SAS ?*
4. *Déterminez si la SA Abasse peut créer seule la SAS en précisant, le cas échéant, si les règles de fonctionnement seront les mêmes.*

8 Situation pratique : Loisirs Cuir ★★★

25 min

Compétences attendues

- **Schématiser** et **analyser** les règles de fonctionnement de la SAS
- **Rédiger** des clauses spécifiques des statuts

Rendez-vous MÉTHODE 3

La SAS Loisirs Cuir, dont le siège social est situé à Lille, est spécialisée dans la fabrication et la commercialisation d'articles de cuir à destination de professionnels. Cette société à caractère familial est présidée par Martine Dubois depuis sa création. Cette dernière détient 200 actions. Le reste du capital social de la société, d'un montant total de 40 000 € (400 actions d'une valeur nominale de 100 €), se répartit de la manière suivante : trois personnes physiques – cousins de Martine –, Gaspard Dubois : 50 actions ; Garance Dubois : 50 actions et David Dubois : 50 actions. La SARL ADEE, un fournisseur important de la SAS, détient le reste des actions.

Le capital social a été constitué par des apports en numéraire, intégralement libérés lors de la constitution de la société. La SAS n'a pas de commissaire aux comptes. Un extrait des statuts est fourni dans le dossier documentaire.

Afin de sécuriser à l'avenir les relations entre les associés, Gaspard Dubois souhaiterait qu'une clause d'agrément soit insérée dans les statuts.

Vos missions

1. *Vérifiez si la clause d'agrément peut être insérée dans les statuts.*
2. *Rédigez la clause.*

Afin de réduire les coûts liés au siège social, Martine Dubois envisage de le transférer dans une commune voisine, située en zone franche urbaine.

Votre mission

3. *Déterminez les conditions de cette décision.*

En mars dernier, Martine Dubois a arrêté les comptes annuels alors qu'un rapport d'audit constatait la présence de plusieurs créances fictives ainsi que la nécessité de constituer des provisions et des amortissements exigés par la situation de la SAS. Gaspard et Garance Dubois envisagent d'exclure Martine.

Votre mission

4. *Proposez une correction pour l'article 16 des statuts de la SAS (en annexe) et indiquez s'il peut s'appliquer aux agissements de Martine Dubois.*

Les mêmes associés souhaiteraient s'assurer de la présence de la SARL ADEE dans le capital de la SAS Loisirs Cuir jusqu'en 2040. À cette fin, ils envisagent d'insérer une clause d'inaliénabilité dans les statuts de la SAS.

Votre mission

5. *Déterminez si une telle clause peut être insérée dans les statuts de la SAS Loisirs Cuir.*

Document

Extrait des statuts de la SAS Loisirs Cuir

Article 10. Domaines réservés à la collectivité des actionnaires

La collectivité des actionnaires est seule compétente pour prendre les décisions suivantes :

- transformation de la société ;
- augmentation, amortissement et réduction du capital social ;
- fusion, scission, dissolution, apport partiel d'actifs ;
- nomination des Commissaires aux comptes ;
- nomination, rémunération, révocation du Président ;
- approbation des comptes annuels et affectation des résultats ;
- approbation des conventions conclues entre la Société et ses dirigeants ou actionnaires ;
- modification des statuts, sauf transfert du siège social ;
- nomination du liquidateur et décisions relatives aux opérations de liquidation ;
- exclusion d'un actionnaire et suspension de ses droits de vote.

Article 11. Règles de majorité

Décisions prises à l'unanimité : Les décisions collectives limitativement énumérées ci-après doivent être adoptées à l'unanimité des associés disposant du droit de vote :

- celles requérant l'unanimité en application de la loi ;
- l'insertion d'une clause d'agrément ;
- la dissolution de la société.

Décisions prises à la majorité : les décisions collectives des associés autres que celles énumérées ci-dessus sont adoptées à la majorité des voix des associés disposant du droit de vote, présents ou représentés.

Article 12. Modalités des décisions collectives

Les décisions collectives sont prises en assemblée. [...]

Article 16. Exclusion

L'exclusion du président associé peut être prononcée dans les cas suivants :

- faute de gestion ;
- violation des statuts et des lois ;
- faits ou actes de nature à porter atteinte aux intérêts ou à l'image de marque de la société.

L'exclusion est décidée par l'assemblée générale des associés statuant à la majorité des voix des membres présents. L'associé dont l'exclusion est envisagée est privé de son droit de vote.

La décision d'exclusion ne peut intervenir que sous réserve du respect des formalités préalables prévues à l'article 17 des présents statuts.

L'associé exclu doit céder la totalité de ses actions dans un délai de 40 jours à compter de l'exclusion aux autres associés au prorata de leur participation au capital.

N.B. : article 17 non fourni.

9 Commentaire de document : STCI ★★★

30 min

Compétence attendue • Schématiser et analyser les règles de fonctionnement de la SAS

Rendez-vous MÉTHODE 2

En vous appuyant sur vos connaissances, répondez aux questions ci-après portant sur le dossier documentaire.

Vos missions

1. *Identifiez les parties, les faits, la procédure (la méthodologie du cas pratique n'est pas exigée).*
2. *Exposez le problème juridique posé à la Cour de cassation.*
3. *Présentez et expliquez la décision de la Cour.*

Document

Cour de cassation, chambre commerciale, 25 janvier 2017, pourvoi n° 14-28.792

Statuant [...] sur le pourvoi principal formé par M. et Mme X… et la Société de traitement comptable informatisé (la société STCI) [...] ;

Attendu, selon l'arrêt attaqué, que M. X…, qui était actionnaire majoritaire et président du conseil d'administration de la société anonyme Cabinet Rexor, a, par un protocole d'accord du 22 janvier 2005, cédé 98,81 % de la participation qu'il détenait dans le capital de cette société à la Sofirec ; que ce protocole stipulait que le prix de cession des actions serait diminué en cas de baisse du chiffre d'affaires au cours des exercices 2005 et 2006 dans la mesure où M. X... serait maintenu à son poste d'administrateur ; que l'assemblée générale de la société Cabinet Rexor a, le 26 avril 2005, décidé la transformation de cette société en société par actions simplifiée ; que soutenant que la société Cabinet Rexor et la Sofirec n'avaient pas respecté leurs engagements contractuels, M. et Mme X…, ainsi que la société STCI, celle-ci agissant en qualité de bailleresse de la société Cabinet Rexor, les ont assignées en paiement ; que la société Cabinet Rexor et la Sofirec ont reconventionnellement demandé que la clause de réduction du prix prévue par le protocole de cession soit déclarée applicable à M. X... ; [...]

Vu les articles L. 227-1 et L. 227-5 du Code de commerce ;

Attendu qu'il résulte de la combinaison de ces textes que seuls les statuts de la société par actions simplifiée fixent les conditions dans lesquelles la société est dirigée ;

Attendu que pour dire que la clause de révision de prix prévue par le protocole de cession d'actions était applicable à M. X..., l'arrêt relève que, si les statuts de la société par actions simplifiée Cabinet Rexor ne font pas référence à un conseil d'administration, les documents produits aux débats, dont rien n'autorise à remettre en cause la sincérité, attestent du maintien d'un conseil d'administration au sein de la société Cabinet Rexor après sa transformation en société par actions simplifiée et jusqu'au mois de juillet 2007, et démontrent que M. X... a conservé la qualité d'administrateur de cette société jusqu'au 30 septembre 2006 ;

Qu'en statuant ainsi, alors qu'elle avait constaté que les statuts de la société par actions simplifiée Cabinet Rexor ne faisaient pas mention d'un conseil d'administration, ce

•••

•••

dont il résultait que M. X... n'avait pas conservé sa qualité d'administrateur à la suite de la modification de la forme juridique de cette société, la cour d'appel, qui n'a pas tiré les conséquences légales de ses constatations, a violé les textes susvisés ;

PAR CES MOTIFS : [...]

CASSE ET ANNULE, mais seulement en ce qu'il condamne M. X... à payer à la société Sofirec la somme de 21 441,88 euros outre les intérêts au taux légal à compter du 8 juillet 2008 et en ce qu'il statue sur les dépens et sur l'application de l'article 700 du Code de procédure civile, l'arrêt rendu le 24 juin 2014, entre les parties, par la cour d'appel de Paris ; remet en conséquence, sur ces points, la cause et les parties dans l'état où elles se trouvaient avant ledit arrêt et, pour être fait droit, les renvoie devant la cour d'appel de Paris, autrement composée ;

SYNTHÈSE

La société par actions simplifiée (SAS)

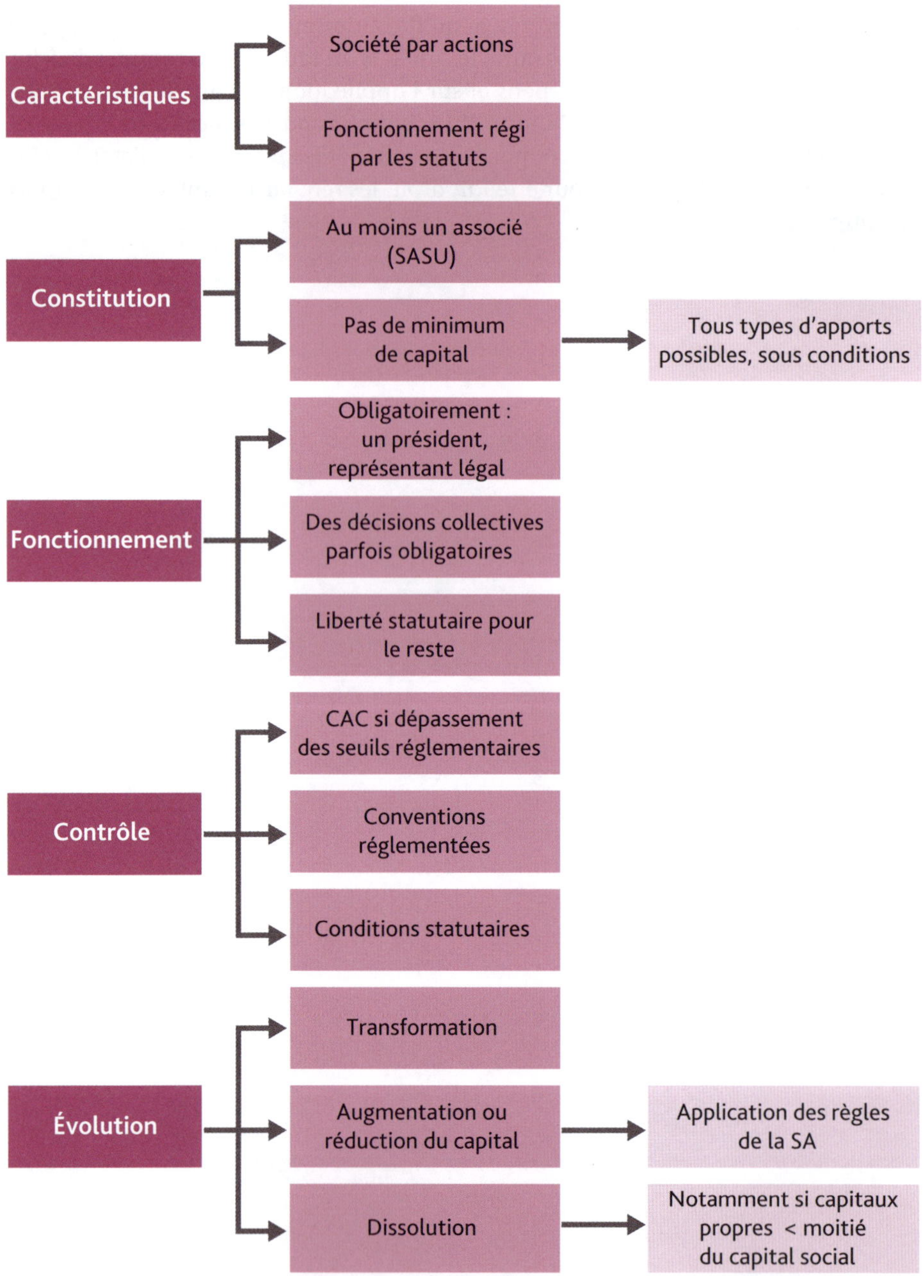

CHAPITRE 12 La société en nom collectif (SNC)

PROGRAMME

Compétences attendues

- **Schématiser** et **analyser** les règles de fonctionnement de la société en nom collectif
- **Rédiger** des clauses spécifiques des statuts
- **Repérer** dans des statuts les clauses non conformes et les corriger
- **Analyser** les opérations de contrôle au sein de la société en nom collectif
- **Analyser** les conditions et les conséquences d'une transformation pour la société en nom collectif
- **Identifier** les causes et les conséquences d'une dissolution spécifiques à la société en nom collectif
- **Justifier** le choix de la société en nom collectif dans une situation donnée

Savoir associé

La société en nom collectif

PRÉREQUIS

- Régime juridique des apports (chapitre 2)
- Constitution de la société (chapitre 3)
- Fonctionnement et contrôle (chapitres 4 et 5)
- Dissolution (chapitre 6)

LIEN AVEC LE DCG 4

§ 2. L'impôt sur le revenu des personnes physiques

PLAN DU CHAPITRE

Cours : 1. La constitution de la SNC • 2. Le fonctionnement de la SNC • 3. L'évolution de la SNC

Des savoirs aux compétences : Évaluer les savoirs • Maîtriser les compétences • Préparer l'épreuve

Synthèse

La société en nom collectif est une forme sociale ancienne, peu courante aujourd'hui. Elle peut être choisie par des personnes physiques, pour son caractère fermé, ou par des groupes de sociétés, pour sa transparence fiscale. Sa constitution entre associés commerçants est soumise à des conditions de fond et de forme peu nombreuses. Son fonctionnement repose sur une gérance stable. Les associés sont tenus indéfiniment et solidairement des dettes sociales et ne peuvent céder leurs parts qu'avec l'agrément des autres. Les mécanismes de contrôle de la gestion sont limités. La transformation et la dissolution de la SNC présentent quelques particularités.

MOTS-CLÉS

Agrément • Capital social • Clause limitative de pouvoir • Commerçant • Obligation indéfinie et solidaire aux dettes sociales • Parts sociales • Représentation légale • SNC • Unanimité

1 La constitution de la SNC

A) Les conditions de fond

1. Les associés

La société en nom collectif (**SNC**) est instituée par au moins deux associés, personnes physiques ou personnes morales. Tout associé d'une société en nom collectif a la qualité de **commerçant**. Seuls peuvent être associés d'une SNC les personnes ayant la capacité d'être commerçant.

2. Le capital social

Le montant du **capital social** est librement fixé dans les statuts. Les apports peuvent être effectués en numéraire (modalités de libération déterminées par les associés), en nature (évaluation par les associés) ou en industrie. Le montant du capital correspond à la somme des apports en numéraire et en nature, les apports en industrie n'étant pas pris en compte pour la formation du capital.

3. L'objet social

L'objet social d'une SNC peut être civil ou commercial. Certaines activités sont interdites aux SNC (ex. : assurances).

B) Les conditions de forme

Les statuts doivent être établis par écrit et signés par tous les associés. Les associés déterminent dans les statuts la plupart des modalités de fonctionnement de la société.

Avantages et régime de la SNC : https://entreprendre.service-public.fr/vosdroits

➔ APPLICATION 2 • SITUATION PRATIQUE 7

2 Le fonctionnement de la SNC

A) La gérance de la SNC

1. La nomination et la cessation de fonction du gérant

Les associés peuvent nommer, dans les statuts ou par acte séparé, un gérant (ou plusieurs), associé ou non, personne physique ou personne morale (dans ce cas, les dirigeants de la personne morale sont soumis aux mêmes obligations et à la même responsabilité que s'ils étaient gérants eux-mêmes). Si aucun gérant n'est nommé, tous les associés sont considérés comme gérants.

Les fonctions du gérant cessent s'il démissionne, s'il est empêché (décès, maladie, incapacité, faillite personnelle) ou s'il est révoqué.

Le gérant peut être révoqué par décision des associés, dans des conditions différentes selon sa qualité (tab. 12.1). Il peut aussi être révoqué par décision de justice à la demande d'un associé pour cause légitime. S'il est révoqué sans juste motif, le gérant peut demander en justice le versement par la société de dommages-intérêts.

Tableau 12.1. Modalités de révocation du gérant par décision des associés

Qualité du gérant	Modalités de la révocation
Si le gérant est un associé nommé dans les statuts *ou* si tous les associés sont gérants	• Révocation à l'unanimité des autres associés. • La révocation entraîne la dissolution de la société sauf si la continuation de la société est prévue par les statuts ou décidée par les associés à l'unanimité. • Le gérant révoqué peut se retirer de la société et demander le rachat de ses parts.
Si le gérant est un associé nommé par acte séparé	• La révocation a lieu aux conditions fixées par les statuts ou, à défaut, par décision des autres associés à l'unanimité. • La révocation n'entraîne pas dissolution de la société.
Si le gérant n'est pas un associé	• La révocation a lieu aux conditions fixées par les statuts ou, à défaut, par décision des associés à la majorité. • La révocation n'entraîne pas dissolution de la société.

2. La rémunération du gérant

Les associés déterminent librement la rémunération attribuée au gérant. Elle est soumise à un régime fiscal et social différent s'il est associé ou non (tab. 12.2).

Tableau 12.2. Régime fiscal et social de la rémunération du gérant

	Régime fiscal	Régime social
Gérant non associé	Imposition à l'impôt sur le revenu dans la catégorie des traitements et salaires	• Régime des salariés, à condition d'exercer ses fonctions dans un lien de subordination vis-à-vis de la société (par exemple, si ses pouvoirs sont limités vis-à-vis des associés). • Exclusion du bénéfice de l'assurance-chômage
Gérant associé	Imposition à l'impôt sur le revenu dans la catégorie correspondant à l'activité de la société	• Régime des indépendants • Exclusion du bénéfice de l'assurance-chômage

3. Le cumul des fonctions de gérant avec un contrat de travail

Le cumul est possible pour un gérant non associé sous réserve du respect des critères jurisprudentiels (↪ chapitre 4). Le cumul est impossible pour un gérant associé, car, selon la jurisprudence, le statut de salarié n'est compatible ni avec la qualité de commerçant ni avec l'engagement indéfini et solidaire aux dettes sociales des associés de SNC.

4. Les pouvoirs du gérant

Les pouvoirs du ou des gérants se manifestent dans leurs relations avec les associés et les tiers (tab. 12.3).

Tableau 12.3. **Pouvoirs du gérant**

Dans ses rapports avec les associés	Dans ses rapports avec les tiers
• Conclusion de tout acte de gestion dans l'intérêt de la société sauf **clause** statutaire **limitative de pouvoir**. • En cas de dépassement de ses pouvoirs par le gérant, engagement de sa responsabilité vis-à-vis de la société.	• **Représentation légale** de la SNC. • Engagement de la SNC par les actes du gérant entrant dans l'objet social et par les actes excédant les limites fixées par les statuts (les clauses statutaires limitant les pouvoirs du gérant étant inopposables aux tiers).

Exemple

Clause limitative de pouvoirs du gérant de SNC

« Dans les rapports entre associés, le gérant peut accomplir tous les actes de gestion dans l'intérêt de la société. Toutefois, et sans que cette clause puisse être opposée aux tiers ni invoquée par eux, il est convenu que tout achat ou vente d'un immeuble ne pourra être réalisé sans avoir été autorisé au préalable par une décision collective des associés. »

FOCUS Le cas particulier de la cogérance

Si plusieurs gérants ont été nommés, chaque gérant a le pouvoir d'engager seul la société. Néanmoins, les statuts peuvent contenir des clauses prévoyant d'autres modalités (ex. : clause de répartition des pouvoirs entre gérants, clause imposant aux gérants de prendre ensemble tout ou partie des décisions (clauses inopposables aux tiers). Un gérant peut s'opposer à un acte envisagé par un autre gérant avant sa conclusion. Cette opposition est sans effet vis-à-vis des tiers (sauf si le tiers a eu connaissance de cette opposition).

5. La responsabilité du gérant

Comme tout dirigeant, le gérant de SNC engage sa responsabilité civile, fiscale et pénale (↪ chapitre 4).

B) Les associés de la SNC

1. Les droits politiques des associés

Droit à l'information. Ce droit s'exerce selon différentes modalités (tab. 12.4).

Tableau 12.4. **Exercice du droit à l'information par les associés de SNC**

Deux fois par exercice	Avant l'assemblée annuelle
• Consultation au siège social de tous les documents de la société. • Possibilité de poser par écrit au gérant des questions auxquelles il doit répondre par écrit.	Droit à communication quinze jours avant l'assemblée des comptes annuels, de l'inventaire, du rapport de gestion, du texte des résolutions proposées et du rapport du CAC s'il en existe un.

Contrairement à la SARL et aux sociétés par actions, la SNC n'a pas l'obligation de déposer ses comptes annuels au greffe du tribunal de commerce, sauf dans le cas où tous les associés de la SNC sont des SARL ou des sociétés par actions.

Droit de vote et participation aux décisions collectives. Pour prendre les décisions collectives, chaque associé dispose d'un nombre de voix égal au nombre de **parts sociales** détenues. Les décisions collectives sont prises selon différents modes (tab. 12.5).

Tableau 12.5. Modalités des décisions collectives

Tenue d'une assemblée	• Obligatoire dans deux cas : – pour l'approbation des comptes annuels ; – à la demande d'un associé. • Convocation en principe par le gérant ou par l'associé demandant la tenue de l'assemblée. • Modalités de convocation et de déroulement de l'assemblée fixées par les statuts
Consultation écrite	Mode pouvant être prévu par les statuts. Le vote peut être exprimé par voie électronique.
Signature par tous les associés d'un acte contenant la décision prise	Mode pouvant être prévu par les statuts

Règles de majorité. À l'exception de certaines décisions devant obligatoirement être prises à l'**unanimité** (agrément des cessions de parts sociales, transformation de la SNC en SAS, décisions relatives à la révocation d'un gérant associé, continuation de la société malgré la perte de la qualité de commerçant par un associé), la loi laisse une grande liberté aux associés pour déterminer les conditions de majorité. Les statuts devront être rédigés avec précision pour éviter des difficultés d'interprétation. Dans le silence des statuts, l'unanimité est requise.

Exemple

Clause relative aux décisions collectives

« En dehors des décisions pour lesquelles la loi requiert l'unanimité, les décisions collectives n'entraînant pas modification des statuts sont prises par un ou plusieurs associés représentant plus de la moitié des parts sociales. Les décisions collectives entraînant modification des statuts sont prises par un ou plusieurs associés représentant au moins les deux tiers des parts sociales. »

Procès-verbal (PV). Il doit être établi pour toute décision des associés et contenir le nom des associés présents, les résolutions examinées et le résultat des votes.

2. Les droits financiers des associés

Droit aux bénéfices. Les bénéfices sont répartis entre les associés à proportion de leurs apports ou selon d'autres modalités prévues par les statuts. La SNC n'ayant pas l'obligation de constituer une réserve légale, l'intégralité du bénéfice peut être distribuée.

Droits à la liquidation de la société. Chaque associé a droit au remboursement de son apport et à un éventuel boni de liquidation.

3. Les parts sociales détenues par les associés

La nature juridique des parts sociales est identique à celle des parts de la SARL (↪ chapitre 8). L'offre au public des parts sociales est interdite.

Cession des parts sociales. La loi impose l'**agrément** à l'unanimité des associés de toute cession de parts sociales. Aucune clause contraire n'est admise. Les modalités de l'agrément (délai, procédure) sont déterminées par les statuts. En cas de refus d'agrément, l'associé n'a pas droit au rachat de ses parts.

La cession de parts sociales doit être constatée dans un acte écrit, notifié à la société. Les statuts modifiés doivent être publiés au RCS et au RNE pour rendre la cession opposable aux tiers. Cette formalité est particulièrement importante, car, tant qu'elle n'est pas effectuée, l'associé cédant reste tenu indéfiniment et solidairement des dettes sociales.

Décès d'un associé. En principe, la SNC prend fin. Toutefois, les statuts peuvent prévoir sa continuation selon différentes modalités (tab. 12.6).

Tableau 12.6. Modalités de continuation de la société en cas de décès d'un associé

	Conséquences
Continuation entre les associés survivants	Les parts sociales sont transmises aux associés survivants qui doit verser aux héritiers la valeur des parts.
Continuation avec un ou plusieurs héritiers, le conjoint survivant, un tiers	• Les statuts peuvent imposer un agrément préalable. • La décision d'agrément est prise à l'unanimité des associés. • Les héritiers exclus ont droit à une indemnisation correspondant à la valeur des parts sociales

4. Les obligations des associés

Outre l'obligation de libérer leurs apports, les associés sont tenus d'une **obligation indéfinie et solidaire aux dettes sociales** (tab. 12.7). Cet engagement fait peser sur chaque associé un risque illimité. En contrepartie, le capital joue un rôle peu important comme garantie des créanciers.

Mise en demeure préalable. Les créanciers doivent tout d'abord mettre en demeure la société par acte de commissaire de justice. Si, dans un délai de 8 jours, la société ne paie pas et n'offre pas de garanties au créancier, celui-ci pourra alors se retourner contre les associés.

Tableau 12.7. Obligation aux dettes sociales

Obligation indéfinie	Obligation solidaire
Chaque associé est tenu des dettes de la société, sans limitation de montant, sur son patrimoine personnel.	Un créancier peut réclamer le paiement de l'intégralité de la dette à l'un quelconque des associés. L'associé qui a payé dispose ensuite d'un recours contre la société et contre ses coassociés (↪ chapitre 5).

Arrivée ou départ d'un associé. Un nouvel associé est responsable de l'ensemble des dettes existant au jour de son entrée dans la société, sauf clause contraire, tandis que l'associé sortant reste tenu des dettes antérieures à son retrait.

C) Le contrôle de la gestion de la SNC

Hormis l'approbation des comptes et l'intervention d'un CAC, la loi ne prévoit pas d'autre mécanisme de contrôle, notamment pas de procédure de contrôle des conventions passées entre la société et le gérant ou un associé.

Contrôle par les associés. Lors de l'assemblée annuelle, les associés se prononcent sur la gestion dans le cadre de l'approbation des comptes annuels (contrôle interne).

Commissaire aux comptes (CAC). Ont l'obligation de nommer un CAC :

- Les SNC qui dépassent certains seuils (↪ chapitre 5).
- Les SNC qui contrôlent d'autres sociétés ou qui sont contrôlées si elles dépassent les seuils ou si elles sont des filiales significatives.

Sur demande motivée d'un ou de plusieurs associés représentant au moins le tiers du capital, un CAC devra être nommé pour un mandat de 3 ans (mission ALPE ↪ chapitre 5).

Un CAC peut être nommé facultativement par décision des associés, selon les modalités prévues par les statuts ou, à défaut, à l'unanimité, ou par décision de justice à la demande d'un associé.

Le CAC établit un rapport qui est remis aux associés lors de l'assemblée annuelle.

→ CAS 3 • CAS 4 • CAS 6 • SITUATION PRATIQUE 7 • SITUATION PRATIQUE 8

3 L'évolution de la SNC

A) La transformation de la SNC

1. Décision de transformation

La transformation de la SNC est une décision relevant de la compétence des associés. Elle est prise aux conditions de majorité prévues par les statuts ou, à défaut, à l'unanimité. S'agissant de la transformation d'une SNC en SAS, la loi impose l'unanimité.

Après le décès d'un associé, si la société continue avec des héritiers mineurs, la SNC doit, dans un délai d'un an après le décès, être transformée en société en commandite, dont le mineur devient associé commanditaire. À défaut d'une telle transformation, la société est dissoute.

2. Évaluation des actifs

En cas de transformation d'une SNC, sans CAC, en société par actions, un rapport sur l'évaluation des actifs de la société doit être réalisé par un commissaire à la transformation (CAT) désigné par les associés.

B) La dissolution de la SNC

Certaines causes de dissolution sont propres à la SNC (tab. 12.7).

Tableau 12.7. Causes de dissolution spécifiques

Causes de dissolution	Exceptions
Décès d'un associé.	Continuation de la société prévue par les statuts.
Continuation de la société avec un héritier mineur.	Transformation en société en commandite dans le délai d'un an.
Perte de la qualité de commerçant (incapacité, interdiction), mise en liquidation judiciaire ou plan de cession totale concernant un associé.	• Clause contraire des statuts, ou décision des autres associés à l'unanimité. • Conséquence : annulation des PS de l'associé concerné, réduction du capital en proportion et versement à l'associé de la valeur de ses parts.
Révocation d'un gérant associé désigné par les statuts ou lorsque tous les associés sont gérants.	Clause contraire des statuts, ou décision des autres associés à l'unanimité.

→ CAS 5

1 Quiz

Vérifiez l'exactitude des propositions ci-après et justifiez-les.

	Vrai	Faux
1. Un majeur sous tutelle peut être associé d'une SNC.	☐	☐
2. Les associés évaluent eux-mêmes les apports en nature.	☐	☐
3. Une personne morale peut être gérante d'une SNC.	☐	☐
4. La société n'est pas engagée par les actes passés par le gérant en dehors de l'objet social.	☐	☐
5. Les décisions des associés sont nécessairement prises lors d'une assemblée.	☐	☐
6. La révocation d'un gérant non associé doit être décidée à l'unanimité.	☐	☐
7. La cession par un associé à un autre de ses parts sociales est soumise à agrément.	☐	☐
8. Lorsqu'un associé décède, la société est toujours dissoute.	☐	☐
9. Un associé de SNC est tenu des dettes de la société quel que soit le montant de son apport.	☐	☐
10. La perte de la qualité de commerçant par un associé est sans conséquence pour la SNC.	☐	☐

2 Faber ★★★

Jean Faber envisage de créer une Société en nom collectif pour développer des jeux éducatifs pour accompagner l'apprentissage de la lecture par des adultes étrangers. Très inventif, il déborde d'idées mais souhaite conserver la maîtrise de son entreprise. C'est pourquoi il envisage de ne s'associer qu'avec des personnes de sa famille : Anne, sa femme, avocate, ses enfants, Charles, 18 ans, et Éva, 14 ans, sa mère, Régine, 75 ans, sous tutelle.

Précisez les membres de la famille avec qui Jean pourrait s'associer dans une SNC.

3 Cas : Allome ★★★

Compétence attendue Schématiser et analyser le fonctionnement de la SNC

Alex Mus, Loïc Sago et Mélanie Rivière projettent de constituer ensemble la SNC Allome. Ils envisagent plusieurs hypothèses concernant la gérance de la future société mais s'interrogent sur les modalités à prévoir s'ils souhaitaient mettre fin aux fonctions du gérant. Les trois associés, considérant cette question comme essentielle, souhaitent s'assurer que toute décision sur ce point sera prise avec l'accord de tous.

Analysez les conséquences de chacune des solutions envisagées :

a. Mélanie est désignée comme gérante par une clause statutaire.

b. Après la signature des statuts, les trois associés décident, dans un acte, de désigner Mélanie comme gérante.

c. Un ami des associés, Max Bernier, est désigné comme gérant.

4 Cas : Imprimerie Perrault ★★★

Compétence attendue Schématiser et analyser le fonctionnement de la SNC

La SNC Imprimerie Perrault, au capital de 7 500 €, a été créée en 1985 par trois associés Vincent Bar, Pierre March et son épouse Louise qui ont effectué, chacun, un apport de 2 500 €. La gérance est confiée à un tiers, Marc Dumont. Parmi les associés, seul Vincent dispose d'un patrimoine personnel conséquent, Pierre et Louise ne possédant que de très modestes revenus et des biens de faible valeur.

La SNC Imprimerie Perrault a connu au cours des derniers mois d'importantes difficultés économiques. La société a notamment une dette de 64 000 € envers la société Conte, son principal fournisseur, qu'elle n'est pas en mesure de régler. Ses actifs sont par ailleurs réduits ; elle n'est pas propriétaire de ses locaux et son matériel de production est en crédit-bail.

Expliquez le recours dont la société Conte dispose et précisez-en les modalités.

5 Cas : Paul et Virginie Loisirs ★★★

Compétences attendues

- Analyser les conditions et les conséquences d'une transformation pour la SNC
- Analyser les causes et les conséquences d'une dissolution spécifiques à la SNC

Virginie et Paul Roman ont créé, en 2011, avec un de leurs amis, Pierre Santo, la SNC Paul et Virginie Loisirs afin d'exploiter une base de loisirs au bord d'un lac du Jura.

Le capital est de 6 000 € divisé en 60 parts sociales ainsi réparties : Paul Roman : 25 parts ; Virginie Roman : 25 parts ; Pierre Santo : 10 parts.

Virginie a été nommée gérante de la société. L'activité est assurée par Paul et Virginie. Leur dynamisme et la qualité de leur accueil ont permis de fidéliser la clientèle et la société est bénéficiaire.

Paul et Virginie ont un fils Lucas, 15 ans. Ils espèrent qu'une fois adulte, Lucas s'impliquera dans l'entreprise familiale.

Les statuts comportent les clauses suivantes :

- Article 7 : « Les décisions autres que celles pour lesquelles la loi requiert l'unanimité sont prises à la majorité des voix des associés. »
- Article 10 : « La société n'est pas dissoute par le décès d'un associé. Elle continue avec les associés survivants, le conjoint et les héritiers de l'associé décédé. »

Paul décède brutalement dans un accident de voiture au mois de janvier. Virginie, très combative, souhaite poursuivre l'activité.

Analysez les conséquences du décès de Paul pour la SNC.

6 Cas : Surf In ★★★

Compétence attendue Repérer dans les statuts d'une SNC les clauses non conformes et les corriger

Bob Marshall, Martin Dalban et Maëva Ortega sont des passionnés de surf, sport qu'ils pratiquent depuis de nombreuses années. Liés par une indéfectible amitié et une totale confiance réciproque, ils projettent de créer entre eux la SNC Surf In ayant pour activité la commercialisation de matériel de surf et dont Bob, le plus expérimenté, serait le gérant. Ils ont rédigé un projet de statuts en s'inspirant de documents types, qu'ils ont aménagés (voir le document ci-après).

Repérez les clauses non conformes et corrigez-les.

Document

Extraits du projet de statuts

Les soussignés,

- Martin Dalban, né le 15 janvier 1980 à Aubenas, célibataire, demeurant 25 avenue de la République à Talence (33),
- Maëva Ortega, née le 6 avril 1983 à Pau, célibataire, demeurant 5 bis rue des Roses à Bègles (33),
- Bob Marshall, né le 27 mars 1971 à Paris, célibataire, demeurant 6 boulevard de l'Océan à Lacanau (33),

ont décidé de constituer entre eux une société en nom collectif et ont adopté les statuts établis ci-après :

Article 1. Forme

Il est formé entre les soussignés une société en nom collectif régie par les présents statuts ainsi que par les dispositions législatives et réglementaires en vigueur.

Article 2. Objet

La société a pour objet la commercialisation de planches de surf et accessoires liés à la pratique du surf et plus généralement, toutes opérations industrielles ou commerciales

...

...

se rapportant directement à l'objet social ou susceptibles d'en faciliter l'extension ou le développement. [...]

Article 7. Capital social

Le capital social est fixé à 12 000 euros. Il est divisé en 1 200 parts sociales de 10 euros chacune, entièrement libérées, attribuées et réparties comme suit : Martin Dalban, 400 parts ; Maëva Ortega, 200 parts ; Bob Marshall, 600 parts. [...]

Article 9. Augmentation du capital social

Le capital social peut être augmenté en une ou plusieurs fois, en vertu d'une décision du gérant. Il peut être augmenté soit par création de parts sociales nouvelles, soit par augmentation de la valeur nominale des parts existantes. [...]

Article 14. Droits et obligations attachés aux parts sociales

[...] Les associés ont tous la qualité de commerçant et répondent des dettes sociales vis-à-vis des tiers dans la limite du montant de leur apport.

Article 17. Cession des parts sociales

Les parts ne peuvent être cédées qu'avec le consentement de tous les associés.

En cas de refus d'agrément, l'associé cédant qui souhaite se retirer a droit au rachat de ses parts sociales. Dans ce cas, les parts sociales concernées sont annulées, le capital social est réduit consécutivement et la valeur des parts est remboursée à l'associé par la société.

Article 18. Nomination et révocation du gérant

La société est administrée par un gérant, associé, désigné dans les statuts. Bob Marshall est désigné premier gérant de la société pour une durée de six ans. Le gérant est révocable à la majorité des associés ou par les tribunaux pour cause légitime.

Article 19. Pouvoirs de la gérance

Dans les rapports entre associés, le gérant ou chacun des gérants peut accomplir tous les actes de gestion dans l'intérêt de la société.

S'il existe plusieurs gérants, l'opposition formée par l'un d'eux aux actes d'un autre gérant est sans effet à l'égard des tiers, à moins qu'il ne soit établi qu'ils en ont eu connaissance. Dans ses rapports avec les tiers, la société est engagée par tous les actes passés par le gérant. [...]

Article 22. Décisions collectives

Toutes les décisions relevant de la compétence des associés font l'objet d'une consultation écrite.

Le gérant adresse à chaque associé par lettre recommandée avec demande d'avis de réception, le texte des résolutions proposées, accompagné de tous documents et renseignements nécessaires ainsi qu'un bulletin de vote leur permettant d'exprimer leur vote sur chaque résolution proposée.

Les associés disposent d'un délai de quinze jours à compter de la date de réception du projet de résolutions pour transmettre leur bulletin de vote au gérant par lettre recommandée. [...]

Évaluer les savoirs — Maîtriser les compétences — Préparer l'épreuve

7 Situation pratique : SNC Protect ★★★

30 min

Compétences attendues

- **Schématiser** et **analyser** le fonctionnement de la SNC
- **Rédiger** des clauses spécifiques des statuts

Rendez-vous MÉTHODE 3

Albert Eno et René Bori ont créé en 1990 la SNC Protect au capital de 10 000 €, divisé en 100 parts sociales, réparties ainsi : Albert Eno, 50 parts ; René Bori, 50 parts. Ils ont développé une activité de surveillance des résidences secondaires. Les statuts sont joints au dossier documentaire.

Aujourd'hui sexagénaires, Albert et René souhaitent confier les rênes de l'entreprise au neveu d'Albert, Kévin Duc, 25 ans. Dans un premier temps, chacun a cédé 5 parts à Kévin. Puis les associés ont décidé par acte séparé la nomination de Kevin comme gérant et le versement d'une rémunération mensuelle de 2 000 €.

Kévin s'interroge sur le sort des sommes qu'il va percevoir au plan fiscal et social. Par ailleurs, il souhaiterait consolider sa situation en concluant avec la société un contrat de travail.

Document

Statuts de la SNC Protect

Article 4. Objet social : « La Société a pour objet la réalisation de toutes prestations de surveillance et de sécurité et généralement, toutes opérations industrielles, commerciales, financières, civiles, mobilières ou immobilières, pouvant se rattacher directement ou indirectement à l'objet social. »

Article 10. Décisions collectives : « Les décisions collectives autres que celles pour lesquelles la loi requiert l'unanimité sont prises par un ou plusieurs associés représentant les deux tiers des parts sociales. »

Vos missions

1. *Exposez le régime applicable à la rémunération de Kévin.*
2. *Déterminez si la conclusion d'un contrat de travail entre Kévin et la SNC Protect est possible.*

Kévin, au fait des nouvelles technologies, souhaite faire évoluer l'activité de la société en développant la surveillance par voie numérique. Il achète du matériel de dernière génération pour un montant global de 42 000 €. Albert et René s'inquiètent de cette décision, s'agissant d'une activité différente de celle exercée à l'origine par la société.

Votre mission

3. *Analysez les conséquences de la décision prise par Kévin pour la SNC Protect.*

À l'avenir, Albert et René souhaitent limiter les pouvoirs de leur nouveau gérant en imposant l'accord préalable de l'ensemble des associés pour tout acte d'un montant supérieur à 20 000 €.

Vos missions

4. *Rédigez la clause correspondante.*
5. *Précisez les conséquences du non-respect d'une telle clause par Kévin.*

8 Situation pratique : Saran ★★★

25 min

Compétence attendue **Justifier** le choix de la société en nom collectif dans une situation donnée

Rendez-vous MÉTHODE 3

Collaborateur(trice) au sein du cabinet Aber, vous êtes consulté(e) par Alain Saran qui souhaite créer une société avec son frère, Éric. Passionnés de plongée sous-marine, ils ont mis au point une montre connectée permettant de communiquer pendant la plongée. Membres d'une famille très soudée, ils excluent totalement de mener ce projet avec d'autres personnes. Leurs exigences sont les suivantes :

- assurer ensemble la gestion de la société, toute décision étant prise d'un commun accord ;
- déterminer eux-mêmes les modalités des décisions collectives en les simplifiant au maximum pour éviter les réunions en assemblée ;
- avoir la garantie qu'aucun d'entre eux ne pourra vendre ses parts sans l'accord de l'autre ;
- pouvoir transmettre leurs parts sociales à leurs héritiers si l'un d'eux décède.

Alain s'inquiète toutefois des risques qu'il encourrait en cas d'endettement de la société. Il vous informe qu'il est marié à Claire Lerond depuis 5 ans (sans contrat de mariage) et qu'ils possèdent plusieurs appartements dont ils tirent de substantiels revenus locatifs.

Votre mission

En tenant compte des exigences de votre client, justifiez le choix de la SNC et présentez les risques liés à cette forme sociétaire.

SYNTHÈSE

La société en nom collectif (SNC)

La constitution de la SNC

- Deux associés minimum
- Personnes physiques ou morales ayant la qualité de commerçant

- Capital divisé en parts sociales
- Absence de capital minimum

Apports en numéraire, en nature ou en industrie

La gérance

Nombre et statut	Un ou plusieurs gérants, associés ou non, personnes physiques ou morales, nommés par les associés dans les statuts ou par acte séparé
Cessation des fonctions	• Démission • Empêchement • Révocation (modalités différentes selon le mode de nomination et la qualité d'associé ou non)
Pouvoirs	• Pouvoir d'accomplir tout acte de gestion au nom de la société • Dans les rapports avec les tiers, engagement de la société par les actes entrant dans l'objet social

Les associés

Droits	Contraintes et obligation
• Droit à l'information • Droit de vote : décisions collectives (unanimité, sauf autre majorité fixée par les statuts) • Droit aux bénéfices	• Agrément à l'unanimité requis pour toute cession de parts sociales • Décès d'un associé : fin de la société, sauf clause de continuation • Obligation aux dettes sociales indéfinie et solidaire, après vaine mise en demeure de la société

Le contrôle de la SNC

Contrôle interne

Contrôle exercé par les associés lors de l'approbation des comptes annuels

Commissaire aux comptes

Nomination obligatoire en cas de dépassement des seuils réglementaires

Conventions liant la société à un gérant ou à un associé

Absence de mécanisme légal de contrôle

L'évolution de la SNC

Transformation	Causes spécifiques de dissolution
• Par décision des associés aux conditions statutaires • À l'unanimité, pour la transformation en SAS • En société en commandite, en cas de continuation de la société avec un héritier mineur	• Décès d'un associé • Perte de la qualité de commerçant • Révocation d'un gérant associé statutaire

Dans les dossiers ci-après, la méthodologie du cas pratique est exigée, sauf mention contraire.

Vous effectuez un stage chez Expertplus, au sein du service juridique. Fort(e) des connaissances acquises dans le cadre de votre formation, vous vous consacrez à l'étude des deux dossiers ci-après, qui vous ont été confiés par Armelle Monier, responsable du service juridique.

1 Les perspectives de la SA REBO

Rendez-vous
MÉTHODE 3

Luc Renouard et Jacques Bongrand ont fondé en 1990 la SA REBO, le capital initial étant alors détenu par les deux fondateurs, leurs épouses et leurs enfants. Il y a 2 ans, la SA AROX est devenue actionnaire de la SA REBO à l'occasion d'une augmentation de capital. La SA REBO a pour activité la fonderie de métaux pour le secteur automobile.

Le conseil d'administration est composé de Jacques Bongrand, administrateur et PCA, de Luc Renouard, administrateur, et de la SA AROX, administrateur, dont Chloé Hardy est la représentante permanente. Basile Duchesne est DG.

Le secteur de la fonderie étant soumis à une âpre concurrence, un projet de délocalisation d'une partie de la production en Asie est à l'étude. Le financement s'élèverait à 1 000 000 €. Deux hypothèses sont envisagées : l'émission d'un emprunt obligataire ou l'augmentation du capital par apports en numéraire. Seul Jacques Bongrand est favorable à l'émission d'obligations.

Les locaux actuels n'étant plus adaptés aux normes de sécurité, la SA REBO est à la recherche d'une nouvelle implantation. Jacques Bongrand propose de louer un bâtiment industriel récemment construit par la SCI HOME, dont il est par ailleurs le gérant. Un projet de contrat de bail a déjà été rédigé et n'a plus qu'à être signé.

La SA REBO fournit régulièrement en pièces de fonderie la SNC GAMIL dont les associés sont la SA PENAULT, un important constructeur automobile, ainsi que Bernard Veber. La SNC GAMIL rencontre actuellement d'importantes difficultés financières. Malgré plusieurs relances, la dernière facture de la SA REBO de 95 000 € est restée impayée.

En désaccord avec l'actionnaire majoritaire, Jacques Bongrand et Luc Renouard ainsi que les autres actionnaires décident de se retirer de la société. La SA AROX, qui souhaite contrôler intégralement la société, est prête à acheter l'ensemble de leurs actions, sous réserve de transformer la SA REBO en SAS.

Vos missions

1. *Précisez les conditions de mise en œuvre des deux modes de financement envisagés pour le projet de délocalisation de la production en Asie.*
2. *Déterminez laquelle de ces solutions serait adoptée dans l'hypothèse où ces deux décisions seraient soumises au vote des organes compétents.*
3. *Analysez la procédure à mettre en œuvre afin de conclure le contrat de bail avec la SCI HOME.*
4. *Identifiez le recours que la SA REBO peut exercer pour obtenir le paiement de la somme due par la SNC GAMIL.*
5. *Analysez les conditions de la transformation de la SA AROX en SAS.*
6. *Exposez les avantages que présenterait cette nouvelle forme sociale pour la société AROX.*

2 Les associés de la SARL Technord

Rendez-vous MÉTHODE 3

Daphné Renouard vient d'hériter de son père Émile Renouard, des parts sociales qu'il détenait dans la SARL Technord. Émile Renouard était associé à parts égales dans cette société avec Léopold et Gaston Marchand, Gaston exerçant en outre les fonctions de gérant. Daphné aimerait désormais s'impliquer dans la vie de la SARL Technord. Elle envisage notamment de prendre part à la prochaine assemblée générale qui doit se tenir dans 2 mois. Elle contacte donc Léopold et Gaston Marchand pour les informer de cette volonté. Mais ceux-ci sont tout à fait opposés à cette idée. Toutefois, ni les deux associés, ni la société ne disposent des fonds nécessaires pour indemniser Daphné de la valeur de ses parts. Daphné vous consulte à ce sujet. Vous disposez, pour lui répondre, des documents 2 à 5.

Votre mission

7. *Déterminez si Daphné Renouard peut participer à la prochaine assemblée de la SARL Technord.*

DOSSIER DOCUMENTAIRE

Document 1

Extrait des statuts de la SA REBO

Article 6. Apports

Les soussignés ont effectué les apports suivants à la société :

- Jacques BONGRAND, un apport en numéraire de cent mille euros (100 000 €) ;
- Émilie BONGRAND, un apport en numéraire de dix mille euros (10 000 €) ;
- Jordan BONGRAND, un apport en numéraire de dix mille euros (10 000 €) ;
- Anaïs BONGRAND, un apport en numéraire de dix mille euros (10 000 €) ;
- Luc RENOUARD, un apport en numéraire de cent mille euros (100 000 €) ;
- Daphné RENOUARD, un apport en numéraire de trente mille euros (30 000 €) ;
- la société anonyme AROX, un apport en numéraire de cinq cent quarante mille euros (540 000 €).

Soit au total la somme de huit cent mille euros (800 000 €).

Article 7. Le capital social est fixé à la somme de huit cent mille euros (800 000 €).

Document 2

Extrait des statuts de la SARL TechNord

Article 15. Décès d'un associé

En cas de décès d'un associé, la société continue entre les associés survivants et les héritiers, sous réserve de l'agrément de ces derniers par la majorité des associés, représentant plus de la moitié des parts sociales

Document 3

Cour de cassation, chambre commerciale, 3 mai 2018, pourvoi n° 15-12.0851

Sur le moyen unique, pris en ses première, deuxième et troisième branches :

Attendu, selon l'arrêt attaqué (Saint-Denis de La Réunion, 1er avril 2015), que le capital de la SARL CP Agrivert (la société) était détenu à parts égales par Daniel Z… et M. B… C…, ce dernier en étant le gérant ; que les statuts prévoyaient un agrément des nouveaux associés et que, pour les transmissions par voie de succession, l'agrément serait décidé par les associés subsistants représentant au moins les trois quarts des parts sociales ; que Daniel Z… est décédé le […], en laissant comme légataire universel Mme A… qui a sollicité son agrément comme associée par lettre du 9 août 2011 ; que par décision du 27 septembre 2011, l'assemblée générale extraordinaire de la société a refusé l'agrément à Mme A… ; que par délibération du 7 octobre 2011, l'assemblée générale de la société a ratifié la rémunération de M. B… C… ; qu'une ordonnance sur requête du 19 janvier 2012 a autorisé le gérant de la société à bénéficier d'un délai supplémentaire de six mois, avec effet à compter du 28 décembre 2011, pour le rachat, par la société, des parts sociales de Daniel Z… à son héritière, Mme A… ; qu'une proposition de rachat a été adressée par la société à Mme A… le 20 février 2012 pour un certain montant, à laquelle il n'a pas été donné suite ; qu'estimant être devenue associée faute de rachat dans le délai légal, Mme A… a assigné M. B… C… et la société en annulation des délibérations prises par les assemblées générales les 30 septembre 2011 et 7 octobre 2011, condamnation de M. B… C… à restituer la somme qu'il s'était attribuée à titre de salaire de gérant pour l'exercice 2010/2011, la somme mensuelle qu'il s'était versée depuis le 1er avril 2011 et les cotisations sociales liées à ces rémunérations et en condamnation de M. B… C… à lui payer des dommages-intérêts ;

Attendu que Mme A… fait grief à l'arrêt de rejeter ses demandes d'annulation des délibérations des assemblées générales des 30 septembre et 7 octobre 2011 et de condamnation de M. B… C… à restituer les rémunérations qu'il a reçues au titre de l'exercice 2010/2011 et à compter du 1er avril 2011 et à justifier de ces restitutions alors, selon le moyen :

1°/ que si un héritier de l'un des associés est agréé, ou réputé agréé après un refus d'agrément non suivi du rachat de ses parts, la qualité d'associé lui est attribuée rétroactivement ; qu'en considérant que l'agrément acquis par Mme A… le 26 juin 2012, après un refus initial non suivi du rachat de ses parts, ne lui aurait pas conféré la qualité d'associée depuis son envoi en possession des parts sociales, la cour d'appel a violé l'article L. 223-13 du Code de commerce ;

2°/ que l'exercice des droits afférents à des parts sociales léguées par un associé décédé est suspendu, et un mandataire *ad hoc* doit être désigné pour représenter ces parts « gelées » en assemblée générale ; qu'en considérant qu'un mandataire désigné par le président de la juridiction ne pourrait exercer plus de droits que n'en disposerait le mandant lui-même, la cour d'appel a violé l'article L. 223-13 du Code de commerce ;

3°/ que l'exercice des droits afférents à des parts sociales léguées par un associé décédé est suspendu, et un mandataire *ad hoc* doit être désigné pour représenter ces parts « gelées » en assemblée générale ; que c'est à la société ou aux associés de demander la désignation d'un mandataire, et en aucun cas à un héritier non agréé ; qu'en considérant qu'il aurait appartenu à Mme A… de demander la désignation d'un mandataire, la cour d'appel a violé les articles L. 223-13 et L. 223-27 du Code de commerce ;

…

...

Mais attendu, en premier lieu, que l'arrêt retient à bon droit que Mme A..., héritière d'un associé et dont la demande d'agrément avait été refusée par l'assemblée générale de la société, n'est devenue associée de la société qu'à l'expiration de la prorogation du délai accordée sur requête par le président du tribunal mixte de commerce pour le rachat par la société des parts sociales dont elle avait hérité ; que le grief de la première branche, qui postule le contraire, manque en droit ;

Attendu, en second lieu, que l'arrêt énonce exactement qu'aucune disposition n'interdit au gérant de convoquer une assemblée générale au cas où une procédure d'agrément est pendante, et qu'il n'appartenait pas à la société ou à son gérant de solliciter, dans l'attente de l'achèvement de la procédure d'agrément, la désignation d'un mandataire pour le compte de la dévolution successorale ; [...]

PAR CES MOTIFS :

REJETTE le pourvoi ;

Document 4

Code de commerce, article L. 223-13 alinéas 1 et 2

Les parts sociales sont librement transmissibles par voie de succession ou en cas de liquidation de communauté de biens entre époux et librement cessibles entre conjoints et entre ascendants et descendants.

Toutefois, les statuts peuvent stipuler que le conjoint, un héritier, un ascendant ou un descendant ne peut devenir associé qu'après avoir été agréé dans les conditions prévues à l'article L. 223-14 [du Code de commerce]. À peine de nullité de la clause, les délais accordés à la société pour statuer sur l'agrément ne peuvent être plus longs que ceux prévus à l'article L. 223-14, et la majorité exigée ne peut être plus forte que celle prévue audit article. En cas de refus d'agrément, il est fait application des dispositions des troisième et quatrième alinéas de l'article L. 223-14. Si aucune des solutions prévues à ces alinéas n'intervient dans les délais impartis, l'agrément est réputé acquis.

Document 5

Code de commerce, article L. 223-14 alinéa 3

Si la société a refusé de consentir à la cession, les associés sont tenus, dans le délai de trois mois à compter de ce refus, d'acquérir ou de faire acquérir les parts à un prix fixé dans les conditions prévues à l'article 1843-4 du Code civil, sauf si le cédant renonce à la cession de ses parts. Les frais d'expertise sont à la charge de la société. À la demande du gérant, ce délai peut être prolongé par décision de justice, sans que cette prolongation puisse excéder six mois.

CHAPITRE 13

L'économie sociale et solidaire et les associations

PROGRAMME

Compétences attendues	Savoirs associés
• **Caractériser** l'économie sociale et solidaire (ESS) • **Mettre en évidence**, à partir d'une documentation, l'importance croissante de l'ESS et son encadrement par la loi • **Identifier** les principes généraux régissant les associations • **Déterminer** les conséquences de l'exercice par une association d'une activité économique • **Identifier** une structure juridique adaptée à une situation donnée	• L'économie sociale et solidaire • L'association

PLAN DU CHAPITRE

En droit et en France, la notion d'économie sociale est apparue dans les années 1980 (création de la délégation à l'économie sociale en 1981) ; celle d'économie solidaire, dans les années 2000 (création d'un secrétariat d'État à l'économie solidaire en 2000). La loi du 31 juillet 2014 a posé les éléments d'un cadre juridique de l'économie sociale et solidaire (ESS). Dans son article premier, la loi définit l'économie sociale et solidaire comme un « mode d'entreprendre et de développement économique adapté à tous les domaines de l'activité humaine ». Le même article dresse la liste des personnes qui, sous réserve de valider certaines conditions, en sont les acteurs, au premier rang desquelles les associations.

MOTS-CLÉS

Association • Association déclarée • Association non déclarée • Association reconnue d'utilité publique • Contrat d'association • Coopérative • Économie sociale et solidaire • Fondation • Mutuelle • Utilité sociale

1 Les caractéristiques de l'économie sociale et solidaire (ESS)

A) Un champ récemment élargi

Comprendre l'ESS en moins de 2 minutes : voir la vidéo « Tu connais l'ESS ? » : une vidéo-découverte pour les jeunes » de la chaine YouTube ProgrammeJeunESS

Depuis les origines, les contours de l'**économie sociale et solidaire** font l'objet d'une approche statutaire. Font partie de l'ESS des entreprises qui revêtent une forme fixée par la loi : **coopératives**, **mutuelles**, associations dont les activités de production les assimilent à ces organismes, et **fondations**. Toutefois la loi n° 2014-856 du 31 juillet 2014 relative à l'économie sociale et solidaire a élargi le périmètre de l'ESS aux personnes morales de droit privé, c'est-à-dire aux entreprises commerciales spécifiques ESS et/ou agréées ESUS (entreprise solidaire d'utilité sociale) sous conditions (fig. 13.1).

But poursuivi autre que le partage des bénéfices

\+

Gouvernance démocratique
- Définition par les statuts
- Information et participation des associés et parties prenantes

\+

Gestion conforme à des principes
- Bénéfices distribuables majoritairement consacrés à l'objectif de maintien ou de développement de l'activité économique
- Réserves obligatoires impartageables

Figure 13.1. **Conditions cumulatives de l'intégration des entreprises commerciales dans l'ESS**

B) Les acteurs de l'économie sociale et solidaire

1. Les acteurs statutaires

Nous les avons déjà évoqués précédemment et nous les rappelons pour mémoire : coopératives, mutuelles, associations et fondations.

2. Les sociétés commerciales de l'ESS

Statuts. Dans leurs statuts, ces sociétés doivent remplir les conditions suivantes :
- Respecter les conditions énoncées dans la définition de l'ESS (fig. 13.1).
- Rechercher une utilité sociale telle que définie par la loi.
- Appliquer des principes de gestion limitativement définis par la loi :
  - affecter une fraction du bénéfice (au moins égale à 20 %) à une réserve statutaire dite « fonds de développement » dont le montant total est plafonné (au montant du capital social) ;
  - prélever une fraction des bénéfices de l'exercice (au moins 50 %) et l'affecter au report bénéficiaire et aux réserves obligatoires ;
  - enfin, interdire l'amortissement du capital et prohiber toute réduction de capital non motivée par des pertes.

Notion d'utilité sociale. Sont considérées comme poursuivant une **utilité sociale,** au sens de la loi, les entreprises dont l'objet social satisfait à l'une au moins des quatre conditions suivantes :

- avoir pour objectif d'apporter un soutien à des personnes en situation de fragilité. Ces personnes sont des salariés, des usagers, des clients, des membres ou des bénéficiaires de l'entreprise ;
- avoir pour objectif de contribuer à la présentation et au développement du lien social ou au maintien et au renforcement de la cohésions sociale ;
- avoir pour objectif de contribuer à l'éducation à la citoyenneté et de participer également à la réduction des inégalités sociales et culturelles ;
- concourir au développement durable, à la transition énergétique, à la promotion culturelle ou à la solidarité internationale.

CHIFFRES-CLÉS

L'ESS, représente près de **14 %** des emplois en France pour **200 000** entreprises et **2,38 millions** de salariés (www.economie.gouv.fr, 2020).

→ APPLICATION 2

2 Les associations, vecteurs de l'ESS

CHIFFRE-CLÉ

La France compte environ **1,3 million** d'associations actives. (www.associations.gouv.fr)

A) La constitution d'une association

1. Le contrat d'association

Définition

Aux termes de l'article 1er de la loi de 1901, « l'**association** est la convention par laquelle deux personnes ou plus mettent en commun, d'une façon permanente, leurs connaissances ou leur activité dans un but autre que le partage des bénéfices ».

Conditions de fond. Comme tout contrat, l'association doit respecter les conditions de validité de l'article 1128 du Code civil (consentement, capacité, contenu licite et certain).

FOCUS Le contrat d'association et l'article 1128 du Code civil

Consentement. La loi du 1er juillet 1901, qui organise le droit des associations, exige la présence d'au moins deux membres, personnes physiques ou morales. Ces membres doivent avoir donné un consentement intègre, c'est-à-dire non vicié par l'erreur, le dol ou la violence.

Capacité. Toute personne qui souhaite adhérer à une association doit disposer de la capacité de droit commun. La sanction d'un éventuel manquement à cette règle est la nullité relative.

- Situation du mineur. Tout mineur peut être membre d'une association.
- Situation du majeur. S'il est sous tutelle, il doit obtenir l'autorisation de son tuteur pour participer à la création d'une association sauf si le juge des contentieux de la protection lui a

FOCUS **Le contrat d'association et l'article 1128 du Code civil (suite)**

permis d'effectuer cet acte. S'il est sous curatelle, il est libre de créer une association. Si cette création suppose un acte de disposition, il devra être assisté de son curateur. S'il est sous sauvegarde de justice, il participe librement à la création d'une association. Il dispose d'une action en nullité en cas de lésion.

Contenu licite et certain. La loi de 1901 dispose que « toute association fondée sur une cause ou en vue d'un objet illicite, contraire aux lois, aux bonnes mœurs, ou qui aurait pour but de porter atteinte à l'intégrité du territoire national et à la forme républicaine de gouvernement est nulle et de nul effet » (article 3). Le tribunal judiciaire prononce la nullité et la dissolution qui en résulte.

But. Une association peut faire des bénéfices. Elle ne peut pas les partager entre ses membres. Le partage est sanctionné par la requalification de l'association en société créée de fait (↪ chapitre 7). Pour le groupement, la requalification entraîne la perte de la personnalité morale. Pour les membres, la requalification s'accompagne d'une augmentation de leurs engagements, avec solidarité si la société est commerciale ou sans solidarité si la société est civile.

Rédaction des statuts. Les statuts sont rédigés par acte sous signature privée ou par acte authentique. L'acte notarié est nécessaire si un sociétaire effectue l'apport d'un immeuble. Les statuts sont adoptés lors d'une assemblée constitutive mais une telle réunion n'est pas obligatoire (la simple signature des statuts par les membres suffit).

2. L'acquisition de la personnalité juridique

Absence d'autorisation préalable. Les associations bénéficient de la liberté associative. Celle-ci prohibe tout contrôle ou autorisation des autorités administratives et judiciaires, préalablement à la création du groupement.

Types d'association. On distingue :

- Les **associations non déclarées**. Elles ne sont soumises à aucune condition de forme particulière. Elles existent en tant que contrat.
- Les **associations déclarées**. Si l'association souhaite bénéficier de la personnalité juridique et de la capacité correspondante, elle doit effectuer une déclaration à la préfecture. C'est l'acte qui reconnaît l'association au plan juridique. Parmi elles, les **associations reconnues d'utilité publique** bénéficient de la « grande personnalité juridique ». Pour l'obtenir, elles doivent respecter diverses conditions :
  - avoir fonctionné en qualité d'association déclarée pendant au moins 3 ans ;
  - avoir rédigé des statuts à mentions obligatoires (ex. : conditions d'admission et de radiation des membres, de modification des statuts) ;
  - présenter une importance suffisante, notamment en nombre de membres (200 au moins) et en volume d'activité ;
  - présenter un intérêt public, c'est-à-dire un caractère d'intérêt général ;
  - respecter une procédure particulière (fig. 13.2).

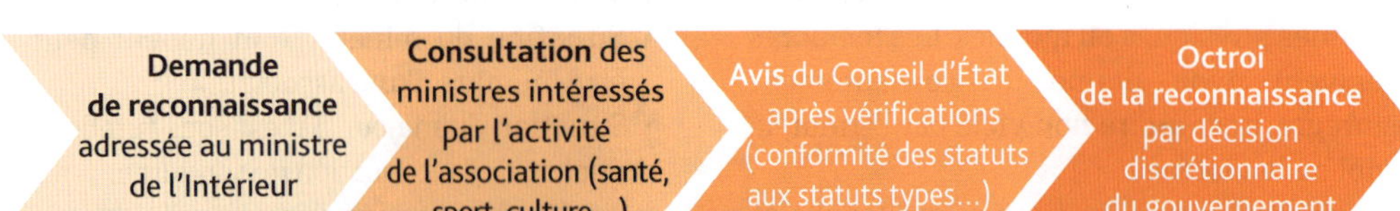

Figure 13.2. Procédure de reconnaissance de l'utilité publique

FOCUS La boîte à outils des structures associatives

Déclaration

- **Qui ?** Personne chargée de l'administration de l'association.
- **Où ?** Auprès du préfet (à Paris, de police ; ailleurs, du département) ou en Alsace Moselle auprès du registre des associations, en vertu du Code civil local.
- **Contenu ?** Dénomination exacte de l'association (titre), objet, siège, date de la signature du contrat, identification des personnes chargées de l'administration.
- **Forme ?** Imprimé Cerfa.
- **Pièces à joindre ?** Essentiellement, les copies des statuts, du PV de constitution et le formulaire Cerfa dûment complété.
- **Coût ?** Gratuit.

Répertoire national des associations (RNA)

Lors de la déclaration de création, le greffe des associations procède automatiquement à l'inscription du groupement au RNA. Cette affiliation donne lieu à l'attribution d'un numéro RNA : lettre W suivie de 9 chiffres.

Récépissé de déclaration

Les services de la préfecture délivrent un récépissé de déclaration dans les 5 jours. Il est envoyé à l'association.

Insertion au *Journal officiel*

Il s'agit de l'acte de reconnaissance de l'association sur le plan juridique.

B) Le fonctionnement de l'association

1. Les membres

Les sociétaires. Les membres sont les parties au contrat d'association. Ils sont appelés « sociétaires », ce qui permet de les distinguer des « associés » qui sont les membres des sociétés. Les statuts peuvent créer des catégories différentes de membres (membres fondateurs, membres adhérents, membres de droit et membres bienfaiteurs).

Liberté d'adhésion. En vertu de l'article 20 de la Déclaration universelle des droits de l'homme et de l'article 11 de la Convention européenne de sauvegarde des droits de l'homme, toute personne a droit à la liberté d'association. Il en résulte que les sociétaires peuvent être des personnes physiques ou morales. Par exception, il existe quelques restrictions (ex. : en vertu du Code de la défense, les militaires ne peuvent pas adhérer à des associations à caractère politique).

Conséquences de l'adhésion. La loi de 1901 n'a pas donné lieu à la constitution d'un statut du sociétaire. Toutefois, l'adhésion se traduit par des droits et des obligations déterminés par le contrat d'association (tab. 13.1).

Tableau 13.1. Droits et obligations des sociétaires

Droits des sociétaires	• Confidentialité de l'appartenance à l'association • Interdiction d'augmenter les engagements, sauf accord unanime des sociétaires • Participation et vote lors des différentes assemblées
Obligations des sociétaires	• Apport en connaissance et activité, éventuellement en nature ou en numéraire (le contrat peut également prévoir le versement d'une cotisation) • Respect du contrat et du règlement, lequel précise le fonctionnement de l'association et peut évoluer sans modifications statutaires • Non-obligation aux dettes des sociétaires au-delà du montant éventuel de leur apport

2. Les organes de l'association

Principe. L'organisation de l'association repose essentiellement sur une base contractuelle. En effet, la loi de 1901 renvoie systématiquement au contrat. Il existe quelques exceptions (ex. : la déclaration à la préfecture doit identifier les dirigeants).

Assemblées. La réunion des sociétaires en assemblée est obligatoire pour :
- les associations dotées d'un régime spécial (ex. : associations reconnues d'utilité publique) ;
- les associations de droit commun, lors de l'attribution des biens (en cas de dissolution) quand elle n'est pas réglée par les statuts.

Dans la pratique, l'assemblée est saisie des questions les plus importantes (ex. : augmentation de l'engagement des sociétaires).

Dirigeants. Le pouvoir exécutif est détenu par les dirigeants, désignés selon les modalités statutaires. Ils gèrent l'association ; ils la représentent. Ici encore la loi de 1901 a laissé une grande liberté aux sociétaires, les invitant à s'organiser. Hormis quelques cas particuliers (ex. : associations reconnues d'utilité publique), la loi exige de désigner des dirigeants mais n'impose pas une structure de direction. À l'évidence, une personne doit assurer le rôle de représentant à l'égard des tiers. En général, cette personne est le président. La cessation des fonctions du dirigeant associatif fait l'objet d'une déclaration à la préfecture. Ses fonctions cessent pour diverses raisons :
- par l'écoulement du délai prévu par le contrat ;
- quand le dirigeant ne remplit plus ses fonctions, par suite d'une démission ou d'une révocation. Cette dernière peut résulter de justes motifs (ex. : faute de gestion, détournement de fonds) ou être décidée ad nutum (↪ chapitre 9).

Pouvoirs des dirigeants. Les dirigeants ne sont pas des représentants légaux mais des représentants conventionnels. En effet, le fondement de leurs pouvoirs ne se trouve pas dans la loi mais dans le contrat.

FOCUS — **Conclure un contrat avec une association : attention danger !**

Les pouvoirs des dirigeants d'une association sont délimités par le contrat. Toute personne qui conclut un contrat avec une association doit vérifier :
- la qualité de celui qui se prétend représentant de la personne morale. Les questions à se poser sont : la personne est-elle habilitée à agir au nom de l'association ? a-t-elle été nommée de façon régulière ?
- les pouvoirs de cette personne. Le dirigeant associatif ne peut engager le groupement que dans la mesure des pouvoirs qui lui ont été conférés.

Conventions entre l'association et ses dirigeants. Comme en droit des sociétés, une association peut conclure plusieurs types de conventions :
- **Les conventions réglementées**. Les associations qui se livrent à une activité économique (production, transformation, négoce) ou qui reçoivent des personnes publiques des subventions qui excèdent 153 000 € sont soumises à la procédure des conventions réglementées.
- **Les conventions libres**. Les associations qui ne se livrent pas à une activité économique ou qui reçoivent de personnes publiques un montant de subventions ne dépassant pas 153 000 € peuvent conclure librement des conventions avec leurs dirigeants. En pratique, la convention est libre si les caractéristiques suivantes sont validées :
  - la convention n'est pas expressément interdite ;
  - elle est « courante » (elle correspond à l'activité habituelle de l'association) ;

- elle est conclue dans des « conditions normales » (elle est habituellement pratiquée par l'association avec ses partenaires) ;
- son objet et ses conséquences financières ne la rendent significatives ni pour l'association ni pour le dirigeant concerné.

FOCUS

La procédure des conventions réglementées propre à certaines associations

Le représentant légal ou, s'il existe, le CAC présente à l'organe délibérant un rapport sur les conventions passées directement ou par personne interposée entre la personne morale et l'un de ses administrateurs ou l'une des personnes assurant un rôle de mandataire social ou entre l'association et une société dont un associé indéfiniment responsable, un gérant, un administrateur, le directeur général, un directeur général délégué, un membre du directoire ou du conseil de surveillance, un actionnaire disposant de plus de 10 % des droits de vote est en même temps mandataire dirigeant de l'association. L'organe délibérant statue sur ce rapport. Une convention non approuvée produit néanmoins ses effets. Les conséquences préjudiciables à la personne morale résultant d'une telle convention peuvent être mises à la charge, individuellement ou solidairement selon le cas, de l'administrateur ou de la personne assurant le rôle de mandataire social. La procédure ne s'applique pas aux conventions courantes conclues à des conditions normales. Les conventions conclues avec un sociétaire y échappent également.

Responsabilité civile des dirigeants. Elle s'exerce à l'égard de l'association elle-même et des tiers (tab. 13.2).

Tableau 13.2. Domaine et mise en cause de la responsabilité civile du dirigeant

	À l'égard de l'association	À l'égard des tiers
Domaine	Le dirigeant est responsable des fautes qu'il commet dans l'exercice de son mandat : il répond des actes contraires à la loi, aux statuts ou à l'intérêt de l'association.	Le dirigeant est responsable s'il a commis une faute détachable de ses fonctions. Selon la jurisprudence, il s'agit d'un comportement si « anormal qu'il s'écarte des limites des pouvoirs dont il est détenteur en sa qualité de dirigeant ».
Mise en cause	La personne habilitée à mettre en cause la responsabilité du dirigeant est un autre dirigeant. En pratique, le dirigeant en place est révoqué et le nouveau dirigeant attaque l'ancien.	La victime met en cause la responsabilité du dirigeant en s'appuyant sur les articles 1240 et s. du Code civil.

Responsabilité pénale des dirigeants. Le dirigeant peut commettre une infraction de droit commun, notamment l'abus de confiance ou encore l'escroquerie (↪ chapitre 23). Il peut aussi commettre quelques infractions spécifiques au droit pénal des associations (ex. : personne ne respectant pas une décision de dissolution judiciaire d'une association).

C) La personne morale associative

L'association déclarée et publiée dispose d'attributs permettant de l'identifier (titre et siège social), d'une personnalité, d'un patrimoine propre et d'une capacité juridique.

1. La capacité de l'association

Les associations régulièrement déclarées bénéficient de la « petite personnalité juridique ». À ce titre, elles peuvent :

- intenter des actions en justice ;
- recevoir des dons manuels et des dons d'établissements d'utilité publique ;
- acquérir à titre onéreux, posséder et administrer les cotisations de leurs membres, leur local et les immeubles strictement nécessaires à l'accomplissement du but associatif.

En revanche, les associations déclarées d'utilité publique bénéficient de la « grande personnalité juridique ». Elles peuvent réaliser tous les actes de la vie civile qui ne sont pas interdits par leurs statuts. Elles peuvent aussi recevoir des libéralités (dons et legs).

2. Le patrimoine de l'association

L'association régulièrement déclarée dispose d'un patrimoine propre, distinct de celui de ses membres. Il comprend notamment toutes les ressources de l'association (cotisations, apports, subventions, dons manuels et, pour les associations reconnues d'utilité publique, donations et libéralités) ainsi que ses dettes.

3. Le commissaire aux comptes

La nomination d'un CAC n'est obligatoire pour une association que dans un nombre limité de cas (fig. 13.3) qui tiennent compte de :

- La taille de l'association. Il existe des seuils qui déclenchent, en cas de dépassement d'au moins deux d'entre eux, l'obligation de nommer un commissaire aux comptes (effectif moyen de 50 salariés, CAHT de 3,1 M€ et 1,55 M€ de total de bilan) si l'association exerce une activité économique (L.612-1 et R. 612-1 C.com.).
- La nature des activités de l'association (ex. : activités sportives et éducatives).
- Du financement de l'association. Cette nomination concerne les associations qui perçoivent, annuellement en numéraire, des dons et subventions versés par des autorités publiques ou établissements publics à caractère industriel et commercial (EPIC) d'un montant supérieur à 153 000 € (Code de commerce, art. L. 612-4) et, du fait des renvois entre textes, les associations qui émettent des obligations.

Les missions du CAC sont les mêmes que pour les autres groupements. Toutefois, il doit tenir compte des particularités du secteur associatif (ex. : la CNCC recommande au CAC de disposer d'une connaissance suffisante du milieu associatif).

Voir la rubrique « Publications » du site www.cncc.fr

Taille de l'association
Exercice d'une activité économique et dépassement de 2 des 3 seuils suivants : 50 salariés, 3,1 M€ de CAHT et 1,55 M€ au total du bilan

Types d'activités
Limitativement énumérées par la loi (ex. : fédérations sportives ou éducatives)

Sources de financement
Dons et subventions d'autorités publiques et EPIC > 153 000 € ou associations émettant des obligations

Figure 13.3. Critères de nomination d'un CAC dans une association

4. Les responsabilités de l'association

Comme toute personne, l'association peut engager ses responsabilités civiles et pénale (tab. 13.3).

Tableau 13.3. Responsabilités de l'association

	Domaine	Fondement
Responsabilité civile contractuelle	• L'association est liée à ses membres par un contrat. Toute violation de ce contrat peut engager sa responsabilité (ex. : non-fourniture des prestations promises, objet associatif non rempli). • Des considérations similaires pourraient être formulées dans les relations avec des tiers contractuels.	Articles 1231-1 s. du Code civil
Responsabilité civile extracontractuelle	La responsabilité extracontractuelle de l'association est mise en œuvre quand le tiers qui subit un préjudice n'est pas partie au contrat associatif. Le droit commun de la responsabilité est mis en cause du fait personnel de l'association ou du fait d'autrui et des choses qu'elle a sous sa garde (ex. : dommages causés à des tiers par des personnes dont elle doit répondre).	Articles 1240 s. du Code civil
Responsabilité pénale	Les associations sont pénalement responsables dès lors que les éléments constitutifs d'une infraction sont réunis (éléments légal, matériel et intentionnel) et peuvent lui être imputés (ex. : infraction commise pour le compte de l'association par ses organes ou représentants ↪ chapitre 22).	Article 121-2 du Code pénal

D) La dissolution de l'association

1. Les types de dissolution

La dissolution de l'association peut être :

- **Volontaire**. Clause prévoyant la dissolution en cas de survenance d'un événement visé aux statuts (ex. : décès d'un dirigeant, diminution des adhérents, atteinte de la durée prévue au contrat d'association, réalisation ou extinction de l'objet sociétaire).
- **Judiciaire** :
  - pour justes motifs : cette cause n'est pas prévue par le droit des associations mais la jurisprudence de la Cour de cassation y semble favorable (ex. : association inactive) ;
  - pour nullité : association fondée sur un objet illicite, contraire aux lois ou aux bonnes mœurs.
- **Administrative**. La dissolution, dont les causes sont visées par le Code de la sécurité intérieure est alors prononcée par l'autorité judiciaire (ex. : groupes de combat, milices).

2. Les effets de la dissolution

La dissolution n'est pas soumise à une déclaration à la préfecture et à une publication au Journal officiel. Les pouvoirs publics incitent à y recourir en offrant la gratuité de l'annonce. La dissolution entraîne la liquidation. Elle est réalisée par un liquidateur. Il effectue les diverses opérations de liquidation (ex. : recouvrement des créances, paiement de créanciers). Sur décision de l'assemblée générale, les membres reprennent leurs apports. L'excèdent de l'actif sur le passif, appelé boni de liquidation, est dévolu conformément aux dispositions statutaires. Dans le silence des statuts, c'est l'assemblée générale qui prend la décision d'attribution. À défaut de publicité, il semble que la dévolution marque la disparition de la personnalité morale.

La dissolution d'une association en pratique (cas général et Alsace-Moselle) :
www.service-public.fr

➜ CAS 3 • CAS 4 • SITUATION PRATIQUE 5

1 Quiz

Vérifiez l'exactitude des propositions ci-après et justifiez-les.

	Vrai	Faux
1. Les acteurs de l'ESS sont : les mutuelles, les associations et les coopératives.	☐	☐
2. En fonction de son activité, toute personne morale de droit privé peut faire partie de l'ESS.	☐	☐
3. L'utilité sociale n'est pas un facteur à prendre en compte afin de classer une entreprise dans l'ESS.	☐	☐
4. L'association est la convention par laquelle deux ou plusieurs personnes mettent en commun, d'une façon permanente, des biens, leurs connaissances ou leur activité dans un but autre que de dégager des bénéfices.	☐	☐
5. Les personnes suivantes peuvent être membres d'une association : le mineur s'il a reçu une autorisation de son représentant légal et le majeur en tutelle sur autorisation de son tuteur. Les personnes morales ne peuvent pas être membres d'une association.	☐	☐
6. Il existe trois catégories d'association : déclarées, d'utilité publique et spéciale.	☐	☐
7. L'association reposant sur la liberté, les sociétaires n'ont ni droits ni obligations.	☐	☐
8. Le contrat d'association est totalement libre d'organiser le pouvoir au sein du groupement.	☐	☐
9. Certaines associations ont la « grande personnalité juridique » ; d'autres la « petite ». Cette distinction n'induit aucune conséquence juridique. Elle sert à classer les associations en fonction de leur taille.	☐	☐
10. La dissolution d'une association entraîne la saisie de ses biens au profit de l'État. De plus, les sociétaires paient les dettes de l'association avec leurs ressources personnelles.	☐	☐

2 Asso'DCG ★★★

Des étudiants de DCG 2 décident de créer, au sein de leur lycée lyonnais, l'association Asso'DCG visant à organiser des rencontres professionnelles et des événements. Ces activités seraient financées par des cotisations des sociétaires et le produit de diverses manifestations (vente de gâteaux et chocolats, confections artisanales...). Léo s'engage dans le projet. Il se rend à la banque, se présente comme le président de l'association pour ouvrir un compte bancaire au nom de cette dernière.

Indiquez si le banquier peut faire droit à la demande de Léo. Justifiez votre réponse.

3 Cas : Expert Business Intelligence ★★★

Compétences attendues

- **Caractériser** l'ESS
- **Mettre en évidence**, à partir d'une documentation, l'importance croissante de l'ESS et son encadrement par la loi

Récemment recruté(e) au sein du cabinet Expert Business Intelligence, vous êtes chargé(e) des dossiers relatifs à l'économie sociale et solidaire. Votre manager, Sandra, vous interroge afin de préparer une note destinée à la direction. En vous appuyant sur vos connaissances, répondez aux questions ci-après portant sur le document.

1. *Identifiez les racines historiques de l'ESS et montrez en quoi elles permettent de caractériser ce secteur.*
2. *Présentez les principes de l'ESS.*
3. *Précisez les rôles actuel et à venir pour l'ESS.*
4. *Commentez le document 2.*
5. *Déterminez le rôle que la loi de 2014 a joué en matière d'ESS.*

Document 1

L'ESS, au cœur de l'histoire de notre société

L'Économie sociale et solidaire (ESS) s'enracine dans l'histoire complexe des anciennes communautés paysannes, religieuses ou chevaleresques à l'origine de la devise « Liberté Égalité Fraternité » et du slogan coopératif « Un pour tous, tous pour un ». Au 19e siècle elle se constitue dans la révolution industrielle avec l'émergence des mouvements mutualistes, coopératifs, syndicalistes et associatifs luttant pour plus de justice, de démocratie et de sécurité face à l'exploitation du travail, de la consommation ou de la religion. Elle se développe au 20e siècle dans tous les secteurs d'activités tout en constituant de puissantes fédérations et confédérations, nationales et mondiales.

...

•••

En France, ces dernières décennies voient se formaliser l'Économie solidaire puis l'Entreprise d'utilité sociale sur les questions nouvelles d'insertion, de commerce équitable ou d'environnement.

ESUS : entreprise solidaire d'utilité sociale, agrément réformé par la loi n° 2014-856 du 31 juillet 2014 relative à l'économie sociale et solidaire.

La loi du 31 juillet 2014 relative à l'ESS intègre toutes ces évolutions avec les structures démocratiques (associations, coopératives, mutuelles, entreprises commerciales spécifiques ESS et/ou agréée ESUS) et les fondations autour de la reconnaissance d'un « mode d'entreprendre autrement » dans des sociétés de personnes qui représentent plus de 45 millions de bénéficiaires, 15 millions de bénévoles et 10 % de l'emploi salarié. L'ESS est à la fois une éthique, une stratégie et une pédagogie du faire ensemble avec pour principes la solidarité et la démocratie et pour moyens la coopération et l'association. Elle définit un tiers-secteur transversal souvent considéré à la fois plus efficace que le secteur public et plus moral que le secteur privé pour « remettre l'économie au service du social ». Elle opère ainsi un retournement de paradigme (Edgar Morin) qui inspire toutes les manières de penser, de sentir et d'agir de centaines de millions d'acteurs préférant l'être à l'avoir, la relation humaine au profit, la liberté à la subordination, la coopération à la concurrence… Face aux catastrophes planétaires d'un libéralisme débridé, à l'échec des communismes et aux limites de l'État providence, l'ESS représente un réel espoir d'avenir pour changer la société de façon non violente « par en bas ». Avec le numérique elle se restructure de plus en plus en réseaux d'organisations autonomes souvent innovantes pour « penser globalement et agir localement "à d'autres" mondes possibles » ou autogérer les « biens communs ». Mais l'ESS reste abstraite pour beaucoup de ses acteurs qui l'ignorent, ne s'y reconnaissent pas ou ne s'identifient qu'à leur culture d'organisation quand, tel monsieur Jourdain, la plupart en font de la bonne sans le savoir.

D'après ESS'pace

Document 2

Les trois formes d'entreprise

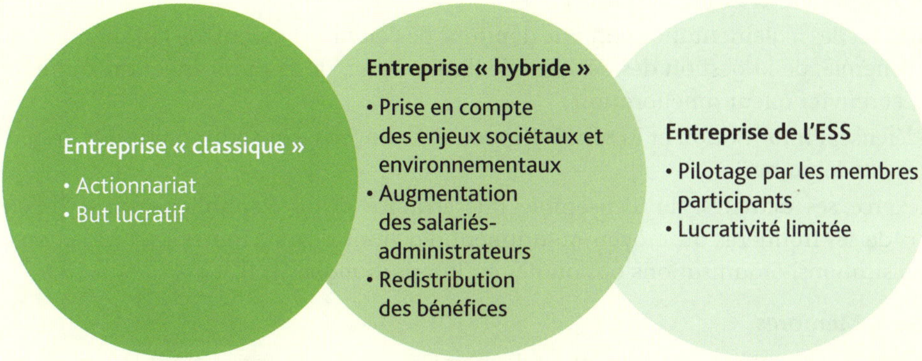

D'après www.theconversation.com

4 Cas : Agir pour l'Environnement ★★★

Compétence attendue **Identifier** les principes généraux régissant les associations

Votre manager chez Expert Business Intelligence, Sandra, vous confie le dossier de l'association Agir pour l'Environnement afin que vous vous formiez aux problématiques propres aux associations. Sandra vous soumet une série de questions destinées à tester votre maîtrise des notions. En vous appuyant sur vos connaissances, répondez aux questions portant sur le document ci-après.

1. *Montrez que l'association Agir pour l'Environnement respecte la définition du contrat d'association.*
2. *Identifiez l'intérêt de l'article 1 (la méthodologie du cas pratique n'est pas exigée).*
3. *Précisez qui dirige l'association.*
4. *Vérifiez la légalité des articles 6 et 11.*
5. *Contrôlez la légalité du rôle de l'assemblée générale.*

Document

Contrat de l'association Agir pour l'Environnement (extraits)

Article 1er. Titre

Il est fondé entre les adhérents aux présents statuts une association régie par la loi du 1er juillet 1901 et le décret du 16 août 1901, ayant pour titre : Agir pour l'Environnement.

Article 2. Objet social

L'association Agir pour l'Environnement, a pour objet :

- la protection de l'environnement et des équilibres fondamentaux de la biosphère : espaces naturels, eau, air, sols, paysages et cadre de vie dans une perspective de développement soutenable ;
- l'aménagement harmonieux et équilibré du territoire et de l'urbanisme ;
- la lutte contre toutes les formes de pollution et de nuisances en considérant notamment leur impact sur la santé humaine ;
- le respect des réglementations dans le domaine de l'environnement, de l'alimentation, de l'énergie, de la gestion des déchets, de l'urbanisme, de la publicité et du cadre de vie, et œuvrer à leur amélioration ;
- la défense, l'information et la sensibilisation des citoyens, consommateurs et usagers dans ces domaines.

Elle exerce ses activités sur l'ensemble du territoire de la République ainsi qu'en dehors de ses frontières au moyen notamment d'actions devant toutes les juridictions, administrations, organisations nationales ou internationales. […]

Article 5. Membres

L'association se compose d'adhérents et de membres d'honneur acquittant la cotisation fixée chaque année par le Conseil d'administration.

…

•••

Les adhérents participent à l'assemblée générale en élisant des délégués qui les représentent pour déterminer notamment les orientations de l'association et participer aux différents votes de l'assemblée générale. Ils peuvent être présents lors de l'assemblée générale avec voix consultative. Le nombre des délégués est déterminé par le règlement intérieur.

Article 6. Conseil d'administration

Les membres élus sont rééligibles. Le Conseil élit parmi ses membres, au scrutin secret, un bureau qui est composé au moins de :

1) un(e) président(e) ;

2) un(e) secrétaire ;

3) un(e) trésorier(ère).

Le (La) président(e) peut ester en justice sur délibération du Conseil d'administration. Si l'urgence le nécessite, la saisine du juge est validée au conseil d'administration suivant la saisine. [...]

Le Conseil d'administration se réunit une fois au moins tous les six mois, sur convocation du président ou sur la demande de la moitié de ses membres. Il prépare notamment l'ordre du jour de l'assemblée statutaire. Les décisions sont prises à la majorité des voix. En cas de partage, la voix du président est prépondérante.

Article 7. Assemblée générale

L'Assemblée générale ordinaire comprend les délégués représentant les adhérents ainsi que les membres d'honneur. Elle se réunit au moins une fois par an. Quinze jours au moins avant la date fixée, les membres de l'association sont convoqués par voie électronique par les soins du secrétaire. L'ordre du jour est indiqué sur les convocations. Le (La) président(e), assisté(e) des membres du Conseil d'administration, préside l'Assemblée et expose la situation morale de l'association (rapport d'activité et d'orientation). L'Assemblée générale adopte le budget de l'année et approuve les comptes de l'année précédente présentés par le-la trésorier(ère). Il est procédé, après épuisement de l'ordre du jour, au remplacement, au scrutin secret, de la moitié des membres du Conseil. [...]

Article 11. Dissolution

En cas de dissolution prononcée par les deux tiers des membres présents à l'Assemblée générale, un ou plusieurs liquidateurs sont nommés par celle-ci, et l'actif, s'il y a lieu, est dévolu conformément à l'objet social de l'association, dans les conditions de l'article 9 de la loi du 1er juillet 1901.

https://www.agirpourlenvironnement.org

Évaluer les savoirs | Maîtriser les compétences | Préparer l'épreuve

5 Situation pratique : le club Gymnamique ★★★

35 min

Compétences attendues

Rendez-vous MÉTHODE 3

- **Déterminer** les conséquences de l'exercice par une association d'une activité économique
- **Identifier** une structure juridique adaptée à une activité donnée

Oriane Delgado est urgentiste à l'hôpital d'Amiens. Le soir, lassée de la misère du monde, elle entend se délasser. Elle rassemble quelques amies pour courir deux fois par semaine. Face au succès de l'opération, elle décide d'acheter quelques machines qui les aideront à parfaire leurs silhouettes. Les amies se mettent d'accord et installent le matériel dans la grange d'Oriane.

Votre mission

1. *Étudiez la possibilité pour Oriane Delgado et ses amies de créer une association portant leur projet.*

Pour régler divers problèmes, liés notamment à la propriété du matériel et à son entretien, Oriane et ses amies ont créé le club Gymnamique (CG). Cinq ans plus tard, le club connaît un franc succès. La grange a été aménagée. Une association a été créée, qui offre des prestations à caractère sportif. Chaque membre paie une cotisation appelée « droit d'entrée » à l'association CG. À cette cotisation s'ajoute le prix des prestations fournies aux membres. Les tarifs sont adaptés à chaque discipline pratiquée soit sous la forme d'un forfait général par discipline, soit sous la forme d'un prix unique par séance. L'association est ouverte. Elle admet des non-membres à condition qu'ils soient cooptés par un membre. En pratique, cette contrainte n'est pas respectée. L'association a passé un contrat avec deux professeurs de gymnastique indépendants qui dispensent plusieurs cours par semaine. Comme toute association, le club n'est pas assujetti aux charges fiscales et sociales. Les bénéfices croissent et les fondatrices en profitent pour s'offrir des week-ends gastronomiques.

En vous appuyant sur vos connaissances et sur le dossier documentaire, répondez aux questions suivantes.

Vos missions

2. *Précisez si la forme associative est adaptée aux pratiques développées par le club Gymnamique.*
3. *Déterminez si le club Gymnamique peut être poursuivi pour paracommercialisme.*

Document

Association et concurrence déloyale : ce qu'il faut savoir

Concurrence déloyale et paracommercialisme

Le paracommercialisme est par définition un acte de concurrence déloyale qui consiste pour une association, à se livrer à une activité commerciale sans le mentionner dans ses statuts et/ou sans en supporter les charges fiscales et sociales correspondantes [...]. L'association qui procéderait ainsi s'exposerait à des sanctions, tant sur le volet juridique que fiscal.

Juridiquement

Conformément aux termes de l'article L. 442-10 du Code de commerce, la vente de produits ou la fourniture de services, réalisés de manière habituelle par une association, doit être inscrite dans ses statuts. À défaut, l'association peut être sanctionnée sur le plan civil pour des faits de commercialisme, constitutifs de faits de concurrence déloyale, mais également sur le plan pénal (contravention de 5e classe visée par l'article 131-13 du Code pénal).

Fiscalement

Une association peut retirer des recettes des activités commerciales qu'elle exerce, conformément à ses statuts. Elle doit, en revanche, être assujettie aux mêmes impôts et taxes que les entreprises commerciales, sauf à pouvoir bénéficier d'exonérations spécifiques.

www.associatheque.fr

SYNTHÈSE

L'économie sociale et solidaire et les associations

Les acteurs

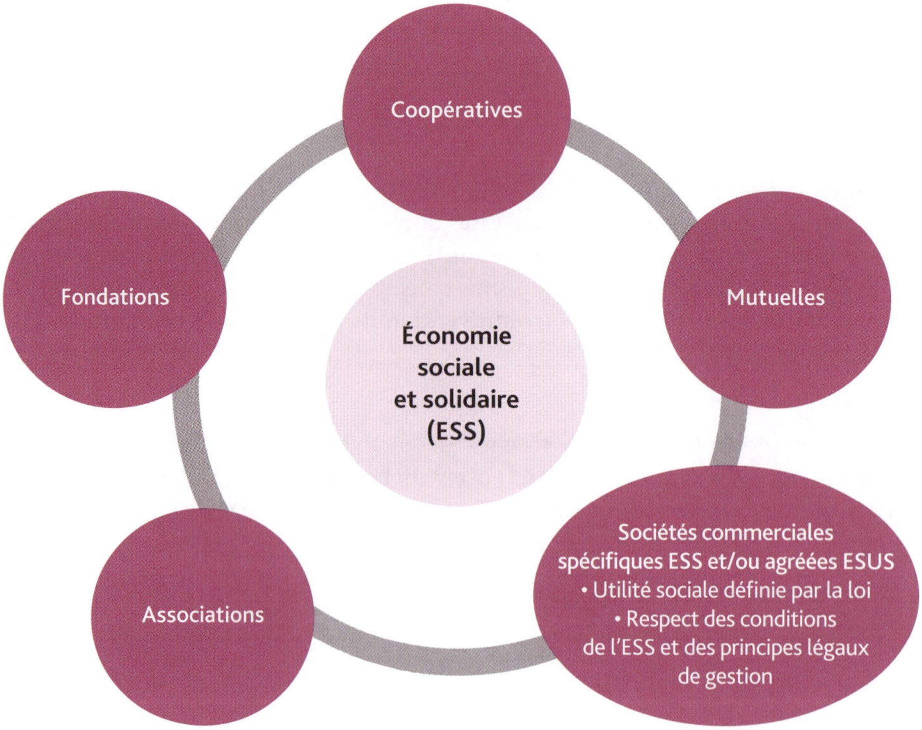

Les types d'associations

Association non déclarée
↓
Absence de personnalité juridique

Association déclarée
↓
Petite personnalité juridique

Association reconnue d'utilité publique
↓
• Grande personnalité juridique
• Possibilité de recevoir des dons et legs

CHAPITRE 14 L'économie sociale et solidaire et la société coopérative

PROGRAMME

Compétences attendues	Savoir associé
• **Identifier** les principes généraux régissant les sociétés coopératives • **Identifier** une structure juridique adaptée à une situation donnée	La société coopérative

PRÉREQUIS

- Droit commun des sociétés (chapitres 1 à 7)
- Introduction à l'ESS (chapitre 13)

PLAN DU CHAPITRE

Cours : 1. Les principes du droit coopératif • 2. La société coopérative

Des savoirs aux compétences : Évaluer les savoirs • Maîtriser les compétences • Préparer l'épreuve

Synthèse

Filles de la misère, les sociétés coopératives sont constituées, à l'origine, par l'union de personnes en situation de précarité. L'une des premières coopératives, Les Équitables Pionniers de Rochdale, regroupait 28 ouvriers pauvres de la banlieue de Manchester. Dès l'origine, les coopératives n'ont pas eu pour seul but de lutter contre la misère. Elles ont aussi décidé de se soumettre à d'autres principes que ceux de l'économie capitaliste : l'entraide, la solidarité et la fraternité. Aujourd'hui, la coopération est une réponse à des besoins sociaux et repose sur l'existence de groupes qui s'organisent pour y faire face. En cela, elle fait partie de l'économie sociale et solidaire (ESS).

MOTS-CLÉS

Affectio cooperatis **• Coopérative • Double qualité • Excédent d'exploitation • Gestion démocratique • Impartageabilité des réserves • Intérêt statutaire • Porte ouverte • Réviseur • Ristourne**

1 Les principes du droit coopératif

Définition

La **coopérative** est une société constituée par plusieurs personnes volontairement réunies en vue de satisfaire à leurs besoins économiques et sociaux par leur effort commun et la mise en place des moyens nécessaires.

Les coopératives sont régies par la loi n° 47-1775 du 10 septembre 1947 modifiée à plusieurs reprises.

A) Le principe de la double qualité

1. L'énoncé du principe

Pour qu'une société soit une coopérative, il faut que chaque participant entretienne avec la coopérative un double lien :

- un rapport social commun à toutes les sociétés (le coopérateur est un associé) ;
- une relation contractuelle (le coopérateur est un client ou un fournisseur ou un salarié).

2. Le double lien

Définition

La **double qualité** (double lien) veut que le coopérateur apporte, outre le numéraire, sa clientèle ou une part de son activité professionnelle.

Ce principe dit « de l'exclusivisme » est fondamental. Il explique à lui seul la suppression des intermédiaires et du profit capitaliste. Il traduit aussi la volonté de tout coopérateur de ne pas limiter sa participation à l'apport d'argent. La coopérative est une société où règne un affectio societatis renforcé.

FOCUS Une dérogation à l'exclusivisme

- **Activité ouverte aux tiers.** La loi n° 2014-856 du 31 juillet 2014 relative à l'économie sociale et solidaire a généralisé la possibilité de déroger au principe de l'exclusivisme. Elle permet, sous diverses conditions restrictives, d'admettre qu'un tiers non sociétaire bénéficie des activités de la coopérative. Cette possibilité est encadrée : elle est limitée à 20 % du chiffre d'affaires de la société coopérative.
- **Associés non coopérateurs.** Les coopératives peuvent admettre, sous diverses conditions restrictives, des associés non coopérateurs, personnes physiques ou morales, qui entendent contribuer, notamment par l'apport de capitaux, à la réalisation des objectifs de la coopérative.

B) Le principe de la gestion démocratique

1. L'énoncé du principe

Les coopératives sont porteuses de diverses valeurs, notamment du principe « un homme, une voix ».

2. Le rôle du principe

D'inspiration égalitaire, le principe de **gestion démocratique** s'écarte fortement du droit commun des sociétés (↪ chapitres 1 à 7). En effet, dans celui-ci ce n'est pas la considération de la personne qui justifie l'attribution de droits de vote mais le nombre de parts ou d'actions.

En droit coopératif, la gestion est égalitaire ; ce mécanisme donne le pouvoir à chacun. La gestion démocratique est une conséquence de la communauté d'intérêts entre les membres de la coopérative : les coopérateurs ne sont pas des adversaires mais des pairs.

FOCUS Le problème des associés non coopérateurs

La loi de 2014 a généralisé les exceptions à l'exclusivisme. Afin de rendre compatible les valeurs de la coopération et les contraintes du financement par des tiers, la loi a limité le nombre de voix dont peuvent disposer les non-coopérateurs. Ces derniers associés ne peuvent pas détenir plus de 35 % des droits de vote, pourcentage porté à 49 % si, au nombre de ces associés, figurent d'autres coopératives.

C) Le principe de la « porte ouverte »

1. L'énoncé du principe et son rôle

Également d'inspiration démocratique, le principe dit de la « **porte ouverte** » induit la liberté d'adhésion et de retrait des sociétaires. Il permet à tout usager d'une coopérative d'en devenir associé et, à l'inverse, à tout associé de s'en retirer. La variabilité du capital contribue à faciliter cette mise en œuvre.

2. Les dérogations au principe

Des exceptions statutaires peuvent limiter ce principe.

Exemple

- La Cour de cassation a admis que des statuts d'une coopérative agricole pouvaient exiger un temps de présence minimale, en l'occurrence 10 ans, avant qu'un coopérateur puisse quitter une coopérative.

D) Le but non lucratif

1. L'énoncé du principe

La coopérative, comme l'association obéit au principe de gestion désintéressée (**but non lucratif**).

2. Le rôle du principe

La recherche du service rendu prévaut sur la recherche du profit. Lors de la création, la motivation est la satisfaction des besoins personnels ou professionnels des membres de la coopérative.

E) L'impartageabilité des réserves

1. L'énoncé du principe

Les excédents réalisés par la coopérative sont incorporés partiellement aux réserves. Par ailleurs, les réserves ne peuvent pas être partagées entre coopérateurs.

2. Le rôle du principe

L'**impartageabilité des réserves** joue deux rôles :

- Elle se rattache à un aspect altruiste de la coopération : la dévolution de l'actif net en cas de dissolution. Les associés ne peuvent pas profiter du boni de liquidation. Il doit être dévolu à d'autres coopératives ou à d'autres organisations relevant de l'ESS (↪ chapitre 13).
- Dans les coopératives, le capital est variable. Or, nous savons que le capital est le gage des créanciers sociaux. Un gage variable inspire peu de confiance aux tiers. Pour réinjecter de la confiance, la loi prévoit qu'une partie de l'excédent d'exploitation est affectée à un fonds de réserve et que ces réserves sont impartageables.

2 La société coopérative

A) La constitution de la société coopérative

1. Les conditions de fond

NOTRE CONSEIL

La SNC n'est pas recommandée car les associés acquièrent la qualité de commerçant et sont responsables indéfiniment des dettes sociales.

La société coopérative est un contrat. Elle doit respecter les conditions de formation de tout contrat ainsi que les conditions propres au contrat de société.

Choix de la forme sociétaire. La société coopérative peut être une société civile (↪ chapitre 18) ou commerciale. Elle est commerciale si elle réalise des actes de commerce par nature. Dans le cas contraire, elle est civile.

Si la société est commerciale les coopérateurs doivent choisir la forme sociétaire adaptée à leur situation. En pratique, les SARL et SA sont souvent utilisées. Une société coopérative unipersonnelle est exclue car elle entrerait en contradiction avec le principe même de coopération.

Membres. Les coopérateurs, personnes physiques ou morales, qui adhérent aux statuts d'une coopérative sont appelés « associés » ou « sociétaires », quelle que soit la forme juridique choisie. Le nombre de membres dépend aussi de la forme juridique (notamment SA, SARL, société civile). Toutefois, il existe des dérogations (ex. : les coopératives artisanales). Ils coopèrent sur un pied d'égalité au succès de l'œuvre commune (***affectio cooperatis*** : forme d'affectio societatis renforcé).

Radiation et exclusion des sociétaires. Les statuts et des lois spéciales réglementent la radiation et l'exclusion d'un sociétaire. Toutefois, les droits de la défense doivent être respectés (ex. : possibilité pour la personne visée par l'exclusion de s'exprimer). En pratique, les statuts exigent une délibération de l'AG et la majorité requise pour la modification des statuts. L'associé radié ou exclu est indemnisé.

Retrait des sociétaires. Les associés peuvent se retirer de la coopérative, conformément au droit des sociétés à capital variable (↪ chapitre 3). L'associé, qui se retire, respecte les clauses statutaires. À défaut, il engage sa responsabilité civile. En cas de refus de retrait, les tribunaux apprécient l'opportunité de la décision de la société. L'associé retrayant est indemnisé.

Objet. La société coopérative obéit au droit commun des sociétés (↪ chapitres 1 à 7). Elle peut être constituée dans toutes les branches de l'activité humaine. Son objet est civil ou commercial.

NOTRE CONSEIL

Les coopératives souhaitant faciliter les entrées et sorties d'associés avec un minimum de contraintes peuvent opter pour la variabilité du capital social. Les statuts fixent alors un capital minimum irréductible et un capital autorisé, au-delà duquel toute augmentation relève de la compétence de l'AGE.

Capital social. Il est formé par les apports en numéraire et en nature des coopérateurs ainsi que des associés non coopérateurs. Le capital social des coopératives sous forme de SA ne peut pas être inférieur à 18 500 €.

Apports. Les apports en numéraire obéissent au droit commun des sociétés et sont fonction de la forme sociétaire. Ils sont libérés d'au moins un quart au moment de leur souscription et le solde dans les 5 ans de la souscription. Les apports en industrie sont plus rares. Il s'agit de souscription de parts sociales dont la contrepartie ne consiste ni en la remise d'un bien ni en le versement d'une somme d'argent mais dans l'engagement de fournir une activité au bénéfice de l'entreprise. Cette forme de participation est exclue dans les coopératives constituées sous la forme de SA, à la différence de la forme SARL.

Parts sociales. En contrepartie de leurs apports, les associés reçoivent des parts sociales obligatoirement nominatives. Par ailleurs, la loi Pacte du 22 mai 2019 autorise les coopératives constituées sous la forme de SA à procéder à une offre au public de leurs parts sociales.

2. Les conditions de forme

Statuts et formalités constitutives. De ce point de vue il n'y a pas de différence entre la coopérative et le droit commun des sociétés. La loi exige que le contrat de la coopérative comporte diverses mentions obligatoires (ex. : siège social, mode d'administration, pouvoirs de l'AG et des administrateurs). Une coopérative peut faire état de sa qualité de « société à mission » (↪ chapitre 2). Dans ce cas, les statuts en précisent notamment la « raison d'être ».

Papiers et documents commerciaux. La loi oblige la coopérative à faire figurer dans sa dénomination sociale le mot « coopérative ». À défaut, les termes « société coopérative » doivent apparaître sur tous les papiers commerciaux sans abréviation.

B) Le fonctionnement de la société coopérative

1. Les organes de la société coopérative

Assemblée générale. Elle est composée de tous les associés dont tous les droits sont en principe égaux. Les coopérateurs tiennent une assemblée générale annuelle. La loi n'a prévu ni conditions de quorum ni conditions de majorité. En pratique, ces assemblées sont soumises au droit de la société dont elles ont adopté la forme. L'AG prend connaissance du compte rendu, statue sur les comptes et procède à l'élection de diverses personnes (administrateurs ou gérants, CAC et contrôleur de gestion).

Gestion de la coopérative. La société est administrée par des administrateurs ou des gérants dont les pouvoirs sont réglés par le droit commun. Ils sont élus par l'assemblée générale des associés pour une durée maximale de 6 ans. Ils sont révocables par la même assemblée. Ils ne sont pas contraints de posséder des titres sociaux. Toute clause qui les y contraindrait serait nulle. En principe, les fonctions d'administrateurs ou de gérants sont gratuites. Par exception, ces personnes peuvent recevoir des indemnités dans la limite d'un montant fixé annuellement par l'assemblée générale. Ils ont droit également au remboursement de leurs frais, sur justificatifs. Les administrateurs et gérants peuvent cumuler mandat social et contrat de travail, sous réserve de l'antériorité de ce dernier contrat.

Responsabilité des organes d'administration. Les administrateurs et gérants voient leur responsabilité civile mise en cause par application du droit commun. La responsabilité civile des dirigeants sociaux est engagée envers les tiers en cas de faute séparable des fonctions et qui leur est personnellement imputable (↳ chapitre 4). Envers la société, la responsabilité des dirigeants est engagée pour faute commise dans leur gestion, violation des lois et règlements, manquement aux règles statutaires. La loi a prévu des infractions spéciales pour les coopératives, permettant de mettre en cause la responsabilité pénale de leurs administrateurs et gérants.

Contrôle. Les coopératives font l'objet de deux types de contrôle :

- Le premier relève du droit commun de la société dont la coopérative a adopté la forme. En pratique, cette situation aboutit à la nomination d'un CAC.
- Le second se traduit par la nomination d'un **réviseur**. La révision est une forme d'audit propre aux coopératives. Elle vise à vérifier le respect des règles relatives à la coopération et à apprécier la gestion de la coopérative.

2. La vie sociale de la coopérative

Excédent d'exploitation. Les coopératives ne vendent pas leurs produits au prix de revient. Elles appliquent une marge de sécurité qui, en fin d'exercice, permet de dégager un **excédent d'exploitation**. L'emploi de cet excédent est rigoureusement organisé par la loi. Il est affecté prioritairement à la constitution d'un fonds de réserve. Ce fonds est doté, annuellement, d'un prélèvement des trois vingtièmes au moins de l'excédent d'exploitation. En principe, les réserves sont impartageables et donc non incorporables au capital ; elles ne peuvent ni être réparties entre les associés, ni être utilisées pour une augmentation future du capital. Toutefois, les statuts peuvent déroger à ce principe d'impartageabilité. L'**intérêt statutaire** est servi aux parts sociales si un excédent d'exploitation a été réalisé au cours d'un exercice. Son taux est déterminé par les statuts et encadré par la loi.

Ristourne. L'excédent après ces prélèvements, ou **ristourne**, peut être distribué aux seuls associés, proportionnellement aux opérations effectuées avec la société.

C) La dissolution

La coopérative est soumise aux règles du droit commun des sociétés. L'éventuel boni de liquidation est versé à d'autres coopératives ou entreprises de l'ESS. Les membres de la société dissoute ne peuvent en aucun cas se le partager.

→ APPLICATION 2 • CAS 3 • SITUATION PRATIQUE 4

1 Quiz

Vérifier l'exactitude des propositions ci-après et justifiez-les.

		Vrai	Faux
1.	L'exclusivisme et le double lien sont des notions équivalentes.	☐	☐
2.	Les associés des coopératives sont toujours des personnes physiques.	☐	☐
3.	En droit de la coopération, le principe « un homme, une voix » ne connaît aucune exception.	☐	☐
4.	Le principe de la « porte ouverte » facilite l'entrée de nouveaux associés.	☐	☐
5.	Les réserves des coopératives sont utilisées pour accroître le montant du capital social.	☐	☐
6.	Affectio cooperatis et affectio societatis sont synonymes.	☐	☐
7.	Le montant du capital social de la coopérative constitué sous forme anonyme est de 37 000 €.	☐	☐
8.	Les coopératives doivent choisir entre un CAC et un réviseur.	☐	☐
9.	Les coopératives vendent au prix de revient.	☐	☐
10.	L'intérêt statutaire est versé chaque année.	☐	☐

2 Biofructos ★★★

Biofructos est une société coopérative de forme SA spécialisée dans la distribution commerciale de fruits labellisés Agriculture biologique (AB). Mounir Djelbi, un ami du dirigeant, est expert en fruits. Le dirigeant souhaite le faire entrer dans la société en tant qu'associé. Il mettra ses compétences au service de Biofructos en contrepartie de parts sociales.

Indiquez si l'entrée de Mounir Djelbi dans la coopérative Biofructos est possible.

Évaluer les savoirs — Maîtriser les compétences — Préparer l'épreuve

3 Cas : Éthiquable ★★★

Compétence attendue **Identifier** les principes généraux régissant les coopératives

En vous appuyant sur vos connaissances et sur les documents 1 et 2, répondez aux questions ci-après.

1. *Vérifiez que la Scop Éthiquable respecte les principes du droit de la coopération (la méthodologie du cas pratique n'est pas exigée).*
2. *Montrez qu'Éthiquable est une entreprise de l'ESS.*
3. *Déterminez dans quelle mesure audit et révision font double emploi.*
4. *Montrez le rôle joué par l'*affectio cooperatis *chez Éthiquable.*

Document 1

De qui parlons-nous ?

Éthiquable est une coopérative française spécialisée dans la vente de produits bio, issus du commerce équitable. Du point de vue juridique, c'est une société coopérative et participative (Scop). La Scop est une société à capital variable qui ne peut être constituée que sous diverses formes (Scop ARL, Scop SAS, Scop SA). La Scop est majoritairement formée par des travailleurs associés. Elle doit en comprendre un nombre minimal.

Document 2

Les principes de la Scop Éthiquable

Éthiquable, une entreprise qui appartient à ses salariés

Dans une Scop, les salariés possèdent au minimum 51 % du capital et 65 % des droits de vote. Ils sont associés majoritaires. Tous les salariés ont vocation à devenir sociétaire. L'attribution du statut d'associé se fait par cooptation lors de l'assemblée générale de l'entreprise. Une Scop peut accueillir des associés extérieurs qui peuvent détenir jusqu'à 49 % du capital et 35 % des droits de vote.

Chez Éthiquable, nous sommes 165 salariés et 131 salariés sont sociétaires de notre Scop. Lorsqu'un nouveau salarié est recruté, son contrat de travail implique son adhésion au sociétariat de la Scop après une période de 2 ans. Lorsqu'il fête ses 2 ans d'ancienneté, il présente sa candidature lors d'une assemblée générale de la Scop et les salariés-sociétaires se prononcent sur sa candidature. À ce jour, aucune assemblée générale n'a refusé une candidature.

La primauté de l'homme sur le capital

Dans les sociétés coopératives, la primauté est donnée à la personne humaine sur le capital selon la règle « une personne égale une voix ». Chaque associé dispose du même droit de vote quels que soient son poste et ses responsabilités dans l'entreprise. Les salariés ...

...

associés élisent le dirigeant de l'entreprise et donnent leur accord sur les grandes décisions en assemblée générale quel que soit le nombre de parts détenues.

Il ne faut pas confondre gouvernance démocratique et « tout le monde décide de tout ».

Comme toutes les entreprises, les Scop ont une organisation hiérarchisée et une direction. Les décisions opérationnelles sont prises par la direction et l'encadrement. Seules les grandes décisions stratégiques sont prises avec l'ensemble des salariés associés lors des assemblées générales. Le dirigeant d'une Scop est d'autant plus légitime que ce sont les salariés qui l'ont eux-mêmes choisi, et les rapports sociaux en Scop sont donc souvent plus équilibrés entre salariés et dirigeants.

La répartition équitable des bénéfices

Contrairement aux sociétés traditionnelles qui répartissent comme elles l'entendent les bénéfices, les Scop sont soumises à un régime spécifique fixé par la loi. Les excédents de gestion sont obligatoirement partagés en 3 parts : 1 part pour l'entreprise, 1 pour les sociétaires et 1 pour les salariés.

La « part de l'entreprise » constitue les réserves impartageables de la Scop. Elles vont contribuer au développement de l'entreprise en permettant la consolidation des fonds propres. La loi impose que cette part ne puisse être inférieure à 16 % des bénéfices.

La « part des sociétaires » : il s'agit des dividendes destinés aux associés. Ils sont attribués aux associés sous forme d'intérêts. Légalement, la part des dividendes ne peut excéder 33 % des bénéfices.

La « part travail des salariés » : il s'agit de la participation des salariés aux résultats de l'entreprise. Une partie des excédents est versée à l'ensemble des salariés de la Scop, qu'ils soient associés ou non. Selon la loi, elle ne peut pas être inférieure à 25 % des bénéfices.

Chez éthiquable, nous avons toujours accordé une grande importance à la pérennité de notre entreprise. Depuis notre création en 2003, à chaque fois qu'il y a eu des excédents, nous avons toujours affecté en réserve plus de 50 % de nos excédents.

Une Scop ne peut être vendue

Les Scop reposent sur la propriété collective. Les réserves de la Scop constituent le patrimoine commun de la Scop. Elles sont impartageables : elles ne peuvent en aucun cas devenir la propriété individuelle des associés. Elles sont la propriété de la Scop, personne morale.

Ces réserves garantissent l'indépendance de l'entreprise et sa pérennité. Elles se transmettent de génération en génération de salariés. Un associé qui quitte la Scop ne peut ainsi revendiquer une part des réserves.

La valeur du capital de chaque actionnaire est figée à sa valeur d'acquisition. Aucune plus-value n'est possible lors du remboursement des parts en cas de départ du salarié actionnaire.

La révision coopérative

Le mouvement coopératif s'assure du respect de ces principes par une sorte d'audit. Obligatoire tous les ans pour les entreprises sans commissaire aux comptes et tous les cinq ans pour les autres (c'est le cas d'Éthiquable), il est assuré par des réviseurs (consultants ou comptables) agréés par le ministère du Travail. Leurs conclusions

...

...
permettent de faire le point sur la vie coopérative, le respect des règles statutaires et du droit coopératif. Il s'agit autant d'un outil d'aide à la décision (changement des statuts, modification de la répartition des bénéfices, etc.) que d'une procédure de contrôle.

L'agrément Entreprise solidaire d'utilité sociale

Éthiquable est également agréée Entreprise solidaire d'utilité sociale (Esus). Cet agrément est délivré par l'État. Il faut remplir quatre conditions pour l'obtenir :

- la poursuite d'un but d'utilité sociale ou d'intérêt général (soutien à des publics vulnérables, cohésion territoriale ou développement durable), cet objectif devant figurer dans les statuts de l'entreprise : dans nos statuts, il est spécifié que l'objectif d'Éthiquable est le développement du commerce équitable ;
- le capital de l'entreprise ne doit pas être négocié sur un marché financier : le capital d'Éthiquable appartient à ses salariés ;
- les charges d'exploitation liées aux activités d'utilité sociale représentent au moins 66 % de l'ensemble des charges d'exploitation au cours des trois derniers exercices clos : le commerce équitable représente 100 % de notre activité ;
- une politique de rémunération qui respecte un plafond maximum pour les salaires : notre échelle de salaire entre le salaire le plus bas et le salaire le plus haut est de 1 à 4.

http://www.ethiquable.coop

Évaluer les savoirs | Maîtriser les compétences | Préparer l'épreuve

4 Situation pratique : La Matinale du Jardin ★★★

30 min

Compétence attendue **Identifier** une structure juridique adaptée à une situation donnée

Rendez-vous MÉTHODE 3

Gaëlle Drommond et Édouard Ruel cultivent des légumes biologiques dans le département de la Somme. Depuis de nombreuses années, ils réfléchissent à l'amélioration de leur activité. Ils ont découvert La Rosée des champs, coopérative qui commercialise des légumes frais et crus prêt à l'emploi et des légumes cuits sous vide. Cette coopérative est née du regroupement de 65 maraîchers du Val-de-Loire.

Gaëlle et Édouard envisagent de copier l'expérience de La Rosée des champs. À cette fin, ils contactent divers producteurs de leur département. Ils leur adressent une lettre dressant les principales caractéristiques de la future coopérative La Matinale du Jardin (voir le document ci-après).

Vos missions

1. *Dressez la liste des arguments montrant que la coopérative est adaptée aux besoins des membres auxquels Gaëlle et Édouard la destinent.*
2. *Vérifiez la légalité des clauses proposées (la méthodologie du cas pratique n'est pas exigée).*

Un futur coopérateur s'étonne de la clause relative à la variabilité du capital. Il pense que les banques prêteront difficilement de l'argent à une société dont le capital n'est pas fixe.

Votre mission

3. *Contrôlez la légalité de la clause de variabilité du capital.*

Document

Quelques idées pour les statuts de la coopérative La Matinale du Jardin

a. Capital

Le capital de la coopérative sera variable. Il sera ouvert aux associés non coopérateurs.

b. Parts sociales

La valeur nominale des parts sociales sera de 25 €. Les parts seront libérées intégralement lors de la souscription.

c. Intérêts des parts sociales

Le capital souscrit sera rémunéré, en plus du dividende, par un intérêt fixé librement chaque année par les associés.

d. Administration

La coopérative est administrée par un conseil d'administration, élu par l'assemblée générale pour un an, à la majorité des suffrages exprimés. Chaque sociétaire dispose d'un nombre de voix proportionnel à sa part dans le capital de la coopérative.

e. Rémunération des administrateurs

Les fonctions d'administrateur sont rémunérées. La rémunération est égale à la somme fixée chaque année par le conseil d'administration, multipliée par 1,75.

f. Responsabilité des administrateurs

Les administrateurs sont responsables uniquement s'ils commettent des fautes détachables de leurs fonctions.

g. Liquidation et dévolution des excédents

À la liquidation, les coopérateurs se partagent le boni.

SYNTHÈSE

L'économie sociale et solidaire et les sociétés coopératives

Les cinq principes coopératifs

Double qualité du coopérateur	Gestion démocratique	Gestion désintéressée	Porte ouverte	Impartageabilité des ressources

La constitution des coopératives

Conditions de fond
- Droit commun des contrats
- Spécificités du droit des sociétés
- Conditions propres aux coopératives

+

Conditions de forme
- Statuts et formalités constitutives
- Papiers et documents commerciaux

=

Société coopérative

Le fonctionnement de la coopérative

Assemblée générale	• Composée de tous les associés • Une AG annuelle • Rôles : prendre connaissance du compte rendu, statuer sur les comptes et procéder à l'élection de diverses personnes (ex. : administrateur)
Gestion	• Assurée par des administrateurs ou gérants • Élection par l'AG • Absence de rémunération en principe • Responsable envers les tiers et la société
Contrôle	• Par un CAC (éventuellement) • Par un réviseur
Vie sociale	• Excédent statutaire (marge de sécurité) • Intérêt statutaire (servi aux PS si un excédent d'exploitation a été réalisé) • Ristourne distribuée aux associés proportionnellement aux opérations effectuées avec la société
Dissolution	Application du droit commun des sociétés

Dans les dossiers ci-après, la méthodologie du cas pratique est exigée, sauf mention contraire.

1 Étude d'une situation pratique : le projet de Thomas

Thomas Lacaze est agriculteur dans le département de Haute-Garonne. Il s'est spécialisé dans la production de blé dur. Il possède également quelques vaches. Depuis plusieurs années, son entreprise agricole connaît des difficultés : son exploitation est déficitaire, ses revenus diminuent et les créanciers se font chaque jour plus menaçants. Dans son village, plusieurs personnes sont dans la même situation. L'une d'entre elles propose de créer une coopérative agricole et communique à Thomas Lacaze des exemples de clauses issues d'un projet de coopérative (document 1).

Rendez-vous
MÉTHODE 1

Votre mission

1. *Identifiez les raisons pour lesquelles la société coopérative est adaptée à la situation (la méthodologie du cas pratique n'est pas exigée).*

Thomas Lacaze souhaite que vous lui expliquiez certaines clauses et que vous répondiez à ses questions.

Le projet remis à Thomas prévoit que le capital de la coopérative, constituée sous forme de SA, sera de 18 500 €. Tous les apports seront autorisés. Il n'y aura pas de délai pour libérer le capital social. Si les membres le souhaitaient, il serait même possible de constituer une SA coopérative à capital variable.

Rendez-vous
MÉTHODE 3

Vos missions

2. *Vérifiez la légalité du projet soumis à Thomas Lacaze.*
3. *Justifiez l'intérêt de la création d'une SA à capital variable (la méthodologie du cas pratique n'est pas exigée).*
4. *Expliquez l'article 8-2 (la méthodologie du cas pratique n'est pas exigée).*

Thomas Lacaze pense que la clause 8-5 est dangereuse et lui fait courir un risque.

Vos missions

5. *Analysez l'article 8-5 et statuez sur son devenir (la méthodologie du cas pratique n'est pas exigée).*
6. *Vérifiez la légalité de l'article 12.*
7. *Complétez l'article 12 afin de le rendre plus opérationnel (la méthodologie du cas pratique n'est pas exigée).*
8. *Expliquez l'article 29-2 (la méthodologie du cas pratique n'est pas exigée).*

Thomas Lacaze s'inquiète de l'éventuelle gestion de la coopérative. Dans un village voisin, le dirigeant a acheté, au nom d'une autre coopérative également constituée sous la forme d'une SA, des biens pour son usage personnel.

Rendez-vous
MÉTHODE 4

Votre mission

9. *Dans l'hypothèse où un tel événement surviendrait dans la coopérative de Thomas Lacaze, déterminez si cette dernière devrait payer la facture et si le dirigeant pourrait être remis en cause.*

Document 1

Clauses d'une coopérative (extraits)

Objet

2. La coopérative a pour objet de fournir à ses seuls associés coopérateurs et pour l'usage exclusif de leurs exploitations les services ci-après énumérés nécessaires à ces exploitations [...].

Article 8 – Obligations des associés coopérateurs

1. L'adhésion à la coopérative entraîne pour l'associé coopérateur :

1° L'engagement d'utiliser, en ce qui concerne son exploitation et dans toute la mesure de ses besoins, [...] des services que la coopérative est en mesure de lui procurer ;

2° L'obligation de souscrire ou d'acquérir par voie de cession, et dans ce dernier cas avec l'accord de la coopérative, le nombre de parts sociales correspondant aux engagements pris.

2. Nul ne peut demeurer associé coopérateur s'il n'est pas lié par un engagement d'activité.

3. La durée initiale de l'engagement est fixée à... exercices consécutifs à compter de [l'expiration de l'exercice en cours à la date à laquelle il a été pris]. [...]

5. Sauf cas de force majeure dûment établi, le conseil d'administration pourra décider de mettre à la charge de l'associé coopérateur n'ayant pas respecté tout ou partie de ses engagements une participation aux frais fixes restant à la charge de la collectivité des associés coopérateurs.

Cette participation correspond à la quote-part que représentent les services non effectués pour la couverture des charges suivantes constatées au cours de l'exercice du manquement :

- les charges correspondantes à celles comptabilisées dans les comptes 61 et 62 ;
- les impôts et taxes (compte 63) ;
- les charges de personnel (compte 64) ;
- les autres charges de gestion courante (compte 65) ;
- les charges financières (compte 66) ;
- les charges exceptionnelles (compte 67) ;
- les dotations aux amortissements et aux provisions (compte 68) ;

...

...
- les participations des salariés aux résultats de l'entreprise (compte 69) ;
- les impôts sur les sociétés (compte 69).

Article 12 – Exclusion

1. L'exclusion d'un associé coopérateur peut être prononcée par le conseil d'administration pour des raisons graves, [...] notamment si l'associé coopérateur a été condamné à une peine criminelle, s'il a nui ou tenté de nuire sérieusement à la coopérative par des actes injustifiés, s'il a contrevenu sans l'excuse justifiée de la force majeure aux engagements contractés aux termes de l'article 8. La décision du conseil d'administration est immédiatement exécutoire.

Article 29 – Pouvoirs du conseil

1. Le conseil d'administration est chargé de la gestion de la coopérative dont il doit assurer le bon fonctionnement.
2. Il dispose des pouvoirs les plus étendus pour gérer toutes les affaires sociales et pourvoir à tous les intérêts sociaux sans aucune limitation autre que celle des pouvoirs et attributions expressément réservés à l'assemblée générale par les textes législatifs et réglementaires ou par les présents statuts.
3. Le conseil d'administration définit [dans le règlement intérieur] les modalités de détermination et de paiement du prix des services.

2 Étude d'une situation pratique : la coopérative du Mont

Les coopérateurs du Mont sont confrontés, depuis de nombreux mois, à l'obstruction de Charles Cox. Cet éleveur multiplie les mises en garde et les questions. Son comportement, toujours poli et respectueux des règles, empêche la coopérative d'avancer et de faire face au changement climatique auquel la région est confrontée.

Lassés, certains coopérateurs ont demandé aux dirigeants de mettre fin à la situation, faute de quoi ils fonderaient une autre structure, loin des débats stériles. En désespoir de cause, le président du conseil d'administration propose aujourd'hui à l'assemblée générale d'exclure Charles Cox. Ce dernier a été prévenu de nombreuses semaines à l'avance. Il a pu s'exprimer devant l'assemblée. L'exclusion a été soumise à l'approbation de l'AG et a recueilli, conformément aux statuts, le vote des deux tiers des sociétaires. Charles Cox n'entend pas quitter la coopérative. Il développe deux arguments :

- l'exclusion d'un sociétaire pour des raisons non disciplinaires exige l'unanimité des associés ;
- l'éviction d'un sociétaire entraînerait un accroissement des engagements des autres coopérateurs. Or, dans un arrêt du 11 février 2017, la Cour de cassation a posé que, dans un tel cas, l'unanimité était requise.

Charles Cox sollicite vos conseils. En vous appuyant sur les documents 1 et 2, vous traiterez le point suivant.

Votre mission

Appréciez la légalité de l'argumentation de Charles Cox.

DOSSIER DOCUMENTAIRE

Document 1

Cour de cassation, chambre civile, 11 février 2017, pourvoi n° 16-11.979

Sur le moyen unique, pris en sa première branche :

Vu l'article 1134 du Code civil, dans sa rédaction antérieure à celle issue de l'ordonnance n° 2016-131 du 10 février 2016, et l'article 1er de la loi du 1er juillet 1901 ;

Attendu que, dans le silence des statuts d'une association, seules les modifications statutaires ayant pour effet d'augmenter les engagements des associés doivent être adoptées à l'unanimité ;

Attendu, selon l'arrêt attaqué, que, par délibération du 25 mai 2012, l'assemblée générale de l'Association des chasseurs et propriétaires de Pierrefiche du Larzac (l'association) a décidé, à la majorité des membres présents, de modifier les statuts relatifs à l'admission des sociétaires, celle-ci devenant renouvelable chaque année ; que MM. Christian et Alain X..., dont la demande d'admission pour la saison de chasse 2013-2014 avait été rejetée le 16 juillet 2012, ont assigné l'association en nullité de la délibération et des décisions de refus d'admission ainsi qu'en paiement de dommages-intérêts ;

Attendu que, pour accueillir ces demandes, l'arrêt retient que la modification des statuts, qui a pour effet de permettre l'exclusion d'un adhérent sans motif disciplinaire et sans possibilité d'être entendu, aurait dû, en vertu du principe d'intangibilité des conventions et à défaut de disposition statutaire ou légale, être décidée à l'unanimité des membres participants ;

Qu'en statuant ainsi, alors que la modification décidée par l'assemblée générale n'avait pas pour effet d'augmenter les engagements des associés, la cour d'appel a violé les textes susvisés ;

PAR CES MOTIFS, et sans qu'il y ait lieu de statuer sur les autres branches du moyen :

CASSE ET ANNULE, en toutes ses dispositions, l'arrêt rendu le 10 novembre 2015, entre les parties, par la cour d'appel de Montpellier ; remet, en conséquence, la cause et les parties dans l'état où elles se trouvaient avant ledit arrêt et, pour être fait droit, les renvoie devant la cour d'appel de Nîmes ;

Document 2

Article R. 523-5 du Code rural et de la pêche maritime

La démission en fin de période d'engagement, l'exclusion, la radiation ou le retrait de l'associé coopérateur en cours d'engagement d'activité avec l'accord du conseil d'administration entraîne la perte de la qualité d'associé coopérateur.

Cette perte de qualité donne lieu à l'annulation de ses parts sociales, à défaut de transfert de celles-ci.

Leur remboursement a lieu dans les conditions suivantes :

1° L'associé coopérateur a droit au remboursement de ses parts de capital social à leur valeur nominale. Toutefois, si les statuts le prévoient, il reçoit un montant déterminé par application du deuxième alinéa de l'article 18 de la loi n° 47-1775 du 10 septembre 1947 portant statut de la coopération, de l'article L. 523-1 ou des troisième à cinquième alinéas de l'article L. 523-7 ;

2° Le montant du remboursement est réduit dans l'hypothèse et selon les modalités visées à l'article L. 523-2-1 ;

3° Dans tous les cas, le remboursement est opéré sans préjudice des intérêts dus sur ces parts, des dividendes dus aux porteurs de ces parts et des ristournes qui peuvent revenir à l'intéressé ;

4° Le remboursement des parts annulées souscrites ou acquises dans le cadre de l'engagement prévu au a) de l'article L. 521-3, doit être compensé par la constitution d'une réserve prélevée sur le résultat. La dotation à cette réserve est égale au montant de ces parts remboursées pendant l'exercice diminué, le cas échéant, des nouvelles parts souscrites pendant cette période ;

5° Le conseil se prononce sur le remboursement et fixe l'époque à laquelle le paiement de ces sommes pourra être fait, compte tenu des dispositions de l'article R. 522-4 ;

6° Dans tous les cas, le délai de remboursement ne pourra dépasser la durée de cinq ans ;

7° Tout membre qui cesse de faire partie de la société à un titre quelconque reste tenu pendant cinq ans et pour sa part, telle qu'elle est déterminée par l'article R. 526-3, envers ses coassociés coopérateurs et envers les tiers, de toutes les dettes sociales existantes au moment de sa sortie.

CHAPITRE 15 La société en commandite par actions (SCA)

PROGRAMME

Compétences attendues	Savoir associé
• **Identifier** l'utilité des SCA dans des situations spécifiques • **Mettre en évidence** les principales règles de fonctionnement des SCA	• Caractéristiques essentielles des SCA

PRÉREQUIS

• Droit commun des sociétés (chapitres 1 à 7)
• Droit de la SA (chapitres 9 et 10)

PLAN DU CHAPITRE

Cours : 1. Les utilités de la SCA • 2. Les caractéristiques essentielles de la SCA

Des savoirs aux compétences : Évaluer les savoirs • Maîtriser les compétences • Préparer l'épreuve

Synthèse

Les sociétés en commandite par actions (SCA) ont fait leur apparition dans le Code de commerce en 1807 et ont connu leur apogée dans la première partie du 19e siècle. À partir des années 1980, la possibilité de séparer en les associant, au sein de la même structure, les fonctions d'entrepreneur commandité et de financeur commanditaire a suscité un regain d'intérêt pour cette forme sociale.

Aux termes de l'alinéa 1er de l'article L. 226-1 du Code de commerce, « la société en commandite par actions, dont le capital est divisé en actions, est constituée entre un ou plusieurs commandités, qui ont la qualité de commerçant et répondent indéfiniment et solidairement des dettes sociales, et des commanditaires, qui ont la qualité d'actionnaires et ne supportent les pertes qu'à concurrence de leurs apports ».

MOTS-CLÉS

Commanditaires • Commandités • Dividende prioritaire • Double consultation • Parts sociales

1 Les utilités de la SCA

A) Les atouts de la SCA

La forme sociétaire en commandite par actions permet de dissocier complètement la gestion et la détention du capital. Elle combine minorité, en matière de capital, et détention du pouvoir (ex. : l'unique commandité est le gérant). Elle constitue aussi un moyen de lutte efficace contre les tentatives de « rachat sauvage » (offre publique d'achat – OPA). En effet, les offensives boursières se heurtent à la stabilité du gérant, qui ne peut pas être remplacé sans l'accord des commandités.

La SCA peut aussi être utilisée pour contrôler des sociétés entravées par des réglementations très strictes (ex. : sociétés coopératives ↳ chapitre 14). Par ailleurs, alors que le droit des SA est très contraignant, celui des SCA laisse une large place au sur-mesure. Enfin, la SCA peut être utilisée comme moyen pour organiser la succession d'une personne et transmettre la direction à des personnes n'apportant pas de capital.

Exemple

De grandes entreprises cotées comme Bonduelle ou Michelin ont choisi cette forme sociétaire, notamment pour des raisons de transmission familiale pérenne.

FOCUS SCA *versus* SA

De ce point de vue la SCA présente deux avantages :
- Elle permet une organisation souple de l'instance dirigeante. Le conseil d'administration est lourd à manipuler. Par comparaison, la gérance de la SCA apparaît dénuée de contraintes.
- Les statuts peuvent prévoir une révocation du gérant à l'unanimité. Ils peuvent même prévoir le vote du gérant. En conséquence, le gérant peut exercer sa fonction à vie et même organiser une gérance héréditaire.

« Les attraits de la société en commandite par actions (SCA) » : consultez le blog de David Faravelon sur www.legavox.fr

B) Les limites de la SCA

Le fonctionnement de la SCA est complexe, essentiellement pour trois raisons :
- la dualité de statut des associés **commandités** et **commanditaires** ;
- la difficulté de cession des parts sociales des commandités ;
- la responsabilité indéfinie et solidaire des commandités et la quasi-irrévocabilité du gérant, si c'est la volonté des statuts.

→ CAS 3

2 Les caractéristiques essentielles de la SCA

A) La constitution de la société

1. Les commandités

La SCA comprend un ou plusieurs **commandités**, personnes physiques ou morales, qui ont la qualité de commerçant. Une telle contrainte empêche une société civile ou une personne morale de droit public de devenir commandité car elles deviendraient alors commerçantes.

Statut. Les commandités ont le statut d'associés en nom collectif (↪ chapitre 12).

Responsabilité. Les commandités sont responsables indéfiniment et solidairement des dettes sociales. Les créanciers peuvent les poursuivre après avoir vainement mis en demeure la SCA par acte extrajudiciaire, 8 jours au moins avant l'exercice de l'action. En contrepartie de cette prise de risques, les commandités reçoivent un **dividende prioritaire**.

Apports. Les commandités peuvent faire :
- des apports en industrie, opération courante dans la pratique ;
- des apports en numéraire ;
- des apports en nature.

Les sommes ainsi versées n'alimentent pas le compte capital. Elles sont versées dans un compte spécial, appelé « autres fonds propres ».

Parts sociales. Les **parts sociales** reçues par les commandités ne peuvent pas être représentées par des titres négociables. Elles sont cessibles comme le sont les titres des associés de SNC (↪ chapitre 12). La cession exige, aux termes de l'article L. 222-8 du Code de commerce, l'accord unanime des associés tant commanditaires que commandités. Ce principe admet une dérogation : les statuts peuvent prévoir que la majorité en nombre et en capital des commanditaires, jointe au consentement de l'ensemble des commandités, suffise. Toutefois, cette dérogation est circonscrite à un cas : celui du commandité cédant à un commanditaire ou à un tiers une fraction de ses parts sociales.

FOCUS — Le cas du commandité, propriétaire d'actions

L'associé commandité peut aussi être propriétaire d'actions. Dans ce cas, il ne possède pas tous les droits des commanditaires : il ne participe pas à la désignation des membres du conseil de surveillance et ne peut pas être membre de ce conseil.

Cumul. Les statuts de la SCA peuvent également interdire qu'une même personne cumule les statuts de commandité et de commanditaire.

2. Les commanditaires

La SCA comprend au moins trois **commanditaires**. Ce nombre est imposé par la composition du conseil de surveillance, exclusivement formé de commanditaires, et dont le nombre minimum est trois.

Statut. Les commanditaires ont la qualité d'actionnaires (↪ chapitres 9 et 10).

Apports. Les commanditaires effectuent exclusivement des apports en nature et en numéraire. En contrepartie, ils reçoivent des actions ouvrant droit aux dividendes et éligibles aux négociations sur un marché réglementé.

Responsabilité. La responsabilité des commanditaires est limitée au montant de leurs apports. Par conséquent, ils doivent avoir la capacité requise pour disposer des biens qu'ils apportent à la société et pour souscrire les actions qu'elle émet. Ils sont exclus de la gérance et de tout acte de gestion externe. Cette interdiction ne s'étend pas aux décisions internes.

Exemple

- Les commanditaires peuvent participer à l'approbation des comptes, à une augmentation de capital ou encore à une modification des statuts pour laquelle ils disposent d'un droit de veto.

3. Le capital social

Le montant des apports en numéraire et en nature constitue le capital social de la SCA. La loi exige un montant minimum de 37 000 euros, que la société offre ou non ses titres financiers au public. La SCA peut être constituée avec un capital variable.

4. Les formalités

Comme pour toute société, les statuts sont rédigés par écrit, par acte sous signature privée ou authentique. Ils comprennent les mentions requises par l'article L. 210-2 du Code de commerce.

Code de commerce, art. L. 210-2

- La forme, la durée qui ne peut excéder quatre-vingt-dix-neuf ans, la dénomination sociale, le siège social, l'objet social et le montant du capital social sont déterminés par les statuts de la société.

Aux formalités de droit commun s'ajoutent diverses mentions spéciales qui concernent les apports, la gérance et le conseil de surveillance (CS). La société est désignée par une dénomination sociale. Son nom est précédé ou suivi de la mention « Société en commandite par actions » et du montant du capital social. La SCA est soumise aux mêmes formalités de publicité que les autres sociétés (↪ chapitre 2).

B) Le fonctionnement de la société

1. La gérance

La SCA est administrée par un ou plusieurs gérants, associés commandités ou tiers. Il est permis à une personne morale d'être gérant et, en pratique, ce cas est fréquent. À la constitution de la société, le ou les gérants sont désignés par les statuts. Au cours de la vie sociale et, sauf clause contraire des statuts, ils sont désignés par l'AGO avec l'accord de tous les commandités. Les statuts peuvent prévoir des stipulations différentes (ex. : nomination par les seuls commandités).

La durée des fonctions des gérants est prévue par les statuts. À défaut de précision, les gérants restent en fonction pendant toute la durée de la société. Il est mis fin aux fonctions de gérant selon les conditions prévues aux statuts. Dans le silence des statuts, le gérant est révocable par le tribunal de commerce pour cause légitime, à la demande de tout associé ou de la société. Les statuts doivent prévoir une limite d'âge du gérant (par défaut, elle est fixée à 65 ans). Les pouvoirs du gérant sont définis comme ceux du DG de la SA (↪ chapitre 9). Toutefois, le gérant peut librement consentir des cautions, avals et garanties sans avoir à consulter le CS. Les gérants sont responsables comme le DG et les administrateurs des SA.

2. Les assemblées

Les associés, commandités et commanditaires participent aux assemblées soit physiquement, soit virtuellement et, dans ce dernier cas par des moyens de télécommunication permettant leur identification.

Toutes les assemblées de SCA dont les titres ne sont pas admis aux négociations sur un marché réglementé peuvent se tenir exclusivement à distance. Les décisions collectives excédant les pouvoirs du gérant sont prises en AG. La SCA obéit au principe de la **double consultation** (fig. 15.1) :

- les commanditaires sont réunis dans une assemblée suivant les règles applicables aux SA ;
- les commandités sont consultés en assemblée ou par écrit.

La décision est prise quand les deux assemblées l'ont approuvée.

L'assemblée des commanditaires obéit aux conditions de quorum et de majorité des SA (↪ **chapitre 9**). L'assemblée des commandités obéit aux règles qui gouvernent les assemblées des associés en nom collectif : en principe, ils se prononcent à l'unanimité (↪ **chapitre 12**).

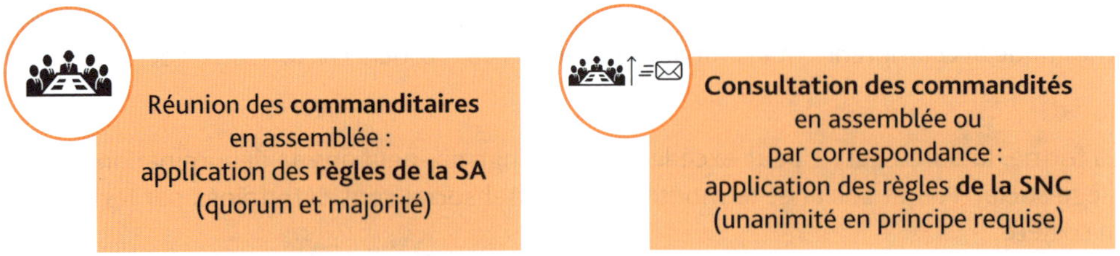

Figure 15.1. Principe de la double consultation

C) Le contrôle de la société

1. Le conseil de surveillance

Principe. Le conseil de surveillance (CS) est obligatoire. Il contrôle la société. Les premiers membres sont nommés par les statuts. Par la suite, ils sont désignés par l'AGO des commanditaires aux conditions statutaires. Un commandité ne peut pas être nommé dans cette instance, sous peine de nullité.

Mission. Selon la loi, le conseil de surveillance exerce un contrôle permanent de la gestion sociale, avec un périmètre plus large que les CAC puisque, loin de se limiter à la régularité et la sincérité de l'information comptable et financière, le CS émet un jugement sur la conduite des affaires sociales, notamment sur l'opportunité des décisions de gestion.

Gestion des conflits d'intérêts. Les dispositions du Code de commerce visées aux articles L. 225-38 à L. 225-43 et relatives aux conventions libres, réglementées et interdites s'appliquent aux SCA (↪ **chapitre 9**). Plus précisément, sont concernés les contrats intervenant directement, ou par personnes interposées, entre la société et l'un de ses gérants, l'un des membres du CS, l'un de ses actionnaires disposant d'une fraction des droits de vote supérieure à 10 % ou, s'il s'agit d'une société actionnaire, la société la contrôlant au sens de L. 233-3 du Code de commerce (contrôle par les droits de vote). Ces dispositions sont applicables aux conventions dans lesquelles l'une de ces personnes est indirectement intéressée.

L'autorisation préalable nécessaire à la conclusion des conventions réglementées est donnée par le conseil de surveillance. Elle est motivée.

Le président du CS avise, le cas échéant, les CAC, de l'existence de conventions conclues et des motifs justifiant l'autorisation donnée par le conseil.

Notion d'intérêt indirect. La notion d'intérêt indirect est difficile à représenter. L'AMF suggère de considérer que doit être « considérée comme indirectement intéressée à une convention à laquelle elle n'est pas partie, la personne qui, en raison des liens qu'elle entretient avec les parties et des pouvoirs qu'elle possède pour infléchir leur conduite, en tire ou est susceptible d'en tirer un avantage » (recommandation AMF n° 2012-05, modifiée le 5 octobre 2018).

2. Le contrôle par un commissaire aux comptes

La SCA est soumise au contrôle d'un ou plusieurs CAC (↪ chapitre 5).

➜ APPLICATION 2 • CAS 4 • SITUATION PRATIQUE 5

DES SAVOIRS AUX COMPÉTENCES

Évaluer les savoirs | Maîtriser les compétences | Préparer l'épreuve

1 Quiz

Vérifiez l'exactitude des propositions ci-après et justifiez-les.

	Vrai	Faux
1. La SCA associe des commandités, responsables indéfiniment et conjointement, et des commanditaires.	☐	☐
2. La SCA présente un seul intérêt : lutter contre les OPA.	☐	☐
3. La dualité des associés est une chance pour les SCA.	☐	☐
4. Les commandités sont des commerçants, personnes physiques.	☐	☐
5. Seules les SCA qui n'offrent pas leurs titres financiers au public ont un capital social qui ne doit pas excéder 37 000 €.	☐	☐
6. La SCA est administrée par un ou plusieurs gérants, commandités, tiers ou commanditaires.	☐	☐
7. Le conseil de surveillance contrôle l'opportunité de la gestion tandis que le CAC contrôle la régularité de l'information comptable.	☐	☐
8. Seules les SCA qui offrent leurs titres financiers au public sont autorisées à désigner un CAC.	☐	☐
9. Le nombre de membres du conseil de surveillance est déterminé par les statuts.	☐	☐
10. Seuls les contrats intervenant directement entre la société et l'un de ses gérants sont soumis à la procédure des conventions réglementées.	☐	☐

2 Burotech ★★★

En raison d'un contrat qui n'a pas abouti, la SCA Burotech doit stocker des produits finis. La société avec laquelle elle est en relation ne dispose pas de locaux disponibles. Le gérant propose de louer à la SCA, au prix du marché, un hangar lui appartenant.

Identifiez la précaution requise par la conclusion du contrat.

3 Cas : Solupro ★★★

Compétence attendue **Identifier** l'utilité des SCA dans des situations spécifiques

Antoine voudrait créer la société Solupro commercialisant des progiciels de sécurité appliqués aux cryptomonnaies. Il n'a pas un sou en poche mais beaucoup d'idées qui convainquent ses amis, Igor et Kévin. Ces derniers disposent de capitaux, pour l'un hérités de sa famille ; pour l'autre, issus de sa propre activité. L'un comme l'autre n'ont aucune envie de s'impliquer dans la gestion d'une société. Igor parcourt les mers. Kévin est directeur général d'une société. Toutefois, Igor et Kévin voudraient aider Antoine à mettre son projet en œuvre.

Expliquez si la SCA peut répondre au projet d'Antoine, Igor et Kévin.

4 Cas : Les Parapluies de Cherbourg ★★★

Compétence attendue **Mettre en évidence** les principales règles de fonctionnement de la SCA

Le gérant de la SCA Les Parapluies de Cherbourg Jean-Yves Chassan vous soumet un extrait des statuts afin que vous les analysiez.

Mettez en évidence, pour Jean-Yves Chassan, les règles de fonctionnement de la société en commandite par actions en répondant aux questions ci-après (la méthodologie du cas pratique n'est pas exigée).

1. Article 10.1

a. Que pensez-vous du premier alinéa ? Faudrait-il le compléter ?
b. L'alinéa 3 entoure la nomination du gérant de diverses protections. Identifiez-les et montrez-en l'intérêt.
c. L'alinéa 4 est-il conforme à la loi ? Quel intérêt cela représente-t-il de limiter la durée des fonctions de gérant ?
d. Quel intérêt l'alinéa 5 présente-t-il ?
e. L'alinéa 6 fixe l'âge maximum du gérant à 72 ans. Cette disposition peut-elle être qualifiée de « discriminatoire » ?

2. Article 10.3

a. Existe-t-il une contradiction entre les alinéas 2 et 4 ? Justifiez votre réponse.
b. Partagez-vous le choix de l'alinéa 4 ? Justifiez votre réponse.
c. Quel est l'intérêt de l'alinéa 4 ?

3. Article 15

a. Quel est le rôle du conseil de surveillance ? Sa composition est-elle conforme à la loi ?
b. Justifiez le dernier alinéa de l'article 15.
c. Rédigez l'article relatif au rôle du conseil de surveillance en vous inspirant du droit des SA.

Document

Extraits des statuts d'une SCA

Article 10.1. Nomination, durée et renouvellement du mandat des gérants

La société est administrée par un ou plusieurs gérants.

Les gérants sont obligatoirement des personnes physiques, sous réserve de ce qui est stipulé.

Le ou les gérants sont nommés respectivement par l'assemblée générale extraordinaire ou par l'assemblée générale ordinaire, sur proposition de l'associé commandité non gérant. La proposition de nomination du ou des gérants donnera lieu à une consultation préalable du conseil de surveillance par l'associé commandité non gérant. Les projets de résolutions correspondant à ces nominations devront être présentés par le président de la gérance ou, à défaut, par tout autre gérant, à la prochaine assemblée générale ordinaire et/ou extraordinaire.

Le ou les gérants seront nommés pour une durée déterminée maximale de quatre ans prenant fin à l'issue de l'assemblée générale ordinaire appelée à statuer sur les comptes de l'exercice écoulé et tenue dans l'année au cours de laquelle expire le mandat.

Le mandat de gérant est renouvelable, une ou plusieurs fois, sur décision de l'associé commandité non gérant, après accord du conseil de surveillance. À cet effet, l'associé commandité non gérant devra transmettre sa proposition de décision au conseil de surveillance au moins quatre mois avant la date de l'assemblée générale. Le conseil de surveillance devant se prononcer au moins trois mois avant la date de ladite assemblée générale.

Pour répondre aux exigences légales sur la fixation d'une limite d'âge des gérants, les fonctions de tout gérant prennent fin, quelle que soit la durée de son mandat, à l'issue de l'assemblée générale ordinaire appelée à statuer sur les comptes de l'exercice au cours duquel il a atteint l'âge de soixante-douze ans. Néanmoins, ses fonctions peuvent être prorogées, en une ou plusieurs fois, d'une durée totale de trois années au maximum à compter de l'assemblée générale ordinaire précitée ; toute décision de prorogation est prise selon les modalités de renouvellement de mandat des gérants prévues au présent article. [...]

Article 10.3. Pouvoirs et obligations des gérants

Dans le cas où il n'existe qu'un seul gérant, tout ce qui est dit dans les statuts concernant les gérants s'applique au gérant unique.

Chacun des gérants a le pouvoir d'engager la société vis-à-vis des tiers à l'exception des emprunts obligataires et sous réserve de l'application des dispositions ci-après. Le président de la gérance définit les domaines de compétence de chacun des gérants et détermine les limites de leurs pouvoirs. Il fixe leurs objectifs annuels ; il en informe le conseil de surveillance.

Le président de la gérance anime et oriente l'action des gérants en conservant un pouvoir ultime de décision.

...

…

Le président de la gérance et les autres gérants ont l'obligation d'informer conjointement et régulièrement le conseil de surveillance de la situation de la société ainsi que des sujets significatifs dont la liste est précisée dans le règlement intérieur du conseil de surveillance. Le président de la gérance et les autres gérants devront communiquer à l'associé commandité non gérant les informations sur la société nécessaires à l'exercice des missions qui lui sont confiées par la loi et les présents statuts.

Article 15. Conseil de surveillance et commissaires aux comptes

La société est pourvue d'un conseil de surveillance, composé de trois membres au moins et dix au plus, choisis exclusivement parmi les actionnaires non commandités.

Ceux qui, au cours de leur mandat, viendraient à cesser d'être actionnaires, deviendraient de plein droit démissionnaires. [...]

Les actionnaires ayant la qualité de commandités ne peuvent, dans les assemblées générales, participer à la désignation des membres du conseil de surveillance.

5 Situation pratique : les frères Lafleur ★★★

35 min

Compétence attendue : Mettre en évidence les principales règles de fonctionnement de la SCA

Rendez-vous MÉTHODE 3

Stagiaire au sein du cabinet Login, vous êtes chargé(e) par votre maître de stage d'étudier le dossier des frères Lafleur.

Les jumeaux Oscar et Louis Lafleur sont associés commanditaires de la SCA Cibo, entreprise spécialisée dans la distribution de cosmétiques. Les jumeaux possèdent, chacun, depuis plus de dix ans, 1 000 actions Cibo. Ils sont également propriétaires indivis de 2 000 actions Cibo. Face à la complexité du montage, ils se demandent comment leur droit de vote est organisé. Par ailleurs, ils ont l'intention de contester une partie des décisions du gérant de la société, Yves Crouzy. Ce dernier ayant eu connaissance de cette opposition, il les a menacés de supprimer leur droit de vote. Les frères Lafleur sont inquiets.

Pour rassurer Oscar et Louis Lafleur, vous étudiez l'arrêt dit Château d'Yquem (document 1) ainsi que l'article 1844 du Code civil (document 2) et répondez aux questions de votre maître de stage.

En vous appuyant sur le dossier documentaire, vous traiterez les points suivants.

Vos missions

1. *Identifiez le problème posé par l'affaire du Château d'Yquem.*
2. *Précisez comment la Cour de cassation a réglé ce problème.*
3. *Appliquez la décision Château d'Yquem au cas des frères Lafleur.*
4. *Précisez comment le droit de vote des frères Lafleur sera organisé (la méthodologie du cas pratique n'est pas exigée).*

Document 1

Cour de cassation, chambre commerciale, 9 février 1999,
Sté en commandite par actions du Château d'Yquem c/ Mme de Chizelle et a.
[arrêt n° 398 P], pourvoi n° 96-17.661

LA COUR – Statuant tant sur le pourvoi principal formé par la société du Château d'Yquem, que sur le pourvoi incident relevé par Mme de Garsignies et autres :

Attendu, selon l'arrêt attaqué, que la société en commandite par actions du Château d'Yquem (la société) a été constituée en 1992 ; que lors de l'assemblée générale constitutive du 25 janvier 1992, au cours de laquelle ont été adoptés les statuts, avait été votée une troisième résolution autorisant la signature de conventions avec la société civile du Château d'Yquem (la société civile) portant sur la reprise des stocks et du matériel de cette dernière ainsi que sur la reprise des contrats de travail ; qu'une assemblée générale du 28 mai 1994 avait approuvé dans une troisième résolution, des conventions portant reprise des stocks, du matériel d'exploitation et de contrats de travail conclues avec la société civile ; que certains actionnaires de la société ont demandé judiciairement la nullité de ces résolutions en faisant valoir qu'avait pris part au vote de la première, M. Alexandre de Lur-Saluces, gérant et unique associé commandité de la société et gérant de la société civile et que M. Bertrand de Lur-Saluces, fils du précédent, avait pris part au vote de la seconde tant en son nom personnel qu'en qualité de mandataire de son oncle Eugène de Lur-Saluces, en violation de l'article 26 des statuts, aux termes duquel, les dispositions de l'article 258 de la loi du 24 juillet 1966 sont applicables en cas de « convention entre la société et une autre entreprise si l'un des gérants, l'un des associés commandités ou l'un des membres du conseil de surveillance, ou leur conjoint, descendant ou ascendant, est, soit directement soit indirectement, soit par personne interposée, propriétaire, associé indéfiniment responsable, gérant, administrateur, directeur général, membre du directoire ou membre du conseil de surveillance de l'entreprise » ; que la cour d'appel a rejeté la demande de nullité de la troisième résolution de l'assemblée générale du 25 janvier 1992 et prononcé la nullité de la troisième résolution de l'assemblée générale du 28 mai 1994 ;

Sur le moyen unique du pourvoi principal, pris en sa première branche :

Vu l'article 1844, alinéas 1 et 2, du Code civil ;

Attendu que tout associé a le droit de participer aux décisions collectives et de voter et que les statuts ne peuvent déroger à ces dispositions ;

...

...

Attendu que pour annuler la troisième résolution de l'assemblée générale du 28 mai 1994, l'arrêt énonce que M. Bertrand de Lur-Saluces, fils de M. Alexandre de Lur-Saluces associé commandité de la société et gérant de la société civile, ne pouvait prendre part au vote en qualité d'associé ni comme mandataire d'un autre associé, l'article 26 des statuts étendant l'interdiction de vote prévue par l'article 258 de la loi du 24 juillet 1966 au conjoint ainsi qu'aux descendants et ascendants des gérants, associés commandités ou membres du conseil de surveillance eux-mêmes atteints par cette interdiction ;

Attendu qu'en statuant ainsi, faisant application de statuts qui instituaient, pour certains associés, une suppression du droit de vote non prévue par la loi, la cour d'appel a violé le texte susvisé ; [...].

PAR CES MOTIFS :

CASSE ET ANNULE, mais seulement sur le pourvoi formé par la société en commandite par actions du Château d'Yquem, en ce qu'il a prononcé la nullité de la troisième résolution de l'assemblée générale du 28 mai 1994 de la société en commandite par actions du Château d'Yquem, l'arrêt rendu le 5 juin 1996, entre les parties, par la Cour d'appel de Bordeaux [...] ; les renvoie devant la cour d'appel de Poitiers ;

ET REJETTE le pourvoi formé à titre incident par Mme de Garsignies et autres [...].

Document 2

Article 1844 du Code civil

Tout associé a le droit de participer aux décisions collectives.

Les copropriétaires d'une part sociale indivise sont représentés par un mandataire unique, choisi parmi les indivisaires ou en dehors d'eux. En cas de désaccord, le mandataire sera désigné en justice à la demande du plus diligent.

Si une part est grevée d'un usufruit, le nu-propriétaire et l'usufruitier ont le droit de participer aux décisions collectives. Le droit de vote appartient au nu-propriétaire, sauf pour les décisions concernant l'affectation des bénéfices, où il est réservé à l'usufruitier. Toutefois, pour les autres décisions, le nu-propriétaire et l'usufruitier peuvent convenir que le droit de vote sera exercé par l'usufruitier.

Les statuts peuvent déroger aux dispositions du deuxième alinéa et de la seconde phrase du troisième alinéa.

SYNTHÈSE

La société en commandite par actions (SCA)

Deux types d'associés

- Commandités (commerçants à la responsabilité indéfinie et solidaire, une ou plusieurs personnes physiques ou morales, dividende prioritaire)
- Commanditaires (au moins 3 actionnaires à la responsabilité limitée)

Capital

- Minimum de 37 000 €
- Apports en numéraire et en nature

Gérance

- Un ou plusieurs commandités ou tiers
- Pouvoirs : les mêmes que le DG dans la SA (chapitre 9)

Conseil de surveillance

- Contrôle de la gestion sociale (périmètre plus large que le CAC)
- Composition : au moins 3 commanditaires

Assemblée générale

- Décisions excédant les pouvoirs du gérant
- Principe de la double consultation :
  - AG des commanditaires
  - AG des commandités

CHAPITRE 16

Les sociétés agricoles

PROGRAMME

Compétences attendues	Savoirs associés
• **Identifier** l'utilité des sociétés agricoles dans des situations spécifiques • **Mettre en évidence** les principales règles de fonctionnement des sociétés agricoles	• GAEC • EARL

PRÉREQUIS

Droit commun des sociétés (chapitres 1 à 7)

LIEN AVEC LE DCG 1

§ 2.3 Les autres professionnels de la vie des affaires

PLAN DU CHAPITRE

Cours : 1. Le groupement agricole d'exploitation en commun (GAEC) • 2. L'exploitation agricole à responsabilité limitée (EARL)

Des savoirs aux compétences : Évaluer les savoirs • Maîtriser les compétences • Préparer l'épreuve

Synthèse

Sur le monde agricole, comme sur tous les secteurs de l'économie exposés à la concurrence mondiale, pèsent diverses contraintes. Pour les agriculteurs, il s'agit de constituer des exploitations viables, d'en diminuer les charges d'exploitation et d'en accroître la compétitivité. Pour les pouvoirs publics, il s'agit de favoriser l'installation et le maintien d'un nombre suffisant d'agriculteurs. L'ensemble de ces contraintes impliquent des moyens, notamment une surface d'exploitation et un capital d'exploitation suffisants. Seul, même en empruntant, il est difficile, voire impossible d'y arriver. Aussi les agriculteurs se regroupent-ils en recourant à l'une des structures offertes par le droit.

MOTS-CLÉS

Activités agricoles • Agrément • EARL • GAEC • GAEC partiel • GAEC total

1 Le groupement agricole d'exploitation en commun (GAEC)

A) Les utilités

Le groupement agricole d'exploitation en commun (GAEC) est la plus ancienne société agricole française. Aux termes de la loi, le GAEC est une société civile soumise aux dispositions du Code civil et à des règles spéciales. Il a pour « objet de permettre la réalisation d'un travail en commun dans des conditions comparables à celles existant dans les exploitations à caractère familial ».

La référence au caractère familial est lourde de conséquences, non nécessairement positives :

- Le GAEC suppose une exploitation en commun. En pratique, ses membres sont astreints à une obligation de travail effectif. Le GAEC ne peut pas comprendre d'associés dont le rôle se limiterait à un apport en capital.
- Les conditions d'exploitation doivent être comparables à celles des exploitations de type familial. En conséquence, les GAEC ne peuvent pas réunir plus de dix associés et les membres doivent être des personnes physiques, majeures.

B) Les caractéristiques essentielles

1. Les types de GAEC

Il existe deux types de GAEC :

- Le **GAEC total**. Il a pour objet la mise en commun par ses associés de l'ensemble de leurs activités agricoles y compris les activités de culture marine. Seul le GAEC total peut compléter ses activités agricoles par nature en mettant en commun d'autres activités par rattachement ou détermination de la loi (ex. : commercialisation, tourisme, méthanisation).
- Le **GAEC partiel**. Les associés ne mettent en commun qu'une partie de leurs activités.

CHIFFRES-CLÉS

La France compte environ **389 800** exploitations agricoles, dont moins de **10 %** sont constituées en GAEC (ministère de l'Agriculture, 2020).

FOCUS Qu'est-ce qu'une activité agricole ?

Les **activités agricoles** peuvent être qualifiées de telles :

- **Par nature.** Sont réputées agricoles toutes les activités qui valident les trois critères suivants : la maîtrise et l'exploitation d'un cycle biologique (ex. : élevage d'animaux), le caractère animal ou végétal de l'exploitation et tout ce qui relève du déroulement du cycle biologique.
- **Par relation.** Il s'agit d'activités se situant dans le prolongement de l'acte de production (ex. : conditionnement des produits élevés) ou ayant pour support l'exploitation (ex. : gîtes ruraux).
- **Par la volonté de la loi.** Entrent dans cette catégorie les activités équestres, de déneigement des routes et de salage de la voie communale mais aussi la production de biogaz.

2. La constitution du GAEC

Associés. Le GAEC est une société à caractère familial d'agriculteurs, d'où :
- un nombre d'associés limité ;
- des associés qui travaillent tous au sein du groupement en contrepartie de quoi ils reçoivent une rémunération ;
- des associés participant tous aux processus décisionnels.

Capital social. Le montant minimum du capital social est fixé à 1 500 €. Il est variable ou fixe et divisé en parts sociales d'une valeur minimale de 7,50 €. Le capital est constitué par les apports des associés en numéraire et en nature. Les apports en industrie sont possibles mais ne contribuent pas à la constitution du capital social et ne se confondent pas avec le travail de l'associé.

Formalités. Comme toutes les sociétés, le GAEC doit être immatriculé aux RNE et RCS. Il est soumis à une formalité particulière : l'obtention d'un **agrément** délivré par l'autorité préfectorale après vérification de :
- la conformité du groupement aux dispositions légales ;
- la qualité de chefs d'exploitation des associés ;
- l'adéquation de la dimension de l'exploitation au nombre d'associés et l'effectivité du travail en commun.

Le préfet statue par décision motivée et l'agrément peut être retiré en cas de non-respect des principes précédemment indiqués.

3. Le fonctionnement du GAEC

Gestion du groupement. Le GAEC est géré par un ou plusieurs gérants, associés du groupement. La loi renvoie au pacte sociétaire pour la détermination du son statut (ex. : condition de nomination et de révocation, durée des fonctions et pouvoirs).

Assemblée. Tous les membres du groupement participent à égalité à la conduite des affaires sociales. La loi renvoie au pacte sociétaire pour les règles de convocation, délibération et majorité des assemblées. En principe, le GAEC obéit au principe démocratique « un homme, une voix » mais il n'est pas interdit de tenir compte de la participation au travail commun et de la part de capital détenue dans le groupement. La loi laisse une marge de manœuvre importante aux associés mais proscrit la détention de la majorité par un seul.

Responsabilité des associés. La responsabilité des associés peut être mise en cause dans deux cas :
- pour les dettes contractuelles du groupement et sauf exception statutaire, elle est limitée à deux fois la fraction du capital détenue par l'associé ;
- pour les dettes extracontractuelles du groupement (ex. : dettes légales), elle obéit au principe en vigueur en droit commun des sociétés civiles. La responsabilité est indéfinie et proportionnelle à la fraction de capital détenue.

Dans les deux cas, le créancier du GAEC peut intenter une action contre les associés en paiement des dettes sociales après avoir préalablement et vainement poursuivi le groupement.

Exclusion des associés. L'exclusion est possible selon les causes prévues aux statuts. La décision est prise à la majorité visée par le pacte d'associés.

Retrait des associés. L'associé peut se retirer s'il justifie d'un motif grave et légitime, et s'il a obtenu une autorisation des autres associés ou du tribunal.

Dissolution. Le GAEC est dissous pour les causes visées au droit commun (ex. : réalisation ou extinction de l'objet social, annulation). Il est aussi dissous en cas de mésentente paralysant son fonctionnement. En revanche, le décès, la faillite personnelle, la sauvegarde, le redressement ou la liquidation judiciaire d'un membre n'entraînent pas la dissolution du groupement.

➜ CAS 3 • CAS 4 • SITUATION PRATIQUE 5

2 L'exploitation agricole à responsabilité limitée (EARL)

A) Les utilités

L'exploitation agricole à responsabilité limitée (**EARL**) est une création de la loi n° 85-697 du 11 juillet 1985, qui a également introduit la forme unipersonnelle de la SARL, l'EURL (↪ chapitre 8). L'EARL est une société civile à statut particulier. Elle permet la séparation juridique de l'exploitant et de l'exploitation, avec de nombreux avantages :

- elle facilite la gestion financière en offrant à l'entreprise des financements adaptés (augmentation de capital, apports en compte courant et recours au crédit bancaire) ;
- elle favorise la transmission de l'entreprise sans en remettre en cause l'existence (ce qui est transmis, ce n'est pas l'exploitation mais les parts qui la représentent).

Par rapport au GAEC, l'EARL présente de nombreux atouts mais aussi des limites certaines (fig. 16.1).

CHIFFRE-CLÉ

Environ **18 %** des exploitations agricoles françaises sont constituées en EARL (ministère de l'Agriculture, 2020).

Atouts	Limites
• Possibilité d'un **associé unique** • Possibilité de limiter le rôle de certains associés au **financement** • **Responsabilité** des associés limitée aux apports	• **Capital minimum** • Engagement de la **responsabilité** des associés en cas de garantie personnelle (ex. : cautionnement) • **Taille limitée** (10 associés max.)

Figure 16.1. Atouts et limites de l'EARL

B) Les caractéristiques essentielles

1. La constitution

Objet de la société. Selon l'article L. 311-1 du Code rural et de la pêche maritime, l'EARL a pour objet l'exercice d'activités réputées agricoles.

Associés. En principe, la société comprend entre 1 et 10 personnes. Ce sont obligatoirement des personnes physiques. Il existe deux types d'associés dans une EARL :

- les associés exploitants qui doivent être majeurs ;
- les autres associés, pour lesquels il n'existe pas de dispositions particulières.

Capital. La loi fixe le montant minimum du capital à 7 500 €. Il est composé par des apports en numéraire et en nature (↪ chapitre 8). Les apports en industrie sont possibles mais n'entrent pas dans la composition du capital. En contrepartie des apports, les associés reçoivent des parts sociales dont le montant est libre.

FOCUS Les règles de détention des parts sociales

Selon l'article L. 324-8 du Code rural, plus de la moitié des parts sociales doit être détenue par les « associés exploitants » dont les noms figurent aux statuts. Sont dénommés ainsi les majeurs qui valident les conditions additives suivantes :

- se consacrer à l'exploitation du bien pendant au moins 9 ans ;
- participer, sur les lieux, aux travaux de l'exploitation de façon effective et permanente ;
- posséder le cheptel et le matériel nécessaire ou, à défaut, les moyens de les acquérir ;
- occuper eux-mêmes les bâtiments d'exploitation ou une habitation à proximité du fonds et en permettant l'exploitation.

Formalités. Les statuts sont écrits et contiennent diverses mentions (ex. : les apports de chaque associé, la forme, l'objet, le nom des associés exploitants). La société comporte une dénomination sociale : elle peut incorporer le nom d'un ou plusieurs associés, suivi immédiatement des mots « exploitation agricole à responsabilité limitée » ou des initiales « EARL » et du capital social. Si la surface totale à exploiter excède le seuil fixé par le schéma directeur régional des exploitations agricoles (SDREA), une demande d'autorisation d'exploiter est rédigée sur papier libre. Elle est adressée au préfet de région. La déclaration est effectuée avant la mise en valeur du bien.

2. Le fonctionnement

Gérance. Le ou les gérants sont désignés par les associés, parmi les exploitants, à la majorité de plus de la moitié des parts sociales. Les règles relatives à la durée des fonctions, à la démission, à la révocation et à l'étendue des pouvoirs des gérants de l'EARL sont celles appliquées en matière de société civile.

Associés. Ils prennent les décisions en AG ou sur simple consultation écrite ou par un acte constatant l'accord de tous. Leurs droits de vote sont proportionnels à la fraction de capital détenue. Toutefois, la loi autorise les associés exploitants à se répartir les droits de vote qu'ils détiennent de façon égalitaire. Les associés disposent aussi d'un droit à l'information afin de contrôler les comptes et la gestion. Ils reçoivent une rémunération qui s'analyse à la fois comme une perception de dividende et, éventuellement, une contrepartie du travail fourni. Dans ce dernier cas, le montant perçu s'étage entre un et trois Smic (de un à quatre Smic s'il est perçu par le gérant). Enfin, les associés sont responsables des pertes à hauteur de leurs apports.

Dissolution. L'EARL est dissoute pour les causes relevant du droit commun (ex. : annulation du contrat, dissolution anticipée, arrivée du terme, réalisation ou extinction de l'objet social). S'y ajoutent deux causes spéciales :

- Au cours de la vie sociale, il est possible que le nombre de parts sociales des associés exploitants n'excède plus la moitié du capital social ou que le gérant ne soit plus exploitant. La société encourt alors la dissolution judiciaire (↪ chapitre 6).
- La réduction du capital en deçà du minimum légal fait encourir à la société le même risque.

➜ APPLICATION 2 • CAS 4

Évaluer les savoirs | Maîtriser les compétences | Préparer l'épreuve

1 Quiz

Vérifiez l'exactitude des propositions ci-après et justifiez-les.

		Vrai	Faux
1.	Un GAEC est une association entre un exploitant agricole et ses salariés.	☐	☐
2.	Le capital social minimum d'un GAEC est fixé à 3 000 €. Il est divisé en actions d'une valeur de 20 €.	☐	☐
3.	Seules les activités agricoles, par la volonté de la loi, peuvent être développées dans un GAEC.	☐	☐
4.	Pour créer un GAEC, il faut obtenir un agrément de la chambre de l'agriculture. Il est définitif.	☐	☐
5.	Dans un GAEC, la responsabilité des associés est limitée aux apports.	☐	☐
6.	L'EARL est une EURL adaptée à l'activité agricole.	☐	☐
7.	Une EARL peut être détenue majoritairement par les exploitants et être gérée par un associé ou un tiers.	☐	☐
8.	Dans une EARL, la responsabilité est limitée aux apports et les associés ont une obligation aux dettes.	☐	☐
9.	La création d'une EARL n'exige pas de capital minimum.	☐	☐
10.	Dans une EARL, les décisions sont prises en application du principe un homme/une voix.	☐	☐

2 Les Poulettes ★★★

Bernadette et Sophie sont sœurs. Elles ont, chacune, exploité pendant des années une petite ferme. Au décès de leur père, lui-même agriculteur, elles créent l'EARL Les Poulettes au capital de 10 000 € pour élever des poules en plein air sur un terrain hérité de leur famille. Une mésentente s'installe entre les deux sœurs sur l'avenir de leur société. Bernadette veut sortir de la société et reprendre ses parts, qui s'élèvent à 5 000 €.

Analysez la situation.

3 Cas : GAEC Le Lait de là-bas ★★★

Compétences attendues

- **Identifier** l'utilité des sociétés agricoles dans des situations spécifiques
- **Mettre en évidence** les principales règles de fonctionnement des sociétés agricoles

Elvire Pasquier a hérité de ses parents une ferme, employant un salarié et comportant un cheptel de 60 vaches laitières de races holstein et flamande. Elle a rencontré Pascale Rinquin, ingénieur agronome, qui vient de racheter la ferme des Trois étoiles et envisage de développer une production de fromage au lait cru.

Les deux agricultrices constatent qu'en réunissant les moyens des deux fermes elles se retrouveraient à la tête d'un troupeau d'une centaine de bêtes. Pascale table sur une production, à terme, de 750 000 l de lait par an et 140 kg de fromage par jour. Les deux agricultrices souhaitent créer une structure, Le Lait de là-bas, qui leur permettrait de travailler dans leurs fermes respectives et en commun. Elles envisagent de créer un GAEC.

1. *Dans l'hypothèse où Elvire et Pascale choisiraient le GAEC, déterminez si elles seraient tenues de mettre en commun la totalité de leur activité. Indiquez si l'activité de tourisme à la ferme développée par Elvire pourrait être intégrée au GAEC.*
2. *Précisez si la personne actuellement salariée de la ferme d'Elvire pourrait être membre du GAEC.*
3. *Elvire et Pascale se posent des questions relatives à un conflit qui entraînerait l'exclusion de l'une d'entre elles. Elles ont téléchargé les statuts types du GAEC joints au dossier documentaire.*
   a. *Expliquez la première phrase de l'article 22.*
   b. *Rappelez ce qu'est un motif grave et légitime d'exclusion.*
   c. *Complétez l'article 22 de telle sorte que les droits de la défense soient parfaitement respectés en cas d'exclusion.*
   d. *Expliquez pourquoi le préfet doit être informé de l'exclusion.*
   e. *Identifiez les démarches de publicité à accomplir en cas d'exclusion.*
4. *Expliquez et justifiez l'article 23.*

Le mois dernier, le GAEC Le Lait de là-bas n'a pas payé une facture.

5. *Déterminez si le fournisseur peut se retourner contre les associés du GAEC.*

Document

Article 22. Exclusion d'un associé

La faillite personnelle, la liquidation des biens d'un associé entraînent son exclusion, sauf la faculté réservée aux autres de décider à l'unanimité la dissolution du groupement par anticipation. En outre, tout associé peut être exclu pour un motif grave et légitime par décision unanime des autres associés.

La décision d'exclusion doit être communiquée au préfet du département et faire l'objet des formalités de publicités requises.

Article 23. Dissolution

Le GAEC est dissous :

1°De plein droit à l'expiration du terme prévu par les statuts, sauf décision de prorogation prise un an avant cette date. […]

La réunion de toutes les parts sociales en une seule main n'entraîne pas de plein droit la dissolution du groupement. Celui-ci peut continuer avec l'associé unique qui dispose d'un délai d'un an pour agréer un nouvel associé. À l'expiration de ce délai, tout intéressé peut demander la dissolution si la situation n'a pas été régularisée.

4 Cas : Zoé & Co. ★★★

Compétences attendues

- **Identifier** l'utilité des sociétés agricoles dans des situations spécifiques
- **Mettre en évidence** les principales règles de fonctionnement des sociétés agricoles

Zoé, Hector, Farid, Melissa, Linda et Alex désirent élever des poules pour vendre des œufs. Accessoirement, ils vendraient quelques poules. Zoé et Hector, âgés respectivement de 25 et 35 ans, se consacreraient à l'exploitation pendant que les autres apporteraient les fonds nécessaires à la constitution de l'entreprise.

Les financiers désirent prendre un minimum de risques et être déchargés de la gestion courante de la société.

1. *Précisez si Zoé, Hector et leurs comparses peuvent créer une structure agricole. Pour répondre à cette question, vous vous aiderez du document ci-après.*
2. *Schématisez la procédure devant conduire à l'adoption de la forme sociale adaptée à la situation des six entrepreneurs.*

Document

Cour de cassation, 11 avril 1995, pourvoi n° 93-16.064

Vu les articles 1 et 632 du Code de commerce ;

Attendu que pour déclarer commerçant M. X..., l'arrêt, qui a relevé que la production d'œufs était l'activité principale de cet exploitant, constate qu'il achetait la quantité hebdomadaire de 6,2 t d'aliments ;

Attendu qu'en statuant ainsi, alors que M. X... vendait les produits de son élevage sans procéder à des achats pour revendre, la cour d'appel a violé les textes susvisés ;

PAR CES MOTIFS :

CASSE ET ANNULE, dans toutes ses dispositions, l'arrêt rendu le 24 mars 1993, entre les parties, par la cour d'appel de Rennes.

5 Situation pratique : le GAEC Compagnie des maraîchers ★★★

25 min

Compétence attendue

- **Mettre en évidence** les principales règles de fonctionnement des sociétés agricoles

Rendez-vous MÉTHODE 3

Le GAEC Compagnie des maraîchers est spécialisé dans la production de fruits et légumes locaux. Situé sur les bords de Somme, à Corbie, il est constitué de cinq associés. Depuis de nombreux mois, un conflit envenime les relations entre les membres de cette société. Il oppose le fondateur historique et l'âme du GAEC, Germain Lecoutre, et le dernier-arrivé, Kévin Pincé. Les deux associés se disputent sur les méthodes de gestion. Furieux, Germain Lecoutre choisit de quitter le GAEC. Comme il en est le fondateur et l'âme, il préfère demander la dissolution du GAEC au juge, faute d'objet social.

Avant d'engager toute action, Germain Lecoutre sollicite les conseils de votre cabinet. En vous appuyant sur le document, vous traiterez les points suivants.

Vos missions

1. *Identifiez le problème posé par l'arrêt.*
2. *Présentez la solution retenue par la Cour de cassation.*
3. *Analysez la demande de dissolution que Germain Lecoutre souhaite émettre. Comment cette demande serait-elle reçue par le juge ?*

Document

Cour de cassation, 20 novembre 2012, pourvoi n° 10-25.081

Attendu, selon l'arrêt attaqué, qu'un groupement agricole d'exploitation en commun (GAEC) dénommé le GAEC de Loumpre (le GAEC), a été constitué entre M. Marc X... et son frère Hervé X... ; que ce dernier, souhaitant se retirer du GAEC, a cédé à son frère ses parts sociales, ainsi que deux parcelles de terre ; qu'après que cette cession eut été déclarée parfaite par arrêt du 9 mars 2004, M. Hervé X... a, par acte du 21 mars 2007, fait assigner M. Marc X... et le GAEC afin, notamment, que soit constatée, à cette date, la dissolution de ce dernier pour extinction de son objet et qu'il soit procédé à sa liquidation ;

Sur le moyen unique, pris en sa première branche :

Vu l'article 1844-7, 2° du Code civil, ensemble les articles L. 323-1 et L. 323-4 du Code rural et de la pêche maritime ;

Attendu que pour accueillir cette demande, l'arrêt, après avoir énoncé que le travail en commun ne constitue pas un moyen de mise en œuvre de l'objet social, ou un objet déterminant l'obtention du statut particulier octroyé par décision administrative, mais bien, du fait des dispositions de la loi, l'objet social du GAEC et que, dès lors, la disparition du travail en commun entraîne la disparition de l'objet social et, partant, la dissolution de la société, relève qu'à tout le moins à compter de l'arrêt du 9 mars 2004, M. Marc X... était devenu le seul associé du GAEC ; qu'il en déduit que l'objet social de travail en commun avait disparu et que la dissolution de la société ne peut, dès lors, qu'être constatée ;

Attendu qu'en statuant ainsi, après avoir constaté que le GAEC avait pour objet l'exploitation des biens agricoles apportés ou mis à sa disposition par les associés, achetés ou pris à bail par lui, et généralement toutes activités se rattachant à cet objet pourvu qu'elles ne modifient pas le caractère civil du groupement et soient conformes aux textes régissant les GAEC, ce dont il résultait que la perte de sa qualité d'associé par M. Hervé X... ne faisait pas par elle-même obstacle à ce que l'activité constituant l'objet du GAEC fût réalisée par le travail en commun de plusieurs associés, de sorte qu'elle n'avait pas pour conséquence l'extinction de cet objet et n'impliquait donc pas la dissolution de la société, la cour d'appel a violé les textes susvisés [...]

Les sociétés agricoles

L'activité agricole

Activité agricole **par nature**

Activité agricole **par relation**

Activité agricole **par la volonté de la loi**

Le groupement agricole d'exploitation en commun (GAEC)

Constitution	• Capital minimum : 1 500 €, montant divisé en parts sociales • Montant minimum de la part sociale : 7,50 € • Apports : en numéraire, nature et industrie • Formalités : agrément par l'autorité préfectorale et immatriculation (RNE et RCS)
Fonctionnement	• Gestion : un gérant aux pouvoirs définis par les statuts • Assemblée : pour les dettes contractuelles et extracontractuelles, participation de tous les associés et application du principe « un homme, une voix » • Responsabilité des associés : limitée à deux fois le montant la fraction du capital social détenue, indéfinie et proportionnelle à la fraction de capital détenue • Retrait des associés : pour motif grave et légitime et après autorisation
Dissolution	Causes du droit commun (ex. : réalisation ou extinction de l'objet social) ou mésentente paralysant le fonctionnement du GAEC

L'exploitation agricole à responsabilité limitée (EARL)

Constitution	• Associés : de deux à dix (un, par exception), exploitants et, éventuellement, d'autres personnes • Capital minimum : 7 500 € • Apports : en numéraire, nature et industrie • Formalités : demande d'autorisation d'exploitation (éventuellement) ; immatriculation (RNE et RCS)
Fonctionnement	• Gestion : par un ou plusieurs gérants-exploitants • Associés : consultation en assemblée, par correspondance et dans un acte, responsabilité limitée aux apports
Dissolution	• Causes du droit commun (ex. : arrivée du terme, extinction ou réalisation de l'objet social) • Causes spéciales (gérant non exploitant ou exploitants non majoritaires en capital social, capital en deçà de 7 500 €)

CHAPITRE 17

Les sociétés d'exercice libéral (SEL)

PROGRAMME

Compétences attendues	Savoir associé
• **Identifier** l'utilité des SEL dans des situations spécifiques • **Mettre en évidence** les principales règles de fonctionnement des SEL	Sociétés d'exercice libéral (SEL)

PRÉREQUIS

Droit commun des sociétés (chapitres 1 à 7)

PLAN DU CHAPITRE

Cours : 1. La constitution des SEL • 2. Le fonctionnement des SEL

Des savoirs aux compétences : Évaluer les savoirs • Maîtriser les compétences • Préparer l'épreuve

Synthèse

Ce n'est que très récemment que le législateur a défini les professions libérales réglementées. Selon l'article 1er de l'ordonnance n° 2023-77 du 8 février 2023 « les professions libérales réglementées groupent les personnes exerçant à titre habituel, de manière indépendante et sous leur responsabilité, une activité ayant pour objet d'assurer, dans l'intérêt du client, du patient ou du public, des prestations mises en œuvre au moyen de qualifications professionnelles appropriées. »

Ces professions libérales réglementées sont soumises à un statut législatif ou réglementaire ou voient leur titre protégé. Elles regroupent des « professionnels exerçants ». Au sens de l'article 3 de l'ordonnance on entend par « professionnel exerçant », la personne physique ayant qualité pour exercer une profession ou son ministère, enregistrée en France et qui réalise de façon indépendante des actes relevant de sa profession ou de son ministère.

MOTS-CLÉS

Interprofessionnalité • Professions libérales • Professions libérales réglementées • Responsabilité patrimoniale • Responsabilité professionnelle • SEL • S.E.L.A.F.A. • S.E.L.A.R.L. • S.E.L.A.S. • S.E.LC.A.

1 La constitution des SEL

A) Les sociétés professionnelles

1. Les utilités

Les **professions libérales** réglementées relèvent de trois familles :

- La famille des professions juridiques ou judiciaires (ex. : avocats, notaires, commissaires de justice) ;
- La famille des professions de santé (ex. : médecins, infirmiers) ;
- La famille des professions techniques (ex. : experts-comptables, géomètres).

Le législateur a créé en 1990 les sociétés d'exercice libéral dont le but était de permettre à ces professionnels de faire face à la concurrence internationale (notamment celle des grands groupes anglo-saxons), de se regrouper en réseaux, de faciliter le financement et la mobilité professionnelle mais aussi d'assurer leur indépendance et le respect de règles déontologiques. Les SEL ont pris la forme de SA, SARL, SCA ou SAS, donnant respectivement naissance aux **S.E.L.A.F.A, S.E.L.A.R.L., S.E.L.C.A., S.E.L.A.S.**

Ordonnance n° 2023-77 :
à consulter sur le site de www.legifrance.gouv.fr

FOCUS — L'accès des professions libérales aux sociétés de droit commun

La loi a reconnu à certains professionnels libéraux, notamment les experts-comptables, les CAC et les professionnels du droit, la possibilité d'exercer leur profession dans le cadre de sociétés commerciales de droit commun. Pour les professions juridiques ou judiciaires l'accès à ces sociétés, depuis le 1er septembre 2024, n'est plus possible. De plus, les sociétés de droit commun, préalablement constituées, doivent se soumettre au régime de SEL (ord. n° 2023-77, art. 132). Ces sociétés doivent se mettre en conformité au plus tard au 1er septembre 2025.

2. Les particularités des sociétés professionnelles

Quelle que soit la forme sociale choisie (sociétés civiles ou SEL), les sociétés créées par les professionnels libéraux répondent à :

- des règles spéciales qui s'écartent du droit commun ;
- des exigences éthiques (codes professionnels, règles déontologiques).

D'abord, ces sociétés sont contrôlées soit par des ordres professionnels (ex. : ordre des médecins, ordre des experts-comptables), soit par l'autorité publique (ex. : notaires et commissaires de justice contrôlés par la Chancellerie).

FOCUS — Les ordres professionnels

Certaines professions libérales sont obligatoirement affiliées à un ordre professionnel. Celui-ci dispose de la personnalité juridique. Il est investi de prérogatives de puissance publique pour mener à bien des missions de service public (ex. : examen des demandes d'inscription au tableau de la profession, contrôle disciplinaire, établissement des règles de fonctionnement de la profession, interprétation de règles de déontologie et défense des intérêts de la profession).

Des règles particulières ont pour objet de préserver l'indépendance des professionnels associés. La maîtrise de cette indépendance a amené le législateur à réserver aux professionnels le contrôle du capital et des droits de vote. La loi Macron a beaucoup réduit les contraintes imposées dans ce domaine, à l'exception des professions de santé.

CHIFFRE-CLÉ

En France, 15 professions sont organisées en ordre, dont les experts-comptables.

B) Les éléments constitutifs du contrat de société

1. Un statut complexe

Les SEL se caractérisent par la complexité de leur statut. En effet, le statut de la SEL est un régime dérogatoire aux textes applicables en raison de la forme de la société.

Exemple

- La S.E.L.A.F.A. (société d'exercice libéral à forme anonyme) est une combinaison du droit de la SA et de règles propres au droit des SEL à forme anonyme.

L'articulation entre le droit commun des sociétés et le droit propre aux SEL n'est pas toujours facile. De plus, les dispositions législatives relatives aux SEL sont complétées par des dispositions réglementaires propres à chaque profession.

2. L'objet social

Les **SEL** sont des sociétés commerciales à objet civil. En conséquence, les tribunaux civils sont compétents pour régler les conflits entre associés d'une SEL ou les différends dont l'une des parties est une SEL.

Les SEL sont constituées pour l'exercice de **professions libérales à statut**. Selon la loi, ces sociétés « ne peuvent accomplir les actes d'une profession déterminée que par l'intermédiaire d'un de leurs membres ayant qualité pour exercer cette profession ». Par ailleurs, elles « peuvent également, dans des conditions fixées par décret en Conseil d'État, avoir pour objet l'exercice en commun de plusieurs professions libérales », c'est-à-dire l'**interprofessionnalité**.

FOCUS L'interprofessionnalité

Il existe au moins deux types d'interprofessionnalité :

- **L'interprofessionnalité capitalistique.** Une SEL peut ouvrir son capital à des personnes n'exerçant pas leur profession à l'intérieur de la société : soit des professionnels relevant de la même profession, soit des professionnels relevant d'autres professions (voire, sous certaines conditions, des non-professionnels).
- **L'interprofessionnalité d'exercice.** Elle entraîne l'exercice de plusieurs professions au sein d'une même structure. Actuellement, elle existe notamment pour les professions du chiffre et du droit, lesquelles peuvent s'associer au sein d'une même structure appelée « société pluriprofessionnelle d'exercice » (SPE).

3. Les associés

Dans les SEL, au moins un professionnel exerçant au sein de la société est associé.

Le nombre d'associés varie selon la forme de SEL choisie (tab. 17.1).

Tableau 17.1. Types de SEL

S.E.L.A.F.A.	La SEL à forme anonyme comprend deux actionnaires ou plus.
S.E.L.A.R.L.	La SEL à responsabilité limitée comprend entre 1 (SELARL unipersonnelle) et 100 associés.
S.E.L.A.S.	• La SEL par actions simplifiée comprend un ou plusieurs associés. • On peut créer une SELAS avec un seul associé. Il s'agit alors d'une SELASU.
S.E.L.C.A.	• La SEL en commandite par actions comprend au moins quatre associés. Les associés commandités sont, en principe, des personnes physiques, ayant la qualité de professionnel exerçant, réalisant régulièrement leur activité au sein de la société. • Les commandités répondent indéfiniment et solidairement des dettes sociales sans avoir la qualité de commerçant. • Les commanditaires sont au moins trois. • Les commanditaires ne peuvent faire aucun acte de gestion.

La loi autorise deux catégories d'associés (↪ **chapitre 5**)

Tableau comparatif des différents formes de SEL : à trouver sur www.bpifrance-creation.fr

4. Les apports

Sous cette rubrique on appliquera les règles propres à la forme juridique choisie sous réserve de quelques particularités (ex. : dans les sociétés d'avocats, les apports en numéraire doivent être libérés à hauteur de la moitié au moins).

5. Le capital social

La loi ne pose pas de règle particulière pour le montant du capital social. Il faudra donc se référer à la forme choisie.

Répartition du capital. L'ordonnance n° 2023-77 en son article 46, pose que « sous réserve des dispositions propres à chaque famille de professions… plus de la moitié du capital social et des droits de vote est détenue… par des professionnels exerçant au sein de la société. »

Spécificités. Détention du capital et droit de vote sont liés dans les SEL (tab 17.2).

Tableau 17.2. **Détention du capital et droit de vote**

Famille des professions de santé	La majorité du capital social peut être détenue par des professionnels exerçant en dehors de la SEL. La majorité des droits de vote doit être détenue par des professionnels en exercice dans les SEL.
Famille des professions techniques et du cadre de vie	La majorité du capital social et des droits de vote peut être détenue par des professionnels, exerçant en dehors de la SEL, la profession constituant son objet.
Famille des professions juridiques ou judiciaires	Plus de la moitié du capital et des droits de vote peuvent être détenus par des personnes exerçant l'une quelconque des professions juridiques ou judiciaires en France ou dans l'Union Européenne. La SEL comprend parmi ses associés au moins une personne exerçant la profession constituant l'objet de la société.

Détention du complément. Par complément du capital et des droits de vote de la SEL, il faut comprendre la partie pour laquelle n'est pas satisfaite la condition requise pour la détention majoritaire. La liste des personnes pouvant détenir le complément est limitativement prévue par l'ordonnance n° 2023-77 (art. 47). Il s'agit :

- Des associés professionnels externes
- Des anciens professionnels (pendant 10 ans)
- Des ayants droits des personnes physiques relevant des deux premières catégories (pendant 5 ans)
- Des SPFPL
- Des autres professionnels du même secteur
- Des professionnels européens.

Détention libre du complément. L'ordonnance n° 2023-77 prévoit que des dispositions, propres à chaque famille des professions, permettent à d'autres personnes que celles mentionnées à l'article 47, de détenir une fraction du capital social.

6. La dénomination sociale

La société choisit sa dénomination qu'elle fait suivre ou précéder de la mention du type de société (ex. : « société d'exercice libérale à forme anonyme ») ou des initiales (ex. : S.E.L.A.R.L) ainsi que du montant du capital social, et de la profession exercée.

7. Les formalités

Pour obtenir la personnalité morale, la SEL se soumet à deux types de formalités :

- l'obtention d'un agrément ou d'une inscription soit par l'Ordre, soit par le garde des Sceaux pour certaines professions (ex. : notaire) ;
- une immatriculation aux RNE et RCS par l'intermédiaire du guichet électronique des entreprises.

La SEL adresse, à l'autorité compétente (ex : ordre professionnel), un état de la composition de son capital social, des droits de vote afférents et une version à jour des statuts. Cette transmission s'effectue :

- chaque année pour certaines professions (ex. : conseil en propriété industrielle) ;
- en cas de changement pour d'autres professions (ex. : professions juridiques et judiciaires).

8. La compétence des tribunaux civils

L'article L. 721-5 du Code de commerce consacre la compétence de principe des seules juridictions civiles pour connaitre des actions en justice dans lesquelles l'une des parties est une société constituée conformément aux dispositions de l'ordonnance n° 2023-77 du 8 février 2023. Il en est de même pour les contestations entre les associés de ces sociétés.

→ APPLICATION 2 • CAS 3

2 Le fonctionnement de la SEL

A) Les organes de direction

1. Le droit commun aménagé

Le fonctionnement des SEL dépend de la forme sociale choisie (ex. : la S.E.L.A.R.L. applique les règles de gouvernance de la SARL). Toutefois, l'ordonnance de 2023 a consacré des règles spéciales posées antérieurement.

2. L'application de la forme juridique choisie

La SEL est dirigée par un gérant (S.E.L.A.R.L ou S.E.L.C.A.), un président et tout autre organe visé par les statuts (S.E.L.A.S.), un DG ou PDG et un CA ou un directoire (ou un DGU) et un CS (S.E.L.A.F.A.).

3. Les règles spéciales

Pour assurer l'indépendance de la SEL, tous les dirigeants doivent être des professionnels exerçant au sein de la société.

Dans les S.E.L.A.F.A. et les S.E.L.C.A. des professions du droit, cette règle concerne aussi les deux tiers des membres du CA ou du CS.

Ces règles sont écartées quand la majorité du capital et des droits de vote est détenue :

- Par un professionnel exerçant l'une des professions juridiques ou judiciaires ou par une personne européenne exerçant l'une de ces professions
- Ou par une société de participations financières de professions libérales (SPFPL), sous conditions.

Dans ces sociétés (S.E.L.A.F.A. et S.E.L.C.A.), le CA ou le CS doit comporter au moins un membre ayant la qualité d'associé.

Les conditions de cumul d'un contrat de travail et d'un mandat social dépendent de la SEL choisie. Toutefois, il existe des assouplissements pour le cumul d'un contrat de travail et d'un mandat de membre du CA ou du CS.

B) Les associés

1. L'application du statut de SEL choisi

Les associés et les actionnaires des SEL bénéficient de droits (exemples : prise de décisions relevant de la collectivité des associés, règles de vote pour l'adoption des décisions sociales) et supportent des obligations (exemples : libération des apports ; contribution aux pertes) propres au statut de SEL adopté.

Parfois, il existe des dispositions spécifiques (exemple : dans les SEL de CAC l'assemblée des associés ne peut délibérer valablement sur première convocation, que si les 3/4 au moins des associés sont présents ou représentés).

2. Les règles spéciales

Elles concernent la responsabilité des associés. On distingue deux cas de figure :

- La **responsabilité patrimoniale** des associés des SEL est limitée au montant de leurs apports. La règle est écartée pour les commandités des S.E.L.C.A. dont la responsabilité est indéfinie et solidaire.
- La **responsabilité professionnelle** de l'associé est engagée par chacun de ses actes professionnels sur l'ensemble de son patrimoine. La société est solidaire avec lui.

FOCUS Les cas particuliers

- **Conventions réglementées.** Seuls les professionnels en exercice dans la SEL votent quand il s'agit d'autoriser ou d'approuver une convention ayant pour objet l'exercice professionnel.
- **Apport en compte courant d'associé.** Depuis le 1er septembre 2024, les comptes courants d'associés sont encadrés dans les SEL de la famille des professions de santé. Dans les autres familles il n'y a plus de réglementation spécifique.
- **Remboursement du compte courant d'associé.** Il suppose que l'associé prévienne la société et respecte un délai de préavis.

3. L'exclusion d'un associé

Elle est possible si le décret organisant la profession le prévoit et suppose le respect des droits de la défense, des clauses statutaires (clauses et procédure respectant les droits de la défense) et une indemnisation.

4. Le retrait de l'associé

L'ordonnance de 2023 consacre un véritable droit de retrait pour l'associé de la SEL. L'article 57 al. 1er pose que « à défaut de dispositions prévoyant les modalités de retrait dans les lois et règlements particuliers à chaque profession, les statuts peuvent (les) prévoir... ».

5. La cession des droits sociaux

La loi donne aux associés et actionnaires les moyens de filtrer l'entrée d'un nouvel associé par une procédure d'agrément.

La loi distingue les règles selon les familles de professionnel libéral réglementé, et à l'intérieur de chaque famille selon le statut de la SEL adopté. Des règles particulières s'appliquent aux S.EL.C.A. (tab 17.3)

Tableau 17.3 L'agrément de l'entrée de nouveaux associés dans une SEL des professions techniques et du cadre de vie.

S.E.L.A.R.L.	**Principe**	La cession à des tiers étrangers nécessite l'accord de la majorité des associés, représentant au moins les ¾ des porteurs des parts exerçant la profession au sein de la société.
	Exception	Le principe est écarté quand le capital ou les droits de vote sont détenus, directement ou par l'intermédiaire d'une SPFPL, par des professionnels exerçant en dehors de la SEL la profession constituant son objet.
S.E.L.A.F.A.	**Principe**	La cession à des tiers étrangers est soumise à l'agrément, donné dans les conditions prévues par les statuts. Il est donné soit par les 2/3 des actionnaires ayant la qualité de professionnel exerçant au sein de la société, soit par les 2/3 des membres des conseils (CA ou CS) ayant la qualité de professionnel exerçant au sein de la société.
	Exception	Cf. cas de la S.E.L.A.R.L
S.E.L.A.S.	**Principe**	L'agrément de nouveaux associés est donné par les associés exerçant leur activité au sein de la société à la majorité des 2/3.
	Exception	Cf. cas de la S.E.L.A.R.L
S.E.L.C.A.	**Principe**	L'agrément de nouveaux actionnaires est donné par les associés commandités à la majorité des 2/3.
	Exception	Cf. cas de la S.E.L.A.R.L

Pour les professions juridiques ou judiciaires il n'y a pas de règles spéciales. Par exception pour les S.E.L.C.A on appliquera les règles relatives aux SEL des professions techniques et du cadre de vie.

6. La dissolution

Les causes de dissolution sont celles du droit commun combinées aux règles spéciales. Le contrôle de la dissolution est exercé par l'ordre professionnel (↪ chapitre 5).

➜ SITUATION PRATIQUE 4

Évaluer les savoirs — Maîtriser les compétences — Préparer l'épreuve

1 Quiz

Vérifiez l'exactitude des propositions ci-après et justifiez-les.

	Vrai	Faux
1. Toutes les professions libérales sont soumises à un statut législatif ou réglementaire.	☐	☐
2. L'accès aux sociétés de droit commun est interdit aux professions libérales à statut.	☐	☐
3. Les SEL exercent elles-mêmes les professions réglementées.	☐	☐
4. Il existe deux types d'interprofessionnalité.	☐	☐
5. La S.E.L.A.F.A. est une SEL à responsabilité limitée comprenant deux associés au plus.	☐	☐
6. Dans les SEL à statut, le capital doit être détenu à 51 % par des personnes exerçant la profession au sein de la société.	☐	☐
7. Comme toutes les sociétés, la SEL obtient la personnalité morale par l'immatriculation au RCS.	☐	☐
8. Les associés d'une SEL ne peuvent pas passer de convention avec cette dernière.	☐	☐
9. Dans une SEL, l'exclusion d'un associé suppose une autorisation de l'ordre professionnel dont il dépend.	☐	☐
10. Toute dissolution d'une SEL exige une autorisation de l'ordre professionnel dont elle dépend.	☐	☐

2 S.E.L.A.F.A. Riber ★★★

Cinq amis envisagent de créer la S.E.L.A.F.A. Riber spécialisée dans le domaine médical. Xavier, Leïla et Gabriel sont kinésithérapeutes. Irène est infirmière. Et Paul, anciennement infirmier libéral, est à la retraite.

1. *Indiquez si ces cinq personnes peuvent créer une S.E.L.A.F.A.*

2. *Précisez si Paul peut être membre du conseil d'administration. Justifiez votre réponse.*

Évaluer les savoirs | Maîtriser les compétences | Préparer l'épreuve

3 Cas : Quinte et Pence ★★★

Compétences attendues

- **Identifier** l'utilité de la SEL
- **Mettre en évidence** les principales règles de fonctionnement des SEL

Pierre Quinte et Karolyne Pence sont mariés. Depuis trois ans, ils exercent en libéral le métier d'infirmier. Lassés de la vie parisienne, ils envisagent de créer un cabinet d'infirmerie médicale dans un « désert » médical. Un expert-comptable leur a conseillé de créer une S.E.L.A.R.L.

En vous appuyant sur vos connaissances et sur le document, répondez aux questions ci-après.

1. *Expliquez l'expression « exercer en libéral ».*
2. *Analysez le conseil de l'expert-comptable. Présentez à Pierre et Karolyne les avantages et inconvénients de l'exercice en S.E.L.A.R.L..*
3. *Identifiez les formalités à respecter si les infirmiers suivent le conseil donné.*
4. *Vérifiez la légalité de chaque clause du contrat.*
5. *Déterminez comment Pierre et Karolyne pourront sortir de la SEL.*

Document

Contrat constitutif d'une S.E.L.A.R.L.

Article 1. Forme

Il est formé entre les propriétaires de parts sociales ci-après et de celles qui pourraient l'être ultérieurement, une société d'exercice libéral à responsabilité limitée régie par l'ordonnance n° 2023-77 du 8 février 2023, les textes pris pour son application, les dispositions législatives et réglementaires applicables à la profession d'infirmier(ère), ainsi que les dispositions du Code de commerce et les statuts.

Article 2. Objet

La Société a pour objet l'exercice de la profession d'infirmier(ère).

Elle ne peut accomplir les actes de cette profession que par l'intermédiaire d'un de ses membres ayant qualité pour exercer la profession d'infirmier(ère).

Article 3. Dénomination sociale

La société a pour dénomination Quinte et Pence.

Article 4. Capital social

Le capital social est fixé à la somme de quarante mille euros (40 000 €). Il est divisé en deux mille parts de vingt euros chacune attribuées aux associés à raison de leurs apports :

Pierre Quinte, huit cents parts numérotées de 1 à 800 ; Karolyne Pence, huit cents parts numérotées de 801 à 1 601 ; La Financière médicale, 400 parts numérotées de 1 602 à 2 002. [...]

...

...

Article 27. Droits et obligations attachés aux parts sociales

Chaque part sociale confère à son propriétaire un droit égal dans les bénéfices sociaux et dans tout l'actif social. Les parts donnent également le droit de participer aux décisions collectives.

Les deux associés personnes physiques supportent les pertes à concurrence du double de leurs apports. La Financière médicale ne supporte pas les pertes. [...]

Article 47. Gestion de la société

La société est gérée par une personne physique, nommée par La Financière médicale. Pour des raisons liées à la déontologie, cette personne n'exerce pas d'activité au sein de la société.

Dans les rapports avec les tiers, le gérant est investi des pouvoirs les plus étendus pour agir en toutes circonstances au nom de la société. Les associés renoncent expressément à tous les pouvoirs que leur confère la loi. [...]

Article 60. Cession de droits sociaux

Les parts sociales peuvent être cédées, même entre associés ou au profit de conjoints, ascendants ou descendants, qu'au profit de personnes ayant la qualité requise pour exercer la profession au sein de la société et agréées à la majorité des trois quarts, comprenant nécessairement La Financière médicale.

Évaluer les savoirs — Maîtriser les compétences — Préparer l'épreuve

4 Situation pratique : cabinet KLC ★★★

25 min

Compétence attendue Mettre en évidence les principales règles de fonctionnement des SEL

Rendez-vous MÉTHODE 3

Anne Lemaire, Hélène Caron et Lætitia Kasta sont diététiciennes. Elles ont fondé à Lyon le cabinet KLC sous la forme d'une S.E.L.A.R.L. Elles mènent de front vie professionnelle et familiale, animent une rubrique dans un célèbre magazine féminin et sont souvent invitées à la télévision dans des talk-shows. L'équipe connaît néanmoins des difficultés. Lætitia a hérité et se désintéresse de plus en plus du cabinet. Elle annule des rendez-vous, se montre désagréable avec la clientèle et s'est décommandée d'une émission de télévision au dernier moment. Anne et Hélène envisagent de l'exclure. Elles vous fournissent la clause statutaire (document 1) qui, selon elles, permettrait l'exclusion (document 2). Elles ajoutent qu'elles détiennent chacune 33 % du capital de la SEL, la mère de Lætitia détenant le 1 % restant.

En vous appuyant sur vos connaissances et sur le dossier documentaire, répondez aux questions ci-après.

Vos missions

1. *Analysez le bien-fondé de la décision envisagée par Anne et Hélène.*
2. *Vérifiez la validité de la clause d'exclusion.*
3. *Imaginez la riposte que Lætitia pourrait envisager.*

Document 1

Clause d'exclusion de la S.E.L.A.R.L. KLC

Tout associé professionnel peut être exclu :
– lorsqu'il est frappé d'une mesure disciplinaire entraînant une interdiction d'exercice professionnel d'une durée égale ou supérieure à trois mois ;
– lorsqu'il contrevient aux règles de fonctionnement de la S.E.L.A.R.L. KLC.
L'exclusion est décidée par les associés statuant à la majorité des trois quarts des parts sociales. Cette majorité est calculée en excluant l'associé intéressé ainsi que les associés ayant fait l'objet d'une sanction pour des faits similaires.

Aucune décision d'exclusion ne peut être prononcée sans que la personne sujette à exclusion n'ait été entendue.

Les droits de la personne exclue sont achetés par un acquéreur agréé. A défaut, ils sont acquis par la société qui doit réduire son capital social.

Document 2

Cour de cassation, 21 avr. 2022, n° 20-20.619 et 21-10.355

Faits et procédure

3. Selon les arrêts attaqués ([Localité 5], 6 décembre 2019 et 19 mai 2020), M. [P], associé au sein de la Selarl Issadi-Inaraja-[P], devenue Imagerie médicale Euska-B (la société), en a été exclu par décision de l'assemblée générale du 23 juillet 2012, en raison de l'exercice d'activités annexes en contravention avec les statuts.

4. Un désaccord étant apparu entre les parties sur la valeur des droits sociaux, un expert a été désigné, en la personne de M. [D], par ordonnance d'un président de tribunal de grande instance, sur le fondement de l'article 1843-4 du code civil.

5. Par un jugement avant dire droit, le tribunal statuant au fond a écarté le rapport d'expertise pour erreur grossière, et a désigné un nouvel expert, en la personne de M. [V].

6. Au vu du rapport établi par ce dernier, le tribunal a condamné la société à verser à M. [P] une certaine somme.

Examen des moyens

Sur le premier moyen du pourvoi n° Q 21-10.355, qui est préalable

7. M. [P] fait grief à l'arrêt du 6 décembre 2019 de rejeter le moyen tendant à voir déclarer non avenue l'article 13, alinéa 2, des statuts de la société et de le débouter de sa demande d'annulation de la résolution ayant prononcé son exclusion suivant assemblée générale extraordinaire du 23 juillet 2012 comme prise en vertu d'une ...

•••
clause statutaire réputée non écrite, alors «que doit être réputée non écrite la clause qui prévoit que l'exclusion d'un associé est décidée par les associés à la majorité calculée en excluant le vote de l'intéressé ; qu'en décidant que l'article 13 des statuts qui prévoyait que « cette exclusion est décidée par les associés à la majorité prévue pour les décisions extraordinaires, calculée en excluant, outre l'intéressé, les associés ayant fait l'objet d'une sanction pour les mêmes faits ou pour des faits connexes, l'unanimité des autres associés exerçant au sein de la société et habilités à se prononcer en l'espèce devant être recueillie» ne devait pas être réputée non écrite dès lors que l'associé exclu avait le droit de participer au vote, peu important que son vote ne soit pas pris en compte dans le calcul, la cour d'appel a violé les articles 1844 et 1844-10 du code civil. »

Réponse de la Cour

Vu les articles 1844 et 1844-10 du code civil :

8. Il résulte du premier de ces textes que tout associé a le droit de participer aux décisions collectives et que les statuts ne peuvent déroger à ces dispositions que dans les cas prévus par la loi. Il résulte du second que toute clause statutaire contraire est réputée non écrite.

9. Pour rejeter la demande d'annulation de la résolution du 23 juillet 2012 excluant M. [P] de la société, l'arrêt, après avoir exactement énoncé les principes susvisés, retient qu'en l'espèce, la clause litigieuse n'a pas pour objet de priver l'associé exclu de son droit de participer à la décision et au vote, mais seulement de ne pas prendre en compte son vote dans le calcul des voix, ce qui ne contrevient à aucune disposition légale d'ordre public. Elle constate, en outre, que M. [P] avait reçu une convocation l'invitant à participer à l'assemblée générale, pour s'expliquer contradictoirement sur les faits qui lui étaient reprochés et délibérer sur la résolution unique touchant à son exclusion, et retient que sa non-participation au vote est donc de son fait.

10. En statuant ainsi, alors qu'elle constatait qu'aux termes de l'article 13 des statuts, sur le fondement duquel la résolution du 23 juillet 2012 avait été prise, l'exclusion est décidée par les associés à la majorité prévue pour les décisions extraordinaires, calculée en excluant l'intéressé, ce dont il résultait que l'associé concerné se voyait privé de son droit de vote, la cour d'appel, qui n'a pas tiré les conséquences légales de ses propres constatations, a violé les textes susvisés.

Document 3

Code civil

Article 1844

Tout associé a le droit de participer aux décisions collectives.

Les copropriétaires d'une part sociale indivise sont représentés par un mandataire unique, choisi parmi les indivisaires ou en dehors d'eux. En cas de désaccord, le mandataire sera désigné en justice à la demande du plus diligent.

Si une part est grevée d'un usufruit, le nu-propriétaire et l'usufruitier ont le droit de participer aux décisions collectives. Le droit de vote appartient au nu-propriétaire, sauf pour les décisions concernant l'affectation des bénéfices, où il est réservé à l'usufruitier. Toutefois, pour les autres décisions, le nu-propriétaire et l'usufruitier peuvent convenir que le droit de vote sera exercé par l'usufruitier.

Les statuts peuvent déroger aux dispositions du deuxième alinéa et de la seconde phrase du troisième alinéa.

Article 1844-10

La nullité de la société ne peut résulter que de la violation des dispositions de l'article 1832 et du premier alinéa des articles 1832-1 et 1833, ou de l'une des causes de nullité des contrats en général.

Toute clause statutaire contraire à une disposition impérative du présent titre dont la violation n'est pas sanctionnée par la nullité de la société, est réputée non écrite.

La nullité des actes ou délibérations des organes de la société ne peut résulter que de la violation d'une disposition impérative du présent titre, à l'exception du dernier alinéa de l'article 1833, ou de l'une des causes de nullité des contrats en général.

SYNTHÈSE

Les sociétés d'exercice libéral (SEL)

Les professions libérales

Titulaires de charges et offices
(ex. : avocats à la Cour de cassation)

Professions organisées en ordres
(ex. : pharmaciens)

Professions réglementées
(ex. : mandataires-liquidateurs)

Professions libérales dites à statut :
- professions juridiques et judiciaires (ex. : avocats)
- professions de santé (ex. : médecins)
- professions techniques (ex. : experts-comptables)

De la constitution à la dissolution d'une SEL

Constitution	• Objet social : exercice d'une profession libérale à statut • Nombre d'associés : en fonction de la forme sociale choisie • Catégories d'associés : personnels libéraux exerçant leur profession dans l'entreprise + autres personnes • Apports et capital social : en fonction de la forme sociale choisie • Formalités : agrément par l'autorité compétente + immatriculation aux RNE et RCS.
Fonctionnement	• Organes de direction : en fonction de la forme sociale choisie • Responsabilité patrimoniale des associés limitée au montant des apports sauf pour les commandités des S.E.L.C.A. (responsabilité indéfinie et solidaire) • Responsabilité professionnelle de l'associé sur tout son patrimoine personnel et solidarité de la société • Cession de droits sociaux : nécessité d'un agrément voté à la majorité renforcée
Dissolution	Application du droit commun

CHAPITRE 18 Les sociétés civiles

PROGRAMME

Compétences attendues

- **Schématiser** et **analyser** les règles de fonctionnement
- **Rédiger** des clauses spécifiques des statuts
- **Repérer** dans les statuts les clauses non conformes et les **corriger**
- **Analyser** les opérations de contrôle
- **Analyser** les opérations d'augmentation et de réduction du capital
- **Analyser** les conditions et conséquences d'une transformation
- **Identifier** les causes et conséquences d'une dissolution
- **Justifier** le choix d'une forme adaptée
- **Identifier** l'utilité des SCI, SCP et SCM dans des situations spécifiques
- **Mettre en évidence** les principales règles de fonctionnement des SCI, SCP et SCM

Savoirs associés

- Les sociétés civiles de droit commun
- La société civile immobilière, société civile professionnelle, société civile de moyens

PRÉREQUIS

Droit commun des sociétés (chapitres 1 à 7)

PLAN DU CHAPITRE

Cours : 1. La société civile de droit commun • 2. La SCI • 3. La SCP • 4. La SCM

Des savoirs aux compétences : Évaluer les savoirs • Maîtriser les compétences • Préparer l'épreuve

Synthèse

Aux termes du Code civil (article 1845 al. 2), relèvent des sociétés civiles les sociétés auxquelles la loi n'attribue aucun autre caractère à raison de leur forme, de leur nature ou de leur objet. Les sociétés civiles représentent 50 % du nombre total des sociétés. Elles ont vocation à gérer un patrimoine, accueillent une fortune immobilière et se trouvent essentiellement dans les secteurs agricole et libéral.

La société civile de droit commun coexiste avec des sociétés civiles particulières (SCI, SCP et SCM). Toutes partagent une souplesse d'organisation, un fort *intuitu personae* et une responsabilité indéfinie et conjointe des associés.

MOTS-CLÉS

Convention réglementée • Société civile de droit commun • Société civile immobilière • Société civile de moyens • Société civile professionnelle

1 La société civile de droit commun (SC)

A) La constitution de la société

1. Les conditions de fond

Principe. Les sociétés civiles de droit commun sont constituées comme toutes les autres sociétés (↪ chapitre 3). Quelques points méritent notre attention.

Objet social. L'objet d'une société civile doit être civil. Sont civiles les activités artisanales, agricoles, extractives, immobilières (ex. : achat de terrains en vue de leur revente après construction ; location), libérales, de création intellectuelle, des groupements coopératifs, mutualistes et associatifs (↪ chapitre 13 et 14).

Associés. Ils doivent être au moins deux, personnes physiques ou morales. La loi ne fixe aucun maximum. Les personnes suivantes peuvent aussi être associées d'une société civile : un mineur émancipé, voire non émancipé (sous conditions) et un majeur protégé (sous conditions).

Capital social. Aucun minimum n'est fixé par le législateur. Le capital est composé des apports des associés, en numéraire et en nature. La loi n'a prévu aucune règle en matière de libération des apports, s'en remettant aux statuts et aux associés. Ces derniers peuvent faire des apports en industrie mais ils ne concourent pas à la formation du capital social. Les associés peuvent introduire une clause de variabilité du capital. En contrepartie des apports, les associés, reçoivent des PS de valeur égale. Ces titres ne peuvent pas être offerts au public.

2. Les conditions de forme

Statuts. Ils sont établis par écrit et obéissent aux mêmes règles que celles relatives aux sociétés commerciales (↪ chapitre 3). S'ils sont établis par acte sous signature privée, une copie certifiée conforme doit être remise à chaque associé.

Publicité. Les SC obéissent aux mêmes règles que les sociétés commerciales.

CHIFFRES-CLÉS

Près de 140 000 sociétés civiles ont été immatriculées chaque année et 80 000 ont été radiées, soit un différentiel de 60 000 sociétés civiles actives (Infogreffe, 2021).

B) Le fonctionnement

1. Les dirigeants

Statut. La société civile est gérée par une ou plusieurs personnes, physiques ou morales, associées ou tiers. Les gérants sont nommés :

- soit par les statuts ;
- soit par un acte distinct (acte sous signature privée ou acte notarié, annexé aux statuts et signé par tous les associés) ;
- soit par une décision des associés. Dans cette dernière hypothèse, le gérant est nommé par des associés représentant plus de la moitié des PS. Dans le silence des statuts, et sauf s'il en a été décidé autrement par les associés, il est nommé pour la durée de vie de la société.

FOCUS La révocation du gérant

Par les associés. Le gérant est révocable par une décision des associés représentant plus de la moitié des PS. Cette règle n'est pas d'ordre public et les associés peuvent convenir d'une autre règle. En principe, la révocation doit être décidée sur justes motifs. Ici également la règle est supplétive. Il est donc possible d'écarter toute indemnisation du gérant même si elle est prononcée sans justes motifs.

Par décision judiciaire. À la demande de tout associé, le gérant est révocable sur motifs légitimes par décision du juge.

Conséquences de la révocation. Sauf clause contraire, la révocation du gérant n'entraîne pas la dissolution de la société.

Pouvoirs. Il existe une similitude entre le gérant de la SC (tab. 18.1) et le gérant de la SNC (↳ chapitre 12).

Tableau 18.1 Pouvoirs du gérant

Rapports avec les associés	• Principe. Le gérant peut accomplir tous les actes de gestion que demande l'intérêt de la société. • Conseil de gérance. En présence de plusieurs gérants, ils exercent indistinctement tous les pouvoirs. • Exception. En cas de pluralité de gérants, l'un d'entre eux peut s'opposer aux actes d'un autre avant qu'un contrat ne soit conclu.
Rapport avec les tiers	• Principe. Le gérant engage la société par les actes entrant dans l'objet social. • Conditions. Pour que la société soit engagée, il faut aussi que l'acte soit licite et ait été conclu au nom de la société par son représentant légal. • Conseil de gérance. S'il y a plusieurs gérants, chacun a le pouvoir d'engager la société. • Exception. En cas de pluralité de gérants, l'un d'entre eux peut s'opposer aux actes d'un autre avant que le contrat ne soit conclu.

Conventions réglementées. Le Code de commerce prévoit de soumettre à une procédure de contrôle les conventions conclues entre une personne morale non commerçante et ses dirigeants qui ne s'applique qu'aux sociétés civiles ayant une activité économique.

Définition

Les **conventions réglementées** sont des conventions non libres passées entre la société et son gérant ou entre une société civile et une autre personne morale, dont un associé indéfiniment responsable, un gérant, un administrateur, un DG, un DGD, un MDD, un MCS, un actionnaire disposant d'une fraction des droits de vote supérieure à 10 %, est simultanément gérant de la société civile.

Responsabilité civile. Selon le droit commun, chaque gérant est responsable individuellement envers la société et les tiers des infractions aux lois et règlements, des violations des statuts et des fautes de gestion.

Deux types d'actions (tab. 18.2) sont possibles :

- l'action individuelle ;
- l'action sociale.

Responsabilité pénale. Il n'existe pas de dispositifs spécifiques aux infractions commises par le gérant. De longue date, la jurisprudence a admis que celui-ci pouvait être condamné sur la base du droit commun (ex. : abus de confiance, escroquerie, faux et usage de faux, recel ↪ chapitre 23).

Tableau 18.2. Actions contre le gérant

Action individuelle	• **Exercice par un associé**. Tout associé peut exercer une action individuelle en réparation contre le gérant à condition que celui-ci ait commis une faute entraînant un préjudice distinct du préjudice subi par la société. • **Exercice par un tiers**. Tout tiers peut exercer une action individuelle en réparation contre le gérant de la société s'il a subi un préjudice et si celui-ci résulte d'une faute du gérant séparable de ses fonctions et personnellement imputable (faute intentionnelle, d'une particulière gravité et incompatible avec l'exercice normal de ses fonctions).
Action sociale	Aux termes du Code civil, **un ou plusieurs associés** peuvent intenter l'action sociale en responsabilité contre les gérants quand la société a subi un préjudice du fait du comportement du gérant. En cas de condamnation, les dommages-intérêts sont alloués à la société.

2. Les associés

Droits politiques. Les associés ont le droit d'être informés. Au moins une fois par an, ils peuvent obtenir communication des documents sociaux, poser par écrit des questions auxquelles il est répondu par la même voie, dans le délai d'un mois. Selon la même périodicité, les gérants doivent rendre compte de leur gestion dans un rapport écrit. Le droit à l'information permet aux associés une participation à la vie collective. En principe, chaque associé dispose d'un droit de vote. Mais les statuts peuvent prévoir que le nombre de parts détenues est proportionnel aux droits de vote. Les décisions qui excèdent les pouvoirs des gérants sont prises collectivement : en principe, à l'unanimité « de tous les associés » (Cass. civ. 5 janvier 2022) et pas seulement des présents et représentés. Il est possible d'écarter cette règle. Les décisions collectives sont normalement prises en assemblée. D'autres modes sont envisageables : la consultation écrite si les statuts le permettent, et l'acte signé par tous les associés. Un associé a le droit de demeurer associé et de se retirer, partiellement ou totalement.

Droits financiers. Les associés ont des droits financiers (↪ chapitre 4). Parmi ceux-ci ils ont un droit aux bénéfices. Il est proportionnel à la fraction de capital détenue. Une clause statutaire peut prévoir une autre distribution. Toutefois, une stipulation qui écarterait un associé totalement du profit serait réputée non écrite.

Droit de cession des parts sociales. La société civile est marquée par l'*intuitu personae*. Aussi les parts sociales ne peuvent-elles être cédées qu'avec l'accord de tous les associés. Cette règle n'est pas d'ordre public. La liberté statutaire permet :

- de soumettre l'agrément à une simple majorité ;
- d'autoriser le gérant à donner cet agrément ;
- de soustraire les cessions intrafamiliales à l'agrément.

En revanche, la cession des parts sociales à des tiers étrangers est soumise à agrément (fig. 18.1).

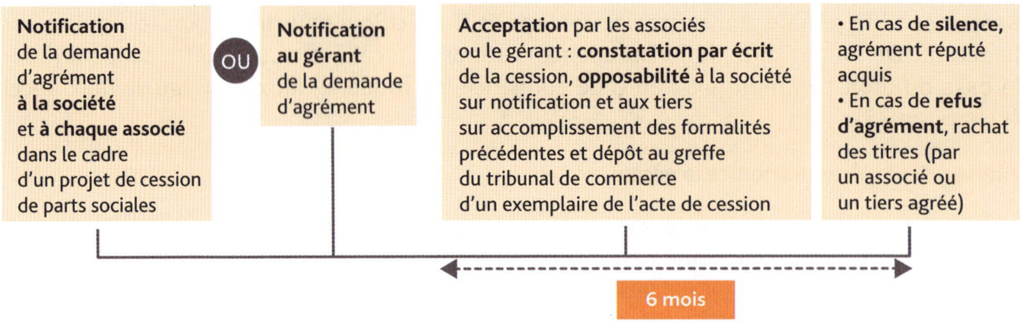

Figure 18.1. Cession de parts à des tiers étrangers

Obligations. Les associés contribuent aux pertes proportionnellement à leurs apports. Une clause statutaire peut prévoir une autre répartition. Toutefois, une stipulation qui écarterait totalement un associé des pertes serait réputée non écrite. De plus, les associés ont une obligation indéfinie et conjointe aux dettes. Cette obligation fait de l'associé un « débiteur subsidiaire » (Cass. civ. 3me, 22 janvier 2022) du passif social. À ce titre, il est en droit d'opposer au créancier la prescription de la créance sociale. Cette obligation s'exerce après que les créanciers ont poursuivi préalablement et vainement la personne morale (mise en demeure, obtention d'un titre exécutoire et procédure de saisie à l'encontre de la société).

C) Les événements de la vie sociale

1. La nomination du CAC

L'intervention du CAC n'est prévue que dans les sociétés civiles à activité économique et d'une certaine taille (↳ chapitre 13). Par « activité économique », il faut entendre toute activité de production, transformation ou distribution de biens ainsi que toute prestation de services.

2. La transmission des parts de la société en cas de décès

Transmission à une personne physique. En cas de décès d'un associé, la loi offre de nombreuses possibilités pour que l'activité sociale perdure. Dans le silence des statuts, la société n'est, en principe, pas dissoute : elle continue son activité sociale avec les héritiers et légataires de la personne décédée. Cette règle n'est pas d'ordre public. En conséquence les statuts peuvent prévoir la dissolution ou la continuation avec les seuls associés survivants, avec le conjoint survivant ou encore avec toute personne qui y serait désignée ou qui figurerait au testament de la personne décédée. La transmission peut s'accompagner de l'éviction de certains associés potentiels (ex. : les héritiers) et de l'arrivée d'autres associés. Les premiers ont droit au remboursement de leurs parts. Les seconds répondent des dettes sociales dans les mêmes proportions que tous les autres associés.

Transmission à une personne morale. Dans cette hypothèse, la personne morale devient associée avec l'agrément des autres associés. Il est possible d'écarter cette règle par des dispositions statutaires.

3. La transformation de la société civile

L'article 1844-3 du Code civil précise que la transformation régulière en une société d'une autre forme n'entraîne pas la création d'une personne morale nouvelle.

4. La dissolution de la société civile

La dissolution entraîne le retour à l'état individuel d'éléments autrefois groupés. Aux causes communes à toutes les sociétés (↪ chapitre 6) s'ajoutent les causes propres aux sociétés civiles qui reposent sur le décès d'un associé.

→ APPLICATION 2 • CAS 3

2 La société civile immobilière (SCI)

A) Les utilités de la SCI

Définition

La **société civile immobilière** est une société civile (Code civil, art. 1832) généralement utilisée pour des opérations de construction, de commercialisation ou de gestion d'immeubles.

1. Les atouts de la SCI

Une SCI permet essentiellement d'optimiser un investissement et de protéger un patrimoine.

Optimiser un investissement. Comme l'enseigne une doctrine célèbre la société est une technique d'organisation du partenariat. À cette fin, la SCI permet à plusieurs personnes de réaliser un investissement immobilier important dépassant les capacités financières de chacune d'entre elles. Du point de vue financier, la SCI, comme toutes les sociétés civiles, est une forme juridique souple qui peut être financée par divers moyens (apports, versements en compte courant et recours à l'emprunt).

Protéger un patrimoine. La société est aussi une technique d'organisation du patrimoine. La SCI permet une division du patrimoine. Celui qui apporte un bien immobilier à une société en perd la propriété. Ses créanciers ne pourront pas le saisir sauf si la société a été constituée pour échapper à leur légitime colère (on parle alors de « fraude paulienne »). Les créanciers peuvent alors saisir des parts de SCI mais la vente forcée de ces parts est aléatoire car le marché est très fermé. En matière familiale, la SCI peut également être utilisée pour gérer les biens de concubins ou d'un majeur protégé. Elle constitue également un excellent outil en matière de succession. En effet, quand une personne décède ses biens tombent en indivision. Ils forment une masse sans que l'on puisse distinguer la part de chacun des héritiers et légataires. Or, la gestion de l'indivision obéit très largement au principe de l'unanimité des indivisaires. Une telle situation peut conduire au blocage. Si le défunt a pris la précaution d'organiser sa succession en constituant une SCI, les parts de sociétés tombent en indivision et non pas les biens eux-mêmes. Souvent la personne qui décède était le gérant de la SCI. S'il a pris le soin d'organiser sa suppléance, la SCI peut continuer à fonctionner normalement. La SCI peut aussi être utilisée dans le monde des affaires pour séparer les actifs immobiliers et les actifs commerciaux (fig. 18.2).

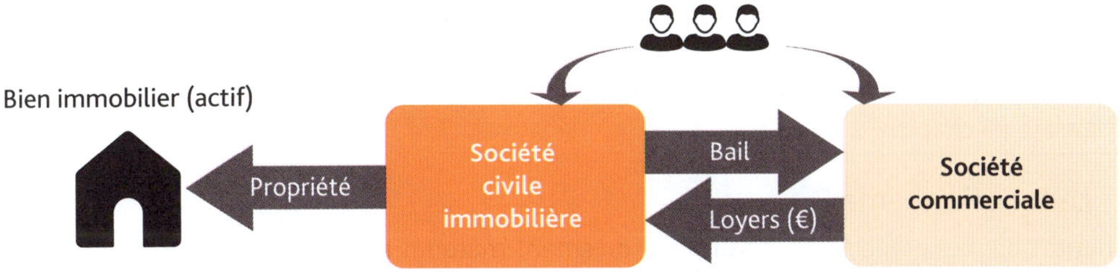

Figure 18.2. Séparation des actifs immobiliers et commerciaux

2. La diversité des SCI

Parmi les SCI les plus courantes, retenons :

- les sociétés qui ont pour objet de faire construire ou d'acquérir des immeubles en vue de les mettre à la disposition gratuite des associés ;
- les sociétés dont la propriété de PS permet aux associés de se faire attribuer en toute propriété ou en jouissance une partie d'un immeuble (sociétés civiles d'attribution) ;
- les sociétés qui ont pour objet de construire des immeubles en vue de les vendre (sociétés civiles de construction-vente).

B) Les caractéristiques essentielles de la SCI

1. La constitution

La SCI présente peu d'originalité lors de sa création.

Associés. Les associés, au minimum deux, affectent par contrat à une entreprise commune des biens ou leur industrie en vue de partager l'économie qui pourra en résulter. La somme des apports en numéraire et en nature constitue le capital social. La loi ne prévoit aucune limite quant au nombre total d'associés. En revanche, elle ne permet pas de créer une SCI unipersonnelle.

FOCUS — Le mineur, le majeur protégé et la SCI

- **Un mineur peut-il être associé d'une SCI ?** Les membres d'une société civile sont tenus des dettes sur leurs biens personnels. En conséquence, pour être associé dans une SCI, il faut avoir la capacité de s'obliger. Selon le Code civil, le mineur émancipé a la même capacité que le majeur. Il peut donc entrer librement dans une SCI. La situation est différente pour le mineur non émancipé. Il pourra être associé dans une SCI mais devra être représenté, en principe, par son administrateur légal.
- **Un mineur peut-il apporter un immeuble à une SCI ?** L'apport d'un immeuble (ou celui d'un fonds de commerce) est un acte de disposition. Il nécessite une autorisation du juge des contentieux de la protection.
- **Un majeur protégé peut-il être associé d'une SCI ?** Le majeur en curatelle peut être associé dans une SCI mais, en pratique, ses apports en numéraire et en biens immobiliers nécessitent l'assistance de son curateur. Le majeur en tutelle peut être associé dans une SCI à condition que son tuteur obtienne l'autorisation du conseil de famille ou, à défaut, du juge des contentieux de la protection pour un apport immobilier.

Objet de la société. La SCI doit avoir un objet civil et ne pas comporter, à titre accessoire, des éléments de commercialité (ex. : l'achat d'immeuble en vue de la revente en l'état, les opérations d'intermédiaire pour l'achat, la souscription ou la vente d'immeubles, d'actions ou de parts de sociétés immobilière, les travaux immobiliers accomplis par une entreprise de construction).

Formalités constitutives. Les associés procèdent aux formalités constitutives de tout contrat de société (↪ chapitre 3).

2. Le fonctionnement

Orientation. Les associés de la SCI sont fortement marqués par l'intuitu personae. Ils ont des droits pécuniaires et des droits politiques.

Droits pécuniaires de l'associé. Comme tout associé les membres d'une société civile ont droit aux bénéfices. Trois cas peuvent être distingués :

- La **cession des parts sociales**. Un associé qui entend céder ses parts doit obtenir un agrément de tous les associés. Par exception, l'agrément n'est pas requis quand la cession est consentie à un membre de la famille (ascendant et descendant). Les statuts peuvent dispenser d'agrément une cession à un autre associé ou au conjoint. Les statuts peuvent stipuler que l'agrément sera donné à la majorité ou par le gérant.
- La **transmission**. Au décès d'un associé, la société n'est pas dissoute et les parts sont librement transmises à ses héritiers ou légataires. Par exception, il est possible que les statuts prévoient, notamment, que la société sera dissoute ou que les héritiers et légataires devront obtenir un agrément ou que la société poursuivra son activité avec les seuls survivants. Les personnes évincées seront indemnisées.
- Le **retrait**. *Le retrait est amiable* s'il intervient conformément aux statuts. Dans leur silence, l'autorisation de se retirer est donnée à l'unanimité. *Le retrait est judiciaire* s'il résulte d'une décision de justice. Dans ce cas, la décision doit reposer sur de justes motifs (ex. : affectation systématique des bénéfices aux réserves, associé tenu systématiquement à l'écart de la vie sociale). Dans les deux cas, l'associé retrayant a droit au remboursement de la valeur de ses parts. Une procédure doit être respectée.

Droits politiques de l'associé. Les associés participent aux décisions et ont un droit à l'information (*voir ci-avant*).

Obligations des associés. Les associés doivent libérer les PS souscrites et contribuer aux pertes. L'obligation principale (Code civil, art. 1857) est la contribution aux dettes (fig. 18.3).

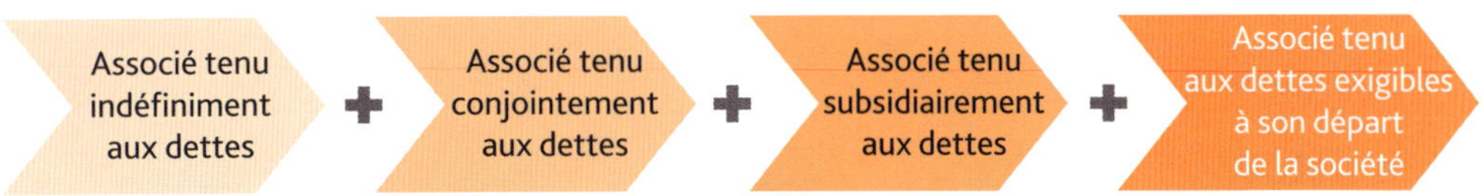

Figure 18.3. Obligation aux dettes des associés de la SCI

FOCUS — La contribution aux dettes de l'associé d'une SCI

La contribution aux dettes de l'associé peut dépasser le montant de son apport.
Un créancier ne peut pas réclamer à l'associé de la SCI la totalité de la dette de la société. Sa contribution est limitée à une fraction proportionnelle à la part qu'il détient dans le capital de la société. Les clauses statutaires peuvent librement fixer la contribution de chacun des associés au passif social. Elles sont inopposables aux tiers.
Un créancier ne peut réclamer le paiement d'une dette à l'associé d'une SCI que s'il a préalablement et vainement poursuivi la personne morale. En pratique, il a mis en œuvre contre la société des mesures d'exécution forcée et elles ont échoué (mise en demeure, obtention d'un titre exécutoire et procédure de saisie à l'encontre de la société).

Gérance et statut. La SCI est gérée par un ou plusieurs gérants, personne physique ou morale. Le gérant est nommé par les statuts, un acte distinct ou une décision des associés représentant plus de la moitié des PS. Sa révocation est décidée par des associés représentant plus de la moitié des PS. Si la décision est prise sans justes motifs, il peut être indemnisé. Les statuts peuvent écarter toute indemnisation.

Pouvoirs du gérant. Il existe une grande similitude entre les pouvoirs du gérant de la SCI et celui de la SNC :

- Dans les rapports entre associés, le gérant peut accomplir tous les actes de gestion que demande l'intérêt de la société.
- Dans les rapports avec les tiers, le gérant engage la société par les actes entrant dans l'objet social. En cas de pluralité de gérant, chacun détient séparément tous les pouvoirs. L'opposition formée par un gérant aux actes d'un autre gérant est sans effet sauf quand il est prouvé que le tiers a eu connaissance de l'opposition avant la conclusion du contrat (ex. : envoi d'une LRAR).

FOCUS **Le cas des conventions réglementées**

Les conventions passées entre le gérant (ou une autre société dans laquelle il a des intérêts) et la SCI sont soumises à la procédure des conventions réglementées. Le CAC, s'il existe – à défaut, le gérant –, établit un rapport soumis à l'approbation de l'assemblée. La loi n'interdit pas au gérant de voter. Toutefois, il serait prudent qu'il s'abstînt. Si le rapport n'est pas approuvé les conventions ne sont pas frappées de nullité. Les effets négatifs pour la société peuvent être mis à la charge du gérant.

➔ CAS 4

3 La société civile professionnelle (SCP)

A) Les utilités de la SCP

1. Le statut

Définition

La **société civile professionnelle** a pour objectif de permettre à des personnes physiques exerçant une même profession libérale réglementée d'exercer en commun leur activité.

Dans certains cas, il est possible d'exercer dans cette structure plusieurs professions (ex. : les professionnels du chiffre et du droit peuvent s'associer dans des sociétés pluriprofessionnelles d'exercice – SPE – qui peuvent prendre la forme de SCP). Les SCP sont réglementés par l'ordonnance n° 2023-77 du 8 février 2023. L'application de la loi à une profession est subordonnée à la publication d'un décret en Conseil d'État. Actuellement, dix-neuf professions sont concernées (ex. : administrateur et mandataire judiciaires, avocat, CAC, médecin).

2. Les atouts de la SCP

Les SCP permettent l'exercice en commun de la profession : elles autorisent la constitution de cabinets de groupe avec partage des honoraires. Elles sauvegardent le principe de l'exercice personnel de la profession ce qui permet d'éviter la dépersonnalisation, préservant ainsi l'indépendance du professionnel et la liberté de choix du client. Les SCP peuvent conclure des contrats avec des tiers, ce qui facilite les aspects matériels de l'exercice en commun (ex. : conclusion d'un contrat de maintenance du matériel informatique).

B) Les caractéristiques essentielles de la SCP

1. La constitution

Associés. Les SCP doivent comporter au moins deux associés personnes physiques. Leur nombre maximum peut être réglementé par le décret relatif à la profession (ex. : quatre pour les avocats aux Conseils, dix pour les infirmiers). Ces personnes doivent exercer leur profession au sein de la société (ex. : cas du CAC personne physique), voire dans une seule SCP (Code de commerce, article L. 822-9 pour le CAC qui admet des dérogations).

Apports. Les associés peuvent faire des apports en numéraire, nature et industrie.

FOCUS La libération des apports

Apports en numéraire. Ils sont libérés conformément aux prescriptions des décrets relatifs aux différentes professions (ex. : pour les SCP d'architectes, il faut libérer lors de la souscription un tiers de la valeur nominale des PS ; pour les CAC, la moitié).

Apports en nature. Ils sont libérés intégralement à la souscription.

Apports en industrie. Libérés au fur et à mesure de l'exercice de la profession, ils sont fondamentaux car le professionnel libéral entre dans la société pour y exercer son métier.

Capital social. L'ordonnance de 2023 ne prévoit pas de capital minimum. Le capital est constitué par les apports, à l'exclusion des apports en industrie. En contrepartie des apports, les associés reçoivent des parts sociales qui sont cessibles, à l'exception de celles qui représentent des apports en industrie.

Objet social. Il s'agit de l'exercice en commun d'une profession libérale réglementée.

Dénomination sociale. La dénomination sociale de la SCP peut être de pure fantaisie. Elle peut inclure le nom d'un ou de plusieurs associés. Elle est immédiatement précédée ou suivie de la mention « société civile professionnelle » ou des initiales « SCP ». Suit l'indication de la profession exercée.

Formalités constitutives. La constitution de la SCP est soumise à une réglementation qui allie le droit des sociétés aux dispositions applicables à la profession concernée. En pratique, les statuts comportent des mentions obligatoires. Parfois, le règlement relatif à une profession interdit certaines mentions.

Exemple

- Les statuts des SCP de médecins ne doivent pas comporter de clauses qui porteraient atteinte à la liberté du patient de choisir son praticien.

Les SCP doivent être immatriculées aux RNE et RCS. Souvent, les textes les dispensent de la publicité dans un SHAL. Dans certains cas, les statuts doivent faire l'objet d'un dépôt particulier.

Exemple

- Les statuts des SCP d'avocats aux conseils doivent être déposés au greffe de la Cour de cassation.

La particularité de la constitution de la SCP réside dans la nécessité de faire admettre la société comme membre de la profession. Une telle contrainte suppose l'accomplissement de formalités auprès des instances professionnelles (ex. : ordre, compagnie ↪chapitre 16). La personnalité morale de la société est obtenue après l'accomplissement des formalités d'agrément professionnel et l'immatriculation aux RNE et RCS.

2. Le fonctionnement

Gérance. La gérance de la SCP est nécessairement assurée par un associé. Quand les statuts sont silencieux, tous les associés sont gérants. Les conditions de nomination, révocation et durée de fonction sont fixées librement par les statuts. En cas de silence de ceux-ci on applique le droit commun des sociétés civiles. En pratique, le gérant est nommé pour toute la durée de la société et révoqué par une décision des associés représentant plus de la moitié des parts sociales.

Pouvoirs du gérant. Il convient de distinguer ses pouvoirs dans les rapports avec les associés et avec les tiers (tab. 18.3).

Tableau 18.3. Pouvoirs internes et externes du gérant

Rapports avec les associés	Rapports avec les tiers
• **Principe** : délimitation des pouvoirs par les statuts. • **Exception** : en cas de silence des statuts, il accomplit les actes de gestion que demande l'intérêt de la société. • **Limitation des pouvoirs** : les pouvoirs du gérant ne peuvent pas créer une subordination des associés à la société pour l'accomplissement de leurs actes professionnels.	• **Principe** : le gérant engage la société par tout acte entrant dans l'objet social. • **Limitation des pouvoirs** : la société est engagée par tout acte entrant dans l'objet social même s'il viole les statuts.

Pour être considérée comme détachable, une faute doit avoir été commise intentionnellement, être d'une particulière gravité et incompatible avec l'exercice normal des fonctions.

Responsabilité des gérants. Les gérants des SCP sont responsables individuellement (un gérant) ou solidairement (plusieurs gérants), envers la société ou les tiers des infractions aux lois et règlements, de la violation des statuts et des fautes commises dans l'exercice de leurs pouvoirs de gestion. Plus particulièrement envers les tiers, la responsabilité du gérant est limitée aux fautes détachables de ses fonctions et qui lui sont imputables personnellement.

Droits et responsabilités des associés. Les associés des SCP ont des droits équivalents à ceux des membres des autres sociétés. Ils répondent indéfiniment et conjointement des dettes sociales envers les tiers. En cas de défaillance de la société, le créancier devra avoir préalablement et vainement poursuivi la personne morale. En pratique, il a mis en œuvre contre la société des mesures d'exécution et elles ont échoué. Chaque associé accomplit personnellement des actes professionnels. Il en répond personnellement sur l'ensemble de son patrimoine. La société est solidairement responsable avec lui des conséquences dommageables de ces actes. La solidarité se justifie par le fait que la société perçoit les honoraires.

➜ CAS 5

4 La société civile de moyens (SCM)

A) Les utilités de la SCM

Définition

La **société civile de moyens** a pour objet la prestation de services ou la fourniture de moyens matériels (ex. : locaux, appareils, personnel) à ses membres exerçant une profession libérale, mais non l'exercice de la profession elle-même.

La SCM permet à plusieurs personnes de se regrouper et de limiter les frais d'exploitation d'un cabinet de groupe tout en permettant aux membres de conserver leur indépendance La SCM permet de disposer de moyens plus importants, d'obtenir plus aisément des financements et de profiter de l'économie procurée par la structure. La SCM n'a pas de clientèle, ni de recettes. Ses dépenses sont couvertes par des versements effectués par les associés.

B) Les caractéristiques de la SCM

Constitution	Fonctionnement
• Associés : personnes physiques ou morales. • Apports : en numéraire et en nature. • Objet : faciliter à chacun de ses membres l'exercice de ses activités professionnelles. • Statuts : ils obéissent aux règles relatives aux sociétés civiles de droit commun. • Raison sociale : elle peut être constituée de diverses façons, notamment par les noms, titres et qualifications professionnelles des associés. Elle précise obligatoirement qu'il s'agit d'une société civile de moyens.	• Les SCM sont constituées librement. • Les SCM échappent à la surveillance des organes professionnels. • Les statuts des SCM prévoient les règles de fonctionnement.

→ APPLICATION 2 • SITUATION PRATIQUE 6

DES SAVOIRS AUX COMPÉTENCES

Évaluer les savoirs — Maîtriser les compétences — Préparer l'épreuve

1 Quiz

Vérifiez l'exactitude des propositions ci-après et justifiez-les.

	Vrai	Faux
1. La SCI est un moyen de lutter contre l'indivision.	☐	☐
2. Un mineur peut être associé dans une SCI.	☐	☐
3. En matière de cession de parts de SCI, l'agrément est obligatoire.	☐	☐
4. Les associés d'une SCI ont une obligation aux dettes mais pas de contribution aux pertes.	☐	☐
5. Les SCP ont pour objet de permettre à des personnes physiques et morales exerçant une même profession libérale réglementée d'exercer en commun leurs activités.	☐	☐
6. La loi a prévu une délimitation stricte des pouvoirs du gérant de SCP.	☐	☐
7. Les gérants de SCP engagent leur responsabilité uniquement en cas de faute détachable des fonctions.	☐	☐
8. Les statuts d'une SCP ne doivent pas être déposés au greffe mais auprès des instances dont dépend la profession.	☐	☐
9. Les SCM exercent des professions libérales non réglementées.	☐	☐
10. Les SCM permettent de mutualiser les frais de fonctionnement.	☐	☐

2 SCM maritime ★★★

Trois marins-pêcheurs de Concarneau (Finistère) envisagent de créer une SCM. Cette société leur permettrait de garder leur indépendance et de mettre en commun des moyens, notamment pour l'entretien de leurs navires ou encore pour l'obtention de financements du Crédit maritime.

Analysez ce projet au regard des motivations des pêcheurs et de sa légalité.

3 Cas : Les écrivains associés ★★★

Compétences attendues

- **Schématiser** et **analyser** les règles de fonctionnement
- **Rédiger** des clauses spécifiques
- **Repérer** dans les statuts les clauses non conformes et les **corriger**

Passionnés d'écriture, Axel Luigi et Léo Ramadier, décident de créer une société, Les écrivains associés, visant à produire et commercialiser des œuvres littéraires. L'idée est de concevoir des scénarios vendus à des particuliers pour qu'ils puissent animer des fêtes, des anniversaires ou des soirées en créant de l'inattendu, là où la vie n'est que routine. Le capital de la société s'élève à 1 000 € ; il est divisé en parts sociales de 25 €. Chaque associé détient la moitié du capital social. Il est prévu que les associés produiront les œuvres ensemble. Léo assurera pendant toute la durée de la société les fonctions de gérant.

1. *Vérifiez la validité des conditions de constitution de cette société.*

Très vite, la société se développe et les deux fondateurs accueillent six autres auteurs. Le capital passe à 3 000 €. Il est réparti équitablement. L'une des associés, Cyrielle Krim, constate que les contrats sont imparfaitement rédigés. Elle s'inquiète notamment de la clause relative au gérant qui ne prévoit pas sa révocation. Mme Krim constate que les statuts de la société ne prévoient pas de clause relative à l'exclusion d'un associé, notamment parce qu'il travaillerait pour une autre société d'auteurs. Elle souhaite introduire cette clause dans les statuts.

2. *Contrôlez la conformité de la clause au droit des sociétés civiles et précisez s'il est possible de révoquer un gérant de société civile en l'absence de clause statutaire spécifique.*
3. *Identifiez la procédure à mettre en oeuvre pour modifier les statuts de la société.*
4. *Expliquez si l'on peut exclure un associé d'une société civile. Dans l'affirmative, précisez à quelles conditions. Dans la négative, précisez les raisons.*
5. *Proposez un projet de clause d'exclusion à soumettre aux associés.*

À l'origine, les statuts prévoyaient que le décès d'un associé entraînerait la dissolution de la société. L'arrivée d'autres associés change la donne.

6. *Émettez des suggestions pour assurer la pérennité de la société.*

4 Cas : SCI Frioul ★★★

Compétences attendues

- **Identifier** l'utilité de la SCI dans des situations spécifiques
- **Mettre en évidence** les principales règles de fonctionnement des SCI

Amélie Letondeur, cliente de votre cabinet, soumet à votre analyse un article qu'elle a repéré dans la presse ainsi que la situation d'un de ses anciens salariés, lequel lui a demandé conseil.

En vous appuyant sur vos connaissances et sur le dossier documentaire, répondez aux questions d'Amélie.

1. *Vérifiez l'exactitude de la première phrase du texte.*
2. *Identifiez les situations présentées par le texte et permettant de mettre en place une SCI.*

Raynald Frioul a deux enfants, dont un fils handicapé. Il a créé, en 2000, une société spécialisée dans la sécurité informatique. Cette société est située dans un immeuble exceptionnel de centre-ville. Il envisage de séparer les actifs immobiliers de sa société des autres actifs en créant une SCI.

3. *Précisez si ce choix est judicieux et s'il comporte des risques.*
4. *Identifiez les inconvénients de la SCI.*

Document

Cinq bonnes raisons de créer une SCI

Le gros avantage de la société civile immobilière (SCI) est de permettre la rédaction de statuts « sur mesure ». « Elle fixe les règles du jeu entre les associés. C'est pourquoi il faut prendre le temps de les rédiger avec le plus grand soin », recommande Gilles Étienne, directeur de l'ingénierie patrimoniale chez Cyrus Conseil. Par exemple, si les associés confient tous les pouvoirs aux gérants de la SCI, ceux-ci pourront choisir librement un locataire, faire des travaux ou vendre le bien immobilier sans demander l'avis de quiconque.

« La SCI est fréquemment utilisée lorsque des parents veulent faire une donation à leurs enfants, mais souhaitent garder le contrôle de leur patrimoine immobilier », explique Christine Valence Sourdille, ingénieure patrimoniale chez BNP Paribas Banque privée. Par exemple, ils peuvent donner aux enfants la nue-propriété des parts en conservant l'usufruit et continuer ainsi à percevoir les loyers. La société civile permet aussi une transmission des biens « au fil de l'eau » : les parents donnent à chacun de leurs enfants un nombre de parts sociales correspondant à l'abattement en franchise d'impôt.

« Pour un couple en union libre, créer une SCI avec démembrement de propriété des parts sociales croisé peut aussi être un moyen de sécuriser le compagnon survivant, qui pourra rester dans la résidence principale, même si les enfants d'un premier mariage s'y opposent », explique Christophe Chaillet, directeur de l'ingénierie patrimoniale chez HSBC France.

Faire en sorte que la maison de famille reste dans le giron familial après leur décès est la préoccupation de beaucoup de parents âgés. « La SCI n'est pas la solution miracle, car si les enfants ne s'entendent pas et veulent vendre, cela arrivera, mais cette option a le mérite de clarifier les choses », explique M. Jacquin.

La SCI permet d'éviter l'indivision, souvent source de blocage entre héritiers, de désigner un gérant qui agira dans le cadre des pouvoirs définis dans les statuts... Bref, avec la SCI, il y a un pilote dans l'avion, et tout le monde peut consulter le manuel de pilotage.

En outre, « la SCI peut permettre de transmettre un gros patrimoine immobilier sans payer beaucoup de droits de succession », insiste M. Chaillet. Pour cela, il faut réaliser un montage simple : d'abord, la SCI constituée par les parents s'endette pour acheter les biens immobiliers. La valeur des parts de la SCI transmises aux enfants est donc diminuée

...

...
d'autant. Comme les parts sont transmises en nue-propriété, les parents ne conservent que l'usufruit (les revenus). Dans ce cas, la valeur de la nue-propriété étant définie par un barème fiscal, plus le donateur est jeune, plus la décote est importante. Avec le temps, la valeur des parts transmise augmentera car l'emprunt sera progressivement remboursé. Au décès des parents, les enfants se retrouveront propriétaires de la totalité du patrimoine immobilier.

Ce choix est judicieux si vous comptez vous constituer un patrimoine immobilier qui va générer des revenus importants, susceptibles de vous faire passer dans une tranche d'imposition élevée. Mais si vous prévoyez de vendre une partie de ce patrimoine, sachez que la réincorporation des amortissements déjà déduits viendra augmenter la plus-value taxable réalisée au moment de la cession. Dans ce cas, il peut être plus intéressant d'opter pour le régime normal à l'IR, les plus-values étant exonérées au bout de vingt-deux ans de détention (trente ans pour les prélèvements sociaux). [...]

J. Porier, *Le Monde Économie*, 24 avril 2015

5 Cas : SCP d'avocats ★★★

Compétences attendues

- **Identifier** l'utilité de la SCP dans des situations spécifiques
- **Mettre en évidence** les principales règles de fonctionnement des SCP

En vous appuyant sur vos connaissances, répondez aux questions suivantes portant sur le document.

1. *Justifiez la création de la SCP en l'espèce.*
2. *Identifiez l'objet de l'avis publié dans la Gazette Nord-Pas-de-Calais.*
3. *Expliquez pourquoi le gérant de cette société est un avocat.*
4. *Précisez pourquoi la décision relatée par l'avis a été prise à la majorité extraordinaire.*
5. *Dans l'hypothèse où l'un des avocats prodiguerait un mauvais conseil entraînant une mise en cause de sa responsabilité civile, déterminez si ses confrères seraient eux aussi concernés par cette mise en cause.*

Document

Modification de la dénomination – Mouvement des Dirigeants

Danièle LAMORIL, Didier ROBIQUET et Christian DELEVACQUE Société civile professionnelle d'avocats au capital de 2 493,94 € Siège social : 62000 ARRAS 10, rue du Collège 307 207 704 RCS Arras NOMINATION D'UN COGERANT MODIFICATION DE LA DENOMINATION SOCIALE. Aux termes d'une délibération en date du 8 janvier 2010, l'assemblée générale extraordinaire a décidé : – de nommer en qualité de cogérant : Me Jean-Philippe VERAGUE demeurant à Flers (62270) 59 bis, rue Principale, – de modifier la dénomination sociale qui sera désormais : Danièle LAMORIL, Didier ROBIQUET, Christian DELEVACQUE et Jean-Philippe VERAGUE. En conséquence, l'article 3 des statuts a été modifié. Pour avis : la Gérance. 100052827

Gazette Nord-Pas-de-Calais, édition du Pas-de-Calais

Évaluer les savoirs — Maîtriser les compétences — Préparer l'épreuve

6 Situation pratique : la SCM Duroi ★★★

45 min

Compétence attendue

Rendez-vous MÉTHODE 3

Mettre en évidence les principales règles de fonctionnement des SCM

En avril 2000, Pierre Hyllier et Solenn Tampierre ont créé un cabinet médical à Toulon (Var), 12 rue Duroi. À l'origine, il s'agissait d'offrir une large palette de soins médicaux et paramédicaux. Le projet n'a néanmoins jamais atteint les espérances des deux créateurs. Le cabinet est devenu la SCM Duroi. Les deux praticiens se relaient et offrent de longues plages d'ouverture. Les habitants savent qu'ils peuvent compter sur des praticiens à l'écoute mais la situation risque d'évoluer. Pierre Hyllier a 70 ans ; il est fatigué et envisage de prendre sa retraite. À cette fin, il entend demander la dissolution de la société et procéder à sa liquidation. Solenn est surprise. Encore jeune, elle souhaite poursuivre son activité médicale.

Solenn Tampierre vous consulte afin de déterminer la marche à suivre. En vous appuyant sur le dossier documentaire, vous traiterez les points suivants (la méthodologie du cas pratique n'est pas exigée).

Vos missions

1. *Analysez la décision rendue par la cour d'appel de Toulouse et appliquez-la à la SCM Duroi.*
2. *Analysez la décision rendue par la Cour de cassation et appliquez-la à la SCM Duroi.*
3. *Présentez les conséquences pratiques de la décision de la Cour de cassation pour Pierre Hyllier.*

Document 1

CA Toulouse, 2e chambre commerciale, section 1,
27 février 2008, *Damitio c/de Pous*

Motifs de la décision. Sur la dissolution :

La demande de constat de la dissolution de plein droit de la SCM Centre de rhumatologie et de rééducation avec effet au 1er janvier 2004, formulée par voie d'assignation dès le 22 octobre 2004, n'est pas incompatible avec l'ouverture de sa liquidation judiciaire intervenue le 16 septembre 2005 puisque les sociétés dissoutes peuvent être mises en procédure collective dès lors que leur personnalité morale survit pour les besoins de la liquidation consécutive à leur disparition aussi longtemps que sa clôture n'a pas été publiée.

Aux termes de l'article 1844-7-2 du Code civil, la société prend fin par la réalisation ou l'extinction de son objet.

L'article 2 des statuts prévoit que la SCM Centre de rhumatologie et de rééducation a pour objet exclusif de « faciliter l'exercice de la profession de ses membres par la mise en ...

...

commun de tous moyens matériels nécessaires sans pouvoir assumer elle-même aucune des missions des rhumatologues telles qu'elles sont définies par la législation en vigueur et le code de déontologie en assumant notamment le libre choix du malade entre les praticiens, membres de la société, ainsi que l'indépendance technique et morale de chaque praticien qui exerce sous son entière responsabilité personnelle. »

S'agissant d'une société comportant seulement deux associés, le départ à la retraite de l'un d'eux, François de Pous, le 1er janvier 2004 avec cessation effective de toute activité médicale, l'a nécessairement rendue sans objet.

Peu importe que Gabriel Damitio ait poursuivi son activité de médecin dès lors que l'objet social n'était pas l'exercice de cette profession mais seulement la mise en commun de moyens matériels destinés à faciliter la pratique médicale de chacun de ses membres.

L'extinction de l'objet social s'est donc produite de plein droit à cette date.

Aucune autre règle légale ou statutaire ne peut régir la situation créée par ce départ.

L'article 1844-5 du Code civil est exclu puisqu'il vise la seule hypothèse de réunion de toutes les parts entre une seule main, ce qui n'est pas le cas en l'espèce en l'absence d'un quelconque transfert de ses parts par François de Pous.

L'article 6 des statuts n'a pas davantage vocation à s'appliquer dès lors qu'il vise des situations où le départ d'un associé pour des causes diverses (décès, démission, exclusion, incapacité d'exercer) laisse subsister la présence de deux autres associés, nombre minimal prévu par ce texte pour le maintien de la société.

L'article 1869 du Code civil et l'article 11 des statuts relatifs au droit de retrait d'un associé sont tout aussi inapplicables ; le départ de François de Pous en raison de sa mise à la retraite ne peut être analysé juridiquement comme l'exercice de la faculté de retrait de la société, légalement et contractuellement soumise à l'accord préalable des associés ou à une décision judiciaire, mais constitue une cause légale de dissolution automatique.

Celle-ci entraîne la liquidation de cette personne morale ainsi que précisé par l'article 1844-8 du Code civil.

Le jugement déféré qui a constaté la dissolution de SCM Centre de rhumatologie et de rééducation au 1er janvier 2004 doit, dès lors, être confirmé.

La demande indemnitaire présentée par Gabriel Damitio, à titre subsidiaire, en cause d'appel doit être rejetée ; il ne peut, en effet, être fait grief à M. François De Pous d'avoir provoqué fautivement la dissolution de la société civile de moyens puisque celle-ci résulte automatiquement de la survenue d'un évènement lié à son âge et à la durée de son exercice professionnel antérieur ; son coassocié ne pouvait l'ignorer car il était évoqué dans un document en date du 16 décembre 2003 intitulé « protocole d'accord transactionnel » signé des deux associés qui en ont paraphé toutes les pages à l'occasion du licenciement de Mme Cadene, secrétaire médicale de l'intéressé qui mentionnait en préambule « que la SCM indiquait qu'elle rencontrait d'importantes difficultés économiques et que le départ de M. François de Pous à la retraite ne permettait plus de conserver son poste, désormais inutile » ; et dont ses incidences sur la société avaient elle-même été anticipées puisque par courrier du 9 décembre 2003 un notaire avait adressé « au centre de rhumatologie » « un projet de délibération pour la mise en liquidation de votre société et un avant-projet pour la délibération de clôture de la liquidation ».

...

...

Par ailleurs, l'article 2 des statuts confie au liquidateur les pouvoirs les plus étendus pour réaliser l'actif, régler le passif, partager entre les associés les résultats nets de la liquidation ; il est conforme à la mission habituellement définie par la jurisprudence qui lui attribue le droit de dresser un inventaire de l'actif et du passif, recouvrer les créances sociales non seulement contre les tiers mais aussi les associés, solder les comptes entre associés, réaliser l'actif, payer les créanciers de la société, éventuellement verses des acomptes sur la liquidation.

Le jugement déféré qui n'a apporté aucune restriction à ses pouvoirs doit, également, être confirmé sur ce point sauf à donner acte à Me Mariotti ès qualités de liquidateur à la liquidation judiciaire de la société civile de moyens qu'il n'existe qu'un seul patrimoine et que le produit de la réalisation des actifs ne pourra être réparti que dans le respect des règles de la procédure collective.

L'expertise sollicitée par François de Pous en vue d'évaluer la valeur de la SCM Centre de rhumatologie et de rééducation à la date de sa dissolution doit être écartée, l'utilité d'une telle mesure d'instruction n'étant aucunement démontrée à ce stade procédural ; rien ne permet de dire que le liquidateur qui est un professionnel spécialisé et qui aura accès aux documents sociaux et aux pièces comptables ne disposera pas des données suffisantes pour y procéder lui-même.

Sa demande de règlement provisionnel à valoir sur les comptes de la liquidation née de la dissolution de la société au 1er janvier 2004 doit, également, être rejetée car elle apparaît pour le moins prématurée dès lors que les opérations de liquidation n'ont pas commencé et que M. François de Pous raisonne dans ses écritures à partir d'un actif décrit et évalué unilatéralement, d'un passif déclaré à la procédure collective intervenue un an et demi plus tard et de frais de procédure estimés mais non encore exposés.

Le premier juge avait déjà expressément écarté ces demandes puisqu'il a, à la page 3 de la décision, « débouté, en l'état, M. François de Pous, du surplus des demandes », même si la motivation en était particulièrement succincte.

PAR CES MOTIFS, la Cour,

CONFIRME le jugement déféré. [...]

Document 2

Cour de cassation, chambre commerciale, 15 septembre 2009, pourvoi n° 08-15.267, FS-P+B, *Damitio c/de Pous*

Sur le premier moyen :

Vu l'article 1844-7 2° du Code civil ;

Attendu, selon l'arrêt attaqué, que M. de Pous, médecin associé au sein de la société civile de moyens Centre de rhumatologie et de rééducation (la SCM), a cessé son activité professionnelle à compter du 1er janvier 2004 pour cause de départ en retraite ; que le 22 octobre 2004, invoquant l'extinction de l'objet social, il a fait assigner son coassocié, M. Damitio en dissolution de la société avec effet au 1er janvier 2004 et en liquidation ;

Attendu que pour constater la dissolution de la société en raison de l'extinction de son objet, l'arrêt retient que s'agissant d'une société comportant seulement deux associés,

...

...

le départ à la retraite de l'un d'eux le 1er janvier 2004 avec cessation effective de toute activité médicale, l'a nécessairement rendue sans objet et que l'extinction de l'objet social s'est donc produite de plein droit à cette date ;

Attendu qu'en statuant ainsi, après avoir constaté que la SCM avait pour objet statutaire de faciliter l'exercice de la profession de ses membres par la mise en commun de tous les moyens matériels nécessaires, ce dont il résultait que la cessation d'activité de l'un de ses membres n'avait pas pour conséquence l'extinction de son objet et n'impliquait pas sa dissolution, la cour d'appel n'a pas tiré les conséquences légales de ses constatations et a violé le texte susvisé ;

PAR CES MOTIFS, et sans qu'il y ait lieu de statuer sur l'autre grief :

CASSE ET ANNULE, dans toutes ses dispositions, l'arrêt rendu le 27 février 2008, entre les parties, par la cour d'appel de Toulouse ; remet, en conséquence, la cause et les parties dans l'état où elles se trouvaient avant ledit arrêt et, pour être fait droit, les renvoie devant la cour d'appel de Toulouse, autrement composée.

Document 3

Note de R. Mortier

Voici un arrêt qui illustre à merveille l'hypothèse de la dissolution de société pour cause d'épuisement de l'objet social. On sait que l'article 1844-7 du Code civil énumère les différentes causes mettant fin à la société. Parmi celles-ci, figure au 2° « la réalisation ou l'extinction de [...] l'objet de la société ». Reste à savoir dans quelles hypothèses l'objet d'une société s'éteint et avec lui la société. La jurisprudence

est rare en la matière, mais on peut relever notamment : la dissolution d'une société d'expertise comptable qui, radiée de l'ordre, ne peut plus réaliser son objet (Cass. com., 3 mai 1995 : *Dr. sociétés* 1995, comm. 181, note Th. Bonneau ; *Bull. Joly*, 1995, p. 746, note J.-F. Barbièri) ; la dissolution d'une société en participation à la suite de la vente par adjudication d'un immeuble dont l'acquisition et la rénovation constituaient l'objet statutaire (CA Paris, 7 mars 2003, 25e ch., sect. A., *SA Montrouge Investissement c/SNC Haussmann Drouot Immobilier HDI* : *JurisData* n° 2003-211261 ; *JCP E* 2003, 1012) ; la dissolution d'une société de construction attribution, une fois achevée la construction de l'immeuble qui en constituait l'objet social (Cass. com., 3 avr. 2007, n° 05-12781, F-D, *SCI Résidence Edison c/Pilon* : *JurisData* n° 2007-038433 ; *Dr. sociétés* 2007, comm. 107, note H. Lécuyer) ; ou encore la dissolution d'une société civile immobilière constituée entre des époux, pour la gestion de leur patrimoine, l'objet social ayant disparu avec le prononcé de leur divorce (CA Pau, 2e ch., sect. 2., 23 janv. 2006, *Bastard c/Thiriat* : *JurisData* n° 2006-295278 ; *Bull. Joly* 2006, p. 647, note A. Lecourt ; *Dr. sociétés* 2006, comm. 71, note H. Lécuyer). Se joint donc au cortège jurisprudentiel un nouvel exemple : la dissolution d'une société civile de moyens pour cause de départ à la retraite de l'un de ses associés. L'examen attentif des faits permet d'approuver la solution. La société civile de moyens était en effet constituée entre deux médecins seulement. La réduction du nombre d'associés à un seul rendait donc sans objet une structure dont on sait que, de manière générale, elle tend à la mise en commun des moyens matériels nécessaires

...

...
à l'exercice d'une profession. La société civile de moyens permet comme on le sait, à des professionnels libéraux, de mettre en commun les moyens matériels d'exploitation de leur profession (locaux, personnel, matériel), afin de partager les frais d'exploitation pour réaliser des économies d'échelle. Mais un tel partage n'existe plus par définition lorsque la société ne compte pas au minimum deux associés. La société perd alors sa raison d'être, c'est-à-dire son objet. Telle est en substance l'analyse retenue à juste titre par la cour d'appel de Toulouse. Les magistrats ont d'ailleurs pris soin de se référer à la clause d'objet social selon laquelle la SCM avait pour objet exclusif « de faciliter l'exercice de la profession de ses membres par la mise en commun de tous moyens matériels nécessaires [...] ». On soulignera par ailleurs que la juridiction de second degré n'est pas tombée dans le piège de l'article 1844-5, texte prévoyant la dissolution de la société en cas de réunion de toutes les parts en une seule main. En l'espèce en effet, l'associé retraité ne remplissait plus les conditions pour être associé, mais il n'en demeurait pas moins détenteur de ses parts (ce qui d'ailleurs lui conférait intérêt à agir en dissolution), de sorte que la condition de réunion sur une seule tête de toutes les parts n'était pas satisfaite. Les magistrats toulousains l'ont parfaitement aperçu. L'enjeu était de taille, car l'article 1844-5 autorise on le sait la régularisation, ce qui n'est pas le cas de l'article 1844-7, 2°, ce dernier emportant dissolution de plein droit. Ainsi ne pourra-t-on s'étonner de l'absence de sauvetage de la société, sacrifiée sur l'autel de son objet, qu'en se plaçant sur le terrain de l'opportunité. Pour le reste, la loi est parfaitement appliquée : dura lex, sed lex. La solution incitera à être vigilant lors de la rédaction de la clause d'objet social : mieux vaut éviter toute formule impliquant une pluralité d'associé (« exploitation en commun », « entreprise commune »...). Pour la société civile de moyens, la parade n'existe pas car, par nature, une telle société postule la pluralité d'associés.

Droit des sociétés n° 11, novembre 2008, comm. 223, LexisNexis

SYNTHÈSE

Les sociétés civiles

La société civile de droit commun (SC)

Constitution	• Au moins deux associés • Capital social = Apports en numéraire + Apports en nature • Apports en industrie autorisés • Respect des formalités constitutives de toute société
Fonctionnement	• Droits politiques : être informé + voter + demeurer associé + se retirer • Droits financiers : droit aux bénéfices + droit de céder et de transmettre ses parts sociales
Gérance	• Une ou plusieurs personnes, physiques ou morales, associés ou tiers • Nomination : par les statuts ou par acte distinct ou par une décision des associés • Pouvoirs : accomplir tous les actes de gestion que requiert l'intérêt de la société (relations avec les associés) et les actes entrant dans l'objet social (relations avec les tiers)

La société civile immobilière (SCI)

Utilités	• Optimiser un investissement • Protéger un patrimoine
Constitution	• Au moins deux associés • Capital social = Apports en numéraire + Apports en nature • Respect des formalités constitutives de toute société
Fonctionnement	• Associés : – droits pécuniaires, notamment droit aux bénéfices + droit de céder ses parts sociales – droits politiques, notamment droit à la communication d'information + droit de vote – obligations : libération des parts sociales + contribution aux pertes + obligation aux dettes • Gérants : – personne physique ou morale – nomination : par les statuts ou par acte distinct ou en assemblée – pouvoirs : accomplir tous les actes de gestion que requiert l'intérêt de la société (relations avec les associés) et les actes entrant dans l'objet social (relations avec les tiers)

La société civile professionnelle (SCP)

Utilités	Exercer en commun une profession libérale réglementée
Constitution	• Au moins deux associés, personnes physiques • Capital social = Apports en nature + Apports en numéraire • Respect des formalités constitutives de toute société (RNE et RCS) + formalités à effectuer auprès des instances professionnelles
Fonctionnement	• Gérance assurée par un associé • Pouvoirs du gérant : délimiter par les statuts (rapports avec les associés) et engager la société par tout acte entrant dans l'objet social (relations avec les tiers) • Responsabilités du gérant dans les relations avec la société ou les tiers : responsabilité individuelle ou conjointe et responsabilité pour faute détachable uniquement dans les relations avec les tiers • Responsabilité des associés : indéfinie et conjointe pour les dettes sociales + personnelle pour les actes professionnels (avec solidarité de la société)

La société civile de moyens (SCM)

Utilités	Fournir des prestations de services ou des moyens à des professionnels libéraux
Fonctionnement	Mêmes règles que les autres sociétés civiles

CHAPITRE 19

Le groupement d'intérêt économique (GIE)

PROGRAMME

Compétences attendues	Savoir associé
• **Identifier** l'utilité du GIE dans des situations spécifiques • **Mettre en évidence** les principales règles de fonctionnement du GIE	• Caractéristiques essentielles du groupement d'intérêt économique (GIE)

PRÉREQUIS

Droit commun des sociétés (chapitres 1 à 7)

PLAN DU CHAPITRE

Cours : 1. Les utilités du GIE • 2. La constitution et le fonctionnement du GIE

Des savoirs aux compétences : Évaluer les savoirs • Maîtriser les compétences • Préparer l'épreuve

Synthèse

Le groupement d'intérêt économique (GIE) a été créé par l'ordonnance du 23 septembre 1967. Ce n'est ni une société, ni une association mais une structure de coopération. À l'origine, le groupement avait pour rôle d'offrir aux entreprises françaises un instrument de coopération afin de faire face à la concurrence étrangère, au moment de l'ouverture des frontières du Marché commun.

Le GIE semble de moins en moins séduire, peut-être en raison des assouplissements continus du droit des sociétés offrant, entre autres, la possibilité de créer une société pour partager les économies. Le GIE présente néanmoins une utilité évidente, ne serait-ce que par sa souplesse organisationnelle.

MOTS-CLÉS

Coopération • GIE • Règlement intérieur • Responsabilité civile contractuelle

1 Les utilités du GIE

Définition

Aux termes de l'Ordonnance du 23 septembre 1967, le **groupement d'intérêt économique** (**GIE**) a pour but « de faciliter ou de développer l'activité économique de ses membres, d'améliorer ou d'accroître les résultats de cette activité ».

Le GIE ne vise pas à réaliser des bénéfices pour lui-même. Son activité doit se rattacher à l'activité économique de ses membres et ne peut revêtir, à cet égard, qu'un caractère auxiliaire.

A) Les atouts du GIE

Le GIE offre un régime juridique souple puisque le législateur renvoie au droit des contrats dans de nombreuses circonstances. L'objet du GIE peut être civil ou commercial. Beaucoup d'activités peuvent être développées sous cette forme.

Exemple

Les GIE foisonnent en matière de recherche, d'études de marché, de gestion, bureau de représentation à l'étranger ou encore d'activités libérales.

Ses membres peuvent être civils ou commerçants. Le fait pour des civils de créer un GIE commercial ne leur confère pas le statut de commerçant.

La loi élève peu de barrières à la constitution du groupement : elle ne formule aucune exigence particulière quant à la constitution ou au capital et à sa la libération ; le GIE peut être créé avec ou sans capital.

La gestion (possibilité de désignation d'une personne morale) de même que l'accueil d'un nouveau membre sont facilités.

B) Les limites du GIE

Les membres sont tenus solidairement et indéfiniment aux dettes (Code de Commerce, art. 251-6). La loi n' a pas prévu que les membres du GIE contribuent aux pertes. En effet, l'article 1832 du Code civil ne s'applique qu'aux sociétés. Toutefois, une clause du contrat de groupement pourrait mettre à la charge des membres cette contribution aux pertes. Le GIE est une structure de **coopération** qui permet à ses membres d'organiser des actions communes (ex. : promotion, recherche et développement). Toutefois, ce caractère peut constituer un handicap dans deux cas :

- l'activité exercée doit être compatible avec celle des membres ;
- certaines activités sont exclues du champ du GIE (gérance d'un fonds de commerce, structure d'accueil de l'apport d'un fonds de commerce ou création d'une entreprise nouvelle).

→ CAS 3

2 La constitution et le fonctionnement du GIE

A) La constitution

1. L'objet

L'objet doit être licite et présenter trois caractères :

- Un caractère économique. La loi tolère l'exercice en GIE de nombreuses activités économiques : industrielle, artisanale, agricole et libérale.
- Un caractère auxiliaire. Le GIE n'a pas d'activité propre, son activité est le prolongement de celle de ses membres.
- Un caractère intéressé. Le groupement peut réaliser des bénéfices qui sont destinés à ses membres. Toutefois, la loi n'interdit pas que le GIE mette en réserve une partie des bénéfices réalisés.

2. Les membres

Un GIE est une structure de coopération qui doit donc comprendre au moins deux membres, personnes physiques civiles ou commerçantes ou personnes morales (de droit privé comme de droit public).

FOCUS Exclusion d'un membre du GIE

Le contrat constitutif du GIE peut prévoir l'exclusion d'un membre. Elle peut être prononcée par l'assemblée des membres aux conditions suivantes :
– le motif est sérieux ;
– il est établi après une procédure contradictoire ;
– la procédure d'exclusion est respectée et protège les droits de la défense.

L'exclusion peut être indemnisée dans les conditions prévues au contrat (reprise de ses apports par le membre exclu ou remboursement de ses droits).

3. Le capital

Le GIE peut être constitué avec ou sans capital. Le capital peut être variable, ce qui facilite l'entrée et la sortie des membres.

- S'il est constitué sans capital, les ressources du groupement proviennent des cotisations de ses membres ou d'apports de fonds en compte courant.
- S'il est constitué avec capital, celui-ci résulte des apports en numéraire et en nature de ses membres. Il n'est pas prévu de procédure d'évaluation pour les apports en nature. De même, la loi ne comporte pas de disposition relative à la libération des apports.

Comme dans les sociétés qui admettent les apports en industrie, ceux-ci n'entrent pas dans la composition du capital. Toutefois, ils confèrent à ceux qui les ont réalisés des droits en contrepartie des prestations promises.

En contrepartie des apports, les membres reçoivent des parts sociales.

4. Les formalités constitutives

Le GIE nécessite la conclusion d'un contrat écrit, soit sous signature privée, soit par acte authentique. Parmi les principales mentions du contrat, citons :

- la dénomination du groupement ;
- le siège social ;
- la forme juridique ;
- la ville du greffe d'immatriculation ;
- la durée du groupement. La loi ne prévoit ni durée minimale, ni durée maximale ;
- l'objet du groupement.

Le contrat constitutif est parfois complété par un **règlement intérieur** qui le précise et indique les droits et obligations des membres.

5. La publicité

Le groupement est immatriculé au RNE et RCS, par l'intermédiaire du portail électronique des entreprises. Un avis est publié au Bodacc. Aucune insertion dans un SHAL n'est prévue. Les dirigeants doivent consigner l'identité complète de leurs bénéficiaires effectifs sur un registre national annexé au RCS. Enfin, tous les documents d'affaires (ex. : lettres, factures) doivent comporter la dénomination du groupement suivie des mots « groupement d'intérêt économique » ou « GIE ».

FOCUS **Attributs du GIE**

Le GIE jouit de la personnalité morale et de la capacité dès son immatriculation au RCS. À partir de ce moment, il a tous les attributs d'une personne morale : une dénomination, un siège, un patrimoine et divers droits (ex. : conclure des contrats, aller en justice, exercer le commerce, conclure un bail).

B) Le fonctionnement

1. Les membres

Obligations à l'égard du groupement. Les membres libèrent les apports promis, satisfont à leurs obligations en matière de financement, respectent les obligations prévues par le contrat constitutif ou par le règlement intérieur du GIE (ex. : ne pas concurrencer le GIE, s'engager pendant une période déterminée). Toutes ces obligations peuvent être sanctionnées par la mise en cause de la **responsabilité civile contractuelle** du membre.

Obligations à l'égard des tiers. Les membres du groupement sont tenus des dettes de celui-ci sur leur patrimoine, de manière indéfinie et solidaire. Par exception, le créancier a pu accepter que la solidarité entre les membres du groupement ne joue pas. En pratique, le créancier doit commencer par mettre en demeure le groupement de satisfaire à ses obligations. La mise en demeure est réalisée par acte extrajudiciaire. Si la mise en demeure est vaine, il peut, sans délai, se retourner contre n'importe quel membre du groupement pour obtenir le paiement de l'intégralité de sa créance. Le membre qui paie la dette a un recours contre les autres. La part de chacun est déterminée par le contrat constitutif.

FOCUS Nouveaux et anciens membres du GIE

Tout nouveau membre est responsable des dettes nées après son entrée au groupement et des dettes antérieures. Une clause des contrats peut l'exonérer des dettes antérieures. Tout ancien membre est tenu des dettes dont le fait générateur est antérieur à l'inscription au RCS de son retrait.

Droits. Les droits des membres sont représentés par des parts sociales. En l'absence de titres, ils résultent du contrat de groupement. Le membre dispose de divers droits : partage des bénéfices, vote aux diverses assemblées et droit au boni de liquidation. Le membre dispose d'un droit de retrait, en principe organisé par le contrat et sous réserve qu'il ait respecté les obligations à sa charge (exemple : paiement d'une cotisation).

Cession de parts sociales. Elle pose, à ce jour, divers problèmes non résolus : la cession est-elle soumise à un agrément et, en cas de réponse positive, à quelle(s) condition(s) de majorité ? Une partie de la doctrine penche pour l'application des règles de la SNC (↪ chapitre 12) en raison d'une approche comparable des dettes.

2. La gestion

Organisation de la gouvernance. La loi prévoit que le groupement comprend une assemblée et qu'il est administré par une ou plusieurs personnes.

Assemblée. Elle est habilitée à prendre toutes les décisions, notamment en matière de dissolution anticipée ou de prorogation dans les conditions déterminées par le contrat constitutif. Toutefois, il est possible de restreindre les pouvoirs de l'assemblée en les confiant aux administrateurs. Cette délégation ne peut pas être totale et l'assemblée reste maîtresse pour certaines décisions (ex. : modification du contrat constitutif, approbation des comptes, affectation du résultat).

FOCUS La consultation des membres

En principe, les membres du GIE sont consultés en assemblée. Ils sont convoqués par les administrateurs. L'assemblée est obligatoirement réunie à la demande d'un quart des membres du groupement.

Lors de la consultation, chaque membre dispose d'une voix. Par exception, le contrat constitutif peut attribuer à chacun un nombre de voix différent. La consultation par écrit ou à distance (ou par mandataire) est également possible si tous les membres l'acceptent. Dans le silence des contrats, les décisions sont prises à l'unanimité. Selon la Cour de cassation, cette règle peut être supprimée à l'unanimité.

Administration. Le groupement est administré par une ou plusieurs personnes, physiques ou morales. Les administrateurs sont choisis parmi les membres. Des tiers peuvent aussi occuper la fonction. Ils sont désignés par les contrats ou par l'assemblée. La durée des fonctions est visée aux contrats. Elles cessent pour divers motifs (exemples : décès, incompatibilité, démission, révocation à condition que les conditions de fond et de forme visées aux contrats aient été respectées). Les fonctions sont rémunérées selon les dispositions contractuelles.

NOTRE CONSEIL

En matière de conventions réglementées, il est prudent de prévoir une procédure d'autorisation par l'assemblée ou, au moins, une information des membres ainsi que des contrôleurs de gestion et des comptes. La mise en cause de la responsabilité personnelle du membre concerné est envisageable en cas d'atteinte à l'intérêt du groupement.

Pouvoirs des administrateurs. La loi ne réglemente pas les pouvoirs des administrateurs. Il appartient aux contrats – à défaut, à l'assemblée – de borner les pouvoirs des personnes chargées de l'administration. Dans les rapports externes, les administrateurs engagent le groupement par tous les actes qui entrent dans l'objet contractuel. Toute limitation des pouvoirs des administrateurs (ex. : obtention d'une autorisation de l'assemblée) est inopposable aux tiers. En pratique, le groupement est engagé. Toutefois, cette limitation est utile car elle permet de sanctionner le dirigeant qui a violé les statuts. Les membres peuvent mettre en jeu sa responsabilité civile contractuelle, voire le révoquer. La loi est muette sur les contrats conclus entre le GIE et l'un de ses membres.

Responsabilité des administrateurs. Ils sont responsables individuellement ou solidairement envers les tiers et le groupement en cas d'infraction aux lois et règlements applicables aux GIE, violation des contrats ou faute de gestion. Si plusieurs administrateurs ont coopéré à la réalisation de la même opération, le tribunal détermine leur part contributive. Les administrateurs sont pénalement responsables dans les conditions du droit commun.

3. Le contrôle

Contrôle de gestion. Il est organisé par le contrat constitutif. La loi laisse aux acteurs économiques une grande liberté à condition :

- que les contrôleurs soient obligatoirement des personnes physiques ;
- que les contrôleurs soient désignés par l'assemblée des membres, si le GIE émet des obligations.

Contrôle des comptes. Il est organisé par le contrat constitutif. La loi laisse une grande liberté aux parties pour s'organiser. Par exception, la liberté est réduite si le GIE émet des obligations ou s'il compte au moins cent salariés à la clôture d'un exercice. Dans ces deux cas, le contrôle des comptes doit obligatoirement être confié à un CAC inscrit désigné pour six exercices par l'assemblée des membres.

4. La dissolution

Causes de dissolution. Le GIE est dissous par décision des membres aux conditions de majorité prévue par contrat, à défaut à l'unanimité. Il est aussi dissous par l'arrivée du terme, la réalisation ou l'extinction de son objet, par décision judiciaire, par le décès d'une personne physique ou la dissolution d'une personne morale et enfin, si l'un des membres est frappé d'incapacité, de faillite personnelle ou d'interdiction de diriger.

Liquidation. La dissolution du GIE entraîne sa liquidation. La personnalité du groupement subsiste pour les besoins de la liquidation.

→ APPLICATION 2 • CAS 3 • SITUATION PRATIQUE 4

Évaluer les savoirs | Maîtriser les compétences | Préparer l'épreuve

1 Quiz

Vérifiez l'exactitude des propositions ci-après et justifiez-les.

	Vrai	Faux
1. Le GIE ne peut pas réaliser de bénéfice.	☐	☐
2. L'objet du GIE est toujours commercial.	☐	☐
3. Le GIE est une structure rigide : la loi a multiplié les règles à respecter.	☐	☐
4. Le GIE est une forme de société.	☐	☐
5. L'objet du GIE présente trois caractères : économique, auxiliaire et intéressé.	☐	☐
6. Les apports en industrie sont autorisés dans le GIE. Ils entrent dans la composition du capital.	☐	☐
7. Lors de sa création, le GIE respecte les mêmes règles de publicité que les sociétés.	☐	☐
8. Il est possible d'exclure un membre du GIE si l'on respecte certaines conditions.	☐	☐
9. La responsabilité de tous les administrateurs du GIE peut être mise en cause.	☐	☐

Évaluer les savoirs | Maîtriser les compétences | Préparer l'épreuve

2 Cas : GIE Gromarché ★★★

Compétences attendues

- **Identifier** l'utilité du GIE dans des situations spécifiques
- **Mettre en évidence** les principales règles de fonctionnement du GIE

Expert-comptable chez DotCab, vous venez de recevoir une lettre décrivant le projet de constitution du GIE Gromarché.

Analysez chaque phrase du document ci-après.

Document

Projet de constitution du GIE Gromarché

Nous sommes une dizaine de primeurs et nous avons décidé de créer un GIE afin de mutualiser nos commandes. Nos moyens étant limités, nous souhaitons constituer une structure sans apport en capital. Pour la même raison, nous souhaitons que la responsabilité de chaque membre soit limitée à 10 000 €. Nous n'envisageons ni d'immatriculer notre GIE, ni d'en rédiger les statuts, ni de nommer les dirigeants car toutes nos décisions seront prises à l'unanimité.

3 Cas : GIE Galvanoplast ★★★

Compétences attendues

- **Identifier** l'utilité du GIE dans des situations spécifiques
- **Mettre en évidence** les principales règles de fonctionnement du GIE

Trois entreprises du secteur de la galvanoplastie (revêtement métallique par procédé électrochimique) ont décidé de créer un GIE afin d'améliorer l'efficacité de leur recherche. Les articles seront « métallisés » afin de les embellir, de les protéger ou de modifier leurs propriétés surfaciques. Ces entreprises ont rédigé un projet de statuts (voir le document ci-après).

1. *Analysez chaque clause afin d'en vérifier la légalité (la méthodologie du cas pratique n'est pas exigée).*
2. *Rectifiez les clauses en contradiction avec l'ordonnance relative au GIE (la méthodologie du cas pratique n'est pas exigée).*

Le PCA du GIE, Thomas Sire, est également PDG de l'un de ses membres, Galvanor. Comme cette société rencontre des difficultés, il décide de faire acheter des machines par le GIE, puis de conclure un contrat de location entre le GIE et Galvanor.

3. *Déterminez si ces contrats sont valides.*

Le conseil d'administration du GIE compte quinze membres. Il vote une motion de soutien à Thomas Sire. Deux administrateurs sur quinze se désolidarisent de ce vote et souhaitent évoquer le cas de Thomas Sire devant l'assemblée des membres.

4. *Analysez ce projet (la méthodologie du cas pratique n'est pas exigée).*

Document

Contrat constitutif du GIE Galvanoplast

Article 1. Forme

Il est formé entre les soussignés et toute autre personne physique ou morale dont l'adhésion viendrait à être acceptée un groupement d'intérêt économique, dénommé « Galvanoplast ».

Article 2. Objet

L'objet du groupement, dont le but est d'apporter une assistance technique et des conseils dans les domaines de la qualité, sécurité, de l'environnement et de la santé au travail, dans les entreprises qui en sont membres dans leurs activités de sous-traitance sur les sites industriels. [...]

...

•••

Article 5. Durée

La durée du groupement est indéterminée. Le groupement prend effet à compter de son immatriculation au RCS et après publication dans un support habilité à recevoir des annonces légales du lieu du siège social. [...]

Article 6.3. Récapitulation des apports

Apports en numéraire	600 000 €
Apports en nature	600 000 €
Apports en industrie	50 000 €
Total Capital social	1 250 000 €

Article 6.4. Apports en industrie

Mme Cyrielle Defacques apporte au groupement son expérience, ses connaissances techniques et professionnelles dans le secteur de la galvanoplastie. À cet effet, et pendant toute la durée du groupement, Mme Defacques s'oblige à lui consacrer le temps nécessaire à la réalisation de son objet ainsi que l'exclusivité de son activité dans le domaine correspondant. Cet apport est estimé à 50 000 €. Il est incorporé au capital social. [...]

Article 10. Parts

Les droits des membres résultent exclusivement du présent contrat, des actes modificatifs dont il fera l'objet et de cessions de parts régulièrement effectuées. Les parts sont indivisibles à l'égard du groupement qui ne reconnaît qu'un seul titulaire pour chacune. Les parts sont représentées par des titres négociables dont la cession est soumise à agrément

Article 18. Pouvoirs du conseil d'administration

Le conseil d'administration est investi des pouvoirs les plus étendus pour agir, en toutes circonstances, au nom du groupement. Il les exerce même au-delà de l'objet social, sous réserve de ceux qui sont attribués par la loi et le présent contrat aux assemblées générales.

Article 19. Pouvoirs du président et des administrateurs

Le président du conseil d'administration assure, sous sa responsabilité, la direction générale du groupement.

Il représente le groupement dans ses rapports avec ses membres et avec les tiers.

Il est investi des pouvoirs les plus étendus pour agir, en toutes circonstances, au nom du groupement. Il les exerce même au-delà de l'objet social, sous réserve de ceux attribués par la loi et le présent contrat aux assemblées générales. [...]

Au cas où un administrateur viendrait à dépasser les limites de son mandat, sa responsabilité personnelle serait engagée vis-à-vis du groupement et des autres membres, nonobstant la mise en œuvre de toute procédure de révocation. Toutefois, la révocation est soumise à une autorisation des membres du conseil d'administration, votée par au moins trois cinquième des membres dudit conseil.

Évaluer les savoirs — Maîtriser les compétences — Préparer l'épreuve

4 Situation pratique : le GIE Taxis Jaunes ★★★

45 min

Compétence attendue

Mettre en évidence les principales règles de fonctionnement du GIE

Rendez-vous MÉTHODE 3

Plusieurs sociétés de transport de voyageurs par taxis de la région lyonnaise ont créé un groupement d'intérêt économique (GIE) visant à acquérir et à entretenir leurs véhicules.

La société René Taxis est membre fondateur du groupement. Le dimanche, elle laisse ses véhicules à la disposition de ses salariés. Ceux-ci effectuent des courses en utilisant les services de la plateforme Uber. Les membres du groupement décident d'exclure la société René Taxis pour concurrence déloyale.

René Vilebrequin, gérant de la société René Taxis, conteste l'exclusion. Il soutient pêle-mêle que l'exclusion est impossible puisque :

- la loi étant muette sur ce point, l'exclusion est dénuée de fondement ;
- l'article 25 des statuts du GIE Taxis Jaunes est imprécis et donc inutilisable.

Après de multiples échanges de mails, René Vilebrequin indique qu'il accepterait de quitter le groupement s'il récupérait un quart des réserves facultatives constituées depuis de nombreuses années. Ce quart correspond à la fraction de capital social qu'il détient dans le GIE.

Avant de s'engager fermement, René Vilebrequin s'en remet à vos recommandations. En vous appuyant sur le dossier documentaire, vous traiterez les points suivants.

Vos missions

1. *Appréciez la validité des arguments de René Vilebrequin concernant l'impossibilité d'exclusion dans le GIE et l'imprécision de l'article 25 des statuts du GIE Taxis Jaunes.*
2. *Analysez la proposition de René Vilebrequin concernant les réserves facultatives et conseillez les membres du groupement.*

Document 1

Cour de cassation, chambre commerciale,
19 janvier 2016, pourvoi n° 14-19.796

Vu l'article L. 251-1 du Code de commerce ;

Attendu qu'il résulte de ce texte que si le but du groupement d'intérêt économique n'est pas de réaliser des bénéfices pour lui-même, cette règle ne fait pas obstacle à ce que tout ou partie des résultats provenant de ses activités soit mis en réserve dans les comptes du groupement pour les besoins de la réalisation de son objet légal ; qu'il en résulte également qu'à défaut de clause statutaire ou de décision d'assemblée en ce sens, le …

•••

membre du groupement d'intérêt économique qui se retire de celui-ci ou en est exclu ne peut obtenir le remboursement de sa part dans les réserves régulièrement constituées ;

Attendu, selon l'arrêt attaqué, que la société à responsabilité limitée Alain Richard a participé à la constitution du groupement d'intérêt économique C9 (le GIE), dont elle est restée membre jusqu'à son exclusion intervenue le 4 juillet 2008 ; que lors des assemblées des 8 juillet 2005, 7 juillet 2006, 22 juin 2007 et 4 juillet 2008, les membres du GIE ont décidé d'affecter le résultat positif de l'exercice à la réserve facultative prévue par les statuts et le règlement intérieur ; que la société Alain Richard ayant été mise en liquidation judiciaire, son liquidateur a assigné le GIE en paiement de la quote-part de cette société dans les bénéfices mis en réserve avant son exclusion ;

Attendu que pour accueillir cette demande, l'arrêt, après avoir constaté que la mise en réserve de tout ou partie du résultat du GIE était admise par les statuts et le règlement intérieur pour des raisons de bonne gestion, retient, par motifs propres et adoptés, que les sommes figurant dans le compte de réserves sont la propriété des membres du GIE à proportion de la quote-part des résultats auxquels ils ont droit ; qu'il retient encore que cette quote-part, si elle ne leur a pas été versée, leur est acquise et ne peut leur être retirée sauf à profiter de manière illicite au GIE, lequel ne peut faire de bénéfices pour lui-même ; qu'il ajoute qu'aucune clause des statuts ne prive le membre du GIE qui a fait l'objet d'une exclusion de son droit au paiement de sa part dans les réserves non distribuées ainsi que dans les résultats positifs de l'exercice en cours ;

Qu'en statuant ainsi, la cour d'appel a violé le texte susvisé ;

PAR CES MOTIFS, et sans qu'il y ait lieu de statuer sur les autres griefs :

CASSE ET ANNULE, sauf en ce qu'il dit que la prescription triennale de l'article 1844-14 du Code civil n'est pas opposable à M. X..., en sa qualité de liquidateur judiciaire de la société Alain Richard, l'arrêt rendu le 9 avril 2014, entre les parties, par la cour d'appel de Riom ; remet, en conséquence, sur les autres points, la cause et les parties dans l'état où elles se trouvaient avant ledit arrêt et, pour être fait droit, les renvoie devant la cour d'appel de Lyon ;

Document 2

Article 25 des statuts du GIE Taxis Jaunes

Tout membre du groupement qui ne se serait pas conformé aux règles générales énoncées ou qui aurait entravé systématiquement le fonctionnement normal du groupement pourrait être exclu.

La décision est prise par l'assemblée des membres, après avoir convoqué et entendu la personne dont l'exclusion est envisagée. Cette dernière peut être accompagnée du conseil de son choix au cours de la procédure.

SYNTHÈSE

Le groupement d'intérêt économique (GIE)

Les atouts et limites du GIE

Atouts	Limites
• Régime juridique souple • Objet civil ou commercial • Diversité des membres (civils ou commerçants) • Constitution aisée • Accueil de nouveaux membres facilité • Gestion simplifiée	• Responsabilité indéfinie et solidaire face aux dettes (pas de contribution aux pertes) • Structure auxiliaire à l'activité des membres (absence de bénéfices propres)

Le GIE en un clin d'œil

Constitution	• Avec ou sans capital. • Objet licite et respect du caractère économique, auxiliaire et intéressé. • Membres personnes physiques et morales. • Contrats, règlement intérieur à publier (RNE et RCS par l'intermédiaire du portail électronique des entreprises, Bodacc).
Fonctionnement	• Obligations des membres à l'égard du groupement : libérer les apports et respecter leurs engagements de financement et autres dispositions contractuelles. • Responsabilité indéfinie et solidaire face aux dettes. • Droit au partage des bénéfices, vote aux assemblées, boni de liquidation, retrait. • Un ou plusieurs administrateurs, personnes physiques ou morales engageant le GIE par tous les actes qui entrent dans l'objet social. Engagement de leur responsabilité en cas d'infraction aux lois et règlements, violation des contrats et fautes de gestion.
Contrôle	• Contrôle de gestion. Missions définies par les contrats. • Contrôle des comptes. Mission du CAC (sous conditions).
Dissolution	• Causes. Arrivée du terme, réalisation ou extinction de l'objet, décision judiciaire, décès d'une personne physique, dissolution d'une personne morale, incapacité d'un membre, faillite personnelle, interdiction de gérer. • Liquidation. Persistance de la personnalité du GIE pour les besoins de la procédure.

SCI Sainte-Anne

En 2000, Marine Ducamp a créé avec cinq autres personnes la SCI Sainte-Anne. Le capital de cette SCI est fixé à 1 million d'euros. Marine Ducamp vous demande conseil et vous remet, à cet effet, un dossier documentaire.

Rendez-vous MÉTHODE 1

Vos missions

1. *Présentez les utilités de la SCI (la méthodologie du cas pratique n'est pas exigée).*

Les associés doivent se réunir pour désigner le gérant. Les statuts prévoient qu'il sera désigné selon les mêmes règles que celles relatives à la désignation du gérant de la société civile de droit commun. Marine Ducamp est la seule candidate.

Dans le dossier ci-après, la méthodologie du cas pratique est exigée, sauf mention contraire.

Rendez-vous MÉTHODE 3

2. *Précisez à quelles conditions Marine Ducamp sera élue.*

Quelques mois après la création de la société, Anaïs Filossier est placée sous sauvegarde de justice.

3. *Déterminez si Anaïs peut conserver sa qualité d'associé. Précisez s'il en serait de même si elle était placée sous un autre régime de protection.*

Marine Ducamp, la gérante, envisage d'acheter des œuvres d'art d'un jeune peintre. Elle pense que la cote de ce peintre montera dans les années qui viennent. Les autres associés ne sont pas convaincus par ce choix.

4. *Identifiez les actions possibles pour les associés si Marine Ducamp s'entête et achète les œuvres d'art.*

La gérante de la SCI Sainte-Anne n'a pas réglé la facture de réparation d'une toiture datant de plusieurs mois. Elle prétend que le travail souffre de malfaçons. Le couvreur soutient que le problème a été réglé. L'artisan envisage d'attaquer la Financière Henry ou la Banque de Corse afin de se faire payer directement.

5. *Analysez la décision de l'artisan.*

Amandine Vicq désire céder ses parts sociales à Horace Kooper.

6. *Déterminez à quelles conditions Amandine Vicq peut céder ses parts sociales.*

Marine Ducamp vient de décider de conclure un contrat d'entretien des immeubles de la SCI avec la SARL PRO, une entreprise créée par son frère et dont elle détient 10 % du capital social.

7. *Identifiez la procédure à respecter par Marine Ducamp pour conclure le contrat avec la SARL PRO.*

La Financière Henry considère que Marine Ducamp n'a pas les compétences requises pour gérer la SCI. Elle envisage, lors de la prochaine assemblée des associés, de révoquer Marine Ducamp.

8. *Étudiez les conditions de la révocation de Marine Ducamp.*

Afin de répondre à sa révocation, Marine Ducamp menace de demander au juge la dissolution de la société.

9. *Étudiez la faisabilité de cette demande.*

DOSSIER DOCUMENTAIRE

Document 1

Extraits des statuts de la SCI Sainte-Anne

Article 3. Objet de la société

La société a pour objet l'acquisition, la construction, la propriété, la gestion, l'administration, l'exploitation par bail, location ou autrement de tous immeubles ou droits immobiliers.

La société a aussi pour objet l'acquisition par voie d'apport, d'achat, de souscription ou autrement, la propriété, l'administration, la gestion de tous titres, parts sociales, obligations et autres titres financiers.

Article 8. Répartition du capital social au 01/01 de l'année en cours

Associés	Nombre de parts sociales détenues
Marine Ducamp	4 000
Anaïs Filossier	2 000
Financière Henry	2 000
Banque de Corse	1 000
Auguste Xi	500
Amandine Vicq	500

Document 2

Cour de cassation, chambre civile, 23 février 2017, pourvoi n° 15-28.792

Attendu, selon l'arrêt attaqué (Basse-terre, 22 juin 2015), que MM. X... et Y..., associés à parts égales, ont constitué une société civile immobilière dénommée SCI Lavoisier (la SCI), dont M. Y... est gérant ; que M. X... a assigné son associé et la SCI aux fins de dissolution anticipée de la société pour justes motifs et de liquidation de l'actif ;

Attendu que M. Y... et la SCI font grief à l'arrêt d'accueillir ces demandes ;

Mais attendu qu'ayant exactement énoncé que la dissolution anticipée d'une société pouvait être prononcée judiciairement pour justes motifs en cas de mésentente entre associés paralysant le fonctionnement de celle-ci, relevé que M. Y... avait engagé des actions judiciaires contre son associé, que le gérant avait signé seul « un compromis » de vente du terrain, propriété de la SCI, obligeant l'autre associé à former opposition, alors que les statuts prévoyaient que les actes d'achat et de vente d'immeuble devaient recueillir l'accord préalable de la collectivité des associés et retenu qu'il n'était justifié d'aucune prise de décision collective ordinaire sur l'attribution des bénéfices ou leur affectation à des pertes ou dettes antérieures, la cour d'appel qui, sans être tenue de procéder à des recherches que ses constatations rendaient inopérantes, en a déduit que la mésentente entre les associés paralysait le fonctionnement de la SCI, a légalement justifié sa décision ;

PAR CES MOTIFS :

REJETTE le pourvoi ;

Condamne M. Y... et la SCI Lavoisier aux dépens ;

Vu l'article 700 du code de procédure civile, rejette la demande de M. Y... et de la SCI Lavoisier ;

CHAPITRE 20 L'entreprise en difficulté : les procédures de prévention

PROGRAMME

Compétences attendues

- **Différencier** le mandat *ad hoc* de la conciliation
- **Caractériser** la notion de cessation des paiements
- **Schématiser** les procédures applicables en fonction du degré de difficulté

Savoirs associés

- La cessation des paiements
- Les spécificités et comparaison des procédures préventives (mandataire *ad hoc*/conciliation)

LIEN AVEC LE DCG 1

§ 3.1 Théorie générale des contrats

PLAN DU CHAPITRE

Cours : 1. La notion d'entreprise en difficulté • 2. Le mandat *ad hoc* • 3. La procédure de conciliation

Des savoirs aux compétences : Évaluer les savoirs • Maîtriser les compétences • Préparer l'épreuve

Synthèse

Lorsqu'une entreprise rencontre des difficultés, ces dernières doivent être résolues rapidement pour éviter qu'elles ne s'aggravent et qu'elles ne menacent l'activité et l'emploi. La notion d'entreprise en difficulté est entendue au sens large.

L'entreprise peut recourir à des modes de résolution amiable, le mandat *ad hoc* et la procédure de conciliation, qui se caractérisent par leur souplesse et leur discrétion.

MOTS-CLÉS

Cessation des paiements • Conciliateur • Constatation de l'accord • Continuité de l'exploitation • Droit des entreprises en difficulté • Homologation de l'accord • Mandataire *ad hoc* • Privilège de conciliation

1 La notion d'entreprise en difficulté

A) Les entreprises concernées

Le **droit des entreprises en difficulté** s'applique aux personnes physiques, exerçant une activité commerciale, artisanale, agricole, professionnelle indépendante, et aux personnes morales de droit privé. Pour les entrepreneurs individuels, à compter du 15 mai 2022, en principe seul le patrimoine professionnel est concerné.

Pour les entreprises commerciales et artisanales, le tribunal de commerce est compétent ; le tribunal judiciaire, dans les autres cas.

B) Les difficultés de l'entreprise : notion de cessation des paiements

1. Les difficultés

Les difficultés peuvent être de nature juridique, économique, sociale. Elles peuvent apparaître sans que la situation financière de l'entreprise ne soit encore préoccupante. Mais elles doivent être résolues car elles pourraient, à terme, compromettre la **continuité de l'exploitation** (ex. : risque de diminution, voire d'arrêt, de l'activité, disparition d'emplois, répercussions pour d'autres entreprises – clients, fournisseurs – qui peuvent à leur tour se retrouver en difficulté).

La notion de cessation des paiements est un repère permettant d'évaluer la gravité des difficultés et de déterminer la procédure applicable.

Définition

La **cessation des paiements** correspond à l'impossibilité pour une entreprise de faire face à son passif exigible au moyen de son actif disponible.

2. La preuve des difficultés

La cessation des paiements (tab. 20.1) doit être prouvée par celui qui demande l'ouverture de la procédure. Elle résulte de la comparaison du passif exigible et de l'actif disponible. Le défaut de paiement d'une seule créance, même importante, ou l'arrêt de l'activité ne sont pas des preuves suffisantes.

Tableau 20.1. Éléments constitutifs de la cessation des paiements

Passif exigible	Actif disponible
• Ensemble des dettes certaines, liquides et exigibles (arrivées à échéance) restant impayées • Sont exclues les dettes contestées dans le cadre d'une action en justice et les dettes échues pour lesquelles le créancier a accordé un délai de paiement supplémentaire (moratoire)	• Actif immédiatement réalisable (sommes en caisse, soldes créditeurs des comptes bancaires, effets de commerce escomptables) • Réserves de crédit (découvert bancaire, avance en compte courant) • Est exclu l'actif immobilisé, non réalisable à court terme

Le juge apprécie la situation de l'entreprise lors du jugement d'ouverture de la procédure. Il détermine la date de la cessation des paiements, laquelle est fixée :

- soit au jour du jugement ;
- soit à une date antérieure dans certaines limites (→ chapitre 21).

C) Les mesures proposées par le droit des entreprises en difficulté

Lorsqu'une entreprise rencontre des difficultés, il incombe au dirigeant de prendre les mesures nécessaires mais il peut avoir besoin, pour les résoudre, de l'aide d'intervenants externes. Si le dirigeant ne détecte pas lui-même les difficultés, une procédure d'alerte peut être mise en œuvre.

FOCUS La procédure d'alerte

Lorsque l'entreprise est dans une situation préoccupante, compromettant la continuité de l'exploitation, l'alerte permet d'attirer l'attention des dirigeants et de les inciter à prendre les mesures nécessaires pour y remédier rapidement. La procédure d'alerte peut être déclenchée par les associés de SARL ou de SA, par le comité social et économique (CSE), par le président du tribunal, par le groupement de prévention agréé auquel l'entreprise a adhéré. Le CAC a l'obligation de déclencher l'alerte s'il constate, au cours de sa mission, un fait de nature à compromettre la continuité de l'exploitation.

Si l'entreprise ne parvient pas à surmonter les difficultés par elle-même, plusieurs procédures peuvent être engagées (tab. 20.2).

Tableau 20.2. Procédures envisageables selon le degré de difficulté

Absence de cessation des paiements mais des difficultés que l'entreprise ne peut surmonter seule	• Mandat *ad hoc* • Conciliation • Sauvegarde
Cessation des paiements datant de 45 jours au plus	• Conciliation • Redressement judiciaire • Liquidation judiciaire
Cessation des paiements datant de plus de 45 jours	• Redressement judiciaire • Liquidation judiciaire

→ APPLICATION 2 • SITUATION PRATIQUE 6

2 Le mandat *ad hoc*

A) La nomination du mandataire *ad hoc*

Cette procédure s'adresse à toute entreprise qui rencontre des difficultés, quelle que soit leur nature :

- problèmes juridiques (ex. : conflit entre associés bloquant la prise de décisions collectives) ;
- problèmes économiques ou financiers (ex. : non-respect des échéances de paiement des fournisseurs, refus d'octroi de crédit bancaire).

Seul le représentant de l'entreprise en difficulté (entrepreneur individuel ou représentant légal de la personne morale) peut demander la désignation d'un **mandataire *ad hoc*** (fig. 20.1).

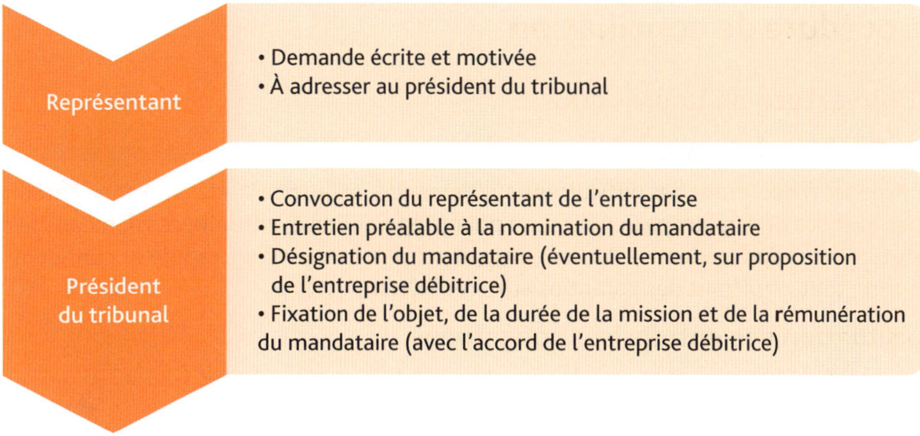

Figure 20.1. **Désignation du mandataire *ad hoc***

B) Le déroulement de la procédure

1. La mission du mandataire *ad hoc*

Le mandataire *ad hoc* aide l'entreprise à surmonter ses difficultés, en recherchant des solutions (ex. : recherche de partenaires, négociation de délais ou de remises de dettes avec les fournisseurs). Les négociations restent libres, les créanciers n'étant pas tenus d'accepter les propositions. La gestion de l'entreprise est assurée par le dirigeant.

2. La publicité

La discrétion de la procédure facilite le succès des négociations. La désignation du mandataire *ad hoc* n'est pas publiée. Celui-ci est tenu à une obligation de confidentialité, étendue à toute personne qui a connaissance de la procédure. Le dirigeant n'est pas tenu d'informer les représentants du personnel, uniquement le CAC (s'il y en a un).

C) L'issue de la procédure

La mission du mandataire *ad hoc* s'arrête à la fin de la durée prévue, ou sur décision du juge à la demande de l'entreprise (fig. 20.2).

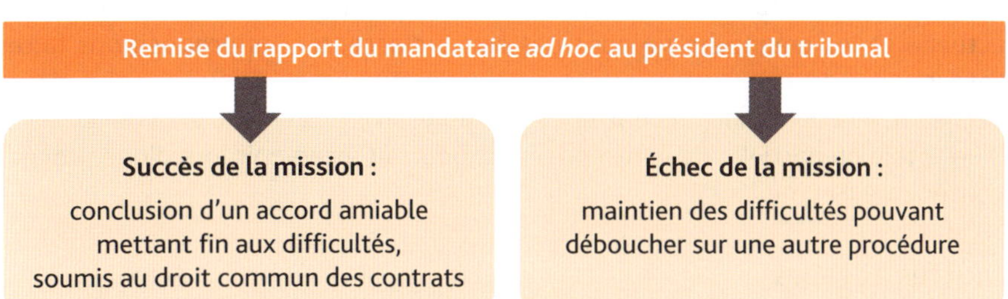

Figure 20.2. **Fin de la mission du mandataire *ad hoc***

→ SITUATION PRATIQUE 5

3 La procédure de conciliation

A) L'ouverture de la procédure

1. Les finalités de la procédure

Une entreprise rencontrant des difficultés peut demander en justice l'aide d'un conciliateur pour négocier avec ses principaux partenaires, ou pour préparer une éventuelle cession dans le cadre d'une future procédure collective. La conciliation permet un sauvetage rapide et confidentiel de l'entreprise, tout en offrant des garanties aux créanciers.

2. La situation des entreprises concernées

Sont concernées les entreprises remplissant trois conditions cumulatives (fig. 20.3).

Difficultés juridiques, économiques ou financières, réelles ou prévisibles	+	Absence de cessation des paiements ou cessation des paiements depuis 45 jours au plus	+	Entreprise n'ayant pas fait l'objet d'une conciliation au cours des 3 mois précédents

Figure 20.3. Conditions d'ouverture de la procédure de conciliation

3. L'initiative de la procédure

Seul le représentant de l'entreprise en difficulté peut demander l'ouverture de la procédure de conciliation au président du tribunal. Il expose par écrit la situation économique, financière, sociale et patrimoniale de l'entreprise et ses besoins de financement. Le président du tribunal nomme le **conciliateur**, éventuellement sur proposition de l'entreprise, pour 4 mois maximum (plus 1 mois sur demande du conciliateur).

B) Le déroulement de la procédure

1. Les missions du conciliateur

Le président du tribunal fixe la mission du conciliateur, laquelle vise à :

- Favoriser la conclusion d'un accord, en rapprochant l'entreprise débitrice de ses principaux créanciers et cocontractants et en animant la négociation. Celle-ci est soumise à la liberté contractuelle et les créanciers ne sont pas tenus d'accepter les propositions faites par le conciliateur.
- Le cas échéant, à la demande de l'entreprise, et après avis des créanciers concernés, préparer la cession totale ou partielle de l'entreprise, qui pourrait intervenir lors d'une procédure collective ultérieure (➥ chapitre 21).

2. Les autres acteurs

Dirigeant. Il continue à assurer la gestion de l'entreprise. Le conciliateur peut uniquement obtenir les informations utiles à sa mission.

Créanciers. Au cours de la procédure, chaque créancier conserve le droit d'agir individuellement contre l'entreprise. En cas de poursuites par un créancier, l'entreprise peut demander au juge, après avis du conciliateur, un délai de paiement (2 ans maximum). Si un créancier refuse les propositions du conciliateur, le juge peut décider de suspendre l'exigibilité de sa créance pour la durée de la conciliation. Les créanciers publics (Trésor public, organismes de sécurité sociale) peuvent consentir des remises de dettes.

3. La confidentialité de la procédure

La décision d'ouverture de la conciliation n'est pas publiée. Elle est communiquée au procureur et au CAC (s'il y en a un). Le dirigeant n'est pas tenu d'informer les représentants du personnel. Le conciliateur a une obligation de confidentialité, étendue à toute personne ayant connaissance de la procédure.

C) L'issue de la procédure

1. La fin de la mission

La mission du conciliateur prend fin :

- Soit en cas d'échec, après rapport du conciliateur au président du tribunal.
- Soit par la conclusion d'un accord entre l'entreprise débitrice et les créanciers qui ont accepté les propositions du conciliateur. Cet accord, de nature contractuelle, lie le débiteur et les créanciers signataires.

2. La constatation ou homologation de l'accord

L'accord étant soumis au droit commun des contrats, le juge n'en contrôle pas le contenu et ne peut ni le modifier ni ajouter des dispositions. Il est possible de demander au président du tribunal de constater ou d'homologuer l'accord (tab. 20.3). L'accord produit ainsi des effets supplémentaires, rendant la conciliation plus efficace. L'entreprise débitrice est mieux protégée. En cas d'homologation, les créanciers bénéficient de garanties.

Les mesures prévues par l'accord bénéficient également aux codébiteurs et aux personnes ayant garanti les engagements de l'entreprise par des sûretés personnelles ou réelles.

Tableau 20.3. Modalités de la constatation ou de l'homologation de l'accord

	Constatation de l'accord	Homologation de l'accord
Initiative	Demande commune de l'entreprise et des créanciers signataires de l'accord	Demande de l'entreprise
Conditions	L'entreprise n'est pas en cessation des paiements ou l'accord met fin à la cessation des paiements	• L'entreprise n'est pas en cessation des paiements ou l'accord met fin à la cessation des paiements • L'accord permet d'assurer la pérennité de l'entreprise • L'accord ne nuit pas aux intérêts des créanciers non signataires

	Constatation de l'accord	Homologation de l'accord
Publicité	Aucune	• Communication de l'accord aux représentants du personnel dès la demande d'homologation • Publication du jugement d'homologation au greffe du tribunal et dans un SHAL • Information du CAC, le cas échéant

Afin de renforcer les chances du débiteur de surmonter ses difficultés, la **constatation** ou l'**homologation de l'accord** entraîne les effets suivants :

- Pendant la durée de l'accord, toute action en justice individuelle par un créancier signataire est interdite ; toute action en cours, interrompue.
- Si l'entreprise se voit réclamer le paiement d'une créance non visée par l'accord, elle peut demander au juge un délai de paiement (deux ans maximum).

FOCUS — **Le privilège de conciliation**

Pendant la procédure, certains créanciers acceptent de soutenir l'activité du débiteur en lui apportant de la trésorerie ou en fournissant un nouveau bien ou service. Une fois l'accord homologué, ils pourront, en cas d'ouverture ultérieure d'une procédure de sauvegarde, de redressement judiciaire ou de liquidation judiciaire, être payés avant tous les autres créanciers (à l'exception des salariés superprivilégiés et des frais de procédure) (↳ **chapitre 21**). Sont exclus du **privilège de conciliation** les associés qui font un apport pour augmenter le capital.

3. Les suites de l'accord

Force exécutoire. La constatation ou l'homologation de l'accord par le juge lui donne force exécutoire. En cas d'inexécution par l'entreprise débitrice ou par un des créanciers, le juge peut prononcer la résolution de l'accord. Les délais et remises de dettes accordés sont alors anéantis rétroactivement.

Procédure collective. L'évolution de la situation de l'entreprise peut entraîner l'ouverture d'une procédure collective (↳ **chapitre 21**). Celle-ci met fin à l'accord. Les remises consenties par les créanciers sont anéanties. Les créances sont à nouveau entièrement exigibles. Seules les sommes déjà payées par l'entreprise sont prises en compte.

→ **APPLICATION 2 • CAS 3 • CAS 4 • SITUATION PRATIQUE 5 • SITUATION PRATIQUE 6**

Évaluer les savoirs — Maîtriser les compétences — Préparer l'épreuve

1 Quiz

Vérifiez l'exactitude des propositions ci-après et justifiez-les.

	Vrai	Faux
1. Une entreprise peut être en difficulté sans être en cessation des paiements.	☐	☐
2. Pour savoir si une entreprise est en cessation des paiements on compare son actif et son passif.	☐	☐
3. Les immobilisations ne sont pas prises en compte pour déterminer la cessation des paiements.	☐	☐
4. Un créancier de l'entreprise peut demander la nomination d'un mandataire *ad hoc*.	☐	☐
5. Les tiers sont informés du résultat de la mission du mandataire *ad hoc*.	☐	☐
6. Une entreprise en cessation des paiements peut bénéficier d'une procédure de conciliation.	☐	☐
7. Le conciliateur assiste le chef d'entreprise dans sa gestion.	☐	☐
8. Pendant la procédure de conciliation, tout créancier peut agir en justice contre l'entreprise en difficulté.	☐	☐
9. L'entreprise peut demander au tribunal la constatation de l'accord conclu dans le cadre de la procédure de conciliation.	☐	☐
10. L'homologation de l'accord permet à certains créanciers d'être privilégiés en cas d'ouverture ultérieure d'une procédure collective.	☐	☐

2 Exercice Pax

André Pax a été nommé conciliateur dans le cadre d'une procédure de conciliation ouverte à la demande de Jean Omer, gérant de la SARL Omer.

Indiquez, en justifiant vos réponses, si les opérations suivantes relèvent de la mission d'André Pax :

- Licenciement d'un salarié.
- Organisation d'une réunion entre Jean Omer et le représentant de la société Bart, l'un des fournisseurs auquel la SARL Omer doit 12 000 €.
- Consultation de la banque du Sud, créancière d'un emprunt de 100 000 € accordé à la SARL Omer, sur une possible cession de la société à un repreneur américain.
- Interview donnée au journal local sur la situation de la SARL Omer.

- Action en justice au nom de la SARL Omer contre un de ses clients pour recouvrer une créance de 5 000 €.
- Demande à Jean Omer de communication de l'état des dettes échues à l'ouverture de la procédure.
- Signature d'un accord avec les créanciers de la SARL Omer.

Évaluer les savoirs | Maîtriser les compétences | Préparer l'épreuve

3 Cas : Biotif ★★★

Compétence attendue Caractériser la notion de cessation des paiements

Léa Mann a ouvert il y a 2 ans un salon de coiffure bio, sous l'enseigne BIOTIF, dans un local qu'elle loue à Dijon. Elle a souscrit, au moment de son installation, un prêt à la banque du Sud qui lui a permis d'acheter notamment le mobilier nécessaire (valeur : 10 000 €). Elle a embauché une coiffeuse (salaire net mensuel : 1 200 €). Malheureusement, les clients se comptent sur les doigts de la main. Le 25 avril, Léa Mann fait le point sur sa situation financière. Elle n'a pas réglé plusieurs de ses créanciers : l'Urssaf (cotisations du 1er trimestre dues au 15 avril : 900 €), son bailleur (loyer du mois d'avril : 1 500 €), la banque (échéance du prêt due au 5 avril : 400 €). La facture du 10 avril de son fournisseur HAIR NATUR est impayée (600 €), mais celui-ci lui accorde un délai de paiement supplémentaire au 30 mai. Son compte à la banque du Sud présente un solde positif de 200 € avec un découvert autorisé de 500 €. Elle dispose de 100 € en caisse.

Caractérisez la situation de Léa Mann.

4 Cas : Le Bois Vosgien ★★★

Compétences attendues
- Schématiser les procédures applicables en fonction du degré de difficulté
- Différencier le mandat *ad hoc* de la conciliation

La SARL LBV (Le Bois Vosgien) fournit en bois de chêne des entreprises spécialisées dans la construction de maisons à ossature bois. Or, deux de ses clients, la SA Maison Nature et la SAS Bois Habitat, représentant chacun 20 % de son chiffre d'affaires annuel, n'ont pas réglé leurs dernières factures. La SARL LBV a été sollicitée pour accorder des délais de paiement :

- par un mandataire *ad hoc,* pour la SA Maison Nature ;
- par un conciliateur, pour la SAS Bois Habitat.

Le gérant de la SARL LBV est favorable à la conclusion d'un accord, car il souhaite soutenir ces deux entreprises pour poursuivre leurs relations d'affaires.

Distinguez les conséquences, pour la SARL LBV, d'un accord conclu à l'issue de la procédure de mandat ad hoc *et d'un accord de conciliation.*

Évaluer les savoirs — Maîtriser les compétences — Préparer l'épreuve

5 Situation pratique : confidence pour confidence ★★★

30 min

Compétences attendues

- **Schématiser** les procédures applicables en fonction du degré de difficulté
- **Différencier** le mandat *ad hoc* de la conciliation

Rendez-vous MÉTHODE 3

À l'aide du dossier documentaire, précisez, dans une note structurée à l'attention de votre manager, la portée de l'obligation prévue à l'article L. 611-15 du Code de commerce. Montrez en quoi le non-respect de cette obligation peut influer sur le résultat d'une procédure de mandat ad hoc *ou de conciliation.*

Document 1

Code de commerce, art. L. 611-15

Toute personne qui est appelée à la procédure de conciliation ou à un mandat *ad hoc* ou qui, par ses fonctions, en a connaissance est tenue à la confidentialité.

Document 2

Arrêt de la cour de Cassation, chambre commerciale, 15 décembre 2015, pourvoi n° 14-11.500

Attendu, selon l'arrêt attaqué, rendu en matière de référé, et les productions, que par ordonnances des 11 juillet et 26 septembre 2012, la Selarl FHB, prise en la personne de Mme X..., a été désignée mandataire *ad hoc* puis conciliateur des sociétés du groupe Consolis sur le fondement des articles L. 611-3 et L. 611-5 du Code de commerce ; que le 18 juillet 2012, la société Mergermarket Limited, éditrice du site d'informations financières en ligne Debtwire, spécialisé dans le suivi de l'endettement des entreprises, a publié un article commentant l'ouverture de la procédure de mandat *ad hoc* ; qu'elle a, par la suite, diffusé divers articles rendant compte de l'évolution des procédures en cours et des négociations engagées ; que les 23 et 24 octobre 2012, plusieurs sociétés du groupe ainsi que la Selarl FHB ont assigné la société Mergermarket Limited devant le juge des référés pour obtenir le retrait de l'ensemble des articles contenant des informations confidentielles les concernant, ainsi que l'interdiction de publier d'autres articles ;

Sur les deuxièmes moyens des pourvois, [...] pris en leur deuxième branche, rédigés en termes identiques, réunis :

Vu l'article 10 § 2 de la Convention de sauvegarde des droits de l'homme et des libertés fondamentales et l'article L. 611-15 du Code de commerce ;

Attendu qu'il résulte du premier de ces textes que des restrictions à la liberté d'expression peuvent être prévues par la loi, dans la mesure de ce qui est nécessaire dans une société démocratique, pour protéger les droits d'autrui et empêcher la divulgation

•••

•••
d'informations confidentielles ; qu'il en résulte que le caractère confidentiel des procédures de prévention des difficultés des entreprises, imposé par le second de ces textes pour protéger, notamment, les droits et libertés des entreprises recourant à ces procédures, fait obstacle à leur diffusion par voie de presse, à moins qu'elle ne contribue à la nécessité d'informer le public sur une question d'intérêt général ;

Attendu que pour rejeter les demandes des sociétés du groupe Consolis, l'arrêt retient encore que le fait pour la société Mergermarket Limited d'avoir publié, comme d'autres journaux spécialisés, des informations confidentielles, par application de l'article L. 611-15 du Code de commerce, ne constitue pas un trouble manifestement illicite au regard de la liberté d'informer du journaliste ;

Qu'en se déterminant ainsi, sans rechercher si les informations diffusées, relatives à la prévention des difficultés des sociétés du groupe Consolis et couvertes par la confidentialité, relevaient d'un débat d'intérêt général, la cour d'appel a privé sa décision de base légale ; [...]

PAR CES MOTIFS, et sans qu'il y ait lieu de statuer sur les autres griefs :

CASSE ET ANNULE [...], l'arrêt rendu le 27 novembre 2013, entre les parties, par la cour d'appel de Versailles ; [...]

Document 3

Challenges se bat pour le droit d'informer

[Le propriétaire du magazine *Challenges*], Claude Perdriel, s'estime injustement condamné pour avoir révélé qu'un grand distributeur français était placé « sous mandat *ad hoc* ».

Pour le magazine économique *Challenges*, comme l'explique son directeur de la rédaction Vincent Beaufils dans un éditorial de l'édition du 25 janvier, il ne peut « pas y avoir deux catégories d'observateurs de l'économie : ceux qui ont le droit de savoir ; et ceux qui sont maintenus dans l'ignorance. »

C'est la raison pour laquelle le titre détenu par Claude Perdriel a décidé d'« interjeter appel », dès lundi, d'une décision du 22 janvier du tribunal de commerce de Paris.

Celle-ci le condamne à retirer une information de son site Internet qui révèle qu'un grand distributeur français a été « placé sous mandat *ad hoc* » et est donc en situation financière difficile. Ce, sous astreinte de 10 000 euros par jour de retard. Ainsi qu'à payer 12 000 euros de frais de justice à la société en question et à déréférencer l'information dans les moteurs de recherche Web.

Intérêt général

Selon *Challenges*, s'il a pu révéler cette information, c'est qu'elle n'était plus confidentielle. Il en allait de la « nécessité de pouvoir informer le public sur un sujet d'intérêt général ». Car « l'entreprise en difficulté n'est pas une petite PME

de la visserie boulonnerie en butte à des créanciers voraces. Il s'agit d'un groupe international, présent dans toute la France, avec des centaines de fournisseurs, des milliers de salariés et des millions de clients, » poursuit Vincent Beaufils.

Selon l'ordonnance de référé, cependant, « [*Challenges*] n'établit par aucune pièce, ni argument pertinent que l'information litigieuse contribuait à la nécessaire information
•••

...
du public sur une question d'intérêt général. » Or le Code de commerce est clair, selon le tribunal : « toute personne qui est appelée à la procédure de conciliation ou à un mandat *ad hoc* ou qui, par ses fonctions, en a connaissance est tenue à la confidentialité. » Car « la révélation de la procédure de mandat *ad hoc*, sous l'égide d'un administrateur judiciaire [...] est bien de nature à porter atteinte à l'équilibre économique des sociétés concernées. » [...]

Nicolas Madelaine, *Les Echos*, 3 février 2018

6 Situation pratique : Alma ★★★

25 min

Compétences attendues

Rendez-vous MÉTHODE 3

- **Caractériser** la notion de cessation des paiements
- **Différencier** le mandat *ad hoc* de la conciliation
- **Schématiser** les procédures applicables en fonction du degré de difficulté

La SA Alma, spécialiste de l'optique depuis 50 ans, a décidé de produire des lunettes intelligentes. Elle a investi massivement, en empruntant auprès de la banque LOR et de la banque SILVER. Manque encore le financement nécessaire pour l'acquisition d'un matériel de pointe, indispensable à la production. Mais le dirigeant ne parvient pas à convaincre les banques partenaires. Le lancement du produit est donc bloqué, ce qui pourrait à terme affecter la situation financière de l'entreprise. Le dirigeant souhaite régler cette situation en toute discrétion et avec le moins de contraintes juridiques possible.

Votre mission

1. *Identifiez la procédure adaptée pour résoudre les difficultés de la SA Alma et précisez les modalités de sa mise en œuvre.*

La procédure engagée n'a pas abouti. Depuis début janvier, la SA Alma ne parvient plus à rembourser les échéances de ses deux emprunts (plusieurs dizaines de milliers d'euros). L'activité ralentit et la trésorerie est réduite à quelques milliers d'euros. Le dirigeant souhaite réagir avant la fin du mois de janvier, pour éviter que les difficultés ne s'aggravent.

Votre mission

2. *Déterminez quelle autre procédure pourrait être mise en œuvre et à quelles conditions.*

Un accord est enfin trouvé avec les deux banques partenaires ; il est homologué par le tribunal fin mai. Le dirigeant de la SA Alma doit toutefois tenir compte des informations suivantes :

- la banque LOR avait assigné en justice la SA Alma courant janvier ;
- le propriétaire des locaux, la SCI des Vieux Murs, réclame le règlement immédiat du loyer du premier trimestre, resté impayé ;
- la société Optix, son principal fournisseur, qui a conservé toute sa confiance en la société Alma, a livré en avril une commande conséquente de marchandises. Optix souhaiterait toutefois obtenir des garanties, en cas d'aggravation de la situation de l'entreprise.

Votre mission

3. *Précisez les conséquences de l'homologation de l'accord pour chacun des créanciers.*

SYNTHÈSE

L'entreprise en difficulté : les procédures de prévention

La notion d'entreprise en difficulté

Personne physique, exerçant une activité commerciale, artisanale, agricole ou une profession indépendante, ou personne morale de droit privé rencontrant des difficultés de toute nature et susceptible de se trouver en cessation des paiements

La cessation des paiements

Impossibilité de faire face au passif exigible au moyen de l'actif disponible

Passif exigible
(dettes exigibles impayées)

Actif disponible
(sommes immédiatement réalisables, réserves de crédit)

Le mandat *ad hoc* et la procédure de conciliation

	Mandat ad hoc	Procédure de conciliation
Demande	Demande adressée par le représentant de l'entreprise au président du tribunal	
Acteurs et missions	• Nomination d'un mandataire *ad hoc* pour une durée déterminée • Mission : aider l'entreprise à surmonter ses difficultés	• Nomination d'un conciliateur pour 4 mois • Missions : – favoriser un accord entre l'entreprise et ses principaux créanciers – préparer une éventuelle cession de l'entreprise

	Mandat ad hoc	Procédure de conciliation
Fonctionnement en cours de procédure	• Gestion de l'entreprise par son dirigeant	• Gestion de l'entreprise par son dirigeant
En cas d'accord	• Application du droit commun des contrats • Effets limités au contenu de l'accord	• Possibilité de constatation ou d'homologation par le juge entraînant des effets supplémentaires (interdiction et interruption des poursuites individuelles) • Privilège de conciliation pour certains créanciers
Publicité	• Confidentialité de la procédure • Absence de publicité	• Confidentialité de la procédure • Absence de publicité (sauf en cas d'accord homologué)

CHAPITRE 21 L'entreprise en difficulté : les procédures de traitement

PROGRAMME

Compétences attendues

- **Identifier** les conditions d'engagement d'une procédure collective
- **Présenter** les acteurs des procédures collectives
- **Schématiser** les procédures applicables en fonction du degré de la difficulté rencontrée
- **Déterminer** l'issue d'une procédure collective

Savoirs associés

- La procédure de sauvegarde (finalités, acteurs, issue)
- Le redressement et la liquidation judiciaire (finalités, initiatives, acteurs, durée, issues)

PLAN DU CHAPITRE

Cours : 1. Les caractéristiques communes aux différentes procédures • 2. La procédure de sauvegarde • 3. La procédure de redressement judiciaire • 4. La procédure de liquidation judiciaire

Des savoirs aux compétences : Évaluer les savoirs • Maîtriser les compétences • Préparer l'épreuve

Synthèse

Le traitement des difficultés de l'entreprise peut nécessiter le recours à la justice dans le cadre d'une procédure collective. L'entreprise est placée sous le contrôle du juge et le règlement des créanciers s'effectue collectivement. Selon la situation financière de l'entreprise, plusieurs procédures peuvent être mises en œuvre. La sauvegarde concerne les entreprises en difficulté, sans être en cessation des paiements. Le redressement judiciaire s'applique aux entreprises en cessation des paiements dont le redressement est encore possible. La liquidation judiciaire s'adresse aux entreprises en cessation des paiements qui ne peuvent plus se redresser.

MOTS-CLÉS

Administrateur judiciaire • Créanciers antérieurs • Créanciers postérieurs • Juge-commissaire • Jugement d'ouverture • Liquidation judiciaire • Mandataire judiciaire • Période d'observation • Redressement judiciaire • Sauvegarde

1 Les caractéristiques communes aux procédures

Champ d'application. Les procédures de traitement des difficultés s'appliquent à toute personne physique exerçant une activité commerciale, artisanale, agricole, professionnelle indépendante ainsi qu'à toute personne morale de droit privé.

Tribunal. Pour ouvrir une procédure, il faut saisir le tribunal compétent : tribunal de commerce (entreprises commerciales et artisanales), tribunal judiciaire (autres cas). Des tribunaux de commerce spécialisés sont compétents pour les procédures relatives aux entreprises dépassant certains seuils (plus de 250 salariés et 20 M€ de CA ou CA supérieur à 40 M€). Le tribunal prononce un **jugement d'ouverture** qui indique le type de procédure engagée, selon la situation de l'entreprise.

Procédure collective. Ces procédures sont qualifiées de « collectives » car, lorsqu'une procédure est ouverte, elle concerne tous les créanciers de l'entreprise, qui perdent le droit d'agir individuellement, et dont le traitement égalitaire est garanti.

Publicité. Le jugement d'ouverture est publié au RCS (commerçants), ou au RNE (autres cas), dans un support habilité à recevoir des annonces légales (SHAL) et au Bodacc.

Acteurs de la procédure. Ils sont désignés par le tribunal dans le jugement d'ouverture (tab. 21.1).

Tableau 21.1. Acteurs des procédures collectives

	Nomination et missions	Procédures concernées
Juge-commissaire	• Nommé par le tribunal • Chargé de veiller au déroulement rapide de la procédure, à la protection des intérêts en présence et de surveiller l'administration de l'entreprise pendant la procédure	• Sauvegarde • Redressement judiciaire • Liquidation judiciaire
Mandataire judiciaire	• Nommé par le tribunal • Chargé de représenter les créanciers	• Sauvegarde • Redressement judiciaire
Représentant des salariés	• Désigné par le CSE (ou, à défaut, par les salariés) • Chargé de représenter les salariés	• Sauvegarde • Redressement judiciaire • Liquidation judiciaire
Administrateur judiciaire	• Nommé par le tribunal (facultatif si moins de 20 salariés et moins de 3 000 000 € de CAHT) • Chargé d'assister le chef d'entreprise dans sa gestion pendant la période d'observation et de préparer le plan après avoir établi le bilan économique et social	• Sauvegarde • Redressement judiciaire
Commissaire à l'exécution du plan	• Nommé par le tribunal • Chargé de veiller à la bonne exécution du plan et de répartir les fonds entre les créanciers	• Sauvegarde • Redressement judiciaire

	Nomination et missions	Procédures concernées
Liquidateur	• Nommé par le tribunal • Chargé d'exercer les droits sur le patrimoine de l'entreprise, de céder les biens de l'entreprise et de répartir les fonds entre les créanciers	Liquidation judiciaire

→ COMMENTAIRE DE DOCUMENT 7

2 La procédure de sauvegarde

Jugement d'ouverture → Période d'observation → Jugement déterminant le plan de sauvegarde → Exécution du plan

A) L'ouverture de la procédure

1. La situation financière de l'entreprise

Est concernée par la procédure de **sauvegarde** toute entreprise qui rencontre des difficultés de quelque nature que ce soit, qu'elle ne peut surmonter seule, mais qui n'est pas encore en cessation des paiements. La situation financière de l'entreprise n'est pas encore préoccupante mais ses difficultés pourraient, à terme, menacer la continuité de son activité.

2. Les finalités de la procédure

La procédure de sauvegarde a pour objectif de permettre à l'entreprise de se réorganiser afin de revenir rapidement à une situation économique saine. Sous le contrôle du juge, des solutions sont adoptées pour que l'entreprise puisse poursuivre son activité, maintenir ses emplois et régler ses dettes.

3. L'initiative de la procédure

Seul l'entrepreneur individuel ou le dirigeant de la personne morale peut demander au tribunal l'ouverture de la procédure. La demande, écrite, mentionne les difficultés rencontrées par l'entreprise, les raisons pour lesquelles elle ne parvient pas à les surmonter et précise sa situation financière.

B) Le déroulement de la procédure

1. La gestion de l'entreprise en période d'observation

Période d'observation. Il s'agit d'une phase d'évaluation de la situation de l'entreprise, permettant de déterminer les mesures adaptées, qui seront finalisées ensuite dans le plan de sauvegarde. Elle débute à la date du jugement d'ouverture, qui fixe sa durée (maximum 6 mois, renouvelable une fois à la demande de l'entreprise ou de l'administrateur).

Gestion de l'entreprise. L'entreprise poursuit son activité et sa gestion est assurée par le dirigeant. L'**administrateur judiciaire** exerce la mission fixée par le tribunal : soit une mission de surveillance, soit une mission d'assistance (tab. 21.2).

Tableau 21.2. **Rôles respectifs du dirigeant et de l'administrateur judiciaire**

Dirigeant	Administrateur judiciaire
Exercice de ses pouvoirs de gestion avec deux limites : • interdiction de payer les créances antérieures et les créances postérieures non privilégiées ; • autorisation préalable du juge-commissaire pour les actes de disposition ne relevant pas de la gestion courante (ex. : vente de biens autres que des marchandises).	• Surveillance de la gestion (contrôle *a posteriori* des actes du dirigeant) *ou* assistance du dirigeant dans sa gestion (cosignature des actes) • Inopposabilité des actes passés par le dirigeant seul (sauf les actes de gestion courante avec des cocontractants de bonne foi, présumés valables)

2. Le sort des contrats en cours d'exécution

Option. En principe, les contrats en cours au moment du jugement d'ouverture sont poursuivis. L'administrateur (ou, à défaut, le chef d'entreprise sur accord du mandataire judiciaire) dispose d'une option pour la continuation ou la renonciation (si le contrat n'est pas nécessaire à l'activité ou s'il représente une charge financière trop lourde) (fig. 21.1). Les contrats de travail se poursuivent automatiquement.

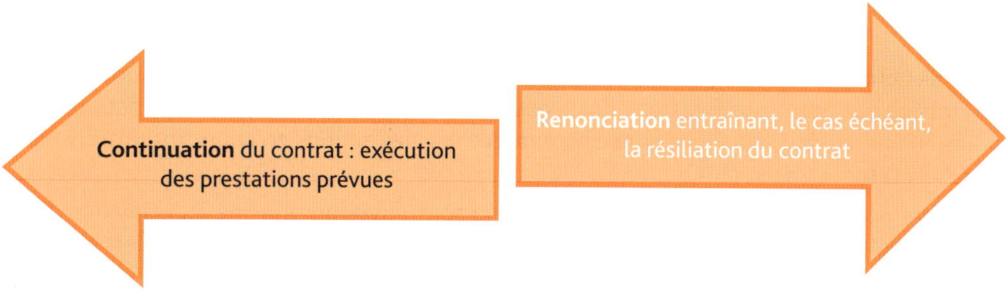

Figure 21.1. **Options sur les contrats en cours**

3. La situation des créanciers

Distinction entre les créanciers. Selon la date et la nature de leur créance, les créanciers sont soumis à des règles différentes (tab. 21.3).

Tableau 21.3. **Catégories de créanciers**

Créanciers antérieurs	Créances nées avant le jugement d'ouverture
Créanciers postérieurs non privilégiés	Créances nées après le jugement d'ouverture, non utiles à l'activité ou à la procédure
Créanciers postérieurs privilégiés	Créances nées après le jugement d'ouverture, utiles à l'activité ou à la procédure (ex. : prix correspondant à la fourniture de marchandises, entretien du matériel de production, créances d'impôts et charges sociales liées à l'activité en période d'observation, honoraires du mandataire judiciaire)

Déclaration des créances. L'entreprise communique, au début de la procédure, au mandataire judiciaire la liste de ses créanciers. Les **créanciers antérieurs** et **postérieurs** non privilégiés doivent déclarer leur créance. À défaut, elle devient inopposable à l'entreprise (forclusion). Le créancier ne pourra dans ce cas obtenir aucun paiement au cours de la procédure ni à l'issue du plan de sauvegarde, si l'entreprise l'a exécuté intégralement. Si le défaut de déclaration n'est pas dû au créancier, celui-ci peut demander au **juge-commissaire** un relevé de forclusion afin de déclarer sa créance.

Admission ou rejet des créances. Une fois déclarée, chaque créance est vérifiée par le mandataire judiciaire, puis examinée par le juge-commissaire qui décide de l'admettre ou de la rejeter (fig. 21.2).

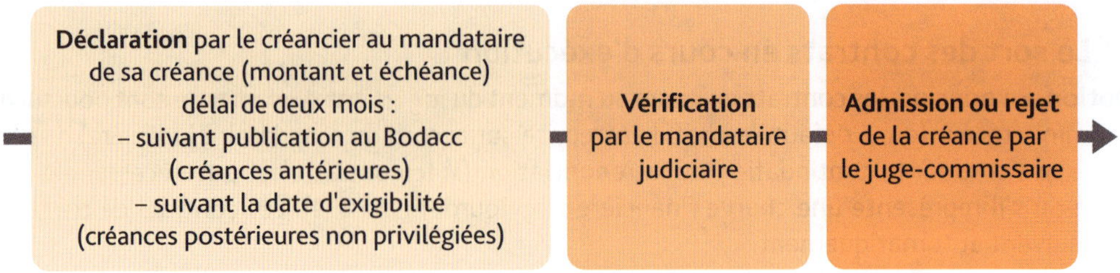

Figure 21.2. **Déclaration et admission des créances**

Droits des créanciers antérieurs et postérieurs non privilégiés. Ces créanciers ont des droits restreints en **période d'observation** : ils ne peuvent obtenir aucun paiement, les actions individuelles en paiement contre l'entreprise sont interdites ; les actions en cours, interrompues. Les intérêts de retard ne sont plus dus.

Créanciers postérieurs privilégiés. Ces créanciers sont payés en principe à l'échéance de leur créance. À défaut, le créancier doit informer l'administrateur judiciaire du non-paiement. Il sera alors payé à l'issue de la procédure en priorité, avant les créanciers antérieurs et postérieurs non privilégiés.

Exemple

- La société HIX fait l'objet d'une procédure de sauvegarde depuis le 1er mars. Au cours de la période d'observation, son fournisseur, E-GREK, lui a vendu un stock de marchandises pour un montant de 8 500 €, payable au 15 juin. Si la société ne dispose pas de la trésorerie nécessaire pour payer cette facture à l'échéance, le fournisseur E-GREK devra informer l'administrateur judiciaire du non-paiement de sa créance et sera remboursé en priorité.

Apport en trésorerie. Certains créanciers effectuent un apport en trésorerie à l'entreprise (ex. : prêt, apport en compte courant d'associé) afin de soutenir son activité pendant la période d'observation ou pour faciliter l'exécution du plan. Ces créanciers bénéficient d'un privilège ; ils seront payés avant tous les autres créanciers (sauf les salariés). Ils ne pourront en aucun cas se voir imposer des délais de paiement.

4. La revendication de biens dont l'entreprise n'est pas propriétaire

Si, au début de la procédure, l'entreprise détient un bien dont elle n'est pas propriétaire (ex. : marchandises vendues avec une clause de réserve de propriété et non intégralement payées) le propriétaire peut revendiquer son bien auprès de l'administrateur judiciaire dans les 3 mois du jugement d'ouverture. À défaut, son droit de propriété devient inopposable.

C) L'issue de la procédure

Le tribunal met fin à la procédure au terme de la période d'observation en déterminant le plan permettant de sauvegarder l'entreprise.

1. L'élaboration du plan de sauvegarde

Bilan économique et social. Pour prendre sa décision, le tribunal doit être informé de la situation de l'entreprise. Si un administrateur judiciaire a été nommé, il est chargé d'établir un bilan économique et social précisant l'origine, la nature et l'importance des difficultés de l'entreprise.

Projet de plan. L'entreprise (avec l'aide de l'administrateur, s'il en existe) élabore un projet de plan contenant les perspectives de redressement de l'entreprise, les modalités de règlement des créanciers, les perspectives d'emploi et les licenciements à prévoir, les propositions d'arrêt d'une partie de l'activité ou les offres d'acquisition de branche autonome d'activité.

Consultation des créanciers. Chaque créancier exprime son accord ou son refus des propositions de remise de dettes et de délai de paiement. Dans les entreprises de taille importante (plus de 250 salariés ou 20 M€ de CA ou plus de 40 M€ de CA), les créanciers sont regroupés par classes, en fonction de leurs intérêts communs (détenteurs de capitaux, créanciers disposant de sûretés réelles, autres créanciers, etc.). Chaque classe vote séparément les propositions du plan.

2. L'adoption du plan de sauvegarde

Jugement. À l'issue de la période d'observation, le tribunal adopte le plan s'il permet la sauvegarde de l'entreprise. Il vérifie que les intérêts des créanciers et leur égalité de traitement sont respectés.

Contenu. Le plan contient différentes mesures permettant la sauvegarde de l'entreprise (tab. 21.4).

Tableau 21.4. Contenu du plan de sauvegarde

Exemples de mesures de restructuration de l'entreprise	Exemples de mesures d'apurement du passif
• Arrêt d'une partie de l'activité • Cession d'une branche autonome d'activité • Cession isolée d'éléments d'actifs • Vente, sur autorisation du tribunal, de biens nécessaires à l'activité pendant la durée du plan (biens inaliénables, en principe) • Licenciements pour motif économique	• Remises de dettes et délais de paiement accordés par les créanciers • Délai de paiement uniforme pouvant être imposé par le tribunal aux créanciers qui ont refusé les propositions • Exception : créances payables sans remise ni délai : salaires, créances de faible montant (inférieur à 500 €, dans la limite de 5 % des créances) et créances bénéficiant d'un privilège pour apport en trésorerie et du privilège de conciliation (↳ chapitre 20)

Mesures nécessitant une modification des statuts de la société. Elles doivent au préalable être approuvées par les associés (ex. : augmentation ou réduction du capital social).

Personnes physiques codébitrices avec l'entreprise ou lui ayant apporté leur garantie (ex. : cautionnement). Elles bénéficient des délais et remises prévus par le plan.

3. L'exécution du plan de sauvegarde

Commissaire à l'exécution du plan. Nommé par le tribunal, il est chargé de veiller à sa bonne exécution. Il respecte les dispositions du plan et paye les créanciers.

Modification. Le tribunal peut modifier le plan de sauvegarde en cours d'exécution si la situation de l'entreprise s'est améliorée ou si elle requiert des mesures complémentaires.

Inexécution par l'entreprise de ses engagements. À la demande d'un créancier ou du commissaire à l'exécution du plan, le tribunal peut prononcer la résolution du plan. Les délais de paiement et remises accordés sont annulés, mais les paiements déjà effectués restent acquis. Parallèlement, le tribunal peut décider l'ouverture d'une procédure de redressement judiciaire ou de liquidation judiciaire, si l'entreprise est en cessation des paiements. Dans ce cas, les créanciers n'ont pas à déclarer à nouveau leur créance.

FOCUS La procédure de sauvegarde accélérée (PSA)

Entreprises concernées. Est éligible à la procédure de sauvegarde accélérée toute entreprise, dont les comptes sont certifiés par un CAC ou établis par un expert-comptable, engagée dans une procédure de conciliation et ayant négocié un plan – soutenu par la plupart des créanciers – permettant d'assurer sa pérennité. L'entreprise ne doit pas être en cessation des paiements depuis plus de 45 jours.

Déroulement. La procédure est ouverte sur rapport du conciliateur. Elle n'a d'effet que pour les créanciers affectés initialement par la conciliation. Le projet de plan est soumis au vote des créanciers, regroupés en « classes » selon leurs intérêts respectifs. Le tribunal détermine le plan dans les 2 mois suivant le jugement d'ouverture.

→ APPLICATION 2 • COMMENTAIRE DE DOCUMENT 6 • COMMENTAIRE DE DOCUMENT 7

3 La procédure de redressement judiciaire

A) L'ouverture de la procédure

Situation de l'entreprise. La procédure de redressement judiciaire s'applique à toute entreprise se trouvant en cessation des paiements (↪ chapitre 20) mais dont le redressement paraît possible.

Finalités de la procédure. Elle a pour but de permettre à l'entreprise de poursuivre son activité, maintenir l'emploi et régler ses créanciers, afin d'éviter une aggravation de la situation qui mènerait à sa disparition.

Initiative de la procédure. La procédure peut être ouverte à l'initiative de différents acteurs (tab. 21.5).

Tableau 21.5. Différentes possibilités d'ouverture de la procédure

À la demande de l'entreprise	Obligation pour le dirigeant de demander l'ouverture dans les 45 jours de la cessation des paiements (sauf s'il décide de demander l'ouverture d'une procédure de conciliation)
À la demande d'un créancier	Tout créancier dont la créance est exigible

À la demande du procureur de la République	Lorsqu'il est informé de la situation de l'entreprise, par exemple par le président du tribunal ou par les représentants du personnel
Sur décision du tribunal	Par conversion d'une autre procédure en cours (conciliation, sauvegarde)

Date de la cessation des paiements. Le jugement d'ouverture fixe la date de la cessation des paiements. Par défaut, elle correspond à la date du jugement d'ouverture. Mais le tribunal peut retenir une autre date antérieure, au plus 18 mois auparavant, ou si l'entreprise a fait l'objet d'une conciliation, au plus à la date d'homologation de l'accord.

Période suspecte. C'est la période comprise entre la date de cessation des paiements et le jugement d'ouverture pendant laquelle les actes passés diminuant l'actif de l'entreprise risquent d'être annulés par le juge. La nullité est automatique pour certains actes (donation, remise de dette, paiement d'une dette non échue, contrat déséquilibré au détriment de l'entreprise) et facultative pour d'autres (paiement de dette échue, acte à titre onéreux) si le cocontractant avait connaissance de la cessation des paiements.

B) Le déroulement de la procédure

Application des règles de la sauvegarde. Les règles relatives au déroulement de la procédure de sauvegarde sont applicables au redressement judiciaire.

Gestion de l'entreprise. Des règles spécifiques s'appliquent en cas de redressement judiciaire. Le tribunal fixe la mission de l'administrateur judiciaire : soit une mission d'assistance, soit une mission de représentation (tab. 21.6).

Tableau 21.6. Rôles respectifs du dirigeant et de l'administrateur judiciaire

Gestion par le dirigeant, assisté par l'administrateur judiciaire	• Exercice par le dirigeant des pouvoirs de gestion sous certaines limites : – interdiction de payer les créances antérieures et les créances postérieures non privilégiées ; – autorisation préalable du juge-commissaire pour les actes de disposition ne relevant pas de la gestion courante ; • Mission d'assistance de l'administrateur judiciaire (cosignature des actes de gestion)
Gestion par l'administrateur judiciaire, représentant le dirigeant	• Dessaisissement du dirigeant de tout ou partie de ses pouvoirs de gestion sur décision du tribunal • Gestion assurée par l'administrateur judiciaire à la place du dirigeant

Sanction. Les actes passés par le dirigeant en violation de la mission d'assistance ou de représentation de l'administrateur judiciaire sont inopposables à la procédure, sauf les actes de gestion courante avec des cocontractants de bonne foi, présumés valables.

C) L'issue de la procédure

Les règles relatives à la sauvegarde sont applicables au redressement judiciaire, sauf dispositions spécifiques.

1. Le plan de redressement

Si l'entreprise ne peut assurer elle-même son redressement, le tribunal peut décider sa cession totale.

Le tribunal peut écarter les dirigeants en conditionnant l'adoption du plan à leur remplacement. Il peut aussi interdire la cession de leurs droits sociaux ou imposer une cession forcée. Parallèlement, il peut sanctionner le comportement fautif des dirigeants personnes physiques par une interdiction de gérer.

2. La restriction des droits des associés

Si les capitaux propres sont inférieurs à la moitié du capital social, et que les associés refusent de les reconstituer, le tribunal peut désigner un mandataire chargé de convoquer l'assemblée et de voter à la place des opposants.

→ CAS 3 • CAS 4 • COMMENTAIRE DE DOCUMENT 7

4 La procédure de liquidation judiciaire

Jugement d'ouverture de la procédure → Arrêt de l'activité → Vente des biens de l'entreprise par le liquidateur → Répartition des fonds entre les créanciers → Jugement de clôture de la procédure

A) L'ouverture de la procédure

Situation de l'entreprise. La procédure de **liquidation judiciaire** s'applique à toute entreprise en cessation des paiements et qui ne peut manifestement se redresser soit parce que la poursuite de l'activité est impossible, soit parce qu'elle n'a pas les moyens de se rétablir seule.

Finalités de la procédure. Elle a pour objectif soit de mettre fin définitivement à l'activité de l'entreprise et de vendre ses actifs pour permettre le règlement du passif, soit de réaliser la cession de l'entreprise à un tiers qui en reprendra l'activité, afin d'éviter sa disparition, le prix de cession permettant de régler le passif.

Initiative de la procédure, date de la cessation des paiements et période suspecte. Les règles de la procédure de redressement judiciaire sont applicables à la liquidation judiciaire.

B) Le déroulement de la procédure

1. L'activité de l'entreprise

Arrêt. En principe, la liquidation judiciaire met fin à l'activité de l'entreprise.

Maintien provisoire de l'activité. Lorsqu'une cession de l'entreprise est envisagée ou parce que l'intérêt public ou l'intérêt des créanciers le justifie, le tribunal peut décider le maintien de l'activité pour trois mois maximum (renouvelable une fois). Dans ce cas, la gestion de l'entreprise est confiée au liquidateur (ou à un administrateur judiciaire si l'entreprise compte plus de 20 salariés ou 3 000 000 € de CAHT).

Contrats en cours au jour du jugement d'ouverture. Ils ne prennent pas automatiquement fin. Le liquidateur choisit de les continuer ou de les résilier.

2. L'exercice des droits sur le patrimoine de l'entreprise

Dès le jugement d'ouverture, l'entrepreneur personne physique ou le dirigeant de la personne morale ne peut plus passer d'actes d'administration ni d'actes de disposition sur l'ensemble du patrimoine. Il est représenté par le liquidateur qui exerce ses droits à sa place (sanction par l'inopposabilité de l'acte).

3. La cession des actifs de l'entreprise

Cession isolée. Si l'entreprise est condamnée à disparaître, les biens sont cédés séparément par le liquidateur, après autorisation du juge-commissaire.

Cession globale. Si la reprise de l'entreprise par un tiers est envisagée, un plan de cession (fig. 21.4) portant sur la cession totale de l'entreprise ou sur la cession partielle d'une ou plusieurs branches autonomes d'activité est élaboré, puis adopté par le tribunal.

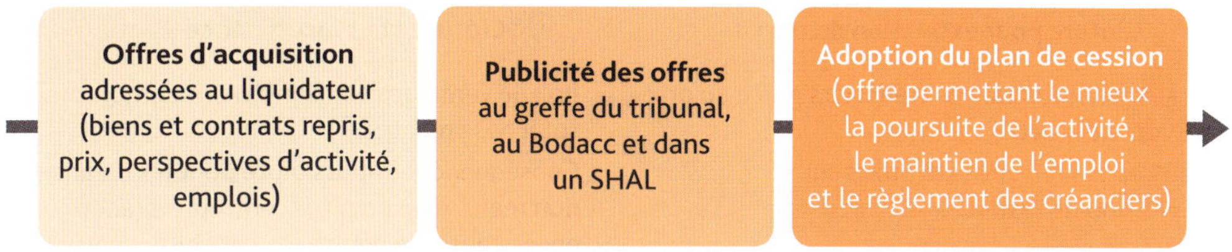

Figure 21.4. Cession de l'entreprise

Le repreneur doit payer le prix de cession. Il doit conserver les biens acquis dans son patrimoine jusqu'au complet paiement du prix ou jusqu'à une date ultérieure fixée par le tribunal. En cas d'inexécution par le repreneur, le tribunal peut décider la résolution du plan.

4. Le règlement des créanciers

L'ouverture de la procédure rend, par principe, les créances immédiatement exigibles. Les créanciers doivent déclarer leurs créances au liquidateur qui les vérifie. Elles sont ensuite admises ou rejetées par le juge-commissaire. Les créances ne peuvent plus être payées directement, les créanciers ne peuvent plus agir en justice contre l'entreprise et les actions en cours sont interrompues.

Le liquidateur répartit le prix de vente des actifs entre les créanciers selon un ordre déterminé, les créanciers chirographaires étant payés en dernier, au prorata de leurs créances si les fonds sont insuffisants (tab. 21.7).

Tableau 21.7. Ordre de paiement des créanciers

Vente d'immeuble	Vente d'un bien meuble
1. Salariés superprivilégiés 2. Créanciers bénéficiant du privilège de conciliation (↪ chapitre 20) 3. Créanciers antérieurs bénéficiant d'une hypothèque sur l'immeuble vendu 4. Créanciers ayant effectué un apport en trésorerie dans le cadre d'une procédure de sauvegarde ou de redressement judiciaire antérieure 5. Créanciers postérieurs privilégiés 6. Autres créanciers	1. Salariés superprivilégiés 2. Créanciers bénéficiant du privilège de conciliation (↪ chapitre 20) 3. Créanciers ayant effectué un apport en trésorerie dans le cadre d'une procédure de sauvegarde ou de redressement judiciaire antérieure 4. Créanciers postérieurs privilégiés 5. Autres créanciers

En cas de conversion d'une procédure de sauvegarde ou de redressement judiciaire en liquidation judiciaire, les créances nées au cours de ces procédures sont assimilées à des créances postérieures privilégiées.

C) L'issue de la procédure

1. Le jugement de clôture

Le tribunal met fin à la procédure par un jugement de clôture. Deux hypothèses sont à envisager (tab. 21.8).

Tableau 21.8 Clôture de la liquidation

Clôture pour extinction du passif	Clôture pour insuffisance d'actif
• Règlement intégral des créanciers grâce au prix de vente des actifs • L'entreprise retrouve ses droits sur le patrimoine restant	• Prix de vente des actifs inférieur au montant total des créances • Conséquence : impossibilité pour les créanciers non réglés d'agir contre l'entreprise (action encore possible contre les codébiteurs ou les personnes ayant apporté leur garantie à l'entreprise)

2. La mise en cause de l'entrepreneur individuel ou du dirigeant de la personne morale

Lorsque la liquidation judiciaire est clôturée pour insuffisance d'actif, le tribunal peut condamner l'entrepreneur individuel ou le dirigeant de droit ou de fait (↪chapitre 4) de la personne morale liquidée.

FOCUS La procédure de liquidation judiciaire simplifiée

La procédure simplifiée s'applique aux entreprises de petite taille :
– entrepreneur individuel ne possédant aucun bien immobilier (à l'exception de sa résidence principale, insaisissable)
– ou personne morale ne possédant aucun bien immobilier et comptant au plus cinq salariés au cours des 6 mois précédant le jugement d'ouverture et au plus 750 000 € de CAHT :
Dans tous les cas, le liquidateur vérifie seulement les créances liées au contrat de travail et celles qui pourront être payées. Après avoir vendu les biens de l'entreprise, il établit un projet de répartition des fonds entre les créanciers, soumis à publicité et pouvant être contesté. Le tribunal clôture la procédure au plus tard 6 mois après l'ouverture ou au plus tard un an après l'ouverture pour les entreprises comptant plus d'un salarié et plus de 300 000 € de CAHT.

→ CAS 5

1 Quiz

Vérifiez l'exactitude des propositions ci-après et justifiez-les.

	Vrai	Faux
1. La procédure de sauvegarde concerne les entreprises qui rencontrent des difficultés, mais qui ne sont pas en cessation des paiements.	☐	☐
2. Dans le cadre d'une procédure de sauvegarde, l'administrateur judiciaire gère l'entreprise à la place du dirigeant.	☐	☐
3. Aucun créancier ne peut être payé pendant la période d'observation.	☐	☐
4. Les créanciers sont consultés avant l'adoption du plan de sauvegarde.	☐	☐
5. Le plan de sauvegarde prévoit le paiement des créanciers dans l'ordre d'échéance de leur créance.	☐	☐
6. L'ouverture de la procédure de redressement judiciaire peut être demandée par un créancier.	☐	☐
7. Le plan de redressement peut prévoir la cession totale de l'entreprise.	☐	☐
8. Le liquidateur a pour mission de vendre les biens de l'entreprise.	☐	☐
9. En liquidation, l'entrepreneur individuel ou le dirigeant de la personne morale ne peut plus exercer de droits sur le patrimoine de l'entreprise.	☐	☐
10. À la clôture de la liquidation judiciaire, les créanciers sont tous remboursés.	☐	☐

2 SARL Micropièces ★★★

La SARL Micropièces a pour activité le découpage à façon de pièces en inox. Par jugement du 5 janvier N, elle a été placée en procédure de sauvegarde, avec une période d'observation de 6 mois.

Selon la nature et la date de leur créance, qualifiez juridiquement les créanciers ci-après en justifiant votre réponse :

- cotisations dues à l'Urssaf au titre du mois de février N (échéance 15/3/N) ;
- facture de la société NordAcier pour la livraison de 2 t d'inox (échéance 1/11/N–1) ;
- à la suite de la décision du conseil de prud'hommes du 10/2/N, indemnité due à Leo Tardi, un ancien salarié, avec qui la SARL Micropièces était en litige ;

- honoraires du premier trimestre de Me Jules Lemarchand, administrateur judiciaire (échéance 30/4/N) ;
- prime d'assurance du premier semestre N du camion de la société due à l'assureur Betaplus (échéance 15/1/N).

Évaluer les savoirs | Maîtriser les compétences | Préparer l'épreuve

3 Cas : SPA et Compagnie ★★★

Compétences attendues

- **Présenter** les acteurs des procédures collectives
- **Schématiser** les procédures applicables en fonction du degré de la difficulté rencontrée

En vous appuyant sur vos connaissances, répondez aux questions ci-après portant sur le document.

1. *Présentez les missions respectives de Me Thomas Levert et de Me Pierre Harmon.*
2. *Expliquez la différence entre les dates du jugement d'ouverture et de la cessation des paiements. Évaluez les conséquences juridiques de cette situation.*

Document

Annonce Bodacc, 25 octobre 2018

Numéro RCS : 791 818 917 RCS Cannes

Dénomination : SPA et Compagnie

Forme : société à responsabilité limitée à associé unique

Activité : installation de spa, entretien, réparation, service après-vente

Adresse du siège social : 12 rue de la Cathédrale 47000 Agen

Jugement d'ouverture d'une procédure de redressement judiciaire

Date : 16 octobre 2018

Fixant la date de cessation des paiements au 16 avril 2017, désignant administrateur Me Thomas Levert, 1 place Foch à Agen, avec les pouvoirs d'assistance, mandataire judiciaire Me Pierre Harmon 43 route Nationale à Montauban. Les créances sont à déclarer, dans les 2 mois de la présente publication, auprès du mandataire judiciaire.

4 Cas : Textilor ★★★

Compétence attendue

Identifier les conditions d'engagement d'une procédure collective

La SAS Textilor fabrique des vêtements qu'elle commercialise auprès de magasins de détail. Elle emploie 60 salariés. Elle subit une forte concurrence d'entreprises étrangères qui produisent à un coût très inférieur. Ses clients (essentiellement des commerçants indépendants) connaissent eux aussi des difficultés. Elle a perdu 25 % de ses clients au cours des 5 dernières années.

Elle décide de réorienter son activité et de produire des vêtements de sport dans des matériaux innovants. Elle a réalisé pour cela d'importants investissements (acquisition d'un brevet, d'une nouvelle machine, formation des salariés), financés pour la plus grande partie par un emprunt bancaire. Pour écouler cette nouvelle production, Textilor était en négociation avec une chaîne d'hypermarchés, qui a finalement renoncé à passer contrat. Le président de Textilor reste néanmoins confiant, la conjoncture étant à nouveau favorable. Au 31 mars, Textilor n'a pu régler les cotisations sociales à l'Urssaf, le remboursement de l'emprunt, le loyer de ses locaux, pour un montant total de 150 000 €, le solde de son compte en banque étant de 20 000 € et la banque lui refusant tout crédit supplémentaire.

Identifiez la procédure applicable à la société Textilor. Précisez les démarches à effectuer par le président de Textilor.

5 Cas : Garage Clément ★★★

Compétences attendues

- **Schématiser** les procédures applicables en fonction du degré de la difficulté rencontrée
- **Déterminer** l'issue d'une procédure collective

Marc Clément a créé, avec Luc Digne, la SARL Autopro afin d'exploiter un garage automobile. La SARL a été placée en redressement judiciaire le 15 septembre N, puis en liquidation judiciaire le 1er juin N+1. Laurence Hirou a été nommée liquidateur.

Les créances suivantes ont été admises :

- facture d'électricité : 500 € ;
- solde de l'emprunt à la Banque de l'Ouest : 53 000 € ;
- honoraires du liquidateur : 1 000 € ;
- facture de la société Pento (échéance au 31 août N+1) : 1 500 € ;
- salaires des mois d'avril et mai N+1 des deux salariés : 6 000 € ;
- apport en compte courant d'associé de Luc Digne au 1er octobre N : 2 000 €.

Marc Clément pense avoir trouvé un acheteur pour le matériel professionnel, ce qui lui permettrait de rembourser à Luc Digne son apport en compte courant d'associé.

Vos missions

1. *Déterminez si Marc Clément peut réaliser cette opération.*

Les actifs de la SARL ont été vendus dans les conditions suivantes :

- le local professionnel (acquis grâce à l'emprunt auprès de la Banque de l'Ouest, garanti par une hypothèque), au prix de 56 000 € ;
- le matériel professionnel, au prix de 7 000 €.

Le dirigeant de la société Pento, elle-même en difficulté, se demande si sa facture sera intégralement acquittée.

2. *Déterminez l'issue de la procédure pour les différents créanciers.*

Évaluer les savoirs | Maîtriser les compétences | Préparer l'épreuve

6 Commentaire de document : Marc Béro ★★★

30 min

Compétences attendues

- **Schématiser** les procédures applicables en fonction du degré de la difficulté rencontrée
- **Présenter** les acteurs des procédures collectives

Rendez-vous MÉTHODE 3 et 4

Marc Bero exploite, en tant qu'entrepreneur individuel, un *escape game*. Malgré les efforts déployés pour fidéliser sa clientèle, celle-ci reste insuffisante. En N–1, il employait 2 salariés et son CA était de 256 000 €. Une procédure de sauvegarde a été ouverte à son égard par jugement du tribunal de commerce de Nantes du 2 juin N. Un nouveau jugement le concernant est prononcé le 2 décembre N. Il est joint au dossier documentaire.

Vos missions

1. *Caractérisez la situation de Marc Béro à l'ouverture de la procédure de sauvegarde.*
2. *Expliquez le déroulement de la procédure entre le jugement du 2 juin et celui du 2 décembre, du point de vue de l'entreprise et du point de vue des créanciers.*
3. *Schématisez les étapes préalables à l'adoption du plan de sauvegarde.*
4. *Présentez le rôle de Me Sylvie Rouand.*
5. *Indiquez les conséquences d'un éventuel défaut de règlement de la troisième annuité par Marc Béro.*

Document

Tribunal de commerce de Nantes, jugement du 2 décembre N (extrait)

Dans la procédure de sauvegarde concernant Marc Béro, le tribunal adopte le plan de sauvegarde suivant :

Article 1. Les créances superprivilégiées, d'un montant total de 21 490 €, seront réglées immédiatement.

Article 2. Les autres créances admises définitivement, d'un montant total de 127 050 € seront réglées à 100 % selon huit annuités progressives :

2/12/N+1	1re annuité 5 %	2/12/N+5	5e annuité	15 %
2/12/N+2	2e annuité 5 %	2/12/N+6	6e annuité	15 %
2/12/N+3	3e annuité 15 %	2/12/N+7	7e annuité	15 %
2/12/N+4	4e annuité 15 %	2/12/N+8	8e annuité	15 %

Article 3. Le tribunal désigne Me Sylvie Rouand en qualité de commissaire à l'exécution du plan.

7 Commentaire de document : GrosBill ★★★

25 min

Compétences attendues

- **Identifier** les conditions d'engagement d'une procédure collective
- **Présenter** les acteurs des procédures collectives
- **Schématiser** les procédures applicables en fonction du degré de la difficulté rencontrée
- **Déterminer** l'issue d'une procédure collective

Rendez-vous MÉTHODE 2

En vous appuyant sur vos connaissances, répondez aux questions ci-après portant sur le document.

Vos missions

1. *Identifiez la procédure initialement ouverte à l'égard de GrosBill et caractérisez la situation de l'entreprise à l'ouverture.*
2. *Présentez le contenu du plan adopté à l'issue de cette procédure.*
3. *Identifiez la seconde procédure ouverte et justifiez sa mise en œuvre.*
4. *Précisez l'objectif de cette procédure.*
5. *Présentez les rôles de Florent Hunsinger et Christophe Thevenot.*

Document

GrosBill, la chute d'un pionnier du commerce sur Internet

Placée en redressement judiciaire le 1er octobre par le tribunal de commerce de Paris, [GrosBill] cherche un repreneur de façon urgente. Les candidats intéressés ont jusqu'au 24 octobre pour soumettre leur offre. Un symptôme supplémentaire de la concurrence particulièrement âpre qui fait souffrir toute la distribution, et de la recomposition qu'elle entraîne.

Florent Hunsinger, l'un des deux administrateurs judiciaires, avec Christophe Thevenot, se veut optimiste : « GrosBill est une marque forte, en plein rétablissement, pour laquelle nous avons déjà reçu des marques d'intérêt, souligne-t-il. Nous attendons plusieurs offres. » Si tout se passe bien, la cession pourrait être conclue avant décembre et les ventes de Noël.

Parmi les cinq ou six groupes en lice, un candidat fait figure de favori : LDLC, un autre grand nom du commerce de matériel informatique et de haute technologie sur Internet. [...]

L'histoire de GrosBill est celle d'un pionnier emporté par les tourbillons sur son marché. [...] Pendant des années, le site connaît un bel essor, [...]. Mais au fil du temps, le marché devient de plus en plus disputé, [...] La société se met à perdre beaucoup d'argent, et à hésiter sur sa stratégie. Vendu à Auchan en 2005, le site est repris en 2015 par Mutares, un fonds allemand spécialisé dans les entreprises en difficulté. [..]

Au bout de deux ans, Mutares passe la main à M. Boccon-Gibod. Dans le cadre d'une procédure de sauvegarde, ce dernier lance alors un plan draconien pour réduire les pertes, proches de 10 millions d'euros en 2016 comme en 2017. Sur les neuf magasins, ...

...

six sont fermés, pour ne conserver que les plus gros, à Paris, Colombes (Hauts-de-Seine) et Thiais (Val-de-Marne). Un plan social ramène l'effectif à 37 personnes, contre 144 quelques années plus tôt. Le nouveau patron réduit aussi l'offre, afin de se concentrer sur les produits rentables. Et il tente de se distinguer, par exemple en proposant aux acheteurs de reprendre leurs vieux ordinateurs, comme pour les voitures.

Résultat de cette cure d'amaigrissement, le chiffre d'affaires revient à 32 millions d'euros en 2017, une chute de 70 % en deux ans. Mais les pertes diminuent elles aussi très fortement. L'équilibre paraît proche. M. Boccon-Gibod négocie dans le même temps avec les créanciers, pour qu'ils acceptent d'abandonner une bonne partie de la dette.

Au cours de l'été, il doit se résoudre à l'évidence : le redressement reste trop faible. « Nous continuons de perdre un peu d'argent, si bien qu'il paraît impossible de sortir de la sauvegarde par le haut, en remboursant les créanciers, même de façon étalée, constate-t-il. J'ai tout essayé, mais cela n'a pas suffi... » Dans ces conditions, la seule issue consiste à saisir la justice pour chercher un repreneur. « Quelqu'un qui maintiendra la marque et les emplois », selon le profil esquissé par le fondateur.

Denis Cosnard, *Le Monde Économie*, 22 octobre 2018

SYNTHÈSE

L'entreprise en difficulté : les procédures de traitement

Les modalités des différentes procédures

	Sauvegarde	Redressement judiciaire	Liquidation judiciaire
Ouverture	• Champ : Difficultés insurmontables sans cessation des paiements • Finalités : réorganiser l'entreprise pour surmonter les difficultés et éviter la cessation des paiements • Initiative : demande de l'entreprise au tribunal	• Champ : Cessation des paiements et redressement possible • Finalités : permettre la poursuite de l'activité, le maintien de l'emploi et le règlement des créanciers • Initiative : demande de l'entreprise, d'un créancier ou du procureur	• Champ : Cessation des paiements et redressement impossible • Finalités : mettre fin à l'activité ou organiser la cession à un repreneur, en vendant les actifs pour régler le passif de l'entreprise • Initiative : demande de l'entreprise, d'un créancier ou du procureur
Principaux acteurs	• Juge-commissaire • Mandataire judiciaire • Administrateur judiciaire • Représentant des salariés • Commissaire à l'exécution du plan	• Juge-commissaire • Mandataire judiciaire • Administrateur judiciaire • Représentant des salariés • Commissaire à l'exécution du plan	• Juge-commissaire • Liquidateur • Représentant des salariés
Déroulement	• En période d'observation, gestion de l'entreprise par son dirigeant, surveillé ou assisté par un administrateur • Créanciers antérieurs et créanciers postérieurs non pirvilégiés : obligation de déclarer leur créance, qui sera vérifiée, puis admise ou rejetée • Créanciers postérieurs privilégiés : paiement à l'échéance	• Règles identiques à la procédure de sauvegarde • En période d'observation, gestion de l'entreprise par le dirigeant assisté par un administrateur *ou* par l'administrateur seul, le dirigeant perdant ses pouvoirs de gestion	• Activité de l'entreprise en principe arrêtée, maintien provisoire (3 mois max.) • Exercice, par le liquidateur, des droits sur le patrimoine • Cession des actifs de l'entreprise soit isolément par le liquidateur, soit dans le cadre d'un plan de cession adopté par le tribunal • Règlement des créanciers dans l'ordre de leurs privilèges

L'issue des procédures de sauvegarde et de redressement judiciaire

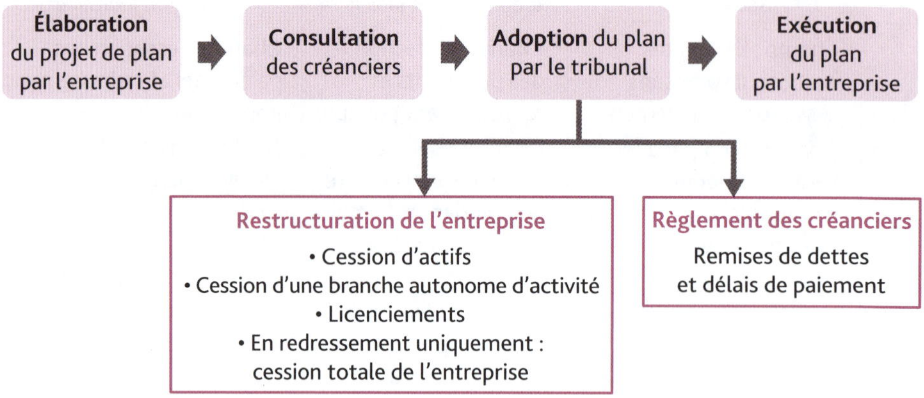

L'issue de la procédure de liquidation judiciaire

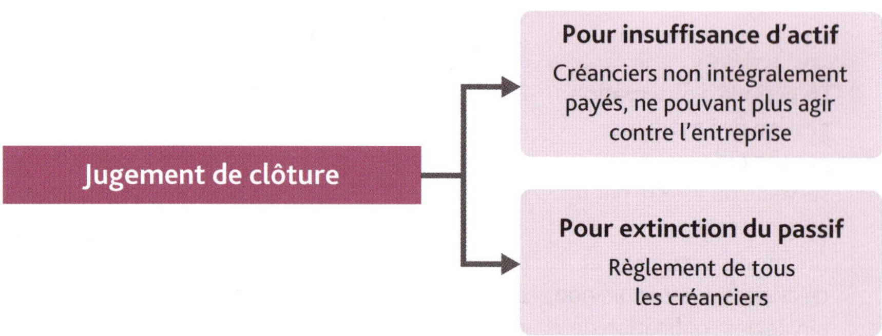

Dans les dossiers ci-après, la méthodologie du cas pratique est exigée, sauf mention contraire.

La SA XLOG, éditeur de logiciels, crée des logiciels et en assure la maintenance. Elle emploie 25 salariés et réalise un chiffre d'affaires hors taxes annuel d'environ 4 M€. Ses relations commerciales avec la région Grand-Est représentaient 30 % de son activité jusqu'à la fin décembre N–1, date d'échéance d'un contrat qui n'a pas été reconduit depuis. La SA XLOG a trouvé de nouveaux clients, sans toutefois compenser l'intégralité de la perte de ce marché. En janvier N, elle sollicite sa banque, Crédilor, pour obtenir un crédit qui lui permettrait de surmonter cette période difficile. Crédilor lui oppose à ce jour un refus. Rémi Muller, PDG de la SA XLOG, est découragé.

Au 31 mars N, la SA XLOG n'a pas été en mesure de régler le loyer de ses locaux, les charges sociales sur salaires, les impôts dus au titre du dernier exercice, le tout s'élevant à plusieurs dizaines de milliers d'euros, alors que son compte bancaire est seulement créditeur de quelques milliers d'euros.

Les créanciers se font insistants. L'un d'eux, la SARL Pac, fournisseur de matériel informatique, a assigné en justice la SA XLOG en paiement d'une facture de 15 000 €, demeurée impayée depuis 3 mois.

Rémi Muller reste optimiste quant à l'avenir de l'entreprise dont il envisage de réorienter l'activité vers la production de jeux vidéo. À cette fin, il prévoit de renouveler le parc informatique de la société : il vendrait le matériel actuel pour financer l'achat de nouveaux ordinateurs.

Une procédure a été ouverte le 1er septembre N à l'égard de la SA XLOG.

Dans le cadre de la préparation d'un plan, Rémi Muller a élaboré des propositions de délais de paiement qu'il a soumises à chaque créancier concerné. La SARL Pac a refusé la proposition émise par Rémi Muller car elle exige d'être payée dans les plus brefs délais.

Responsable administratif et financier de la SA XLOG, vous êtes sollicité par Rémi Muller pour répondre à différentes questions. Vous vous appuyez sur le dossier documentaire fourni.

1 Le choix d'une procédure adaptée

Rendez-vous MÉTHODE 3

Vos missions

1. *Identifiez la procédure qui pourrait permettre à la SA XLOG de trouver un terrain d'entente avec Crédilor.*
2. *Caractérisez la situation financière de la SA XLOG au 31 mars N et indiquez si elle permet l'ouverture de cette procédure.*
3. *À l'aide du document 1, identifiez la procédure engagée le 1er septembre N et précisez de qui émane l'initiative.*
4. *Présentez les acteurs intervenant dans la procédure et définissez leurs missions.*

2 Les effets de la procédure

Rendez-vous MÉTHODE 3

5. *Déterminez les conditions dans lesquelles la vente du matériel de la SA XLOG peut être décidée.*
6. *Indiquez l'effet de l'ouverture de la procédure pour la SARL Pac.*
7. *Analysez la position de la SARL Pac.*

DOSSIER DOCUMENTAIRE

Document 1

Extraits du jugement du 1er avril N+1 du tribunal de commerce de Rouen

Par jugement du 1er septembre N, le tribunal de commerce de Rouen a prononcé l'ouverture d'une procédure de redressement judiciaire à l'égard de la SA XLOG, sur demande du représentant de la société Rémi Muller, en sa qualité de directeur général. Le tribunal a désigné Maître Luc Mari en qualité de mandataire judiciaire, Maitre Isabelle Chamin en qualité d'administrateur judiciaire avec mission d'assistance et Monsieur Jean Nicolas en qualité de juge-commissaire.

La date de cessation des paiements a été fixée au 31 mars N.

La période d'observation a été ouverte pour une durée de six mois à compter du 1er septembre N.

La SA XLOG a présenté aux créanciers un plan de redressement présentant les caractéristiques suivantes :

Règlement dès l'arrêté du plan des créances dont le montant déclaré est inférieur à 500 euros et de la créance superprivilégiée des salariés.

Règlement des autres créances admises à hauteur de 100 % de leur montant en 8 échéances annuelles progressives

Ces propositions ont été notifiées aux créanciers.

Cinq créanciers représentant 80 % du passif ont répondu favorablement aux propositions.

Un créancier [la SARL PAC] a expressément refusé les propositions du plan.

Deux créanciers ont sollicité le règlement de leur créance inférieure à 500 € dès l'arrêté du plan.

Il ressort des éléments comptables présentés au tribunal que le résultat d'exploitation est compatible avec la charge financière résultant des propositions d'apurement du passif. La SA XLOG a par ailleurs présenté des prévisions d'activité optimistes.

Le plan proposé est par ailleurs accepté par la quasi-totalité des créanciers.

Le mandataire judiciaire ainsi que le juge-commissaire se sont déclarés favorables à l'arrêté du plan proposé.

En application de l'article L. 626-18 du Code de commerce et au regard des éléments exposés qui démontrent l'intérêt du plan proposé au regard des objectifs de maintien de l'activité, de l'emploi et d'apurement du passif, le délai de huit ans proposé sera imposé au créancier PAC ayant refusé les propositions.

...

…

Par ces motifs, le tribunal, statuant publiquement, arrête le plan de redressement de la SA XLOG.

Article 1er. La totalité de la créance superprivilégiée ainsi que les créances inférieures à 500 euros seront réglées dès l'arrêté de ce plan.

Article 2. Les autres créances seront réglées à 100 % selon 8 annuités progressives, les deux premières annuités correspondant chacune à 5 % de la créance, les 6 annuités suivantes à 15 %.

Le tribunal nomme Me Raphael Albret en tant que commissaire à l'exécution du plan.

Document 2

Article L. 626-18 du Code de commerce

Le tribunal donne acte des délais et remises acceptés par les créanciers dans les conditions prévues au deuxième alinéa de l'article L. 626-5 et à l'article L. 626-6. Ces délais et remises peuvent, le cas échéant, être réduits par le tribunal.

Le tribunal homologue les accords de conversion en titres acceptés par les créanciers dans les conditions prévues au troisième alinéa de l'article L. 626-5, sauf s'ils portent atteinte aux intérêts des autres créanciers. Il s'assure également, s'il y a lieu, de l'approbation des assemblées mentionnées à l'article L. 626-3.

Pour les créanciers autres que ceux visés aux premier et deuxième alinéas du présent article, lorsque les délais de paiement stipulés par les parties avant l'ouverture de la procédure sont supérieurs à la durée du plan, le tribunal ordonne le maintien de ces délais.

Dans les autres cas, le tribunal impose des délais uniformes de paiement, sous réserve du cinquième alinéa du présent article. Le premier paiement ne peut intervenir au-delà d'un délai d'un an. Le montant de chacune des annuités prévues par le plan, à compter de la troisième, ne peut être inférieur à 5 % de chacune des créances admises et, à compter de la sixième année, à 10 % sauf dans le cas d'une exploitation agricole.

CHAPITRE 22

La responsabilité pénale : théorie générale de l'infraction et procédure pénale

PROGRAMME

Compétences attendues	Savoirs associés
• **Identifier** la personne pénalement responsable, l'auteur et le complice • **Associer** une peine à une infraction (amende, emprisonnement…) • **Schématiser** les grandes étapes de la procédure pénale • **Mettre en évidence** les grandes règles de la procédure pénale	• Les éléments constitutifs de l'infraction • La classification des infractions : crime, délit, contravention • L'identification de la personne responsable : auteur, complice • La procédure pénale : action publique et action civile, instruction préparatoire, jugement et voie de recours, principes directeurs d'un procès

PLAN DU CHAPITRE

Dans le cadre de ses activités, la personne morale mais aussi le dirigeant peuvent voir leur responsabilité pénale mise en cause. Cette dernière a pour but la défense sociale et la garantie d'une forme de morale des affaires. Elle est parfois perçue comme limitant de manière trop importante la liberté d'entreprendre. Elle doit donc être entourée de nombreuses garanties et trouver un équilibre parfois délicat.

MOTS-CLÉS

Auteur • Complice • Effet dévolutif • Effet extinctif • Effet suspensif • Infraction • Instruction préparatoire • Jugement • Peine • Plainte • Prescription • Voie de recours

1 La classification et les éléments constitutifs de l'infraction

Définition

Une **infraction** consiste en la violation de la loi, résultant d'une action ou d'une omission d'une personne physique ou morale, frappée d'une sanction pénale en raison du trouble causé à l'ordre social.

A) La classification des infractions

1. La qualification

La loi ne précise pas à quelle catégorie appartient chaque infraction. Pour qualifier un comportement (tab. 22.1), il faut donc se référer à la peine prévue par les textes (tab. 22.2).

Tableau 22.1 Classification tripartite des infractions

	Contravention	Délit	Crime
Exemples	Le fait de ne pas satisfaire aux obligations de dépôt des comptes annuels	Les plus fréquents en droit des affaires : escroquerie, abus de biens sociaux, non-révélation de faits délictueux par le CAC…	Le faux en écriture publique (ex. : notaire constatant dans un acte des faits qu'il sait inexacts)
Détermination	Définie par le règlement	Défini par la loi	Défini par la loi
Juridiction	Compétence du tribunal de police	Compétence du tribunal correctionnel	Compétence de la cour d'assises (composée de 3 magistrats et 6 jurés populaires – crimes punis de plus de 20 ans de réclusion et procès en appel) ou de la cour criminelle (composée de magistrats professionnels uniquement – crimes punis de 15 à 20 ans de réclusion)

2. La peine

Définition

La **peine** est la sanction infligée à l'auteur de l'infraction ou à son complice par la juridiction pénale, conformément aux textes (peine prononcée).

La loi prévoit des peines maximum (peine encourue).

Après le **jugement**, la personne condamnée doit exécuter ses peines, sous l'autorité du procureur, le cas échéant avec le concours du juge d'application des peines.

Tableau 22.2. **Peines prévues par les textes**

	Personnes physiques	Personnes morales
Peines principales	• Crimes : peines criminelles : emprisonnement d'une durée supérieure à 10 ans (réclusion criminelle) • Délits : peines correctionnelles : amende d'un montant supérieur ou égal à 3 750 € ou peine de prison d'une durée maximum de 10 ans (emprisonnement) • Contraventions : peines contraventionnelles : amende d'un montant maximum de 1 500 €	• Peines criminelles : amende de 1 000 000 € au plus • Peines correctionnelles et contraventionnelles : amende égale au quintuple de celle prévue pour les personnes physiques
Peines complémentaires	• Interdiction des droits civiques et civils • Déchéance, incapacité ou retrait d'un droit • Injonction de soins ou obligation de faire • Immobilisation ou confiscation d'un objet • Fermeture d'un établissement ou affichage/diffusion de la décision prononcée ou diffusion • Possibilité pour le juge de prononcer, cumulativement ou en substitution à l'emprisonnement un certain nombre de jours-amende, contribution quotidienne à verser au Trésor public (max. 1 000 €/ jour)	• Dissolution lorsque la personne morale a été créée ou détournée de son objet pour commettre les faits incriminés • Placement sous surveillance judiciaire • Fermeture définitive ou provisoire • Interdiction, à titre définitif ou pour 5 ans au plus, d'exercer une activité professionnelle et de faire offre publique de titres ou d'émettre des chèques • Confiscation de la chose qui a servi ou qui était destinée à commettre l'infraction ou de la chose qui en est le produit • Affichage/diffusion de la décision prononcée

B) Les éléments constitutifs de l'infraction

Structure commune à toutes les infractions. La loi (élément légal) définit ce qui est matériellement prohibé (élément matériel) et indique si, pour la sanction, il est nécessaire que l'auteur de l'infraction ait voulu l'action, ou s'il suffit qu'il ait commis une imprudence ou une négligence (élément moral).

1. L'élément légal

Principe. Nul ne peut être puni si les éléments ne sont pas définis par la loi pour les crimes et les délits, par un règlement pour les contraventions. Le texte doit prévoir les éléments constitutifs de l'infraction et la peine encourue.

Sources du droit pénal applicable aux sociétés. En droit pénal des affaires deux codes s'appliquent :

- Le Code pénal pour certaines infractions générales (ex. : abus de confiance, escroquerie, faux, usage de faux et recel) commises dans la pratique des affaires (↪chapitre 23).
- Le Code de commerce pour les infractions spécifiques au droit des sociétés (ex. : abus de biens ou du crédit de la société) (↪chapitre 24).

2. L'élément matériel

Principe. Nécessaire à l'existence de l'infraction, l'élément matériel peut être un acte positif, une action (ex. : le détournement de biens sociaux) ou un acte négatif, une omission (ex. : la non-révélation de faits délictueux par le CAC).

Nature de l'infraction. Elle peut être instantanée ou continue. La distinction est importante puisque la prescription de l'action publique court à compter du jour où l'acte a été accompli pour les infractions instantanées (ex. : le faux) ou du jour où il a pris fin pour les infractions continues (ex. : le recel-détention).

FOCUS La tentative d'infraction

Pour qu'il y ait infraction, un acte matériel est toujours exigé. Mais il n'est pas nécessaire, pour que l'infraction soit punissable, que cet acte ait été mené à son terme et ait produit un résultat. Ainsi, la tentative est toujours punissable en matière criminelle, si la loi le prévoit en matière délictuelle, et non punissable en matière contraventionnelle. L'infraction tentée expose son auteur aux mêmes sanctions que l'infraction consommée.

La tentative suppose :

- Un commencement d'exécution : à distinguer de l'acte préparatoire, il révèle la volonté définitive de commettre l'infraction (ex. : constitue un acte préparatoire à l'escroquerie le fait de remplir une fausse déclaration de sinistre, constitue un commencement d'exécution le fait de l'envoyer à l'assurance).
- Une absence de désistement volontaire : l'infraction a été suspendue ou a manqué son effet en raison de circonstances indépendantes de la volonté de son auteur (ex. : il n'y a pas désistement volontaire si l'assurance, à la suite d'une enquête, s'aperçoit que la déclaration de sinistre est fausse ; en revanche, il y a désistement volontaire si l'assuré revient sur sa déclaration).

3. L'élément moral

Principe. L'élément moral est la volonté ou conscience de l'auteur de l'acte matériel de violer la loi.

Contours de la notion. Ils dépendent de l'intention de l'auteur (fig. 22.1).

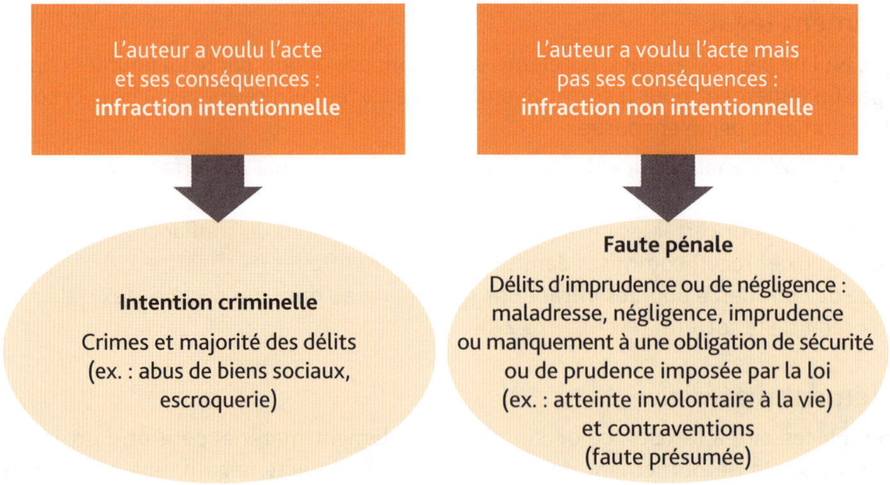

Figure 22.1 **Intention criminelle et faute pénale**

→ CAS 3 • SITUATION PRATIQUE 5 • COMMENTAIRE DE DOCUMENTS 6

2 L'identification de la personne responsable de l'infraction

Principe. Sont pénalement responsables les auteurs, personnes physiques ou personnes morales, ainsi que leurs complices. La responsabilité pénale est toujours personnelle.

A) L'auteur

Définition

L'**auteur** est la personne physique ou morale qui exécute matériellement l'acte prohibé par la loi. Lorsqu'elle n'agit pas seule, on parle de coauteur.

1. La responsabilité pénale des personnes morales

Conditions. L'infraction doit avoir été commise, pour le compte de la personne morale et dans son intérêt, par ses organes ou représentants (ex. : gérant, DG ↪ chapitre 4).

2. La responsabilité du dirigeant de la personne morale

Responsabilité du dirigeant du fait de la personne morale. Lorsque l'infraction est commise par un dirigeant de droit ou de fait agissant, non pas pour lui-même mais en tant que représentant de la personne morale, il peut également être poursuivi et condamné personnellement.

Responsabilité du chef d'entreprise (« ès-qualité »). Le dirigeant est pénalement responsable pour des infractions matériellement commises par autrui, lorsque la loi impose le respect d'obligations à l'entreprise (ex : infractions à la législation du travail, tromperie sur les qualités substantielles d'une marchandise vendue, fraude fiscale). Dans ce cas, le chef d'entreprise peut s'exonérer en déléguant ses pouvoirs : la délégation de pouvoir est un acte consensuel entre le dirigeant délégant et son préposé délégataire ; l'écrit n'est utile qu'à titre de preuve. Le délégataire est un salarié pourvu de la compétence, de l'autorité et des moyens nécessaires.

3. Les causes de non-responsabilité

Diverses situations peuvent écarter ou atténuer la responsabilité pénale de l'auteur d'une infraction. Ainsi, les faits justificatifs sont les circonstances qui peuvent justifier la commission d'une infraction. De plus, l'auteur devant avoir une pleine conscience de ses actes, certaines raisons peuvent empêcher de lui imputer une infraction, entraînant irresponsabilité ou diminution de la responsabilité (tab. 22.3).

Tableau 22.3. Faits justificatifs et causes de non-imputabilité

Faits justificatifs	Causes de non-imputabilité
• Ordre de la loi (ex. : une perquisition ne constitue pas une violation de domicile puisqu'elle est autorisée par la loi) • Commandement de l'autorité légitime (ex. : un policier qui fait signe à l'automobiliste de passer au feu rouge) • Légitime défense (ex. : la personne qui, de façon proportionnée, doit blesser son agresseur) • État de nécessité (ex. : mère de famille qui, n'ayant pas mangé depuis deux jours, dérobe un pain chez un boulanger)	• Contrainte (ex. : la tempête de neige qui provoque un accident de voiture) • Trouble mental (ex. : tout trouble entraînant une abolition des facultés intellectuelles) • Erreur de droit (ex. : délivrance par une autorité administrative d'informations erronées) • Minorité (ex. : le mineur ne sera responsable que s'il a agi avec discernement, s'il est capable de distinguer le bien du mal)

B) Le complice

Définition

Le **complice** est celui qui, par son aide ou son assistance, a facilité la préparation ou la consommation de l'infraction, de façon consciente.

Élément matériel. La complicité suppose l'utilisation de l'un des quatre modes prévus par la loi : l'aide, l'assistance, la provocation, les instructions. L'acte de complicité doit être antérieur ou concomitant à l'infraction principale.

Élément moral. Le complice n'est poursuivi que s'il a agi sciemment, en connaissance de cause. Le complice ne peut s'exonérer de sa responsabilité en invoquant la subordination dans laquelle il se trouvait placé vis-à-vis de l'auteur de l'infraction principale.

➜ APPLICATION 2 • CAS 4 • SITUATION PRATIQUE 5 • COMMENTAIRE DE DOCUMENTS 6

3 La procédure pénale

A) Les principes directeurs du procès pénal

1. L'unité de la justice pénale et de la justice civile

Cette unité s'exprime à travers les juridictions : ce sont les mêmes magistrats, sous des appellations différentes, qui statuent alternativement en matière civile et pénale (tab. 22.4).

Exemple

Lorsque le tribunal judiciaire statue en matière pénale, il est dénommé « tribunal correctionnel » ou « tribunal de police ».

Tableau 22.4. Juridictions civiles et pénales

Au civil	Au pénal
Tribunal judiciaire	Tribunal de police
Tribunal judiciaire	Tribunal correctionnel
Juges du tribunal judiciaire, conseillers de la cour d'appel	Cour d'assises ou cour criminelle

2. L'application de certains principes directeurs du procès civil

Ces principes directeurs du procès sont au nombre de **cinq** :
- **collégialité** (en principe) ;
- **double degré de juridiction** ;
- **contrôle de la Cour de cassation** ;
- **tribunal indépendant et impartial** ;
- **délai raisonnable**.

3. La présomption d'innocence

Toute personne accusée est présumée innocente jusqu'à ce que sa culpabilité ait été établie par le ministère public (le procureur de la République), chargé des poursuites.

4. La liberté de la preuve

La preuve est libre, sous réserve qu'elle soit recueillie de façon loyale. Toutefois, l'exigence de loyauté de la preuve peut céder face au droit à la preuve, qui preuve peut justifier la production d'éléments portant atteinte à d'autres droits (comme par exemple le droit à la vie privée ou au secret) à condition que cette production soit indispensable à son exercice et que l'atteinte soit strictement proportionnée au but poursuivi (Cour de Cassation, Assemblée plénière, 22 déc. 2023).

B) Les actions en procédure pénale

Deux types d'action peuvent être intentés (fig. 22.2).

Action publique
- **But :** répression de l'atteinte à l'ordre social
- **Objet :** application d'une peine
- **Exercice :** par le procureur de la République (« Parquet » ou « ministère public »), au nom de la société
- **Juge compétent :** juridictions répressives

Action civile
- **But :** réparation du dommage corporel, matériel ou moral consécutif à l'infraction causé à une personne (la victime ou ses héritiers)
- **Objet :** versement de dommages-intérêts
- **Exercice :** par la victime, accessoirement à l'action publique
- **Juge compétent :** juridiction répressive ou civile (cette dernière doit attendre que la première ait statué sur l'action publique)

Figure 22.2. **Action publique et action civile**

L'option de la victime pour la voie répressive présente de nombreux avantages : rapidité, économies, facilités de preuve (la victime profite des moyens du Parquet ou du juge d'instruction : perquisitions, saisies, témoignages, etc.), efficacité (solidarité des auteurs et complices condamnés).

FOCUS L'extinction de l'action publique

Outre le décès du délinquant, l'amnistie ou l'abrogation de la loi pénale, l'action publique s'éteint par la prescription. Le délai de prescription de l'action est en principe de 20 ans pour les crimes, 6 ans pour les délits, 1 an pour les contraventions. Il démarre le jour de la commission de l'infraction. Toutefois, si elle est occulte ou dissimulée (ex. : abus de bien social ou de confiance), le délai court à compter du jour où elle est apparue et a pu être constatée dans des conditions permettant la mise en mouvement de l'action publique. Afin d'éviter une imprescriptibilité de fait, la loi a créé un délai butoir de 12 ans en matière délictuelle et de 30 ans en matière criminelle.

La prescription de la peine (délai à l'expiration duquel sa mise à exécution devient impossible) est de 20 ans pour les crimes, 6 ans pour les délits, 3 ans pour les contraventions.

C) Le déroulement du procès pénal

1. La mise en mouvement de l'action publique

Si l'exercice de l'action publique (décider qui poursuivre, pour quelle infraction, devant quelle juridiction, avec quelles preuves, etc.) est confié exclusivement au ministère public (demandeur à l'action publique), la victime aussi peut mettre en mouvement l'action publique.

Définition

La **plainte** est l'acte par lequel une personne qui s'estime victime d'une infraction en informe la justice.

La plainte est déposée devant les services de police ou de gendarmerie et permet de demander au procureur des poursuites pénales contre l'auteur des faits. Le procureur seul, en vertu du principe de l'opportunité des poursuites, décide de poursuivre ou non l'auteur présumé des faits. Pour que la justice puisse condamner l'auteur des faits à indemniser la victime, il faut qu'en plus de la plainte pénale la victime se constitue partie civile (tab. 22.5).

Tableau 22.5 Modes de déclenchement de l'action en procédure pénale

<table>
<tr><td colspan="2">Ministère public : action publique</td><td>• Avertissement : saisine du tribunal de police ou du tribunal correctionnel si la personne comparaît volontairement.
• Citation directe : exploit de commissaire de justice (ex-huissier) qui assigne directement le délinquant devant le tribunal correctionnel ou le tribunal de police.
• Réquisitoire introductif : acte écrit adressé au juge d'instruction, qui le saisit pour qu'il mette en œuvre une instruction préparatoire.
• Poursuite en cas de délit flagrant : comparution immédiate, si les charges sont suffisantes (instruction non nécessaire).
• Comparution sur reconnaissance préalable de culpabilité (CRPC), ou « plaider-coupable ». Le procureur propose l'exécution d'une peine (amende et/ou emprisonnement maximum d'un an ou la moitié de la peine encourue), qui, acceptée par le délinquant, est validée par le juge.
• Médiation pénale : réparation du dommage subi par une victime par un accord amiable entre l'auteur et la victime en évitant la tenue d'un procès.
• Composition pénale pour certains délits (notamment ceux du Code de commerce relatifs à la concurrence et à la consommation) : proposition par le procureur d'une sanction (amende…) à un délinquant en évitant un procès.</td></tr>
<tr><td rowspan="2">Victime</td><td>Action civile</td><td>Par voie d'intervention : si l'action publique a déjà été engagée par le ministère public, la victime se constitue partie civile devant la juridiction d'instruction ou devant la juridiction de jugement : avant ou pendant l'audience (déclaration au greffe ou LRAR).</td></tr>
<tr><td>Action publique et civile</td><td>Par voie d'action : lorsque le ministère public n'a pas intenté l'action publique, la victime peut porter son action devant une juridiction :
• citation directe devant la juridiction de jugement ;
• plainte avec constitution de partie civile adressée au juge d'instruction.</td></tr>
</table>

2. L'instruction préparatoire

Présentation. L'instruction préparatoire constitue un élément fondamental de la justice répressive, aucun procès ne pouvant être jugé sans une enquête au moins sommaire (enquête préliminaire menée par la police ou la gendarmerie sous l'autorité du procureur). L'**instruction préparatoire** est menée par le juge d'instruction à l'aide de pouvoirs particuliers que la loi lui confie et dont l'emploi s'entoure de formalités rigoureuses. Elle vise à fournir tous les éléments permettant de connaître la vérité. C'est une procédure qui ne s'applique qu'aux affaires importantes : obligatoire pour les crimes, facultative pour les délits (généralement mise en œuvre pour les délits complexes).

Conduite. L'instruction est menée par les juridictions d'instruction (juge d'instruction sous le contrôle de la chambre de l'instruction), saisies par le procureur de la République (réquisitoire introductif aux fins d'informer) ou par la victime (plainte avec constitution de partie civile). Le juge fait connaître à la personne poursuivie sa mise en examen s'il existe des indices graves et concordants laissant présumer qu'elle a participé aux faits. La personne peut également être placée sous statut de témoin assisté si les charges sont moins lourdes, ce qui lui permet de disposer de certains droits.

Pouvoirs. Le juge d'instruction instruit à charge et à décharge et dispose de pouvoirs très larges : constatations matérielles, auditions et interrogatoires, investigations (perquisitions, saisies, écoutes). Il peut faire arrêter la personne mise en examen, lui imposer certaines obligations restreignant sa liberté (contrôle judiciaire), voire solliciter du juge des libertés et de la détention qu'il le prive de sa liberté (détention provisoire).

Fin de l'information judiciaire. Le juge d'instruction rend une ordonnance de règlement : non-lieu (il estime qu'il n'y a pas lieu de continuer les poursuites), renvoi devant la juridiction de jugement (pour les contraventions ou les délits), mise en accusation (pour les crimes).

Recours. Toutes les décisions du juge peuvent faire l'objet d'un appel devant la chambre de l'instruction.

3. Le jugement

Objectif. Abordée directement ou après l'instruction, cette phase permet l'examen de l'affaire dans des débats publics et oraux, conduits sur le mode accusatoire (affrontement entre l'accusation et la défense, le juge arbitrant), et au cours desquels une instruction à l'audience rappelle et complète les renseignements recueillis lors de la phase précédente. Ainsi éclairée, la juridiction pourra prendre une décision (fig. 22.3).

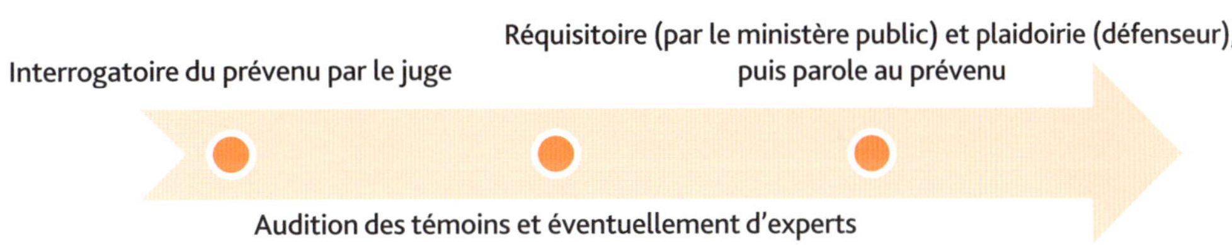

Figure 22.3. **Déroulement d'une audience devant le tribunal correctionnel**

Décision. Rendue après délibération, elle doit être motivée et préciser la juridiction, la date, les magistrats. Son dispositif énonce l'infraction dont l'auteur est déclaré coupable, les textes dont il est fait application, la peine ainsi qu'éventuellement les condamnations civiles prononcées.

4. Les voies de recours

Types de recours. Le recours contre une décision pénale peut être exercé de différentes manières :

- En **opposition**, voie ouverte lorsqu'une décision est rendue par défaut, c'est-à-dire lorsque le prévenu, absent, n'a pas eu connaissance de la citation à comparaître. L'opposition est formée par déclaration au greffe dans les 10 jours de la signification du jugement.
- En **appel**, voie de réformation exercée devant une juridiction supérieure (la cour d'appel ou une autre cour d'assises, en matière criminelle). Le droit d'interjeter appel est ouvert au prévenu, à la partie civile ou au ministère public, par déclaration au greffe, dans le délai de 10 jours.
- En **cassation**, voie de recours qui ne peut être exercée que dans des cas déterminés (violation de la loi) devant la Cour de cassation. Le pourvoi s'exerce dans les 5 jours du prononcé de la décision, par déclaration au greffe.

- En **révision**, en cas d'apparition d'un fait nouveau, inconnu au moment du procès et susceptible d'établir l'innocence du condamné ou de faire naître un doute sur sa culpabilité. Exercé devant la Cour de cassation, le recours en révision vise à faire réparer une erreur judiciaire.

Effets des recours. Ils peuvent être suspensifs, dévolutifs ou extinctifs (fig. 22.4).

Définitions

- L'**effet suspensif** suspend l'exécution de la décision rendue par défaut.
- L'**effet extinctif** anéantit la décision initiale. L'affaire revient devant la même juridiction que celle qui avait jugé en l'absence du prévenu.
- L'**effet dévolutif** conduit à saisir une juridiction supérieure à celle qui a rendu la décision.

Opposition	• **Effet suspensif** • **Effet extinctif** (anéantissement de la décision initiale)
Appel	• **Effet suspensif** • **Effet dévolutif** • **Limites** : possibilité de limiter l'appel aux intérêts civils ou à la peine, impossibilité d'aggraver le sort du condamné sauf si le parquet interjette également appel (l'appel ne profite qu'à celui qui l'a interjeté), absence d'effets sur l'action civile de l'appel formé par le seul parquet
Pourvoi en cassation	• **Effet suspensif** • **Effet dévolutif** • **Mêmes limites que l'appel**
Recours en révision	**En cas de reconnaissance d'innocence,** droit à réparation du préjudice moral et matériel subi

Figure 22.4. **Effets des voies de recours**

Effet des décisions. Elles ont autorité de la chose jugée et force exécutoire lorsqu'elles ne sont plus susceptibles de recours. C'est au procureur de la République qu'il revient de faire exécuter la peine.

→ CAS 3 • CAS 4 • SITUATION PRATIQUE 5 • COMMENTAIRE DE DOCUMENTS 6

Évaluer les savoirs — Maîtriser les compétences — Préparer l'épreuve

1 Quiz

Vérifiez l'exactitude des propositions ci-après et justifiez-les.

	Vrai	Faux
1. Les délits et les crimes relèvent du domaine de la loi.	☐	☐
2. Les peines principales en matière correctionnelle sont la réclusion et l'amende.	☐	☐
3. Les personnes morales encourent une peine d'amende égale au double de celle prévue pour les personnes physiques.	☐	☐
4. Le tribunal correctionnel est compétent pour juger les crimes.	☐	☐
5. L'action publique a pour objectif de faire réprimer l'infraction causant un trouble à l'ordre public.	☐	☐
6. L'action civile est mise en œuvre par le procureur de la République.	☐	☐
7. La prescription de l'action publique pour les délits est de 5 ans.	☐	☐
8. Le procureur de la République saisit le juge d'instruction par un réquisitoire à fin d'information.	☐	☐
9. Les décisions judiciaires en matière pénale n'ont pas à être motivées.	☐	☐
10. L'appel est toujours possible.	☐	☐

2 D'infraction en infraction ★★★

Dans chacun des cas suivants, identifiez les personnes responsables des infractions, auteurs, et coauteurs ou complices le cas échéant, ainsi que les victimes. Justifiez votre réponse (la méthodologie du cas pratique n'est pas exigée).

1. Pâtissier de formation, Raoul Dugent a créé avec son épouse la SARL Pâtisson dont il est le gérant. Pour faire des économies sur ses matières premières, il utilise de la matière grasse végétale, tout en annonçant ses pâtisseries au beurre (alors qu'elles n'en contiennent pas). La tromperie fonctionne : la marge commerciale est nettement meilleure qu'il y a quelques années.
2. Associée majoritaire et présidente de la SAS Conseils§Co, Lucette apprend par son comptable, Thierry Maillol, que le résultat comptable ne permettra pas la distribution de bénéfices cette année. Mais il lui propose une solution : gonfler artificiellement l'actif pour permettre quand même le paiement de sommes. Ravie, Lucette adopte cette solution.

3. Grégory Beauvert, gérant et associé majoritaire de la SCP Architekt, frustré d'avoir récemment été évincé de plusieurs appels d'offres par la municipalité sur de gros projets, décide de s'entendre avec l'un de ses concurrents (ce que la loi interdit), Thibault Dumoustier, qui exerce en entrepreneur individuel, pour se partager les prochains marchés.
4. Sur les conseils de son banquier peu scrupuleux, Adrien Rideau, le directeur général de la SA Osons La Livraison dont l'objet est la livraison de repas à des particuliers, décide de maquiller légèrement les comptes annuels pour permettre une entrée plus fructueuse en Bourse.

3 Cas : Expertix ★★★

Compétences attendues

- **Associer** une peine à une infraction (amende, emprisonnement…)
- **Mettre en évidence** les grandes règles de la procédure pénale

Stagiaire au sein du cabinet Expertix, vous rassemblez des textes en vue d'une formation relative aux infractions et à la procédure pénale. En vous appuyant sur vos connaissances et sur les documents, vous répondez aux questions ci-après formulées par votre tuteur de stage (la méthodologie du cas pratique n'est pas exigée).

1. *Pour chacun des textes suivants (documents 1 à 3), indiquez si les faits relèvent d'une contravention, d'un délit ou d'un crime. Justifiez vos réponses.*
2. *Identifiez l'élément légal, l'élément matériel et l'élément moral de chaque infraction.*
3. *Déterminez la juridiction compétente et précisez si une information judiciaire est nécessaire.*

Document 1

Code de commerce, art. L. 241-4

Est puni d'une amende de 9 000 euros le fait, pour les gérants [de SARL], de ne pas, pour chaque exercice, dresser l'inventaire, établir les comptes annuels et un rapport de gestion ; […]

Document 2

Code de commerce, art. R. 247-3

Le fait de ne pas satisfaire aux obligations de dépôt [des comptes annuels et de la proposition d'affectation du résultat] est puni de l'amende prévue […] pour les contraventions de la cinquième classe. […]

Document 3

Code pénal

Article 421-2

Constitue également un acte de terrorisme, lorsqu'il est intentionnellement en relation avec une entreprise individuelle ou collective ayant pour but de troubler gravement l'ordre public par l'intimidation ou la terreur, le fait d'introduire dans l'atmosphère, sur le sol, dans le sous-sol, dans les aliments ou les composants alimentaires ou dans les eaux, y compris celles de la mer territoriale, une substance de nature à mettre en péril la santé de l'homme ou des animaux ou le milieu naturel.

Article 421-4

L'acte de terrorisme défini à l'article 421-2 est puni de vingt ans de réclusion criminelle et de 350 000 euros d'amende. Lorsque cet acte a entraîné la mort d'une ou plusieurs personnes, il est puni de la réclusion criminelle à perpétuité et de 750 000 euros d'amende.

4 Cas : Expertix (suite) ★★★

Compétences attendues

- **Identifier** la personne pénalement responsable, l'auteur et le complice
- **Associer** une peine à une infraction (amende, emprisonnement…)
- **Schématiser** les grandes étapes de la procédure pénale
- **Mettre en évidence** les grandes règles de la procédure pénale

Afin d'approfondir votre formation au sein du cabinet Expertix et d'identifier vos besoins, vous répondez, en vous appuyant sur le document, aux questions ci-après formulées par votre tuteur de stage (la méthodologie du cas pratique n'est pas exigée).

1. *Rappelez les conditions de mise en œuvre de la responsabilité pénale des personnes morales et de celle du dirigeant.*
2. *Expliquez pourquoi l'augmentation des condamnations des personnes morales ne reflète pas nécessairement un durcissement de la politique pénale à l'encontre du monde des affaires.*
3. *Analysez l'argument de l'auteur selon lequel les poursuites pénales ne sont pas suffisamment dissuasives.*
4. *Montrez en quoi la procédure de citation directe peut permettre de pallier certaines insuffisances du Parquet.*

Document

La société, sujet de droit pénal

Innovation majeure du nouveau Code pénal [de 1994] la responsabilité pénale des personnes morales s'est accrue par l'effet de réformes législatives successives.

À la faveur d'une étude statistique que vient de publier le ministère de la Justice, on apprend qu'en 2015, plus de 5 000 condamnations furent prononcées à l'encontre de personnes morales. Quinze ans plus tôt, en 2000, seules 200 personnes morales avaient

…

...

été condamnées (*Infostat Justice*, n° 154, « Le traitement judiciaire des infractions commises par les personnes morales »).

Toutefois, cette augmentation ne reflète pas nécessairement un durcissement de la politique pénale à l'encontre du monde des affaires. Bien au contraire, il semble qu'on a souvent substitué la responsabilité pénale de la personne morale à celle de ses décideurs. En effet, dans 55 % des affaires jugées en 2015, la personne morale était poursuivie seule, sans son dirigeant. Ce transfert de responsabilité vers la personne morale pourrait faire naître chez les décideurs un certain sentiment d'impunité, et pose nécessairement la question du caractère dissuasif des poursuites pénales.

À cet égard, les statistiques du ministère de la Justice laissent songeur. En effet, lorsque la réponse pénale apportée à une infraction n'est pas une mesure alternative (71 % des cas) comme la simple régularisation, la peine prononcée est quasi systématiquement une amende, ces dernières représentant 96 % des peines prononcées. En 2015, le montant moyen des amendes s'établissait à 17 000 euros et trois personnes morales sur quatre condamnées l'avaient été pour une somme inférieure à 6 000 euros. L'on se trouve ainsi très en deçà des montants des amendes prononcées par les autorités administratives indépendantes comme l'Autorité de la concurrence ou encore l'AMF.

Si ces chiffres cachent nécessairement une différence forte selon les matières concernées – l'homicide involontaire ne peut être réprimé comme les infractions aux transports – ils révèlent néanmoins une répression mesurée. Aussi, les peines complémentaires réellement dissuasives, telles que l'interdiction d'exercer une activité, ne sont même pas mentionnées, laissant à penser qu'elles sont prononcées si rarement qu'elles échappent à tout traitement statistique.

Face à l'indulgence dont semblent bénéficier les personnes morales, les fervents d'une répression pénale efficace des infractions économiques et financières se consoleront en relisant *Des délits et des peines* de Beccaria pour qui « la certitude d'une punition, même modérée, fera toujours plus d'impression que la crainte d'une peine terrible si à cette crainte se mêle l'espoir de l'impunité ». Toutefois, là encore, la statistique ne les incitera pas nécessairement à l'optimisme car les autorités, sans doute en mal de moyens face à des litiges toujours plus complexes, semblent avoir abandonné cette matière aux victimes, faisant de la citation directe le mode de comparution le plus fréquent des personnes morales devant les tribunaux correctionnels.

Arthur Dethomas, avocat à la cour, *Les Echos*, novembre 2017

Évaluer les savoirs — Maîtriser les compétences — Préparer l'épreuve

5 Situation pratique : SAS AFT ★★★

45 min

Compétences attendues

Rendez-vous MÉTHODE 3

- **Identifier** la personne pénalement responsable, l'auteur et le complice
- **Associer** une peine à une infraction (amende, emprisonnement…)
- **Schématiser** les grandes étapes de la procédure pénale
- **Mettre en évidence** les grandes règles de la procédure pénale

La SAS AFT est un organisme de formation en transport et logistique. Elle est propriétaire d'une flotte de plusieurs poids lourds entreposée la nuit dans un garage fermé. Un matin, Irène Remond, présidente de la SAS, se rend compte que la porte du garage a été fracturée et que tous les réservoirs des poids lourds ont été siphonnés. Divers matériels (pneumatiques notamment) ont également disparu. Le préjudice se monte à plus de 10 000 €.

Les extraits suivants du Code pénal vous sont communiqués :

- Art. 311-1 : « Le vol est la soustraction frauduleuse de la chose d'autrui. »
- Art. 311-3 : « Le vol est puni de 3 ans d'emprisonnement et 45 000 € d'amende. »
- Article 311-5 3° « Le vol est puni de sept ans d'emprisonnement et de 100 000 € d'amende lorsqu'il est commis dans un local d'habitation ou dans un lieu utilisé ou destiné à l'entrepôt de fonds, valeurs, marchandises ou matériels, en pénétrant dans les lieux par ruse, effraction ou escalade. »

Vos missions

1. *Qualifiez l'infraction et identifiez-en les éléments constitutifs.*
2. *Déterminez la sanction encourue par les auteurs.*
3. *Identifiez la juridiction compétente.*
4. *Précisez qui déclenchera l'action publique.*
5. *Schématisez le déroulement de l'enquête.*
6. *Précisez le délai dont dispose la société AFT pour agir.*

À la suite d'une enquête minutieuse, les cambrioleurs sont appréhendés.

Votre mission

7. *Expliquez à Irène comment obtenir une indemnisation et précisez-lui à qui cette indemnisation sera versée.*

Lassée, parce que ce n'est pas la première fois que la SAS est ainsi victime de cambriolages, Irène décide de monter la garde dans le garage pendant plusieurs nuits. Un soir, elle surprend des cambrioleurs, saisit un fusil et ouvre le feu dans leur direction alors qu'ils prennent la fuite. Ne sachant pas bien tirer, Irène manque ses cibles.

Votre mission

8. *Identifiez la personne qui sera mise en examen pour tentative de meurtre (appuyez-vous sur l'extrait du Code pénal fourni).*

Document

Code pénal, art. 221-1

Le fait de donner volontairement la mort à autrui constitue un meurtre. Il est puni de trente ans de réclusion criminelle.

6 Commentaire de documents : SPPE ★★★

30 min

Compétences attendues

Rendez-vous MÉTHODE 2

- **Identifier** la personne pénalement responsable, l'auteur et le complice
- **Associer** une peine à une infraction (amende, emprisonnement…)
- **Schématiser** les grandes étapes de la procédure pénale
- **Mettre en évidence** les grandes règles de la procédure pénale

Dans le cadre de votre stage chez Expertix et afin de préparer la prochaine formation des associés, votre tuteur vous remet un dossier documentaire exploitant une jurisprudence récente. Vous répondez aux questions ci-après posées par votre tuteur de stage (la méthodologie du cas pratique n'est pas exigée).

Vos missions

1. *Résumez les faits.*
2. *Expliquez la procédure : juridictions (instruction et jugement) saisies, parties, décisions.*
3. *Rappelez les conditions dans lesquelles une personne morale engage sa responsabilité pénale. Quelle est la condition qui fait l'objet de la décision ?*
4. *Précisez les raisons pour lesquelles la cour d'appel relaxe les prévenus.*
5. *Expliquez les paragraphes soulignés en vous aidant de l'extrait du Code pénal reproduit dans le dossier documentaire.*
6. *Justifiez la décision de la Cour de cassation.*
7. *Analysez les raisons pour lesquelles la Cour décide que la décision produira des effets à l'égard des parties civiles.*

Document 1

Cour de cassation, chambre criminelle, 31 octobre 2017, pourvoi n° 16-83.683

Statuant sur le pourvoi formé par :

Le procureur général près la cour d'appel de Reims,

contre l'arrêt de ladite cour d'appel, chambre correctionnelle, en date du 19 avril 2016, qui a renvoyé la Société pétrolière de production et d'exploitation des fins de la poursuite du chef d'homicide involontaire ;

…

...

Sur le moyen unique de cassation, pris de la violation des articles 121-1 à 121-3 du Code pénal et L. 225-251 du Code de commerce ;

Vu les articles 121-2 et 121-3 du Code pénal, ensemble l'article 593 du Code de procédure pénale ;

Attendu que, d'une part, selon le premier de ces textes, les personnes morales, à l'exception de l'État, sont responsables pénalement des infractions commises, pour leur compte, par leurs organes ou représentants ;

Qu'il s'en déduit que, lorsqu'ils constatent la matérialité d'une infraction non intentionnelle susceptible d'être imputée à une personne morale, il appartient aux juges d'identifier, au besoin en ordonnant un supplément d'information, celui des organes ou représentants de cette personne dont la faute, commise dans les conditions prévues au deuxième ou au troisième alinéa de l'article 121-3 du Code pénal, est à l'origine du dommage ;

Qu'il en va ainsi du représentant légal qui omet de veiller lui-même à la stricte et constante mise en œuvre des dispositions édictées par le code du travail et les règlements pris pour son application en vue d'assurer la sécurité des travailleurs, à moins que ne soit apportée la preuve qu'il a délégué ses pouvoirs à un préposé investi par lui et pourvu de la compétence, de l'autorité et des moyens nécessaires au respect des dispositions en vigueur ;

Attendu que, d'autre part, tout jugement ou arrêt doit comporter les motifs propres à justifier la décision ; que l'insuffisance ou la contradiction des motifs équivaut à leur absence ;

Attendu qu'il résulte de l'arrêt attaqué, du rapport de l'inspection du travail et des autres pièces de procédure que Didier X..., salarié de la Société pétrolière de production et d'exploitation (SPPE) en qualité d'agent de maintenance, a été mortellement blessé par suite de l'explosion d'une pompe d'extraction de pétrole qu'il tentait de remettre en marche ; que l'enquête sur les causes de l'accident a établi que, lors de la remise en fonctionnement de l'appareil, un phénomène de rotation inverse, dit « *back spin* », s'est produit à une vitesse élevée, provoquant une désintégration de la couronne fixée au sommet du moteur et l'implosion du carter de protection, dont des fragments ont atteint violemment l'intéressé au front ; que, selon les conclusions d'une expertise ordonnée par le procureur de la République, le système de freinage, qui aurait dû limiter la vitesse de cette rotation, n'a pas fonctionné correctement du fait d'un défaut de lubrification, imputable à une information insuffisante des opérateurs sur les règles de maintenance de l'équipement en cause ; qu'au terme de l'information ouverte sur les faits, la SPPE a été renvoyée devant le tribunal correctionnel du chef d'homicide involontaire ; que les juges du premier degré l'ont déclarée coupable des faits ; que la prévenue et le ministère public ont relevé appel de la décision ;

Attendu que, pour infirmer le jugement et renvoyer la SPPE des fins de la poursuite, l'arrêt, après avoir relevé que le dysfonctionnement du système de freinage destiné à ralentir la rotation inverse de la pompe résultait d'un défaut de maintenance ancien et habituel et qu'ainsi la faute à l'origine de l'accident était établie, retient que celle-ci n'était pas le fait d'un organe ou d'un représentant de la société, motif pris, notamment, de ce que le dirigeant de cette dernière, qui n'avait consenti aucune délégation de ses pouvoirs

...

...

en matière d'hygiène et de sécurité, n'avait pour autant commis personnellement aucune faute en relation causale avec l'accident, puisqu'il travaillait au siège social et n'intervenait pas sur le site pétrolifère ;

Mais attendu qu'en se déterminant ainsi, par des considérations pour partie inopérantes, alors qu'il lui appartenait de rechercher si les carences qu'elle a relevées dans la conception et l'organisation des règles de maintenance de l'équipement de travail, sur lequel s'est produit l'accident, ne procédaient pas, en l'absence de délégation de pouvoirs en matière de sécurité, d'une faute d'un organe de la société, et notamment de la violation des prescriptions des articles R. 4322-1 et R. 4323-1 du Code du travail s'imposant à l'employeur, qu'avait mentionnée l'inspection du travail, la cour d'appel n'a pas justifié sa décision au regard des textes susvisés et du principe ci-dessus rappelé ;

D'où il suit que la cassation est encourue ;

Qu'en application de l'article 612-1 du Code de procédure pénale, et dans l'intérêt d'une bonne administration de la justice, elle aura effet à l'égard des consorts X..., parties civiles, qui ne se sont pas pourvus ;

PAR CES MOTIFS :

CASSE et ANNULE, en toutes ses dispositions, l'arrêt susvisé de la cour d'appel de Reims, en date du 19 avril 2016, et pour qu'il soit à nouveau jugé, conformément à la loi,

RENVOIE la cause et les parties devant la cour d'appel de Paris, à ce désignée par délibération spéciale prise en chambre du conseil ;

ORDONNE l'impression du présent arrêt, sa transcription sur les registres du greffe de la cour d'appel de Reims et sa mention en marge ou à la suite de l'arrêt annulé ;

Ainsi fait et jugé par la Cour de cassation, chambre criminelle, et prononcé par le président le trente et un octobre deux mille dix-sept ;

Document 2

Code pénal, art. 121-3

Il n'y a point de crime ou de délit sans intention de le commettre.

Toutefois, lorsque la loi le prévoit, il y a délit en cas de mise en danger délibérée de la personne d'autrui.

Il y a également délit, lorsque la loi le prévoit, en cas de faute d'imprudence, de négligence ou de manquement à une obligation de prudence ou de sécurité prévue par la loi ou le règlement, s'il est établi que l'auteur des faits n'a pas accompli les diligences normales compte tenu, le cas échéant, de la nature de ses missions ou de ses fonctions, de ses compétences ainsi que du pouvoir et des moyens dont il disposait.

Dans le cas prévu par l'alinéa qui précède, les personnes physiques qui n'ont pas causé directement le dommage, mais qui ont créé ou contribué à créer la situation qui a permis la réalisation du dommage ou qui n'ont pas pris les mesures permettant de l'éviter, sont responsables pénalement s'il est établi qu'elles ont, soit violé de façon manifestement délibérée une obligation particulière de prudence ou de sécurité prévue par la loi ou le règlement, soit commis une faute caractérisée et qui exposait autrui à un risque d'une particulière gravité qu'elles ne pouvaient ignorer. [...].

SYNTHÈSE

La responsabilité pénale : théorie générale de l'infraction et procédure pénale

La hiérarchie des infractions

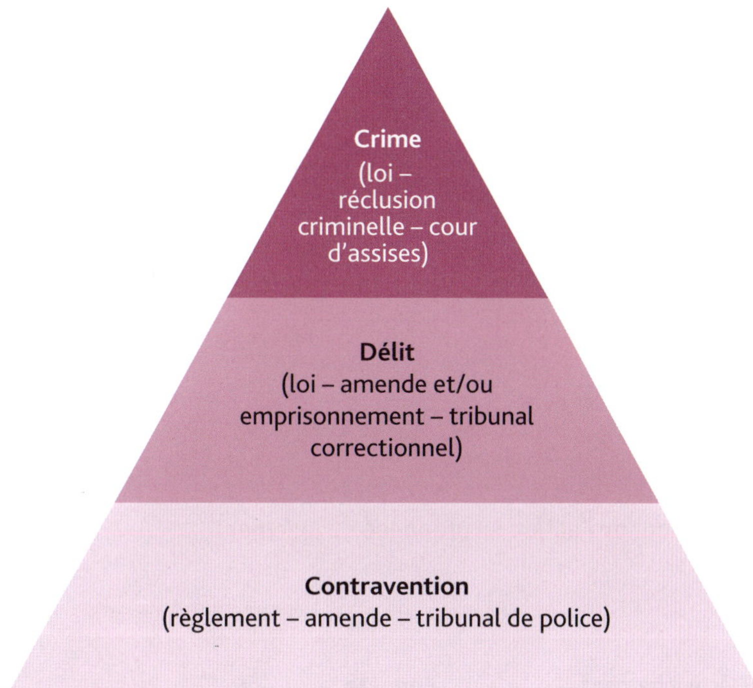

Les éléments constitutifs de l'infraction

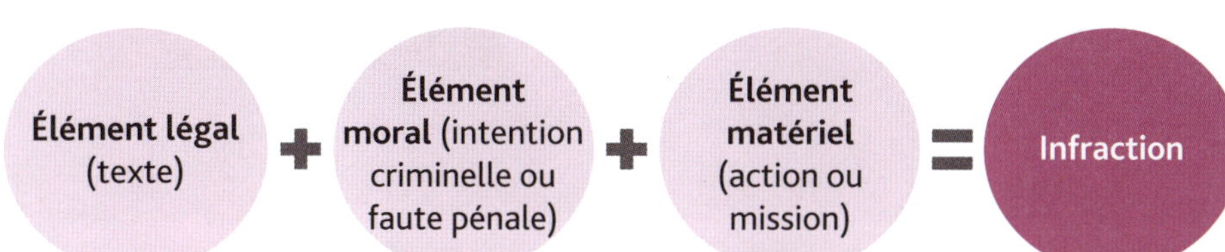

La procédure pénale

La complémentarité des actions publique et civile

Action publique

- Vise à sanctionner l'infraction
- Menée par le procureur contre l'auteur ou le complice

Action civile

- Vise à réparer le dommage causé par l'infraction à la victime
- Menée par la victime pour obtenir des dommages-intérêts

Du déclenchement de l'action au prononcé du jugement

Déclenchement de l'action publique

- Par le procureur
- Par la victime par voie d'action (citation directe ou plainte avec constitution de partie civile)

Enquête

- Par les services de police
- Ou par le juge d'instruction, sous le contrôle de la chambre de l'instruction

Jugement

- Tribunal de police, tribunal correctionnel ou cour d'assises
- Recours : opposition, appel, cassation, révision
- Principes directeurs du droit civil et présomption d'innocence, liberté de la preuve et garanties procédurales

CHAPITRE 23

Les infractions de droit commun applicables aux affaires

PROGRAMME

Compétences attendues	Savoirs associés
• **Repérer** et **nommer** les éléments constitutifs de chaque infraction • **Distinguer** les infractions de droit commun des infractions spécifiques	• L'abus de confiance • L'escroquerie • Les faux et usage de faux • Le recel

PRÉREQUIS

- La responsabilité pénale (chapitre 22)
- Le droit pénal général (chapitre 23)

PLAN DU CHAPITRE

Cours : 1. L'abus de confiance • 2. L'escroquerie • 3. Le faux et l'usage de faux • 4. Le recel

Des savoirs aux compétences : Évaluer les savoirs • Maîtriser les compétences • Préparer l'épreuve

Synthèse

Les infractions de droit commun visent surtout à protéger la propriété dans le cadre de la vie des affaires. Principe constitutionnel, la propriété est ici protégée par l'abus de confiance ou l'escroquerie. Ces infractions ont également pour objectif de renforcer la probité des comportements des acteurs économiques afin de maintenir la crédibilité du système économique, en sanctionnant le recel et le faux. Le rôle régulateur du droit pénal trouve ici tout son sens.

MOTS-CLÉS

Abus de confiance • Auteur • Complice • Escroquerie • Faux • Recel • Usage de faux

1 L'abus de confiance

A) Les éléments constitutifs

1. L'abus de confiance simple

Élément légal. Il est constitué par l'article 314-1 du Code pénal.

Élément matériel. L'**abus de confiance** est défini par la loi comme le fait, par une personne, de détourner, au préjudice d'autrui, des fonds, des valeurs ou un bien quelconque qui lui ont été remis et qu'elle a acceptés à charge de les rendre, de les représenter ou d'en faire un usage déterminé (tab. 23.1).

Tableau 23.1. Élément matériel constitutif de l'abus de confiance

Ce que dit la loi	Éléments nécessaires (explications)
L'abus de confiance est le fait par une personne, de détourner…	• Un détournement, c'est-à-dire une utilisation du bien différente de celle qui avait été stipulée dans un contrat (ex. : un locataire ne rend pas un bien loué) ou par le juge (ex. : un dépositaire ne rend pas des sommes placées sous séquestre judiciaire) ou par la loi (ex. : un gérant de SNC détourne des fonds remis dans le cadre de son mandat social). • Avec dissipation (ex. : appropriation ou destruction du bien) ou refus de restituer la chose.
…. au préjudice d'autrui…	Le préjudice peut même être éventuel : il est réalisé dès lors que le propriétaire est privé de ses droits sur la chose (présomption de préjudice).
… des fonds, des valeurs ou un bien quelconque…	Une chose (tout bien) remise par son propriétaire.
… qui lui ont été remis et qu'elle a acceptés à charge de les rendre, de les représenter ou d'en faire un usage déterminé.	• Une remise certaine, volontaire (l'abus de confiance n'est pas un vol) et précaire (le contrat ne doit pas opérer transfert de propriété). • Avec un titre (judiciaire ou légal) ou un cadre contractuel préalable à l'exécution de l'infraction : le contrat est le lien de confiance qui unit la future victime à l'auteur de l'infraction (ex. : contrat de location, contrat de mandat).

Élément moral. L'utilisation du terme « détournement » suppose l'intention frauduleuse : l'**auteur** doit avoir conscience que la chose ne lui a été remise qu'à charge de restitution et que le détournement occasionne un préjudice à la **victime**. Le retard dans la restitution ne doit pas être dû à une simple négligence.

2. L'abus de confiance aggravé

Élément légal. Il est constitué par l'article 314-2 du Code pénal.

Élément matériel. L'abus de confiance est aggravé dans différents cas (tab. 23.2).

Tableau 23.2. **Cas d'aggravation de l'abus de confiance**

Qualité de l'auteur ou du complice	• Une personne qui fait appel au public afin d'obtenir la remise de fonds ou de valeurs soit pour son propre compte, soit comme dirigeant ou préposé de droit ou de fait d'une entreprise industrielle ou commerciale. • Toute autre personne qui, de manière habituelle, se livre ou prête son concours, même à titre accessoire, à des opérations portant sur les biens des tiers pour le compte desquels elle recouvre des fonds ou des valeurs. • Un mandataire de justice (ex. : liquidateur judiciaire) ou un officier public ou ministériel (ex. : notaire).
Qualité de la victime	• Une association qui fait appel au public en vue de la collecte de fonds à des fins d'entraide humanitaire ou sociale. • Une personne dont la particulière vulnérabilité, due à son âge, à une maladie, à une infirmité, à une déficience physique ou psychique ou à un état de grossesse, est apparente ou connue de l'auteur.

B) Le traitement pénal

Personnes visées. Toute personne physique ou morale auteur ou complice. En vertu de l'article 314-1-1, al. 2 du Code pénal, issu de la loi du 27 décembre 2020, la tentative est punissable. L'immunité familiale s'applique (absence de poursuites pénales contre les conjoint, ascendant ou descendant).

Peines encourues. Elles dépendent du type d'abus de confiance et de la qualité de l'auteur :
- simple : 5 ans d'emprisonnement et 375 000 € d'amende ;
- aggravé : 7 ans d'emprisonnement et 750 000 € d'amende ;
- si l'auteur est un mandataire de justice ou officier public ou ministériel (en raison de sa qualité ou de l'exercice de ses fonctions) : 10 ans d'emprisonnement et 1 500 000 € d'amende.
- Dans tous les cas, le juge peut prononcer des peines complémentaires (chapitre 22).

→ APPLICATION 2 • CAS 3 • CAS 6 • CAS 7

2 L'escroquerie

A) Les éléments constitutifs

1. L'escroquerie simple

Élément légal. Il est constitué par l'article 313-1 du Code pénal.

Élément matériel. L'escroquerie est définie par la loi comme le fait, soit par l'usage d'un faux nom ou d'une fausse qualité, soit par l'abus d'une qualité vraie, soit par l'emploi de manœuvres frauduleuses, de tromper une personne physique ou morale et de la déterminer ainsi à remettre des fonds, des valeurs ou un bien quelconque, à fournir un service ou a consenti un acte opérant obligation ou décharge à son préjudice ou au préjudice d'un tiers (tab. 23.3).

Tableau 23.3. **Élément matériel constitutif de l'escroquerie**

Ce que dit la loi	Éléments nécessaires (explications)
L'escroquerie est le fait : • soit par l'usage d'un faux nom ou d'une fausse qualité ; • soit par l'abus d'une qualité vrai ; • soit par l'emploi de manœuvres frauduleuses ; de tromper une personne physique ou morale…	L'emploi de moyens frauduleux : • l'usage d'un faux nom ou d'une fausse qualité. La qualité s'entend comme un titre ou un état (ex. : se faire passer pour un dirigeant de société) ; • l'abus d'une qualité vraie (ex. : se faire passer pour un dirigeant de société en bonne santé financière alors qu'elle est au bord de la cessation des paiements) ; • le simple mensonge ne suffit pas : il faut l'emploi de manœuvres frauduleuses (ex. : mise en scène/faux accident : incendie volontaire pour tromper l'assurance, production de faux documents comme des bulletins de salaire falsifiés pour obtenir un prêt, intervention d'un tiers de bonne ou de mauvaise foi).
… et de la déterminer ainsi à remettre des fonds : • des valeurs ou un bien quelconque ; • à fournir un service ou à consentir un acte opérant obligation ou décharge ; à son préjudice ou au préjudice d'un tiers.	Un but à l'escroquerie : • la remise d'une chose (ex. : de l'argent, des titres, des biens…) ; • la fourniture d'un service (exemple : obtenir de l'électricité en trafiquant son compteur) ; • un acte opérant obligation (ex. : tout contrat) ou décharge (acte donnant au créancier l'impression qu'il a reçu son dû (ex. : fausse déclaration de TVA).

Élément moral. L'escroquerie est un délit intentionnel. Il faut donc prouver que l'auteur a consciemment eu recours à un faux, une fausse qualité, abusé d'une qualité vraie ou mis en œuvre des manœuvres frauduleuses, et ce afin de tromper sa victime.

FOCUS Abus de confiance ou escroquerie ?

- Dans une escroquerie, la transaction est frauduleuse dès le départ. La remise de la chose a lieu après les manœuvres (celles-ci ayant pour but de se faire remettre la chose, elles sont nécessairement antérieures).
- Dans un abus de confiance, l'auteur des faits a reçu légalement le bien ou l'argent et l'a détourné ensuite.

2. L'escroquerie aggravée

Élément légal. Il est constitué par l'article 313-2 du Code pénal

Élément matériel. L'escroquerie est aggravée dans différents cas (tab. 23.4).

Tableau 23.4. **Cas d'aggravation de l'escroquerie**

Qualité de l'auteur ou du complice	Qualité de la victime
• Une personne dépositaire de l'autorité publique ou chargée d'une mission de service public, dans l'exercice ou à l'occasion de l'exercice de ses fonctions ou de sa mission. • Une personne qui prend indûment la qualité d'une personne dépositaire de l'autorité publique ou chargée d'une mission de service public. • Une personne qui fait appel au public en vue de l'émission de titres ou en vue de la collecte de fonds à des fins d'entraide humanitaire ou sociale.	• Une personne dont la particulière vulnérabilité, due à son âge, à une maladie, à une infirmité, à une déficience physique ou psychique ou à un état de grossesse, est apparente ou connue de l'auteur. • Une personne publique, un organisme de protection sociale ou un organisme chargé d'une mission de service public, pour l'obtention d'une allocation, d'une prestation, d'un paiement ou d'un avantage indu.

B) Le traitement pénal

Personnes visées. Toute personne physique ou morale auteur ou complice. La tentative est punissable. L'immunité familiale s'applique (absence de poursuites pénales à l'encontre des conjoint, ascendants et descendants).

Peines encourues :
- escroquerie simple : 5 ans d'emprisonnement et 375 000 € d'amende ;
- escroquerie aggravée : 7 ans d'emprisonnement et 750 000 € d'amende ;
- escroquerie commise en bande organisée : 10 ans d'emprisonnement et 1 000 000 € d'amende.

Le juge peut prononcer des peines complémentaires.

→ APPLICATION 2 • CAS 5 • CAS 6 • COMMENTAIRE DE DOCUMENTS 8

3 Le faux et l'usage de faux

A) Les éléments constitutifs

1. Le faux et l'usage de faux simples

Élément légal. Il est constitué par l'article 441-1 du Code pénal.

Élément matériel. Le faux est défini par la loi comme toute altération frauduleuse de la vérité, accomplie par quelque moyen que ce soit, dans un écrit ou tout autre support d'expression de la pensée qui a pour objet ou qui peut avoir pour effet d'établir la preuve d'un droit ou d'un fait ayant des conséquences juridiques de nature à causer un préjudice (tab. 23.5).

Tableau 23.5. **Élément matériel constitutif du faux**

Ce que dit la loi	Éléments nécessaires (explications)
Constitue un faux toute altération frauduleuse de la vérité…	Une altération de la vérité qui est : • matérielle : fabrication ou modification d'une pièce (altération physique) ; • ou intellectuelle : les énoncés contenus dans l'acte ne sont pas conformes à la vérité.

Ce que dit la loi	Éléments nécessaires (explications)
… accomplie par quelque moyen que ce soit, dans un écrit ou tout autre support d'expression de la pensée…	Un support qui est : • un écrit (au sens du droit de la preuve) ; • ou tout autre moyen d'expression de la pensée (facture, bon de commande, enregistrement…).
… qui a pour objet ou qui peut avoir pour effet d'établir la preuve d'un droit ou d'un fait ayant des conséquences juridiques…	Une portée juridique pour le support : il a pour objet de servir de preuve ou peut avoir cet effet.
… de nature à causer un préjudice.	• Un préjudice : matériel ou moral, affectant l'intérêt d'un individu ou celui de la société. • La seule éventualité d'un préjudice suffit.

L'**usage de faux** (tab. 23.6) consiste à utiliser un faux en se servant du support pour obtenir quelque chose en causant un préjudice. Le faux et l'usage de faux peuvent être commis par la même personne ou par deux personnes différentes.

Tableau 23.6. Élément matériel constitutif de l'usage du faux

Ce que dit la loi	Éléments nécessaires (explications)
L'usage du faux consiste à utiliser un faux.	• Se servir du support… • … pour obtenir quelque chose… • … en causant un préjudice.

Élément moral. Le faux est un délit intentionnel (utilisation du terme « frauduleux »). L'usage nécessite la conscience, au moment de l'usage, de la falsification du support utilisé.

2. Le faux et l'usage de faux aggravés

Élément légal. Il est constitué par l'article 441-2 du Code pénal.

Élément matériel. Le faux et l'usage de faux sont aggravés dans différents cas (tab. 23.7).

Tableau 23.7. Cas d'aggravation du faux ou de l'usage de faux

Cadre de l'infraction	Qualité de l'auteur
• Un document délivré par une administration publique aux fins de constater un droit, une identité ou une qualité ou d'accorder une autorisation. • Une écriture publique ou authentique ou dans un enregistrement ordonné par l'autorité publique (ex. : un jugement).	• Une personne dépositaire de l'autorité publique ou chargée d'une mission de service public… • … agissant dans l'exercice de ses fonctions, de manière habituelle… • … dans le dessein de faciliter la commission d'un crime ou de procurer l'impunité à son auteur.

B) Le traitement pénal

1. Les personnes visées

Ce sont toutes les personnes physiques ou morales auteurs ou complices. La tentative est punissable. Si l'utilisateur est aussi le faussaire, deux infractions distinctes existent. Si l'utilisateur et le faussaire ne sont pas les mêmes personnes, chacune est poursuivie pour l'infraction qu'elle a commise. Le faussaire et l'utilisateur encourent les mêmes peines.

2. Les peines encourues

Elles dépendent du type de faux et de la qualité de l'auteur :

Faux et usage de faux simples	3 ans d'emprisonnement et 45 000 € d'amende	
Faux et usage de faux aggravés	Faux dans un document délivré par une administration (ex : faux papiers d'identité)	5 ans d'emprisonnement et 75 000 € d'amende
	Faux commis par une personne dépositaire de l'autorité publique, de manière habituelle, ou dans le dessein de faciliter la commission d'un crime ou de procurer l'impunité à son auteur	7 ans d'emprisonnement et 100 000 € d'amende
	Faux dans une écriture publique ou authentique ou dans un enregistrement ordonné par l'autorité publique (ex : jugement, délibération d'un conseil municipal...)	10 ans d'emprisonnement et 150 000 € d'amende
	Faux commis dans une écriture publique ou authentique par une personne dépositaire de l'autorité publique ou chargée d'une mission de service public agissant dans l'exercice de ses fonctions ou de sa mission (ex : faux commis par le magistrat ou le maire...)	15 ans de réclusion criminelle et 225 000 € d'amende

Le juge peut prononcer des peines complémentaires, qui peuvent aller jusqu'à l'interdiction du territoire (↪chapitre 22).

→ CAS 4 • CAS 6

4 Le recel

A) Les éléments constitutifs

1. Le recel simple

Élément légal. Il est constitué par l'article 321-1 du Code pénal.

Élément matériel. Le recel est défini par la loi comme le fait de dissimuler, de détenir ou de transmettre une chose, ou de faire office d'intermédiaire afin de la transmettre, en sachant que cette chose provient d'un crime ou d'un délit. Constitue également un recel le fait, en connaissance de cause, de bénéficier, par tout moyen, du produit d'un crime ou d'un délit (tab. 23.8). Le recel est une infraction distincte qui découle d'un crime ou d'un délit antérieur, commis par un autre que le receleur.

Tableau 23.8. **Élément matériel constitutif du recel**

	Exemple
Recel-dissimulation	Cacher un véhicule volé dans son garage
Recel-détention	Garder un véhicule volé sans le dissimuler
Recel-transmission	Garder un véhicule volé quelques jours avant de le remettre à quelqu'un
Recel-intermédiation	Jouer un rôle d'intermédiaire : mettre en relation le voleur du véhicule et un acheteur potentiel
Recel-profit	Bénéficier de la chose : l'époux qui profite du train de vie de son conjoint fondé sur le produit d'un détournement

Peu importe que l'agent ait reçu la chose directement du délinquant originaire ou par l'intermédiaire d'un tiers, qu'il l'ait acquise à titre onéreux ou gratuit ou la durée de la détention. Le recel n'implique pas nécessairement la détention matérielle de la chose volée.

Élément moral. Le recel est une infraction doublement intentionnelle car le receleur doit avoir connaissance :

- de l'origine frauduleuse de la chose recélée ;
- de l'acte matériel de recel.

Il n'y a donc pas de recel si l'agent détient une chose sans le savoir ou sans en connaître l'origine. Le prévenu doit apporter la preuve de sa bonne foi (ignorance de l'origine de la chose).

2. Le recel aggravé

Élément légal. Il est constitué par l'article 321-2 du Code pénal.

Élément matériel. Le recel est aggravé lorsqu'il est commis de façon habituelle ou en utilisant les facilités que procure l'exercice d'une activité professionnelle ou en bande organisée.

B) Le traitement pénal

1. Les personnes visées

Ce sont toutes les personnes physiques ou morales auteurs ou complices. L'auteur de l'infraction d'origine ne peut être poursuivi pour recel à la différence de son complice.

2. Les peines encourues

Elles dépendent du type de recel et de la qualité de l'auteur :

- recel simple : 5 ans d'emprisonnement et 375 000 € d'amende ;
- recel aggravé : 10 ans d'emprisonnement et 750 000 € d'amende.

Les peines d'amende peuvent s'élever à la moitié de la valeur des biens recelés.

➡ CAS 5 • CAS 6

Évaluer les savoirs — Maîtriser les compétences — Préparer l'épreuve

1 Quiz

Vérifiez l'exactitude des propositions ci-après et justifiez-les.

		Vrai	Faux
1.	Les infractions de droit commun applicables aux affaires sont prévues par le Code pénal.	☐	☐
2.	L'auteur de l'abus de confiance n'est poursuivi que s'il en retire un avantage personnel direct.	☐	☐
3.	Le retard dans la restitution de la chose remise est toujours punissable.	☐	☐
4.	L'escroquerie nécessite un contrat préalable.	☐	☐
5.	Le mensonge seul est une manœuvre frauduleuse constitutive de l'escroquerie.	☐	☐
6.	L'escroquerie simple est punie de 3 ans d'emprisonnement et 75 000 € d'amende.	☐	☐
7.	Constitue un faux intellectuel le fait de contrefaire une signature sur un chèque.	☐	☐
8.	L'usage de faux est constitué dès que l'on utilise un support falsifié.	☐	☐
9.	La chose recelée doit provenir d'une contravention.	☐	☐
10.	Commet un recel celui qui transmet la chose provenant d'un crime ou d'un délit qu'il a lui-même commis.	☐	☐

2 Cas : infractions en tout genre ★★★

Compétence attendue Repérer et nommer les éléments constitutifs de chaque infraction

Dans chacun des cas ci-après (la méthodologie du cas pratique n'est pas exigée) :

1. *Nommez la ou les infractions en cause.*
2. *Vérifiez la présence des éléments matériels constitutifs de chaque infraction.*
3. *Identifiez la ou les personnes qui encourent une sanction pénale.*

   a. *Maéva démarche des sociétés pour se faire remettre des fonds. Elle se fait passer pour aveugle et assure que les fonds seront remis à une association.*

b. *Katoumi fabrique et fournit de faux bulletins de salaire et certificats de travail à des parents ou des connaissances qui s'inscrivent à Pôle emploi pour percevoir des indemnités de chômage.*
c. *Avec l'accord de son époux, Édith commande des meubles de cuisine qui sont payés au moyen de la carte bancaire professionnelle de ce dernier, gérant d'une société civile.*
d. *Jacques met en relation un voleur de passeports vierges et un faussaire qui les complétera, en échange de 10 000 €. Il ne détient à aucun moment les documents volés.*
e. *Pour obtenir un prêt auprès de sa banque, Karim imite la signature de son père sur un contrat de cautionnement.*
f. *Caroline accepte le cadeau de son concubin : de magnifiques bijoux qu'il a obtenus à la suite de plusieurs cambriolages. Ravie, elle les porte régulièrement.*

3 Abus de confiance ou escroquerie ? ★★★

Afin que certaines opérations échappent à l'administration fiscale, Xavier a bricolé la caisse enregistreuse de son magasin de bricolage pendant que son associée, Lydie, était en congé.

1. *Qualifiez l'infraction commise par Xavier.*
2. *Déterminez les peines encourues par les associés.*

Évaluer les savoirs — Maîtriser les compétences — Préparer l'épreuve

4 Cas : Imagi'ntif ★★★

Compétences attendues

- **Repérer** et **nommer** les éléments constitutifs de chaque infraction
- **Distinguer** les infractions de droit commun des infractions spécifiques

Valérie est gérante de la SNC Imagin'tif qui a pour objet l'exploitation d'un salon de coiffure. Les associés n'étant pas très investis, elle décide de faire supporter par la société les dépenses de ravalement de sa résidence, en pensant qu'ils ne s'en apercevront pas.

Montrez que Valérie commet un abus de confiance.

5 Cas : Kilian et Liam ★★★

Compétences attendues

- **Repérer** et **nommer** les éléments constitutifs de chaque infraction
- **Distinguer** les infractions de droit commun des infractions spécifiques

Kilian a décidé de s'inscrire en DCG. Il n'est pas encore titulaire du diplôme du baccalauréat, pourtant nécessaire pour l'inscription. Il demande à un ami, Liam, de bien vouloir lui confier le sien et s'adresse à une personne qui est connue pour son habileté en copie et reproduction, afin de fabriquer le diplôme. Il réussit à s'inscrire auprès de l'administration des examens et concours. Quelque temps après, il est convoqué. Sa demande d'inscription est rejetée car le diplôme est un faux.

1. *Repérez les éléments constitutifs de l'infraction commise par Liam.*
2. *Repérez les éléments constitutifs de l'infraction commise par Kilian.*

6 Cas : Émile et Victoria ★★★

Compétences attendues

- **Repérer** et **nommer** les éléments constitutifs de chaque infraction
- **Distinguer** les infractions de droit commun des infractions spécifiques

Victoria, la grand-tante d'Émile, le contacte. Elle s'étonne de ne pas avoir de nouvelles de Marc, le père d'Émile. L'an dernier, Marc l'a contactée en lui expliquant qu'il venait de créer une association d'aide aux sans-papiers, dont il était le président, et qu'il avait besoin de 30 000 € pour mettre en place de bonnes conditions d'accueil : réservation d'hôtels, achats de nourriture et de vêtements. Marc lui a montré des documents (qu'il sait faux) attestant de tout ce qu'il comptait faire. L'association n'a jamais existé.

Lorsqu'Émile a évoqué la question avec son père, celui-ci lui a répondu que la somme avait servi à financer ses études de design. Émile ignorait ce fait. Son père lui indique qu'il a tout intérêt à se taire sinon il risque d'être poursuivi pour recel.

1. *Déterminez l'infraction commise par le père d'Émile.*
2. *Vérifiez si Émile peut être poursuivi pour recel.*

Évaluer les savoirs | Maîtriser les compétences | Préparer l'épreuve

7 Situation pratique : association Vitamine ★★★

15 min

Compétences attendues

Rendez-vous MÉTHODE 3

- Repérer et nommer les éléments constitutifs de chaque infraction
- Distinguer les infractions de droit commun des infractions spéci fiques

Anne Baudry, directrice de l'agence de publicité Youth & Co. achète ses fruits et légumes auprès de producteurs locaux par l'intermédiaire de l'association Vitamine présidée par M. Carven. Le bruit court, parmi les producteurs, que M. Carven achèterait des produits destinés à sa consommation familiale en utilisant la carte bancaire de l'association.

Votre mission

Qualifiez l'infraction qui serait commise par M. Carven. Précisez-en les éléments constitutifs.

D'après un sujet d'examen

8 Commentaire de documents : escroqueries en ligne ★★★

20 min

Compétences attendues

Rendez-vous MÉTHODE 4

- Repérer et nommer les éléments constitutifs de chaque infraction
- Distinguer les infractions de droit commun des infractions spécifiques

Anne Baudry sollicite votre expertise car elle craint que l'agence soit victime d'une escroquerie, à l'image du groupe Michelin dont elle a appris les déboires par la presse.

En vous appuyant sur vos connaissances, répondez aux questions ci-après portant sur le dossier documentaire.

Votre mission

Vérifiez, dans chacun des documents ci-après, la présence des éléments constitutifs de l'escroquerie.

Document 1

Michelin victime d'une escroquerie de grande ampleur

Michelin s'est fait dérober 1,6 million d'euros *via* une escroquerie reposant sur de faux ordres de virement. Pour soustraire cette somme au numéro 2 de la fabrication de pneumatiques, un individu s'est fait passer pour le directeur financier d'un fournisseur …

...
et a affirmé que les paiements destinés à sa société devaient dorénavant être versés sur un compte ouvert dans une banque en République tchèque.

Au téléphone, l'homme a fait preuve d'une assurance sans faille. Il a ainsi contacté directement la personne en charge du dossier et a affiché une parfaite connaissance des procédures. Les références du compte à créditer ont été modifiées.

C'est le véritable directeur financier du fournisseur qui, ne voyant rien arriver sur son compte, a tiré le signal d'alarme. Depuis fin septembre, plusieurs de ses factures n'étaient en effet pas réglées. [...]

Le Monde, Manuel Armand (4 novembre 2014)

Document 2

Deux-Sèvres : une escroquerie au bitcoin à 270 000 €

Une Niortaise qui pensait faire un bon investissement en achetant des bitcoins sur internet y a laissé 270 000 €. Une plainte pour escroquerie a été déposée. La police lance un nouvel appel à la vigilance.

Attention, le Père Noël ne passe pas tous les jours de l'année. C'est en substance le message que fait passer la police après qu'une Niortaise est venue porter plainte pour escroquerie jeudi. Au début de l'année, cette femme d'une soixantaine d'années tombe sur une publicité vantant les mérites du bitcoin, cette cryptomonnaie, autrement dit virtuelle, qui excitait le monde financier tant ses cours explosaient. Elle entre donc en contact avec le site Servicesbitcoin.com, lequel promet « un rendement dix fois supérieur aux placements traditionnels ». D'autant plus tentant qu'il suffisait de regarder la courbe des cotations : 5 200 € le 30 octobre 2017, 16 700 € le 16 décembre. On appelle ça une bulle.

La Niortaise est rapidement contactée téléphoniquement par des interlocuteurs du site qui savent la convaincre de placer de l'argent. Ils se présentent avec le nom de la société KryptoFX, laquelle affiche sur son site une adresse et un numéro de téléphone basés en Angleterre, et y vante les avantages de la cryptomonnaie. Des coups de fil réguliers et l'effet boule de neige se met en place. À chaque fois, cela est suivi d'un virement, dont la destination est apparemment l'outre-Manche.

Mais les revenus tant espérés n'arrivent pas. « À chaque fois, on dit à cette femme que les bitcoins sont en cours de création. On appelle ça le minage », explique un enquêteur du commissariat de Niort. Et puis, il y a quelques semaines, le téléphone ne sonne plus. Les interlocuteurs ont disparu. La dame fait ses comptes : 270 000 € sont sortis de ses comptes. Ses proches la convainquent d'aller porter plainte pour escroquerie. L'occasion pour les policiers d'appeler à la plus grande vigilance lorsqu'il s'agit de transactions de ce type sur internet. Il y a des moyens de procéder aujourd'hui à de simples vérifications avec les moteurs de recherche.

La Nouvelle République, octobre 2018

SYNTHÈSE

Les infractions de droit commun applicables aux affaires

L'abus de confiance

Élément légal	**Article 314-1 du Code pénal**
Élément matériel	**Fait** pour une personne **de détourner** : • au **préjudice** d'autrui ; • des **fonds**, des **valeurs** ou un **bien** quelconque ; • qui lui ont été **remis** ; • et qu'elle a **acceptés** à charge de les rendre, de les représenter ou d'en faire un usage déterminé.
Élément moral	**Intention frauduleuse**

L'escroquerie

Élément légal	**Article 313-1 du Code pénal**
Élément matériel	**Fait**, soit par l'usage d'un faux nom ou d'une fausse qualité, soit par l'abus d'une qualité vraie, soit par l'emploi de manœuvres frauduleuses : • de **tromper** une personne physique ou morale ; • et de la **déterminer** ainsi à remettre des fonds, des valeurs ou un bien quelconque, à **fournir** un service ou à **consentir** un acte opérant obligation ou décharge ; • à son **préjudice** ou au préjudice d'un tiers.
Élément moral	**Intention frauduleuse**

Le faux et l'usage de faux

Élément légal	**Article 441-1 du Code pénal**
Élément matériel	• **Altération frauduleuse de la vérité :** – accomplie par quelque moyen que ce soit, dans un écrit ou tout autre **support d'expression** de la pensée ; – qui a pour objet ou qui peut avoir pour effet d'**établir la preuve** d'un droit ou d'un fait ayant des conséquences juridiques ; – de nature à causer un **préjudice**. • L'usage du faux consiste à **utiliser un faux**.
Élément moral	**Intention frauduleuse**

Le recel

Élément légal	**Article 321-1 du Code pénal**
Élément matériel	• Le **recel** est le **fait** : – de **dissimuler**, de **détenir** ou de **transmettre** une chose, ou de faire **office d'intermédiaire** afin de la transmettre ; – en sachant que cette chose provient d'un **crime** ou d'un **délit**. • Constitue également un recel le fait, en connaissance de cause, de **bénéficier** du produit d'un crime ou d'un délit.
Élément moral	**Double intention frauduleuse :** connaissance de l'origine frauduleuse de la chose recelée et de l'acte matériel de recel

CHAPITRE 24

Les infractions spécifiques au droit des affaires

PROGRAMME

Compétences attendues	Savoirs associés
• **Repérer** et **nommer** les éléments constitutifs de chaque infraction • **Distinguer** les infractions de droit commun des infractions spécifiques • **Identifier** la responsabilité pénale du commissaire aux comptes (CAC)	• L'abus de biens et du crédit de la société • La distribution de dividendes fictifs • La présentation ou publication de bilan ne donnant pas une image fidèle • La surévaluation des apports • Le statut pénal du CAC • Les infractions remettant en cause le bon déroulement de la mission de contrôle du CAC

LIENS AVEC LE DCG 10

§ 2. Actif • § 3. Passif

PLAN DU CHAPITRE

Cours : 1. Les infractions relatives à la constitution et au fonctionnement des sociétés • 2. Les infractions relatives aux comptes sociaux • 3. Les infractions remettant en cause le bon déroulement de la mission de contrôle du CAC

Des savoirs aux compétences : Évaluer les savoirs • Maîtriser les compétences • Préparer l'épreuve

Synthèse

Les infractions spécifiques au droit des affaires, applicables uniquement aux SARL et aux sociétés par actions, visent à protéger soit la société en tant que personne morale, soit les associés ou les tiers qui contractent avec la société en assurant notamment le respect des règles du droit comptable. Dans ce cadre, le CAC est un acteur incontournable de la prévention. Son statut et sa mission de contrôle sont protégés pénalement.

MOTS-CLÉS

Abus de biens sociaux • Confirmation d'informations mensongères • Distribution de dividendes fictifs • Non-révélation de faits délictueux • Surévaluation frauduleuse des apports en nature • Violation du secret professionnel

1 Les infractions relatives à la constitution et au fonctionnement des sociétés

A) La surévaluation frauduleuse des apports en nature

1. Les éléments constitutifs

En principe, un CAA est chargé d'évaluer les apports en nature à la constitution des SARL et des sociétés par actions (↪chapitre 2). L'apporteur peut avoir intérêt à surévaluer son apport en nature pour obtenir un plus grand nombre de titres sociaux, au préjudice des autres associés et des tiers (le capital social ne reflétant pas la réalité). Dès lors, la loi sanctionne la **surévaluation frauduleuse des apports en nature**, à l'initiative de l'apporteur lui-même ou du CAA sur instruction de l'apporteur (fig. 24.1).

Élément légal

• Code de commerce (article 241-3 1 pour les SARL et article 242-2 pour les sociétés par actions).

Élément matériel

• Est puni le fait pour toute personne de faire attribuer à un apport en nature une évaluation supérieure à sa valeur réelle.

Élément moral

• Celui qui évalue le bien doit être de mauvaise foi : il doit mentir sur l'évaluation.

Figure 24.1. **Les éléments constitutifs de la majoration frauduleuse des apports en nature**

2. Le traitement pénal

Personne punissable. L'auteur de l'infraction est celui qui fait attribuer à un apport une évaluation supérieure à sa valeur réelle (ex. : dirigeant, apporteur, CAA).

Peine. L'auteur et son complice éventuel encourent :

- SARL : 5 ans d'emprisonnement et 375 000 € d'amende ;
- Sociétés par actions : 5 ans d'emprisonnement et 9 000 € d'amende.

Tentative. Elle n'est pas punissable.

Prescription. L'infraction se prescrit par 6 ans.

B) L'abus de biens sociaux

1. Les éléments constitutifs

Élément légal. L'abus de biens sociaux est prévu par le Code de commerce (fig. 24.2).

SARL
Art. L.241-3

Sociétés par actions
Art. L.242-6 pour les SA à CA
Art. L.242-30 pour les SA à directoire
Art. L.243-1 pour les SCA
Art. L.244-1 pour les SAS

Figure 24.2. Élément légal de l'abus de biens sociaux

Élément matériel. Il suppose la réunion de plusieurs conditions (tab. 24.1).

Tableau 24.1. Élément matériel de l'abus de biens sociaux

Ce que dit la loi	Commentaire
« Le fait, pour le dirigeant de SARL ou de société par actions, »	• Le délit ne peut être commis que par les dirigeants, de droit ou de fait, des SARL et des sociétés par actions : gérants de SARL ou de SCA ; président, administrateurs, directeur général, membres du directoire ou du conseil de surveillance d'une SA, président et dirigeants de la SAS et liquidateur. • Sont donc exclus les dirigeants de sociétés de personnes (SNC, sociétés civiles, SCS), ou d'associations. Ces derniers peuvent être poursuivis sur le fondement de l'abus de confiance (→ chapitre 23).
« de faire des biens ou du crédit de la société, »	• L'usage des biens est établi quand le dirigeant accomplit, au nom de la société, des actes d'administration (ex. : prêts, avances, baux…) ou des actes de disposition (ex. : cessions, acquisitions…) sur l'ensemble des biens sociaux mobiliers ou immobiliers, corporels ou incorporels. • Une abstention volontaire d'accomplir des actes peut constituer un usage (ex. : un dirigeant qui ne réclame pas le paiement d'une créance due à la société par un ami). L'usage s'entend de l'appropriation ou de la dissipation des biens (ex. le dirigeant dispose à son profit personnel de sommes revenant à la société, en s'octroyant des rémunérations abusives ou des avantages en nature) ; mais c'est aussi la simple utilisation (ex. : un dirigeant qui utilise un véhicule appartenant à la société). • L'usage du crédit est établi quand le dirigeant utilise la réputation de la société (ex. : en engageant la société dans un cautionnement), la renommée commerciale, la capacité financière de la société, ou encore le volume et la nature des affaires traitées (ex. : en négociant simultanément un prêt personnel et un prêt à la société).

Ce que dit la loi	Commentaire
« un usage qu'ils savent contraire à l'intérêt de celle-ci, »	L'agissement doit causer un préjudice à la société. Ce préjudice peut être : – matériel : le patrimoine est diminué ou court un risque anormal de diminution (ex. : la société risque d'être sanctionnée pénalement par une amende si un dirigeant verse un pot-de-vin en contrepartie de l'obtention d'un marché public) ; – moral : la réputation de la société est entamée.
« à des fins personnelles ou pour favoriser une autre société ou entreprise dans laquelle ils sont intéressés directement ou indirectement. »	• Le délit procure au dirigeant un avantage matériel ou moral (ex. : entretien de relations politiques). • L'objectif recherché par l'infraction peut être aussi d'enrichir une autre entreprise avec laquelle le dirigeant entretient des liens.

Élément moral. L'abus des biens ou du crédit de la société est une infraction intentionnelle : la mauvaise foi du dirigeant est requise, à deux titres. D'abord, le dirigeant doit avoir conscience que son comportement est contraire à l'intérêt social. De plus, il doit être conscient de l'avantage qu'il en tire. Une simple négligence ne suffit pas. La mauvaise foi est présumée lorsque l'acte est fait de façon dissimulée (ex. : sans enregistrement comptable). Les tribunaux estiment que la connaissance de l'avantage retiré est une manifestation de la mauvaise foi du dirigeant poursuivi.

2. Le traitement pénal

Personne punissable. L'auteur de l'infraction est le dirigeant de SARL ou de société par actions.

Peine. L'auteur et son complice éventuel encourent une peine d'emprisonnement de 5 ans et une amende de 375 000 €.

Tentative. Elle n'est pas punissable.

Prescription. L'abus de biens sociaux est un délit instantané, il est consommé lors de chaque usage abusif des biens ou du crédit de la société. La prescription de l'action publique est de 6 ans à compter de la commission du délit ou de sa révélation. Le délai commence à courir à compter de la présentation des comptes annuels par lesquels les dépenses sont mises à la charge de la société.

➜ APPLICATION 2 • CAS 5 • COMMENTAIRE DE DOCUMENT 6 • SITUATION PRATIQUE 7

2 Les infractions relatives aux comptes sociaux

A) La distribution de dividendes fictifs

1. Les éléments constitutifs

Élément légal. Il est identique à celui de l'abus de biens sociaux.

Élément matériel. Il suppose la réunion de plusieurs conditions (tab. 24.2).

Élément moral. La **distribution de dividendes fictifs** est une infraction intentionnelle. La mauvaise foi du dirigeant est exigée : l'auteur doit avoir conscience de l'inexactitude de l'inventaire et du caractère fictif des dividendes distribués.

Tableau 24.2. Élément matériel de la distribution de dividendes fictifs

Ce que dit la loi	Commentaire
« Le fait, pour les dirigeants de SARL ou de sociétés par actions, »	Le délit ne concerne que les dirigeants de droit ou de fait de SARL et de société par actions.
« d'opérer entre les associés la répartition de dividendes fictifs, »	• Existence de dividendes fictifs. des dividendes sont distribués à partir de sommes non disponibles (alors qu'il n'y a pas de bénéfice distribuable ↪ **chapitre 3**). • Distribution des dividendes fictifs. Le délit est consommé dès que les dividendes sont mis à la disposition des associés ou des actionnaires.
« en l'absence d'inventaire ou au moyen d'inventaires frauduleux »	• L'inventaire est l'état détaillé et complet qui permet aux associés ou aux actionnaires d'apprécier la consistance de l'actif et du passif. La jurisprudence et la doctrine considèrent que les comptes annuels (bilan et compte de résultat) présentent la teneur de l'inventaire, mais tout document suffisamment précis peut tenir lieu d'inventaire (balances détaillées, par exemple). • Le délit de distribution de dividendes fictifs est constitué lorsque des dividendes sont distribués en l'absence d'inventaire (cas rare) ou sur la base d'un inventaire frauduleux par majoration artificielle de l'actif ou diminution artificielle du passif.

2. Le traitement pénal de la distribution de dividendes fictifs

Personne punissable. Sont punissables les auteurs (les dirigeants) et leurs complices.

Peine. L'auteur et son complice éventuel encourent une peine d'emprisonnement de 5 ans et une amende de 375 000 €.

Tentative. La tentative n'est pas punissable.

Action civile. L'action des créanciers est recevable car le prélèvement sur les sommes non disponibles porte atteinte à leur droit de gage sur le capital social. Les associés ou la société peuvent se constituer partie civile. Les associés peuvent être tenus de rendre les sommes qu'ils ont perçues indûment.

Prescription. La prescription de l'action publique est de 6 ans à compter de la commission du délit ou de sa révélation.

B) La présentation ou publication de comptes annuels ne donnant pas une image fidèle

1. Les éléments constitutifs

Élément légal. Il est identique à celui de l'abus de biens sociaux.

Élément matériel. Il suppose la réunion de plusieurs conditions (tab. 24.3).

Tableau 24.3. Élément matériel de la présentation ou la publication de comptes annuels ne donnant pas une image fidèle

Ce que dit la loi	Commentaire
« Le fait, pour les dirigeants de SARL ou de sociétés par actions, »	Le délit ne concerne que les dirigeants de droit ou de fait de SARL et de société par actions.
« de publier ou présenter aux associés, même en l'absence de toute distribution de dividendes, »	• La présentation des comptes annuels a pour objectif de faire connaître la situation financière et patrimoniale de la société aux associés lors de l'assemblée générale annuelle obligatoire. • La publication vise à faire connaître les comptes aux tiers. La jurisprudence retient tout moyen permettant aux tiers d'avoir connaissance des documents annuels. • En SARL, seule la présentation est sanctionnée. Dans les sociétés par actions, présentation et publication sont sanctionnées.
« des comptes annuels ne donnant pas, pour chaque exercice, une image fidèle du résultat des opérations de l'exercice, de la situation financière et du patrimoine, à l'expiration de cette période. »	• Les comptes annuels sont le bilan, le compte de résultat et l'annexe, qui forment un tout indissociable. • Les comptes consolidés entrent dans le champ d'application de l'infraction. • Les comptes annuels doivent être réguliers, sincères et donner une image fidèle du patrimoine, de la situation financière et du résultat de l'entreprise, sinon, ils sont irréguliers.

Élément moral. Le dirigeant doit être de mauvaise foi, il doit agir en vue de dissimuler la véritable situation de la société.

2. Le traitement pénal

Personne punissable. Sont punissables les auteurs (les dirigeants) et leurs complices.

Peine. L'auteur et son complice éventuel encourent une peine d'emprisonnement de 5 ans et une amende de 375 000 €.

Tentative. La tentative n'est pas punissable.

Prescription. La prescription, de 6 ans, commence à courir à partir du jour de la présentation ou de la publication des comptes annuels.

Action civile. Les associés, les créanciers ou la société peuvent se constituer partie civile.

→ CAS 3 • CAS 5

3 Les infractions remettant en cause le bon déroulement de la mission de contrôle du CAC

A) Une profession protégée par le droit pénal

1. L'exercice illégal ou malgré une incompatibilité de la profession de CAC

L'élément moral est commun aux deux infractions (fig. 24.3).

	Exercice illégal de la profession	Exercice de la profession malgré une incompatibilité
Élément légal	Article L. 820-5 du Code de commerce	Article L. 820-6 du Code de commerce
Élément matériel	Usage du titre de CAC ou exercice de la profession sans en remplir les conditions (sans être inscrit sur la liste ou sans avoir prêté serment), ou par un professionnel faisant l'objet d'une mesure d'interdiction ou de suspension	Acceptation, exercice ou conservation de fonctions malgré une incompatibilité légale (chapitre 5)
Élément moral commun	Mauvaise foi requise (conscience de l'infraction)	

Figure 24.3. Éléments de l'exercice illégal ou malgré une incompatibilité de la profession de CAC

2. Le traitement pénal des infractions

Dans les deux cas, la personne poursuivie est le CAC et la prescription est de 6 ans (fig. 24.4).

	Exercice illégal de la profession	Exercice de la profession malgré une incompatibilité
Personne punissable	CAC Tentative non punissable	
Peine encourue	1 an d'emprisonnement 15 000 € d'amende	6 mois d'emprisonnement 7 500 € d'amende
Prescription	6 ans à compter de la fin de l'agissement illicite	

Figure 24.4. Traitement pénal de l'exercice illégal ou malgré une incompatibilité de la profession de CAC

B) Les infractions faisant obstacle au contrôle par le CAC

1. Le défaut de désignation ou de convocation et l'entrave à la mission d'un CAC

L'élément légal est partagé par les deux infractions (fig. 24.5).

Défaut de désignation ou de convocation	Entrave à la mission
Élément légal : Article L. 820-4 du Code de commerce	**Élément légal** : Article L. 820-4 du Code de commerce
Élément matériel : Absence de provocation de la désignation du CAC lorsqu'elle est obligatoire ou non-convocation aux AG	**Élément matériel** : Opposition d'un obstacle aux contrôles/vérifications par le CAC
Élément moral : Infraction d'omission	**Élément moral** : Infraction intentionnelle

Figure 24.5. Éléments des infractions faisant obstacle au contrôle par le CAC

2. Le traitement pénal des infractions

Dans les deux cas, l'action s'exerce à l'encontre des dirigeants de droit des entités (ou d'une autre personne relevant de l'entité contrôlée, pour l'entrave) et la prescription est de 6 ans (fig. 24.6).

Défaut de désignation ou de convocation	Entrave à la mission
Personne punissable : Dirigeants de droit des entités soumises au contrôle légal	**Personne punissable** : Dirigeant ou toute autre personne appartenant à une entité contrôlée
Peine encourue : 2 ans d'emprisonnement, 30 000 € d'amende	**Peine encourue** : 5 ans d'emprisonnement, 75 000 € d'amende
Prescription : 6 ans à compter de l'AG/entrave	**Prescription** : 6 ans à compter de l'AG/entrave

Figure 24.6. Traitement pénal des infractions

C) Le CAC, auteur ou complice d'infractions

Le CAC peut être poursuivi en tant que complice de toute infraction, s'il en remplit les conditions. Il peut également être l'auteur d'infractions spécifiques.

La mission du CAC consiste à certifier que les comptes sont sincères et donnent une image fidèle du patrimoine. Il doit donc informer les associés ou les actionnaires de toute inexactitude ou irrégularité qu'il pourrait constater (↪chapitre 5). Il est par ailleurs tenu de révéler les faits délictueux au procureur de la République. Il est enfin tenu au secret professionnel L'efficacité des missions du CAC est protégée par la sanction pénale (tab. 24.4) :

- du délit de **confirmation d'informations mensongères** ;
- du délit de **non-révélation de faits délictueux** au procureur de la République ;
- du délit de **violation du secret professionnel**.

CHIFFRE-CLÉ

0,4 % : c'est le pourcentage de missions de CAC ayant donné lieu à la révélation de faits délictueux (cncc.fr, 2020).

Tableau 24.4. Délits commis par le CAC dans l'exercice de ses fonctions

	Délit de confirmation d'informations mensongères	Délit de non-révélation de faits délictueux au procureur de la République	Violation du secret professionnel
Élément légal	Article L. 820-7 du Code de commerce		Articles L. 822-15 du Code de commerce et 226-13 du Code pénal
Élément matériel	Le fait, pour le CAC, de donner ou de confirmer dans son rapport de fausses informations sur la situation de l'entité contrôlée	Le fait, pour le CAC, de ne pas révéler au procureur les faits délictueux dont il a eu connaissance au cours de sa mission	Le fait, pour le CAC, de ne pas garder le secret sur les faits, actes ou renseignements dont il a eu connaissance à l'occasion de sa mission
Élément moral	Infraction intentionnelle		
Personne punissable	Le CAC		Le CAC, ses salariés, les experts
Peine	5 ans d'emprisonnement et 75 000 € d'amende		1 an d'emprisonnement et 15 000 € d'amende
Prescription	6 ans à compter de la commission de l'infraction		

FOCUS Le secret professionnel du CAC

- Le CAC est lié par le secret professionnel à l'égard des tiers (ex. : les créanciers), du Trésor public, des actionnaires ou des administrateurs pris individuellement.
- Le CAC est délivré du secret professionnel à l'égard du président du tribunal, dans le cas de la procédure d'alerte ou de l'ouverture d'une procédure collective de traitement des difficultés de l'entreprise ; du procureur de la République, en cas de révélation de faits délictueux ; des actionnaires, pour leur signaler des irrégularités ou des inexactitudes dans la tenue des comptes.

→ CAS 4 • SITUATION PRATIQUE 7

1 Quiz

Vérifiez l'exactitude des propositions ci-après et justifiez-les.

		Vrai	Faux
1.	Les infractions spécifiques au droit des affaires sont prévues par le Code pénal.	☐	☐
2.	Le CAA ne peut jamais être poursuivi en cas de majoration frauduleuse des apports en nature.	☐	☐
3.	Un dirigeant qui s'octroie une rémunération excessive n'engage pas sa responsabilité pénale.	☐	☐
4.	L'abus du crédit social est l'utilisation de la renommée de la société par son dirigeant, à des fins personnelles contraire à l'intérêt social.	☐	☐
5.	L'associé de SARL peut être poursuivi en tant qu'auteur du délit de distribution de dividendes fictifs.	☐	☐
6.	La publication de comptes annuels ne donnant pas une image fidèle est punie dans les SARL.	☐	☐
7.	Un président de SAS sera moins sévèrement sanctionné qu'un gérant de SARL en cas de présentation de comptes annuels ne donnant pas une image fidèle.	☐	☐
8.	Un expert-comptable peut certifier des comptes annuels.	☐	☐
9.	Un CAC qui certifie en connaissance de cause des comptes annuels ne donnant pas une image fidèle commet une infraction.	☐	☐
10.	Le CAC a une obligation de révéler au procureur de la République les délits commis par les dirigeants de l'entité contrôlée.	☐	☐

2 Abus des biens ou abus du crédit de la société ? ★★★

Déterminez, pour chacun des agissements suivants, s'ils constituent un abus des biens ou un abus du crédit de la société (la méthodologie du cas pratique n'est pas exigée).

1. *Le gérant de SARL s'octroie une rémunération excessive.*
2. *Le DG d'une SA donne à son fils un ordinateur appartenant à la société.*
3. *Le PCA utilise sa carte de paiement professionnelle pour inviter des amis au restaurant.*
4. *Un gérant fait cautionner, par la SARL qu'il dirige, un emprunt souscrit par un ami.*

3 Cas : SARL Bouch'rie ★★★

Compétences attendues

- **Repérer** et **nommer** les éléments constitutifs de chaque infraction
- **Distinguer** les infractions de droit commun des infractions spécifiques

Pascal et Jean-Michel, cogérants de la SARL Bouch'rie, dont l'activité est la boucherie en gros, utilisent une méthode consistant à valoriser au prix des pièces les plus nobles des pièces qui sont d'une qualité inférieure, pour faciliter la valorisation des abats en stock. De plus, ils n'ont pas passé de dépréciation pour deux créances qui s'avèrent douteuses. Les comptes ont été approuvés par l'assemblée générale des associés, réunie en juin.

Déterminez le délit commis par Pascal et Jean-Michel.

4 Cas : SA Domotik ★★★

Compétences attendues

- **Repérer** et **nommer** les éléments constitutifs de chaque infraction
- **Distinguer** les infractions de droit commun des infractions spécifiques
- **Identifier** la responsabilité pénale du commissaire aux comptes (CAC)

Éric Grisard vient d'être désigné en qualité de CAC de la SA Domotik. Les dirigeants sociaux, nouvellement nommés eux aussi, apprennent à connaître le monde des affaires. Ils demandent à Éric de les renseigner sur les mécanismes complexes de la vie sociale. Éric accepte. Une première mission contractuelle vient d'être terminée. Elle portait sur les décisions collectives en assemblée, sur les questions de quorum et de majorité. La société vient de lui régler sa première note d'honoraires.

1. *Identifiez l'infraction commise par Éric Grisard en vérifiant la présence de chacun des éléments constitutifs.*

Valérie est actionnaire de la SA. Elle y cumule les fonctions d'administrateur et de salariée dans le respect des dispositions légales en la matière. Elle dirige le service administratif et est souvent amenée à rencontrer Éric. Les deux jeunes gens se lient d'affection et, quelques mois plus tard, annoncent leur mariage.

2. *Déterminez si Éric et Valérie engagent leur responsabilité pénale.*

5 Cas : SAS Altermoov ★★★

Compétences attendues

- **Repérer** et **nommer** les éléments constitutifs de chaque infraction
- **Distinguer** les infractions de droit commun des infractions spécifiques

La SAS Altermoov distribue des modes de transports urbains alternatifs (trottinettes, *hoverboard*, etc). Elle a été créée il y a 2 ans par son actuel président, Théo Leduc, par apport de son fonds de commerce évalué à 100 000 € selon le rapport signé par le CAA, Daniel Lecomte. Cette évaluation ne tenait pas compte de la sûreté grevant le fonds de commerce, qui en diminue la valeur, connue pourtant des deux hommes.

À la suite de placements immobiliers personnels réalisés il y a quelques années sur la côte d'Opale qui se sont révélés désastreux, Théo décide de masquer l'existence de son compte courant d'associé débiteur. Il prend également l'initiative de majorer artificiellement le bilan de la SAS pour l'exercice qui vient de s'écouler afin d'obtenir un prêt bancaire de 50 000 € destiné à acheter des stocks.

1. *Identifiez et caractérisez les trois infractions commises, leurs auteurs et les éventuels complices.*

Les comptes ainsi toilettés sont présentés aux associés, qui décident la distribution de dividendes. Pris d'un remords soudain, Théo refuse de mettre en paiement des dividendes supérieurs au bénéfice distribuable.

2. *Vérifiez si le délit de distribution de dividendes fictifs est constitué.*

6 Commentaire de document : quand les cryptomonnaies s'invitent au capital des sociétés ★★★

25 min

Compétences attendues

Rendez-vous MÉTHODE 4

- **Repérer** et **nommer** les éléments constitutifs de chaque infraction
- **Distinguer** les infractions de droit commun des infractions spécifiques
- **Identifier** la responsabilité pénale du commissaire aux comptes (CAC)

Consulté(e) par une société de Vierzon (Cher) qui souhaiterait libérer son capital en bitcoins, vous recherchez des cas similaires et répondez aux questions de ses fondateurs.

Vos missions

1. *Précisez les raisons pour lesquelles les bitcoins doivent être analysés comme un apport en nature (la méthodologie du cas pratique n'est pas exigée).*
2. *Identifiez les risques liés à ce type d'apport et déterminez comment les prévenir (la méthodologie du cas pratique n'est pas exigée).*

Document

Première en Suisse : création d'une société entièrement constituée en bitcoins

Neuchâtel. Ce jeudi 7 décembre 2017, les documents officiels pour la constitution de IndéNodes Sarl – une entreprise souhaitant fonctionner sans comptes bancaires et dont le capital a été libéré en bitcoins – ont été déposés au registre du commerce du canton de Neuchâtel. Cette constitution représente une première en Suisse et un pas supplémentaire vers la démocratisation du bitcoin et son entrée dans la vie des affaires. Prolongeant la philosophie à l'origine du bitcoin, à savoir la suppression des tiers de confiance, et plus particulièrement l'intermédiation des banques, les fondateurs de IndéNodes Sarl ont choisi de verser le capital de leur société sous la forme d'un apport en nature, en l'occurrence trois bitcoins. IndéNodes Sarl aura notamment pour but de gérer et d'entretenir des serveurs et toutes infrastructures informatiques nécessaires au bon fonctionnement de systèmes décentralisés.

Cette constitution a été accompagnée par l'avocat spécialiste des monnaies cryptographiques et des technologies deblockchains en Suisse, Me Vincent Mignon. Afin de répondre à la demande des investisseurs adeptes de la cryptomonnaie, une étude juridique a été menée arrivant à la conclusion qu'un bitcoin est un actif pouvant être apporté dans le cadre de la fondation qualifiée d'une société de capitaux. Cette conclusion ne se limite pas uniquement au bitcoin et il est légalement possible de constituer une société avec un capital libéré dans une autre monnaie cryptographique comme l'éther par exemple en suivant les règles du droit suisse sur la fondation qualifiée des sociétés de capitaux.

https://www.romandie.com, 10 décembre 2017

7 Situation pratique : SA Bond ★★★

20 min

Compétences attendues

Rendez-vous MÉTHODE 3

- **Repérer** et **nommer** les éléments constitutifs de chaque infraction
- **Distinguer** les infractions de droit commun des infractions spécifiques
- **Identifier** la responsabilité pénale du commissaire aux comptes (CAC)

M. Octopus est CAC dans la SA Bond. Il y a effectué, durant l'exercice écoulé, sa mission légale de contrôle. M. Octopus estime que la tenue des comptes de charges sur l'exercice présente quelques anomalies. En effet, lors de l'audit des comptes de la SA, M. Octopus a découvert qu'une réparation importante du véhicule de type 4×4 de M. James, le DG, a été prise en charge par la SA et payée comptant en juillet dernier. Cette réparation, qui s'élève à 7 000 €, a été comptabilisée comme une charge de l'exercice.

Vos missions

1. *Vérifiez si M. James a commis une infraction.*
2. *En vous appuyant sur le document, précisez la démarche à suivre par le CAC et la nature de la responsabilité engagée.*

Document

Une forte responsabilité

Le commissaire aux comptes peut être confronté à un risque de :

- responsabilité pénale ;
- responsabilité civile ;
- responsabilité disciplinaire ;
- sanction des autorités de marchés.

Le commissaire aux comptes est responsable, tant à l'égard de la société que des tiers, des fautes et des négligences qu'il aurait commises dans l'exercice de ses fonctions et des infractions pénales spécifiques sont prévues par la loi. Ainsi, la responsabilité du commissaire aux comptes peut être recherchée s'il s'abstient de révéler les faits délictueux.

Compagnie nationale des commissaires aux comptes (CNCC), https://www.cncc.fr/deontologie.html

SYNTHÈSE

Les infractions spécifiques au droit des affaires

Les infractions relatives à la constitution et au fonctionnement des sociétés

La surévaluation frauduleuse des apports en nature

Élément légal	**Code de commerce**
Élément matériel	**Fait**, dans les SARL et les sociétés par actions : • de faire attribuer à un **apport en nature** • une **valeur supérieure** à sa valeur réelle
Élément moral	**Intention frauduleuse**

L'abus de biens sociaux ou l'abus du crédit de la société

Élément légal	**Code de commerce**
Élément matériel	**Fait**, pour le dirigeant de SARL ou de sociétés par actions, • de faire des **biens** ou du **crédit** de la société • un **usage contraire à l'intérêt social** • dans un **intérêt personnel**
Élément moral	**Intention frauduleuse**

Les infractions relatives aux comptes sociaux

La distribution de dividendes fictifs

Élément légal	Code de commerce
Élément matériel	**Fait**, pour les dirigeants de SARL et de sociétés par actions, • d'**opérer** entre les associés la **répartition des dividendes** • sur la base de **comptes annuels frauduleux**
Élément moral	Intention frauduleuse

La présentation ou la publication de comptes annuels ne donnant pas une image fidèle

Élément légal	Code de commerce
Élément matériel	**Fait** pour les dirigeants de SARL et de sociétés par actions : • de **publier** (société par actions) ou de **présenter** aux associés • des **comptes annuels ne donnant pas une image fidèle**
Élément moral	Intention frauduleuse

Les infractions remettant en cause le bon déroulement de la mission de contrôle du CAC

Infractions visant à protéger la profession	• Exercice illégal de la profession de CAC • Exercice de la profession de CAC malgré une incompatibilité légale
Infractions faisant obstacle au contrôle par le CAC	• Non-désignation du CAC • Non-convocation du CAC à l'AG • Entrave à la mission du CAC
Infractions spécifiques commises par le CAC	• Confirmation d'informations mensongères • Non-révélation des faits délictueux au procureur • Violation du secret professionnel

Dans les dossiers ci-après, la méthodologie du cas pratique est exigée, sauf mention contraire.

La SA Sporting Football Club (SA SFC) est actuellement dans la tourmente. Après avoir tenu pendant des années le haut de l'affiche, ses résultats sportifs ne sont plus à la hauteur des espérances de ses dirigeants, et notamment de son directeur général, Alexandre Biella. Le club se trouve également en difficulté financière. Il n'a pas fini de payer le prêt du jeune prodige Paul Beng en août dernier, au club allemand de Mainz (210 000 €). De plus, l'ancien coach du Sporting, François Guisicelli réclame 300 000 € de salaires devant la justice. Outre les sportifs, des agents de joueurs sont concernés. La société 5 player France est en droit de demander près de 750 000 € à la SA. Enfin, la société Espace Green, en charge de la pelouse du stade, est également créancière du club à hauteur de 227 832 €.

1 Personnes morales et responsabilité pénale

Pour couronner le tout, une drôle de mésaventure vient d'arriver, qui risque de ternir davantage la réputation du club. Un individu, Jean-Paul Delavoye, se présentant comme membre du conseil d'administration de la SA SFC, a organisé dans toute la région une collecte de fonds pour aider le club. Une chaîne de télévision locale s'est mobilisée à cette occasion pour présenter les difficultés que le club traversait et sensibiliser la population. Près de 100 000 € de dons sont récoltés en une seule journée *via* une cagnotte Litchi, mise en place par Jean-Paul Delavoye. Cependant, le lendemain, la satisfaction des habitants de la région face au succès de la campagne est sérieusement troublée lorsqu'ils apprennent par le maire de la ville que M. Delavoye était inconnu de la SA SFC et qu'il a disparu avec l'argent.

De nombreuses plaintes sont déposées. Une enquête préliminaire est dirigée par les officiers de police judiciaire. Le parquet décide de poursuivre. Une instruction est demandée.

Rendez-vous MÉTHODE 3

Vos missions

1. *Déterminez sur quel fondement pénal M. Delavoye peut être poursuivi.*
2. *En vous appuyant sur les documents 1 à 3, rédigez une note déterminant les conditions dans lesquelles une personne morale peut voir sa responsabilité engagée (la méthodologie du cas pratique n'est pas exigée).*
3. *Déduisez-en la conséquence pour la société dans l'hypothèse où Jean-Paul Delavoye aurait vraiment été membre du conseil d'administration et agi au nom de la SA SFC.*
4. *Précisez l'objet de l'enquête préliminaire.*
5. *Indiquez si le Parquet peut décider de ne pas poursuivre.*
6. *Retrouvez la manière dont s'est opérée la saisine du juge d'instruction.*

2 Un dirigeant peu scrupuleux

En examinant les comptes de la SA SFC, le CAC, chez qui vous êtes actuellement en stage, constate qu'Alexandre Biella s'est fait octroyer par la société des rémunérations excessives au regard des capacités de trésorerie de la société. Ainsi, pour compenser le solde de son compte courant devenu débiteur du fait du paiement par la société de dettes qui lui étaient personnelles, Alexandre Biella a fait porter à son crédit, à titre de salaire, des sommes démesurées par rapport aux possibilités actuelles de la société et absolument injustifiées par les services rendus à celle-ci.

Votre mission

7. *Déterminez la qualification pénale que cette situation appelle.*

3 Le rôle du commissaire aux comptes

Votre tuteur de stage, Amandine Beck, vous demande de préparer la rédaction de la lettre de révélation du fait délictueux au procureur de la République.

Votre mission

8. *En vous aidant du document 4, proposez un courrier à Amandine Beck (la méthodologie du cas pratique n'est pas exigée).*

DOSSIER DOCUMENTAIRE

Document 1

Cour de cassation, chambre criminelle 11 juillet 2017, pourvoi n° 16-86.092 (extraits)

La Cour de cassation, chambre criminelle, a rendu l'arrêt suivant :

[...] Attendu que, pour retenir la responsabilité de M. X..., l'arrêt énonce notamment que, s'il n'était pas le gérant de droit de la société Manualis, lequel était alors sa fille, une étudiante âgée d'une vingtaine d'années, il possédait des parts sociales et jouait un rôle déterminant dans les activités de ladite société sur le territoire français ; que les juges ajoutent qu'il s'occupait tant de l'aspect administratif que du suivi des chantiers pour le compte de celle-ci ;

Attendu qu'en l'état de ces énonciations, qui établissent la responsabilité pénale de M. X..., et dont il se déduit qu'en sa qualité de représentant de la société Manualis, [...], agissant pour le compte de celle-ci, il a engagé la responsabilité pénale de la personne morale au sens de l'article 121-2 du Code pénal, les griefs ne sont pas encourus ; [...]

Document 2

Cour de cassation, chambre criminelle, 19 juin 2013, pourvoi n° 12-82.827 (extraits)

La Cour de cassation, chambre criminelle, a rendu l'arrêt suivant :

Attendu qu'il résulte de l'arrêt attaqué que, dans le cadre d'un litige civil qui opposait la Caisse des dépôts et consignations à diverses sociétés, celles-ci ont demandé au conseiller de la mise en état d'enjoindre à la première de communiquer un rapport d'audit interne effectué en 1994 ; qu'en exécution de la décision faisant droit à cette requête, la caisse des dépôts a produit un rapport daté de janvier 1995, qui constituait un additif au rapport réclamé, et a indiqué qu'il n'existait aucun autre rapport ; que, par une nouvelle ordonnance, le conseiller de la mise en état a rejeté la requête initiale tendant à la communication du rapport de 1994, au motif qu'il ne pouvait être ordonné à une partie de produire une pièce qu'elle ne détient pas ;

Attendu que la caisse des dépôts, dont il est ultérieurement apparu qu'elle était en possession du rapport réclamé par ses adversaires, a été poursuivie pour escroquerie au jugement ;

Attendu que, pour la déclarer coupable, l'arrêt prononce par les motifs repris aux moyens ;

Mais attendu qu'en prononçant ainsi, sans mieux rechercher si les faits reprochés avaient été commis, pour le compte de la personne morale poursuivie, par l'un de ses organes ou représentants, la cour d'appel n'a pas justifié sa décision ; [...]

CASSE et ANNULE, en toutes ses dispositions, l'arrêt susvisé de la cour d'appel de Paris, en date du 28 mars 2012, et pour qu'il soit à nouveau jugé, conformément à la loi, [...]

Document 3

Cour de cassation, chambre criminelle, 25 avril 2017, pourvoi n° 15-87.590 (extraits)

Attendu que, pour retenir la responsabilité de la personne morale, l'arrêt énonce notamment que M. X..., président-directeur-général de ladite société, a indiqué que chaque chef d'agence avait délégation pour effectuer les vérifications légales et que le chef d'agence concerné, M. Z..., a expliqué qu'il n'avait jamais effectué ces vérifications ;

Attendu qu'en l'état de ces seules énonciations, dont il se déduit que les juges ont relevé une faute d'un représentant de la société Cibétanche, agissant pour le compte de celle-ci, ayant engagé la responsabilité pénale de la personne morale au sens de l'article 121-2 du Code pénal, les griefs ne sont pas encourus ;

D'où il suit que le moyen doit être écarté ;

Et attendu que l'arrêt est régulier en la forme ;

REJETTE le pourvoi ;

Document 4

Pratique professionnelle relative à la révélation des faits délictueux au procureur de la République

Modalités pratiques de la révélation des faits délictueux

6.1 Forme de la révélation

Le commissaire aux comptes formalise la révélation par écrit, quand bien même il y aurait eu un entretien oral avec le procureur de la République. Il précise les faits relevés et indique leur régularisation éventuelle, à l'initiative de l'entité ou sur sa demande. […]

6.3 Destinataire de la révélation

La lettre de révélation de faits délictueux est à adresser au procureur du tribunal judiciaire dont dépend le siège social de l'entité contrôlée ou éventuellement l'établissement où a été commis le fait délictueux.

6.4 Délai de révélation

Ni l'article L. 823-12 ni l'article L. 820-7 du Code de commerce ne précisent le délai dans lequel le commissaire aux comptes doit procéder à la révélation. La jurisprudence procède à une appréciation au cas par cas, tenant compte du temps nécessaire au commissaire aux comptes pour effectuer le cas échéant, en fonction de la complexité des faits, des diligences ou vérifications complémentaires afin de disposer d'éléments suffisants pour prendre sa décision dans les meilleurs délais. L'attention des commissaires aux comptes est attirée sur le fait qu'une révélation tardive est susceptible d'engendrer une mise en cause dans la mesure où les autorités judiciaires pourraient l'assimiler à une absence de révélation.

6.5 Responsabilité du commissaire aux comptes du fait d'une révélation

Conformément à la loi, la responsabilité du commissaire aux comptes ne peut être engagée par la révélation.

https://www.cncc.fr

DURÉE DE L'ÉPREUVE

3 heures

Coefficient 1

DOCUMENTS AUTORISÉS

Aucun

MATÉRIEL AUTORISÉ

Aucun. En conséquence, tout usage d'une calculatrice est interdit et constituerait une fraude.

AVERTISSEMENTS

- Si le texte du sujet, de ses questions ou du dossier documentaire vous conduit à formuler une ou plusieurs hypothèses, il vous est demandé de la (ou les) mentionner explicitement dans votre copie. Toutes les réponses devront être justifiées.
- Il vous est demandé d'apporter un soin particulier à la présentation de votre copie.
- Sauf mention contraire, la méthodologie du cas pratique est exigée.

PLAN DU SUJET

Le sujet se présente sous la forme de 3 dossiers.

1. Gouvernance de la société (7 points)
2. Actionnariat de la société (5 points)
3. Coopérative (8 points)

Le sujet comporte 7 documents.

1. Fiche d'identité de Pierre Fabre SA (décembre 2024)
2. Évolution du chiffre d'affaires du groupe Pierre Fabre (2015-2023)
3. Gouvernance de Pierre Fabre SA
4. Extraits des statuts
5. Cour de cassation, 20 septembre 2016, pourvois n° 14-22189 et n° 14-24282
6. Fiche d'identité de la SCIC Climat Local
7. Extraits des statuts de la SCIC Climat Local

Pierre Fabre SA

Le sujet est inspiré d'un cas réel. Certains éléments ont toutefois été modifiés pour les besoins de l'épreuve.

1951, une pharmacie à Castres, là où tout a commencé ! L'histoire débute dans le Tarn, au cœur de l'Occitanie. Pierre Fabre, pharmacien et botaniste, rachète une officine située à Castres, sa ville natale. Il écrit ainsi, sans le savoir, les premières lignes d'une success-story entrepreneuriale, scientifique et humaine. Dans l'arrière-boutique de sa pharmacie, dans un petit laboratoire aménagé, Pierre Fabre imagine et développe son premier médicament. C'est la naissance de Cyclo 3, dont l'actif est extrait du petit houx qui pousse dans les sous-bois de la région. Une innovation pour toutes ses clientes souffrant de troubles veineux. Sa commercialisation est un succès immédiat, qui perdure encore aujourd'hui. L'entreprise se développe et, en 2015, le groupe Pierre Fabre signe un partenariat mondial avec Array BioPharma, une biotech américaine installée à Boulder (Colorado). Objectif : développer et commercialiser une thérapie ciblée en cancérologie, associant deux molécules de nouvelle génération. À la fin 2018, la Commission européenne autorise la mise sur le marché de ce nouveau traitement pour les patients adultes atteints d'un mélanome avancé porteur d'une mutation particulière (B-Raf).

Humaniste et généreux, Pierre Fabre souhaitait associer plus étroitement les salariés aux succès et au développement pérenne du groupe. Il a ainsi décidé de leur ouvrir le capital de la société, et ceux-ci ont répondu massivement présents dès la première année. Il s'agissait d'une initiative pionnière pour une société non cotée ; elle incarnait la vision de Pierre Fabre, celle d'une entreprise fondée sur le partage des richesses créées, plutôt que sur la recherche du profit à sens unique.

Le groupe Pierre Fabre est majoritairement contrôlé par une fondation[1] reconnue d'utilité publique (par décret du 6 avril 1999) : la fondation Pierre Fabre. M. Pierre Fabre avait déjà fait don, en 2008, de la majorité des actions de la société à la fondation. Il a complété ce don à son décès, en 2013, en la désignant légataire universel[2].

La fondation détient désormais 86 % du capital de Pierre Fabre SA. Le solde est détenu à hauteur de 9,5 % par les salariés (à travers le plan d'actionnariat salarié mis en place depuis 2005) et de 4,5 % en autocontrôle (actions détenues par la société elle-même).

Présentation schématique de l'actionnariat de la SA Pierre Fabre

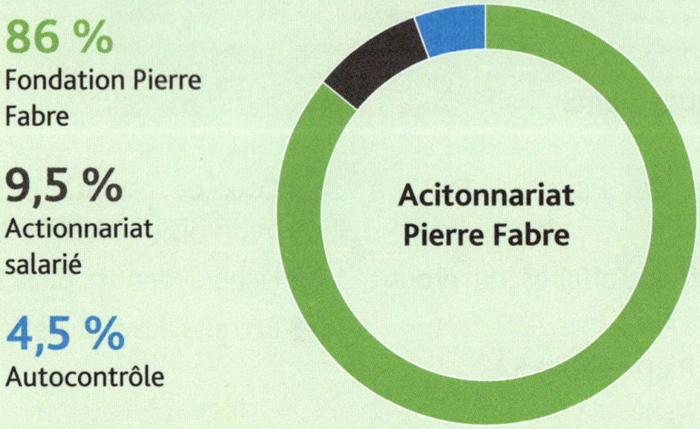

www.pierre-fabre.com

La direction générale de Pierre Fabre SA est aujourd'hui assurée par Éric Ducournau. Vous êtes stagiaire au sein du groupe Mazars, CAC de la SA. Votre tuteur de stage vous demande de vous familiariser avec le dossier de ce client en vue de la préparation de la prochaine assemblée générale.

---

1. Une fondation est une personne morale de droit privé à but non lucratif créée par un ou plusieurs donateurs, personnes physiques ou morales, pour accomplir une œuvre d'intérêt général. Les fondations sont rattachées à la famille des structures composant l'économie sociale et solidaire (ESS).
2. Le légataire universel est la personne à laquelle le défunt, au moyen d'un testament, lègue la totalité de son patrimoine.

1 Gouvernance de la société

Vous prenez connaissance du dossier documentaire, notamment des documents présentant la gouvernance du groupe, qui est très particulière. Le développement de Pierre Fabre SA implique un accroissement continu de la charge de travail d'Éric Ducournau. Il souhaite élargir et féminiser l'équipe de direction avec la nomination de Núria Perez-Cullell en tant que directrice générale déléguée (DGD). Cette dernière, administrateur de la SA Tudir et membre du directoire d'une autre SA (ces sociétés n'ont aucun lien avec la SA Pierre Fabre), se demande si elle pourra valablement cumuler les mandats. Éric Ducournau songe également à mettre en place un contrat de fourniture exclusive entre la SA Pierre Fabre et la SAS Cellembal pour pérenniser les relations entre les deux sociétés, d'autant que Marie-Anne Aymerich, administratrice de la SA Pierre Fabre, est présidente de la SAS.

Votre mission : analyser la gouvernance de la société Pierre Fabre

Pour la réaliser, vous devez :

1.1. *Schématiser la gouvernance de Pierre Fabre SA (la méthodologie du cas pratique n'est pas exigée).*

1.2. *Justifier de l'intérêt de dissocier les fonctions de président du conseil d'administration et de directeur général, en précisant les pouvoirs liés à chacune des deux fonctions.*

1.3. *Analyser l'article 11 des statuts : repérer l'erreur commise et justifier la validité et l'intérêt des stipulations relatives à la durée du mandat, la limite d'âge et la qualité d'actionnaire des administrateurs (la méthodologie du cas pratique n'est pas exigée).*

1.4. *Analyser si Núria Perez-Cullell peut accepter le mandat de directeur général délégué, au regard des règles sur la limitation du cumul des mandats.*

1.5. *Analyser les pouvoirs du directeur général délégué en mettant en évidence, pour Núria Perez-Cullell, la différence entre le fait d'être membre du comité de direction et d'être directeur général délégué.*

1.6. *Analyser si le contrat entre la SA Pierre Fabre et la SAS Cellembal doit faire l'objet d'une procédure particulière.*

2 Actionnariat de la société

Raphaël Cruysse est salarié de la SA Pierre Fabre depuis 1999. Il doit bientôt prendre sa retraite et souhaiterait céder une partie de ses actions. Il se pose également des questions sur sa qualité d'actionnaire. Le résultat net, pour 2023, s'élève à plus de 123 millions d'euros.

Votre mission : analyser l'actionnariat de Pierre Fabre SA

Pour la réaliser, vous devez :

2.1. *Analyser à quelle date et dans quelles conditions l'assemblée générale d'approbation des comptes doit être convoquée.*

2.2. *Dans l'hypothèse d'un résultat négatif, repérer l'infraction qui aurait été commise si le conseil d'administration avait néanmoins procédé à une distribution de dividendes.*

2.3. *Analyser la validité de l'article 9 des statuts pour indiquer à Raphaël Cruysse dans quelles conditions il peut céder ses actions.*

3 Coopérative

Climat Local est une société coopérative d'intérêt collectif créée en 2018. Elle a pour objectif d'accompagner les entreprises désireuses de réduire leurs émissions de gaz à effet de serre (GES). Grâce à des partenaires techniques, Climat Local soutient les projets présentés par les entreprises.

Engagée dans une démarche de RSE, Pierre Fabre SA mène des actions concrètes en faveur d'une production écoresponsable. Ainsi, la marque A-Derma utilise les principes actifs de l'avoine bio pour produire des cosmétiques destinés aux peaux sensibles. Pierre Fabre SA souhaitant compenser ses émissions de GES, la société envisage de faire appel aux services de la coopérative Climat Local.

Afin de finaliser ce partenariat, Pierre Fabre SA souhaiterait rejoindre le capital de la SCIC Climat Local, en effectuant un apport en numéraire. La direction s'interroge toutefois sur les conséquences de cette opération. Comptant sur une évolution de la coopérative, qui devrait prendre une envergure nationale, les dirigeants de Pierre Fabre SA se demandent si, dans l'hypothèse où la société deviendrait associée, elle pourrait se voir verser une part des profits réalisés. Par ailleurs, compte tenu de sa forme juridique particulière, ils voudraient déterminer si la SCIC Climat Local est soumise à des contrôles spécifiques.

Un ami du dirigeant de Pierre Fabre SA, Luis Vallois, professeur à l'université de Toulouse, est également intéressé par l'activité de la SCIC Climat Local. Préoccupé par le développement durable, il dispose d'une capacité de financement qu'il serait prêt à apporter en son nom personnel.

Votre mission : éclairer les dirigeants de Pierre Fabre SA quant aux conséquences juridiques de l'entrée de la société dans la SCIC Climat Local

Pour la réaliser, vous devez :

1. *Vérifier que la SCIC Climat Local respecte les principes généraux régissant les sociétés coopératives.*
2. *Indiquer si Pierre Fabre SA et Luis Vallois pourraient être membres de la société coopérative et identifier leur qualité juridique.*
3. *Expliquer les conséquences de l'apport de Pierre Fabre SA pour le capital de la coopérative.*
4. *Préciser les droits financiers dont pourrait bénéficier Pierre Fabre SA en tant que membre de la SCIC Climat Local.*
5. *Déterminer les mécanismes de contrôle à mettre en œuvre dans la SCIC Climat Local.*

DOSSIER DOCUMENTAIRE

Document 1

Fiche d'identité de Pierre Fabre SA (décembre 2024)

Résultat net	123 000 000 €
SIRET (siège)	662 006 170 00168
Forme juridique	SA à conseil d'administration
TVA intracommunautaire	FR73662006170
Capital social	272 416 657,00 €
Date de clôture de l'exercice comptable	31/12/2024
Inscription au RCS	Inscrit (au greffe de Paris, le 23 septembre 1965)

Document 2

Évolution du chiffre d'affaires du groupe Pierre Fabre (2015-2023)

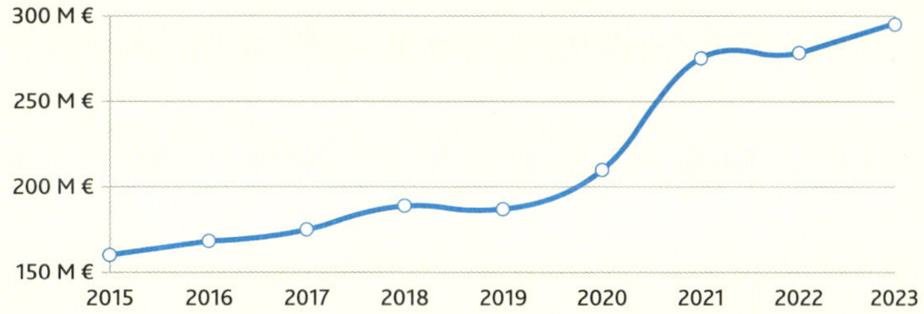

Source : Pierre Fabre SA (662006170) : chiffre d'affaires, dirigeants, statuts, Kbis, SIRET (https://www.pappers.fr)

Document 3

Gouvernance de Pierre Fabre SA

Instances de contrôle actionnarial

- **Fondation Pierre Fabre**

La fondation Pierre Fabre est l'actionnaire de référence du groupe. Se consacrant en priorité à la réalisation de sa mission d'intérêt général, elle supervise tout de même la gestion du groupe, puisqu'elle en valide la stratégie, en nomme les principaux dirigeants et veille au respect de la mission de continuité édictée par M. Pierre Fabre :

- assurer l'indépendance du groupe ;
- conserver les deux activités (Pharmaceutique et Dermo-Cosmétique) ;
- investir de façon conséquente dans la R&D ;

...

...

- privilégier la création de valeur durable à la recherche de profits à court terme ;
- préserver l'enracinement régional et la culture citoyenne du groupe ;
- permettre à la Fondation Pierre Fabre de réaliser ses objectifs à travers une politique appropriée de versement de dividendes.

• **Sociétés opérationnelles**

Pierre Fabre SA

Holding animatrice du groupe, elle élabore sa stratégie générale, consolide et coordonne ses activités, et abrite les fonctions supports et services partagés. Pierre Fabre Médicament et Pierre Fabre Dermo-Cosmétique sont les principales filiales de Pierre Fabre SA, respectivement en charge des activités pharmaceutiques et dermo-cosmétiques.

Conseil d'administration de Pierre Fabre SA

- Président (non exécutif) : Roch Doliveux
- Vice-président (non exécutif) : Pierre-Yves Revol
- Administrateurs : Marie-Anne Aymerich, Dominique Bazy, Jean-Luc Belingard, Jean-Jacques Bertrand, Jean-Laurent Bonnafe, Nathalie Delapalme, Jacques Fabre, Philippe Faure, Isabelle Girolami, Marie-France Marchand-Baylet, Rachel Marouani et Eduardo Sanchiz.
- Représentants des actionnaires salariés et des salariés : Agathe Amara-Colombie, Claire Meunier et Alexandre Giraudon.
- Le conseil d'administration de Pierre Fabre a institué trois comités :
  - Comité d'audit et des comptes, présidé par Dominique Bazy. Ce comité a pour missions premières l'examen des comptes et le suivi des questions relatives à l'élaboration et au contrôle des informations comptables et financières. Le comité d'audit et des comptes a également pour mission de vérifier l'efficacité des systèmes de contrôle interne et de gestion des risques du groupe. Il est composé de : Dominique Bazy, Roch Doliveux, Éric Ducournau et Pierre-Yves Revol.
  - Comité des nominations et des rémunérations, présidé par Jean-Jacques Bertrand. Ce comité assiste le conseil dans le choix de ses membres et des dirigeants sociaux et formule des recommandations concernant les rémunérations des mandataires sociaux. Il est composé de : Jean-Jacques Bertrand, Éric Ducournau et Pierre-Yves Revol.
- Comité stratégique présidé par Roch Doliveux. Ce comité a pour mission d'exprimer son avis sur les grandes orientations stratégiques, notamment en matière de R&D, et sur la politique de développement du groupe présentées par la direction générale au conseil d'administration. Il est composé de : Roch Doliveux, Marie-Anne Aymerich, Dominique Bazy, Jean-Luc Belingard, Jean-Jacques Bertrand, Jean-Laurent Bonnafe, Éric Ducournau, Philippe Faure, Rachel Marouani Pierre-Yves Revol et Eduardo Sanchiz.

...

•••

Comité de direction du groupe

Éric Ducournau est directeur général du groupe. Les membres du comité de direction sont :

- Núria Perez-Cullell (directrice générale de la Business Unit Dermo-Cosmetics & Personal Care) ;
- Jean-Luc Lowinski (directeur général de la Business Unit Medical Care) ;
- Éric Gouy (directeur administratif, Finance et Juridique) ;
- Agnès Park (directrice des Ressources humaines) ;
- Giuseppe Mele (directeur général de la Business Unit International, Export et e-Business) ;
- Vincent Huraux (directeur général de la Business Unit Operations).

Source : Tout savoir sur le laboratoire pharmaceutique et cosmétique Pierre Fabre (www.pierre-fabre.com)

Document 4

Extraits des statuts

Article 8 – Forme des actions

Les actions sont nominatives.

Elles donnent lieu à une inscription à un compte ouvert par la société au nom de l'actionnaire dans les conditions et selon les modalités prévues par la loi et les règlements en vigueur.

Article 9 – Transmission – Location des actions

1. – Les actions ne sont négociables qu'après l'immatriculation de la société au registre du commerce et des sociétés. En cas d'augmentation du capital, les actions sont négociables à compter de la réalisation de celle-ci.

Les actions demeurent négociables après la dissolution de la société et jusqu'à la clôture de la liquidation.

2. – La propriété des actions résulte de leur inscription en compte individuel au nom du ou des utilitaires sur les registres que la société tient à cet effet au siège social.

3. – Les titres de capital et les valeurs mobilières donnant accès au capital sont librement cessibles, sauf dispositions législatives ou réglementaires contraires.

4. – Sauf en cas de :

- succession, liquidation du régime matrimonial soit à un conjoint, soit à un ascendant ou à un descendant ou au profit d'une personne nommée administrateur, la cession de titres de capital ou de valeurs mobilières de placement donnant accès au capital, à quelque titre que ce soit, est soumise à l'agrément de la société dans les conditions décrites ci-après ;
- cession de titres de capital ou de titres donnant accès au capital par le fonds commun de placement d'entreprise (FCPE) « Actionnariat Pierre Fabre » à le ou les établissements donnant crédit garantissant, conformément aux lois et règlements applicables, la liquidité des actions détenues par le FCPE, en exécution du contrat de liquidité conclu avec ledit ou lesdits établissements de crédit.

•••

...

La cession de titres de capital ou de titres donnant accès au capital à un tiers non actionnaire à quelque titre que ce soit est soumise à agrément de la société dans les conditions décrites ci-après.

Le cédant doit adresser à la société, par acte extrajudiciaire ou par lettre recommandée avec demande d'avis de réception, une demande d'agrément indiquant les nom, prénoms et adresse du cessionnaire, le nombre de titres de capital ou de valeurs mobilières donnant accès au capital dont la cession est envisagée et le prix offert. Elle doit être accompagnée d'une attestation d'inscription en compte des actions dont la cession est projetée.

La décision est prise par le conseil d'administration et n'est pas motivée. La décision d'acceptation est prise à la majorité des administrateurs présents ou représentés, le cédant – s'il est administrateur – prenant part au vote.

Elle est notifiée au cédant par lettre recommandée. À défaut, de notification dans les trois mois qui suivent la demande d'agrément, l'agrément est réputé acquis.

Si la société n'agrée par le cessionnaire proposé, le conseil d'administration est tenu, dans le délai de trois mois à compter de la notification du refus, de faire acquérir les titres de capital ou les valeurs donnant accès au capital, soit par un actionnaire ou par un tiers, soit, avec le consentement du cédant, par la société, en vue d'une réduction de capital. À défaut d'accord entre les parties, le prix des titres de capital ou valeurs mobilières donnant accès au capital est déterminé par voie d'expertise, dans les conditions prévues à l'article 1834-4 du Code civil.

Le cédant peut, à tout moment, aviser le conseil d'administration par lettre recommandée avec demande d'avis de réception, qu'il renonce à la cession de ses titres de capital ou valeurs mobilières donnant accès au capital.

Si à expiration du délai de trois à compter de la notification du refus de l'agrément, l'achat n'est pas réalisé, l'agrément est considéré comme donné. Toutefois, ce délai peut être prolongé par ordonnance du président du tribunal de commerce statuant en la forme des référés, sans recours possible, l'actionnaire cédant et le cessionnaire dûment appelés. La cession au nom du ou des acquéreurs désignés par le conseil d'administration, qui le notifient au cédant, dans les huit jours de sa date, avec invitation à se présenter au siège social pour recevoir le prix de cession, qui n'est pas productif d'intérêts.

Article 11. Conseil d'administration

La société est administrée par un conseil d'administration composé de deux membres au moins à dix-sept membres au plus.

En cours de vie sociale, les administrateurs sont nommés, révoqués et renouvelés par l'assemblée générale ordinaire. Ils sont rééligibles.

La durée des fonctions est d'un an. Elles prennent fin à l'issue de l'assemblée générale ordinaire statuant sur les comptes de l'exercice écoulé et tenue dans l'année au cours de laquelle expire le mandat.

Nul ne peut être nommé administrateur si, ayant dépassé l'âge de 95 ans, sa nomination a pour effet de porter à plus du tiers des membres du conseil les membres ayant dépassé cet âge. Lorsque cette limite est dépassée, l'administrateur le plus âgé est réputé démissionnaire d'office.

Les administrateurs doivent être actionnaires de la société.

https://www.pappers.fr

Document 5

Cour de cassation, 20 septembre 2016, pourvois n° 14-22.189 et 14-24.282

[...] Mais attendu qu'après avoir constaté que M. X..., [dirigeant de la société] faisant preuve d'un optimisme excessif, avait omis d'adapter sa rémunération au risque d'une évolution défavorable de la société, l'arrêt, par motifs propres et adoptés, retient que cette circonstance n'a pas eu d'incidence sensible sur les comptes de l'entreprise et n'a pas contribué aux difficultés de la société ; [...]

Document 6

Fiche d'identité de la SCIC Climat Local

Forme juridique	Société coopérative d'intérêt collectif à responsabilité limitée
Siège social	4 rue Goudouli, 31400 Toulouse
Numéro Siren	843 192 865
Immatriculation	22/10/2018 au RCS de Toulouse
Résultat au 31/12/2020	6 037 €
CA au 31/12/2020	10 458 €

Extraits du site www.infogreffe.fr

Document 7

Extraits des statuts de la SCIC Climat Local

[Préambule]

Finalité d'intérêt collectif de la SCIC

L'objectif de la SCIC Climat Local est de favoriser le développement de projets d'intérêt général qui contribuent à la lutte contre les émissions de gaz à effet de serre (financement de projet, création de la méthodologie, sensibilisation, reconnaissance carbone des projets financés, etc.).

Les impacts positifs et l'utilité sociale qui s'en dégagent sont les suivants :

- réduire les émissions de gaz à effet de serre ;
- lutter contre le changement climatique ;
- participer au développement d'activités durables et respectueuses de l'environnement des citoyens.

...

•••

Les valeurs et principes coopératifs

Le choix de la forme de société coopérative d'intérêt collectif constitue une adhésion à des valeurs coopératives fondamentales telles qu'elles sont définies par l'Alliance coopérative internationale, avec notamment :

- la prééminence de la personne humaine ;
- la démocratie ;
- la solidarité ;
- un sociétariat multiple ayant pour finalité l'intérêt collectif au-delà de l'intérêt personnel de ses membres ;
- l'intégration sociale, économique et culturelle dans un territoire déterminé par l'objet social. [...]

Article 7. Variabilité du capital

Le capital est variable. Il peut augmenter à tout moment, soit au moyen de souscriptions nouvelles effectuées par les associés, soit par l'admissions de nouveaux associés.

Toute souscription de parts donne lieu à la signature d'un bulletin de souscription en deux originaux par l'associé.

Le capital peut diminuer à la suite de retraits, perte de la qualité d'associé, exclusions, décès et remboursements, dans les cas prévus par la loi et les statuts sous réserve des limites et conditions prévues ci-après.

Article 27. Excédents (extraits)

Le gérant et l'assemblée des associés sont tenus de respecter la règle suivante :

- 15 % sont affectés à la réserve égale, qui reçoit cette dotation jusqu'à ce qu'elle soit égale au montant le plus élevé atteint par le capital ;
- 100 % des sommes disponibles après la dotation à la réserve légale sont affectés à une réserve statutaire.

Il ne peut être distribué un intérêt aux parts sociales.

1 Gouvernance de la société

1.1. *Schématiser la gouvernance de Pierre Fabre SA (la méthodologie du cas pratique n'est pas exigée).*

- **Préparation de la réponse**

Schématiser la gouvernance implique de mettre en évidence les grands pôles (actionnaires/dirigeants) et les relations entre ces pôles.

Mots-clés de la question. Gouvernance.

Qualification juridique. Elle implique de rattacher la situation à une catégorie de droit. Ici, il s'agit d'analyser la gouvernance, c'est-à-dire de mettre en évidence la façon dont la société est dirigée, et la façon dont sont pris en compte les intérêts des actionnaires, des dirigeants et de la société.

Problème. Il n'est pas nécessaire de formuler un problème juridique puisque la question exclut la méthodologie du cas pratique.

NOTRE CONSEIL

N'oubliez pas de donner un titre clair à votre schéma.

Mobilisation des connaissances. Définition de la gouvernance, conseil d'administration, comités du conseil, direction générale (↪chapitre 9).

- **Rédaction de la réponse**

Gouvernance de Pierre Fabre SA

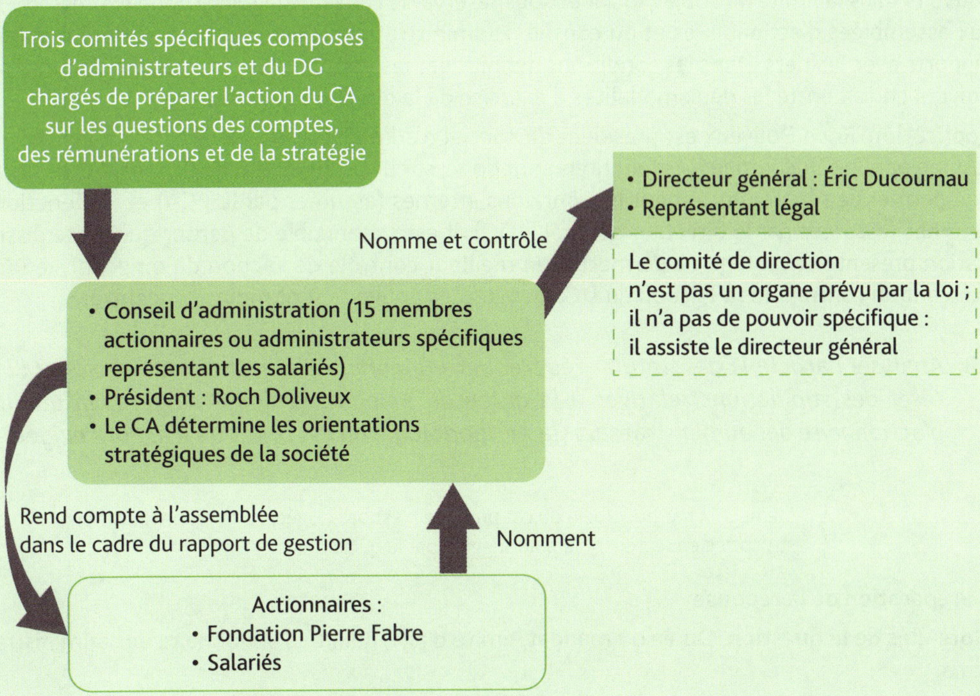

1.2. *Justifier de l'intérêt de dissocier les fonctions de président du conseil d'administration et de directeur général, en précisant les pouvoirs liés à chacune des deux fonctions.*

- **Préparation de la réponse**

Rendez-vous MÉTHODE 3

Mots-clés de la question. Président du conseil d'administration, directeur général.

Qualification juridique. Il s'agit ici d'analyser la façon dont la société est dirigée, en mettant en évidence l'intérêt qu'il peut y avoir à dissocier les fonctions de président du conseil d'administration et de directeur général.

Problème juridique. Quels sont les pouvoirs respectifs du président du conseil d'administration et du directeur général de la SA ?

Mobilisation des connaissances. Pouvoirs et rôles du président du conseil d'administration et du directeur général (➥chapitre 9).

- **Rédaction de la réponse**

Règles juridiques. Le président du conseil d'administration organise et dirige les travaux de celui-ci, dont il rend compte à l'assemblée générale. Il veille au bon fonctionnement des organes de la société et s'assure, en particulier, que les administrateurs sont en mesure de remplir leur mission. La direction générale de la société est assumée, sous sa responsabilité, soit par le président du conseil d'administration (PCA), soit par une autre personne physique nommée par le conseil d'administration et portant le titre de directeur général. Le directeur général est investi des pouvoirs les plus étendus pour agir en toute circonstance au nom de la société. Il exerce ces pouvoirs dans la limite de l'objet social et sous réserve de ceux que la loi attribue expressément aux assemblées d'actionnaires et au conseil d'administration. Il représente la société dans ses rapports avec les tiers. Dans les conditions définies par les statuts, c'est le conseil d'administration qui choisit entre les deux modalités d'exercice de la direction générale.

Application. Roch Doliveux est président du conseil d'administration. La direction générale est assurée par Éric Ducournau. Les fonctions sont donc, sur décision du CA, dissociées. Cette situation permet de séparer nettement les fonctions internes (assurées par le PCA) et les fonctions externes (assurées par le directeur général – DG). Il est raisonnable de penser que cette dissociation présente l'avantage de permettre un meilleur contrôle de l'action du dirigeant, le PCA exerçant un contrepoids à l'action du DG. De plus, les pouvoirs sont moins concentrés.

1.3. *Analyser l'article 11 des statuts : repérer l'erreur commise et justifier la validité et l'intérêt des stipulations relatives à la durée du mandat, la limite d'âge et la qualité d'actionnaire des administrateurs (la méthodologie du cas pratique n'est pas exigée).*

Même si la méthodologie du cas pratique n'est pas exigée, votre réponse doit être structurée en reprenant le plan suggéré par la question.

- **Préparation de la réponse**

Mots-clés de la question. Durée du mandat, limite d'âge, qualité d'actionnaire des administrateurs.

Qualification juridique. Il s'agit ici d'analyser la composition du conseil d'administration, en procédant à l'analyse d'une clause statutaire.

Problème juridique. Il n'est pas nécessaire de formuler un problème juridique puisque la question exclut la méthodologie du cas pratique.

Mobilisation des connaissances. Mandat des administrateurs, composition du conseil d'administration (↪chapitre 9).

• **Rédaction de la réponse**

Erreur commise. Le nombre de membres du conseil d'administration est déterminé dans les statuts. Toutefois, la loi impose un minimum de trois membres et un maximum de dix-huit membres. En conséquence, il faut corriger le nombre minimum de membres prévu à l'article 11 des statuts qui n'est que de deux.

NOTRE CONSEIL

N'oubliez pas de réfléchir ici à l'intérêt des stipulations proposées.

Durée du mandat. Les statuts fixent la durée du mandat des administrateurs, qui ne peut excéder 6 ans. Les administrateurs sont rééligibles, sauf stipulation contraire des statuts. Ici, les statuts prévoient une durée d'un an renouvelable, ce qui est conforme à la loi. L'intérêt d'un mandat court, c'est que les administrateurs remettent en jeu leur mandat devant l'assemblée tous les ans. En conséquence, il est légitime de penser qu'ils assureront leurs fonctions avec diligence et sérieux. On peut aussi y voir un inconvénient par un manque de stabilité si la composition du CA peut être modifiée chaque année, notamment quant à la détermination des objectifs stratégiques.

Limite d'âge. Les statuts doivent prévoir, pour l'exercice des fonctions d'administrateur, une limite d'âge s'appliquant soit à l'ensemble des administrateurs, soit à un pourcentage déterminé d'entre eux. À défaut de disposition expresse dans les statuts, le nombre des administrateurs ayant dépassé l'âge de 70 ans ne peut être supérieur au tiers des administrateurs en fonction. Ici, la limite d'âge est fixée à 95 ans (le tiers des membres ne devant pas avoir dépassé cette limite), ce qui est supérieur à la limite fixée par la loi, mais, cette limite étant supplétive, la stipulation est conforme à la loi. On peut penser que l'intérêt de fixer une limite d'âge plus importante en l'espèce a pu permettre, par exemple, au fondateur de la société de rester administrateur même en ayant dépassé l'âge de 70 ans.

Qualité d'actionnaire des administrateurs. Les statuts peuvent imposer que chaque administrateur soit propriétaire d'un nombre d'actions de la société, qu'ils déterminent. Ainsi, la stipulation est conforme. L'intérêt d'exiger la qualité d'actionnaire pour être membre du conseil d'administration permet d'assurer la prise en compte des intérêts des actionnaires lors de la prise de décision du conseil d'administration.

1.4. *Analyser si Núria Perez-Cullell peut accepter le mandat de directeur général délégué, au regard des règles sur la limitation du cumul des mandats.*

• **Préparation de la réponse**

Mots-clés de la question. Cumul des mandats, directeur général délégué.

Qualification juridique. Il s'agit ici de vérifier le respect de la réglementation concernant le cumul des mandats de SA.

NOTRE CONSEIL

Soyez vigilant(e) : la question porte sur un mandat de directeur général délégué.

Problème juridique. Quelles sont les règles relatives à la limitation du cumul des mandats exercés dans des SA ?

Mobilisation des connaissances. Le cumul des mandats (↪chapitre 9).

- **Rédaction de la réponse**

Règles juridiques. Une personne physique ne peut exercer simultanément plus de cinq mandats d'administrateur, de membre du conseil de surveillance, de directeur général, de membre du directoire de sociétés anonymes ayant leur siège sur le territoire français. De plus, une personne physique ne peut exercer simultanément plus d'un mandat de directeur général de sociétés anonymes ayant leur siège sur le territoire français. La personne nommée à un ou plusieurs mandats excédentaires dispose de trois mois pour régulariser sa situation. À défaut, elle est réputée démissionnaire d'office du dernier mandat accepté.

Application. Núria Perez-Cullell est administrateur de la SA Tudir et membre du directoire d'une autre SA. Elle exerce donc deux mandats. Sa situation est donc conforme à la loi, puisqu'elle exerce moins de cinq mandats au total. Le mandat de directeur général délégué n'étant pas visé par la loi concernant la limitation du cumul des mandats, Núria Perez-Cullell peut parfaitement devenir directeur général délégué de la SA Pierre Fabre.

1.5. *Analyser les pouvoirs du directeur général délégué en mettant en évidence, pour Núria Perez-Cullell, la différence entre le fait d'être membre du comité de direction et d'être directeur général délégué.*

- **Préparation de la réponse**

Mots-clés de la question. Directeur général délégué.

Qualification juridique. Il s'agit ici d'analyser les pouvoirs du directeur général délégué, en mettant notamment en évidence son rôle de représentation légale.

Problème juridique. Quels sont les pouvoirs du directeur général délégué ?

Mobilisation des connaissances. Pouvoirs du directeur général délégué (↪chapitre 9).

- **Rédaction de la réponse**

Règles juridiques. Sur proposition du directeur général, le conseil d'administration peut nommer une ou plusieurs personnes physiques chargées d'assister le directeur général, avec le titre de directeur général délégué. Les statuts fixent le nombre maximum de directeurs généraux délégués, lequel ne peut dépasser cinq. En accord avec le directeur général, le conseil d'administration détermine l'étendue et la durée des pouvoirs conférés aux directeurs généraux délégués. Les directeurs généraux délégués disposent, à l'égard des tiers, des mêmes pouvoirs que le directeur général.

Le comité de direction n'est pas un organe prévu par la loi. Ses membres ne disposent donc d'aucun pouvoir spécifique.

Application. Núria Perez-Cullell, comme tous les autres membres du comité de direction, n'exerce aucun pouvoir légal spécifique. En revanche, en devenant directeur général délégué, elle disposera du pouvoir d'engager la SA Pierre Fabre, puisqu'elle en sera représentante légale, au même titre que le directeur général. Ses pouvoirs internes pourront être limités par le conseil d'administration, mais cette limitation sera sans effet vis-à-vis des tiers.

1.6. *Analyser si le contrat entre la SA Pierre Fabre et la SAS Cellembal doit faire l'objet d'une procédure particulière.*

- **Préparation de la réponse**

Mots-clés de la question. Contrat, procédure.

Qualification juridique. Il s'agit ici de vérifier si on ne se trouve pas en présence d'une convention réglementée, qui nécessite une autorisation préalable du CA.

Problème juridique. Quel est le régime des conventions réglementées dans la SA ?

Mobilisation des connaissances. Définition des conventions réglementées et des conventions libres (↪chapitre 9).

- **Rédaction de la réponse**

Règles juridiques. Sont soumises à autorisation préalable du conseil d'administration les conventions intervenant entre la SA et une entreprise si le directeur général, l'un des directeurs généraux délégués ou l'un des administrateurs de la société est propriétaire, associé indéfiniment responsable, gérant, administrateur, membre du conseil de surveillance ou, de façon générale, dirigeant de cette entreprise. L'autorisation préalable du conseil d'administration est motivée en justifiant de l'intérêt de la convention pour la société, notamment en précisant les conditions financières qui y sont attachées. Par exception, ne sont pas soumises à la procédure les conventions portant sur des opérations courantes et conclues à des conditions normales ni les conventions conclues entre deux sociétés dont l'une détient, directement ou indirectement, la totalité du capital de l'autre.

Application. Le contrat est conclu entre la SA Pierre Fabre et la SAS Cellembal. Marie-Anne Aymerich est simultanément administratrice de la SA et présidente de la SAS. Il s'agit donc d'une convention qui entre dans le champ des conventions réglementées. Même s'il s'agit d'une opération courante (fourniture de biens), le contrat n'est pas conclu à des conditions normales (puisqu'il y a exclusivité). En conséquence, ce contrat devra être soumis à l'autorisation préalable du conseil d'administration.

2 Actionnariat de la société

2.1. *Analyser à quelle date et dans quelles conditions l'assemblée générale d'approbation des comptes doit être convoquée.*

- **Préparation de la réponse**

Mots-clés de la question. Assemblée générale d'approbation des comptes – date – convocation.

Qualification juridique. Il s'agit ici des modalités de convocation de l'assemblée générale ordinaire annuelle.

Problème juridique. Quelle est la date limite et quelles sont les modalités de convocation de l'assemblée générale ordinaire appelée à approuver les comptes d'une SA ?

Mobilisation des connaissances. Participation aux résultats (↪chapitre 2), assemblées d'actionnaires (↪chapitre 10).

- **Rédaction de la réponse**

Règles juridiques. Après avoir été arrêtés par le conseil d'administration, les comptes sociaux doivent être approuvés par les actionnaires en assemblée générale ordinaire, dans les 6 mois de la clôture de l'exercice. Le CA doit donc convoquer les actionnaires en assemblée générale, dans un délai d'au moins 15 jours avant la date de l'assemblée. Dans les SA dont toutes les actions sont nominatives, la convocation est effectuée par envoi d'une lettre recommandée avec avis de réception (LRAR) à chaque actionnaire, ainsi que par insertion d'un avis dans un SHAL.

Application. L'exercice comptable de la SA Pierre Fabre se clôturant au 31 décembre, le CA devra convoquer une assemblée générale au plus tard le 15 juin pour une assemblée se tenant le 30 juin. Selon l'article 8 des statuts (document 4), les actions de la SA étant toutes nominatives, le CA devra adresser une convocation individuelle par LRAR à chaque actionnaire. Il devra également faire paraître un avis de convocation dans un support habilité à recevoir des annonces légales (SHAL).

2.2. *Dans l'hypothèse d'un résultat négatif, repérer l'infraction qui aurait été commise si le conseil d'administration avait néanmoins procédé à une distribution de dividendes.*

• **Préparation de la réponse**

Mots-clés de la question. Résultat négatif, infraction, distribution de dividendes.

Qualification juridique. Infraction de distribution de dividendes fictifs.

Problème juridique. La distribution de dividendes en présence d'un résultat négatif constitue-t-elle une infraction ?

Mobilisation des connaissances. Distribution de dividendes fictifs (↪**chapitre 24**).

• **Rédaction de la réponse**

Règles juridiques. En principe, la distribution de dividendes fictifs est caractérisée par la réunion de trois éléments :

– élément légal : Code de commerce ;
– élément matériel : il s'agit du fait, pour le dirigeant de la SA, de distribuer des dividendes alors qu'il n'existe pas de bénéfice distribuable, l'infraction étant caractérisée dès que les dividendes sont mis à la disposition des actionnaires. La distribution de dividendes doit intervenir en l'absence d'inventaire ou en présence d'un inventaire frauduleux, majorant artificiellement l'actif ou diminuant artificiellement le passif ;
– élément moral : il s'agit d'une infraction intentionnelle ; la mauvaise foi du dirigeant est exigée.

Application. Si le résultat était négatif, l'assemblée pourrait décider de distribuer les dividendes à condition de disposer de réserves suffisantes. Dans le cas contraire, une mise en paiement d'un dividende par le CA constituerait une distribution de dividendes fictifs.

2.3. *Analyser la validité de l'article 9 des statuts pour indiquer à Raphaël Cruysse dans quelles conditions il peut céder ses actions.*

• **Préparation de la réponse**

Mots-clés de la question. Cession des actions.

Qualification juridique. Raphaël Cruysse est un actionnaire de la société. L'article 9 des statuts concerne les conditions de transmission des actions.

Problème juridique. Quelles sont les conditions de validité d'une clause d'agrément dans les statuts d'une SA ? Quelle procédure doit être mise en œuvre pour la cession d'actions en présence d'une clause d'agrément ?

Mobilisation des connaissances. Cession des actions, validité des clauses d'agrément dans une SA (↪**chapitre 10**).

- **Rédaction de la réponse**

Règles juridiques. Les statuts des sociétés anonymes qui ne sont pas admises sur un marché réglementé peuvent stipuler des clauses d'agrément.

La clause n'est possible que pour les titres nominatifs et n'est autorisée que pour la cession à des tiers ou entre actionnaires (elle est exclue pour les cessions aux conjoint, ascendants ou descendants de l'actionnaire).

La rédaction de la clause d'agrément est en principe libre. La loi prévoit cependant une procédure qui s'applique impérativement. La demande d'agrément est notifiée par le cédant à la société, soit par acte de commissaire de justice (ex-huissier) soit par lettre recommandée avec avis de réception (LRAR). L'agrément peut être exprès ou résulter du défaut de réponse dans le délai de 3 mois (agrément tacite). Il est accordé par l'organe désigné par les statuts. Si l'agrément est refusé, l'organe délibérant doit, dans les 3 mois à compter de la notification du refus, faire acquérir les actions, soit par un actionnaire, soit par un tiers. La société peut acquérir elle-même les actions en réduisant son capital, avec l'accord du cédant. Si, à l'expiration du délai de 3 mois, l'achat n'est pas réalisé, l'agrément est considéré comme accordé (agrément par déchéance). Ce délai peut être prolongé par décision de justice à la demande de la société.

Application. La clause présentée dans le document 4 est une clause d'agrément. Elle est valable dans la mesure où la société n'est pas admise sur un marché réglementé. Par ailleurs, elle ne concerne que les tiers non actionnaires. Les statuts imposent au cédant de faire savoir, dans les 8 jours de la notification du refus, à la société par LRAR s'il renonce ou non à son projet de cession. Cette disposition est licite.

3 Coopérative

3.1. *Vérifier que la SCIC Climat Local respecte les principes généraux régissant les sociétés coopératives.*

- **Préparation de la réponse**

Mots-clés de la question. Principes du droit coopératif, sociétés coopératives.

Qualification juridique. Il s'agit ici d'identifier les principes du droit coopératif à l'aide des statuts de la SCIC Climat Local.

Problème juridique. Sur quels principes repose le fonctionnement d'une société coopérative ?

Mobilisation des connaissances. Principes du droit coopératif (↪chapitre 14).

- **Rédaction de la réponse**

Règles juridiques. Les principes généraux applicables aux sociétés coopératives sont au nombre de quatre :

- Une adhésion volontaire et ouverte à tous, ou « porte ouverte ».
- Un pouvoir démocratique exercé par les membres, ou « gouvernance démocratique ».
- Une participation économique marquée par la double qualité des membres, ou « exclusivisme ».
- L'autonomie et l'indépendance : un but non lucratif (absence de distribution de dividendes).

Application. À la lecture du préambule des statuts de la SCIC Climat Local, on constate le respect du principe de démocratie. L'article 7 garantit le respect du principe de la « porte ouverte ». Le but non lucratif apparaît dans l'article 27. Même si la double qualité des membres n'est pas explicitement mentionnée, on peut imaginer, au vu de la mise en situation, que la SCIC accompagne les membres désireux de réduire leurs émissions de gaz à effet de serre en leur présentant des projets.

3.2. *Indiquer si Pierre Fabre SA et Luis Vallois pourraient être membres de la société coopérative et identifier leur qualité juridique.*

- **Préparation de la réponse**

Mots-clés de la question. Qualité juridique, membres de la société coopérative.

Qualification juridique. Il s'agit ici d'analyser la qualité d'associé coopérateur ou non coopérateur.

Problème juridique. Quelle est la qualité juridique du membre d'une société coopérative ?

Mobilisation des connaissances. Principes du droit coopératif, en particulier la double qualité des participants (↪ chapitre 14).

- **Rédaction de la réponse**

Règles juridiques. Tout membre d'une société coopérative possède une double qualité :
- d'une part, il est associé de la société.
- d'autre part, il est coopérateur, c'est-à-dire lié à la société par un lien contractuel, en tant que salarié ou bénéficiaire des services de la société.

Les sociétés coopératives peuvent également admettre, sous certaines conditions, des associés non coopérateurs. Ceux-ci contribuent à la réalisation des objectifs de la coopérative en effectuant des apports de capitaux, sans pour autant être liés à la société par un contrat de travail, ni utiliser ses services.

Application. Pierre Fabre SA souhaiterait rejoindre la SCIC Climat Local en effectuant un apport. De plus, les dirigeants envisagent de recourir aux services de la coopérative au titre de leur démarche de RSE, et ce afin de réduire leurs émissions de gaz à effet de serre. La société Pierre Fabre SA pourrait être qualifiée d'« associé coopérateur ».

Luis Vallois pourrait apporter ses capitaux personnels à la coopérative. Cependant, il n'a pas pour objectif de bénéficier des services de la coopérative au titre de son activité professionnelle d'enseignant. Dans ce cas, il serait qualifié d'« associé non coopérateur ».

3.3. *Expliquer les conséquences de l'apport de Pierre Fabre SA pour le capital de la coopérative.*

- **Préparation de la réponse**

Mots-clés de la question. Apport – capital de la société.

Qualification juridique. Il s'agit ici de distinguer un type particulier d'apport, l'apport en numéraire, et d'en étudier l'impact sur la structure du capital variable.

Problème juridique. Quelles sont les conséquences d'un apport dans une société à capital variable ?

Mobilisation des connaissances. Le capital social de la société coopérative (↪ chapitre 14).

- **Rédaction de la réponse**

Règles juridiques. Le capital social d'une société coopérative est formé des apports en nature et en numéraire effectués par les associés coopérateurs et non coopérateurs. Afin de faciliter les entrées et sorties d'associés, il est possible de prévoir dans les statuts la variabilité du capital. Il est alors fixé un capital minimum. Tout apport supplémentaire fait varier le capital sans qu'il soit nécessaire de recourir à une augmentation de capital par décision extraordinaire des associés.

Application. Les statuts de la SCIC Climat Local prévoient, en leur article 7, la variabilité du capital. Celui-ci peut augmenter à l'occasion de nouveaux apports des associés. Si Pierre Fabre SA effectue un apport en numéraire, le capital de la SCIC Climat Local se trouvera augmenté d'un montant équivalent à l'apport sans qu'il y ait eu lieu, pour les associés, de décider une augmentation de capital.

3.4. *Préciser les droits financiers dont pourrait bénéficier Pierre Fabre SA en tant que membre de la SCIC Climat Local.*

- **Préparation de la réponse**

Mots-clés de la question. Droits financiers.

Qualification juridique. Il s'agit ici de se pencher sur la notion d'excédent d'exploitation et de ristourne.

Problème juridique. De quels droits financiers un associé coopérateur peut-il bénéficier ?

Mobilisation des connaissances. Principes du droit coopératif : le but non lucratif – l'impartageabilité des réserves – le fonctionnement de la coopérative, notamment l'excédent d'exploitation et la ristourne (↪chapitre 14).

- **Rédaction de la réponse**

Règles juridiques. La société coopérative poursuit un but non lucratif. Les excédents d'exploitation doivent être mis en réserve. Les réserves ainsi constituées ne peuvent en aucun cas être partagées entre les associés, ni incorporées au capital dans le cadre d'une augmentation de capital. Seul un intérêt calculé sur le capital détenu par chaque associé peut être versé, si les statuts le prévoient et dans les limites fixées par la loi. Une ristourne peut être accordée aux associés, proportionnellement aux opérations effectuées avec la société coopérative.

Application. Les excédents réalisés par la SCIC Climat Local doivent être mis en réserve, à hauteur de 15 % pour la réserve légale et le restant au titre de la réserve statutaire. Les excédents ne peuvent pas être distribués aux associés. L'article 27 des statuts de la SCIC exclut par ailleurs le versement d'un intérêt statutaire. Par conséquent, Pierre Fabre SA ne pourrait percevoir aucune part des résultats de la société coopérative. En revanche, Pierre Fabre SA pourrait bénéficier d'une ristourne ; elle serait alors calculée sur la base des services fournis par la coopérative à Pierre Fabre SA.

3.5. *Déterminer les mécanismes de contrôle à mettre en œuvre dans la SCIC Climat Local.*

- **Préparation de la réponse**

Mots-clés de la question. Contrôle.

Qualification juridique. Il s'agit ici d'étudier les conditions du contrôle par un commissaire aux comptes (CAC) et le processus de révision coopérative.

Problème juridique. À quels mécanismes de contrôle une société coopérative est-elle soumise ?

Mobilisation des connaissances. La société coopérative : contrôle (↪chapitre 14) et le contrôle de la gestion de la SARL (↪chapitre 8).

- **Rédaction de la réponse**

Règles juridiques. Une société coopérative est soumise aux contrôles prévus par la loi pour les sociétés dont elle a adopté la forme. À ce titre, une société coopérative sous forme de SARL a l'obligation de nommer un CAC dans les cas suivants :

- si elle dépasse deux des trois seuils suivants à la clôture de l'exercice : total du bilan : 5 M€, chiffre d'affaires hors taxes (CAHT) : 10 M€, effectif moyen sur l'exercice : 50 salariés ;
- si elle contrôle d'autres sociétés et qu'elles dépassent, ensemble, ce seuil ou si elle est elle-même contrôlée et constitue une filiale significative ;
- si un ou plusieurs associés représentant au moins le tiers du capital en formule la demande.

Par ailleurs, toute société coopérative doit procéder à une révision coopérative tous les 5 ans. Le réviseur est chargé de vérifier le respect des principes de la coopération ainsi que celui des règles applicables.

Application. La coopérative Climat Local a adopté la forme juridique de société coopérative d'intérêt collectif à responsabilité limitée. Elle n'est pas actuellement tenue de désigner un commissaire aux comptes puisqu'elle ne dépasse aucun des seuils fixés par la loi. Elle devra néanmoins nommer un réviseur, conformément aux règles applicables aux sociétés coopératives.

Les justifications des quiz du manuel sont publiées dans un ouvrage séparé de corrigés détaillés.

Chapitre 1. Vrai : 5, 7, 10.
Chapitre 2. Vrai : 1, 2, 4, 6, 12, 14, 15, 16 et 17.
Chapitre 3. Vrai : 4, 5, 7, 10.
Chapitre 4. Vrai : 2, 3, 4.
Chapitre 5. Vrai : 2.
Chapitre 6. Vrai : 4, 7, 8, 9.
Chapitre 7. Vrai : 2, 4, 6, 8, 10.
Chapitre 8. Vrai : 2, 3, 5, 6.
Chapitre 9. Vrai : 1, 4, 5, 6, 7, 8.
Chapitre 10. Vrai : 2, 4, 7, 8, 10.
Chapitre 11. Vrai : 3, 6, 9.
Chapitre 12. Vrai : 2, 3, 4, 7, 9.
Chapitre 13. Vrai : 1, 2, 4, 8.
Chapitre 14. Vrai : 1, 4.
Chapitre 15. Vrai : 3.
Chapitre 16. Vrai : 6.
Chapitre 17. Vrai : 4.
Chapitre 18. Vrai : 1, 2, 3, 9, 10.
Chapitre 19. Vrai : 5, 8, 9.
Chapitre 20. Vrai : 1, 3, 6, 8, 10.
Chapitre 21. Vrai : 1, 4, 6, 7, 8, 9.
Chapitre 22. Vrai : 1, 5, 8.
Chapitre 23. Vrai : 1.
Chapitre 24. Vrai : 4, 7, 9, 10.

INDEX

87635 - (I) - COR 80 - NCO - BTT
Dépôt légal : mai 2025
Achevé d'impression par Imprimerie CHIRAT
42540 Saint-Just-la-Pendue
Imprimé en France